U0937334

梁上泉评传

LIANGSHANGQUAN PING ZHUAN

郭久麟 著

西南师範大學出版社
国家一级出版社 全国百佳图书出版单位

图书在版编目（CIP）数据

梁上泉评传 / 郭久麟著. — 重庆 ：西南师范大学出版社，2015.12

ISBN 978-7-5621-7688-6

Ⅰ.①梁… Ⅱ.①郭… Ⅲ.①梁上泉-评传 Ⅳ.①K825.6

中国版本图书馆CIP数据核字（2015）第298752号

梁上泉评传

郭久麟 著

责任编辑： 任剑乔 李 玲

书籍设计： 尚品视觉 CASTALY 周 娟 尹 恒

出版发行： 西南师范大学出版社

地址：重庆市北碚区天生路2号

邮编：400715

http://www.xscbs.com

经　　销： 新华书店

印　　刷： 重庆川外印务有限公司

开　　本： 720mm×1030mm 1/16

印　　张： 33.5

插　　页： 1

字　　数： 515千字

版　　次： 2016年4月 第1版

印　　次： 2016年4月 第1次印刷

书　　号： ISBN 978-7-5621-7688-6

定　　价： 68.00 元

郭久麟与梁上泉（右）交流合影

郭久麟采访梁上泉与蒲心玉（中）

郭久麟与梁上泉、梁芒（右一）、梁果（左一）合影

郭久麟与梁上泉（左）讨论传记修改

序一：泉水叮咚绿长流

刘扬烈

久麟命我为他的新著《梁上泉评传》一书写序，实不敢当。因为我对梁上泉和他的创作研究不深，传记文学也读得少，缺乏根底，确实难以胜任。但是，上泉和久麟都是我的老朋友、好兄弟，却之不恭，只好勉为其难，写一点读后心得，请上泉、久麟及读者赐教！

一

郭久麟是全国著名传记文学作家和理论家，他的多部传记文学作品，如《陈毅青少年时期的故事》《罗世文传》《少年罗世文》《雁翼传》《柯岩传》《张俊彪传》，以及传记理论著作《传记文学写作与鉴赏》《中国20世纪传记文学史》等，在全国颇有影响。他从事传记文学创作，数十年如一日，痴心不改，而且成绩斐然，受到好评。梁上泉是中国著名诗人，终生迷恋诗歌创作，成就很高，值得深入研究。久麟写《梁上泉评传》可谓正得其人。因为久麟不仅是传记文学作家，而且热爱诗歌和诗歌评论，早在大学时代就认真学习和阅读了梁上泉等诗人的诗歌。大学毕业后，久麟分回故乡重庆执教，和上泉同在重庆文学界共事多年，对上泉更增了解。这次为了写《梁上泉评传》，他又读了梁上泉的几乎全部著作及评论，并对梁上泉作了深入全面的采访。所以，郭久麟写梁上泉真是心有灵犀，一拍即合，息息相通，写起来得心应手，洋洋洒洒，一下就写了五十来万字。梁上泉又审读了几次，久麟根据上泉意见又修改了几次，精心打磨终成此书！同时，由于久麟与上泉比较熟悉，且又尊敬上泉的人品，采访时，两人交谈如数家珍，所以他在传记中大胆地运用了第二人称，读起来如面对故人，显得特别亲切。再者，评传把传和评相结合，上篇“创作生涯”，写上泉的创作道路及其艺术成就，重点是评；下篇“诗意人生”，写上泉的人生经历和性格及心灵，重点写他的人生。全书的这种双线结构，是久麟在传记写作中的一个重要创新，解决了作家传记写作中的一个难题，即如何把作家的艺术创作与他的人生道路很好地结合起来。久麟这样做，既充分论述了上泉的文学创作成果，又生动地展示了上泉的诗意人生；既全面、深入、细致、公正、客观地梳理和评价了上泉的全部著作及其思想艺术成就，肯定了上泉在中国新诗史上的地位和影响，又生动、详尽地描写了上泉的诗意人生及其丰富的感情世界；既有真知灼见，又有斐然文采。这不但为重庆和全国的诗歌研究做出了重要贡献，也为传记领域打造了一部十分难得的、非常精彩的评传。

二

上泉出生在川北达县（今达州），是大巴山的儿子，是山区农民的好后代。他自幼勤奋好学，大巴山的民歌民谣养育了这个年轻的学子。读中学时，语文老师李冰如又教他学习和写作传统诗词，正是民歌和古诗指引其走上创作之路。评传抓住这个契机，发掘出诗人创作的根底，既得要领又找到了源泉，颇有眼光。十几年的军旅生涯及边疆磨炼，又丰富和扩大了其生活视野，使上泉的创作更多姿多彩。久麟对此深有体会，故抒写情真意切，能引导读者探索诗人的心路历程。

上泉从事创作六十余年，先后出版诗集、文集四十余部，终身乐此不疲。久麟称之为“诗痴”，名副其实。他始终坚持面向生活，深入生活，歌唱生活，数十年如一日，十分难得。他的诗既有民歌的格调，又有古典诗词的承传，一直沿着现实主义的道路阔步向前。无论诗坛千变万化，旗号林立，干扰繁多，他永远坚守着自己的阵地，毫不动摇。但他并不守旧，创作路上有探索，有创新，并不断取得新的成就。评传按其创作历程和创作门类，对其每一部诗集、诗剧，对其叙事诗、儿童诗、歌词、传统诗词乃至书法艺术都分章分节地详加论述和评析，条分缕析，秩序井然，令人折服。而且，评传前有久麟自序“诗痴梁上泉”，论述了上泉的人品；后有“攀登诗歌艺术的高峰”一章，对上泉的诗歌艺术作了全面分析和总结，可谓评论到位，公正客观，且不乏久麟独到的见解。

如第十四章《故乡情怀》。写他的大巴山情结，举《还乡行》为例：

没回家乡先问一千声好，

走近家乡再道一千声早，

生我养我的大巴山呵，

你思念的儿子回来了！

……

久麟评曰：该诗“集中地、浓缩地表现了你对故乡的深情！的确，在当代诗人中，你的故乡情是比较突出而强烈的。”点到了实处，理出了源头，而且诗的民歌味很浓，那是哺育诗人成长的甘泉，上泉的创作就是沿着这条路走过来的。真不愧是大巴山的儿子！这一点评，对于上泉来说，具有特殊的意义。

上泉去过云南、西藏、四川凉山等地，常跟少数民族兄弟交往，这就构成了其诗歌创作的另一个重要方面。于是，有了《喧腾的高原》《云南的云》《歌飞大凉山》等诗集出版。农奴翻身解放、民族团结、地覆天翻的新生活，成了歌颂的主题，显示出许多少数民族地区的巨大变化。《阿妈的吻》可算一个典型——藏族地区原先缺医少药，很多孩子因此不幸夭折；现在建起了医院，孩子们在健康地成长，当妈妈抱着儿子来到医院时，不禁热泪盈眶。

阿妈，你擦干了眼泪，

是不是要说说心里话？

笑脸却紧贴着明净的门窗，

像吻着白胖胖的脸颊。

啊，你吻吧！吻吧！

你以吻孩子的母爱，

在吻着自己的医院，

在吻着自己的祖国呀！

久麟评曰:“《阿妈的吻》是你创作的一个大收获，是你的代表作”；“经过更多的审美的提炼和升华，抓住了母亲吻孩子和脸贴在医院门窗的动作意象，经过丰富的想象和联想，构成了精美的意境，含蓄而深沉地表现了藏族人民对新生活的热爱，对祖国的热爱。”评语中肯，道出了藏民的肺腑之音，情深意长。

改革开放以后，上泉迎来又一次创作高潮，《多姿·多彩·多情》《爱情·人情·风情》《六弦琴》《不老草》等诗集都是新收获。特别是《六弦琴》，更是新的探索和成功。久麟认为：“从‘六弦琴’获得灵感，首创六行体，每首六行，六弦等距，一韵到底，讲究排比对仗，音韵和谐，变化有致，形式严谨，称得上是借用古典诗词形式的格律诗或半格律诗。”这样的评价是公正的、合理的。六行诗让作者找到一种崭新的表达方式，精练，谐和，得心应手。如其在序诗中所咏叹的——

我的吉他——六弦琴，

声声伴我热诚的歌吟，

咏山水，咏风物，咏爱情，

咏时代，咏环境，咏人生，

愿每一曲都紧扣心弦，

震颤您呵，我的知音！

久麟说得好：《六弦琴》表现了“对现代格律体诗歌形式的认真探索和对诗歌语言精练简洁的更加努力的追求”，是对“当前诗歌的过度散文化和非诗化的反拨和校正”。它与古诗中的绝句、古词中的小令很接近，也可以说是对它们的传承和发扬光大，对新诗发展甚为有益。

数十年的辛劳，硕果累累，成就斐然。上泉写叙事诗、散文诗，也写散文，并创作歌剧、电视剧。每有尝试，必有新成。评传对梁上泉的叙事诗、散文诗、散文、歌剧、电视剧均作了较全面的分析和论述，可谓读遍了梁上泉，也读透了梁上泉，实在难得！

三

上泉的创作，可以说是雅俗共赏，歌诗并美。民间歌谣与古典诗词是他主动学习的两个方面，两者的融汇结合，构成了他诗歌创作的基本格调。正如他在《匠心》一诗中吟唱的——

搜尽巴山的奇峰，
才刻得一座青山；
望断巴河的流水，
才刻得一条河川。

常依那寨上老松，
才有风涛的实感；
久驾那浪里飞舟，
才知洪波的腾翻。
……

上泉正是以“搜尽巴山的奇峰，才刻得一座青山；望断巴河的流水，才刻得一条河川”的刻苦用心，既向民间歌谣学习，又继承了古诗和新诗的传统，才形成了雅俗兼济的基本格调。论其俗，是他的明白晓畅，质朴清新，接近百姓，紧贴生活；论其雅，是他的构思巧妙，优美动人，感悟灵通，并不粗野。这是他一生追求，长年苦磨，坚持不懈，才取得的巨大成绩，确实很不容易。

评传中列举《潜伏哨》《蝴蝶泉》《茶山新歌》《匠心》《大巴山月》等诗篇，说它们都是民间歌谣与古典诗词艺术美相结合的典范。如《蝴蝶泉》写道：“苍山下，洱海边，/有个蓝莹莹的蝴蝶泉。//蝴蝶泉边蝴蝶飞，/一年一次蝴蝶会。//……//蝴蝶飞回人飞回，/蝴蝶成双人成对……”评传曰：“你采用了信天游的形式，富于强烈的节奏感和灵动性，把蝴蝶泉写活了，把边疆各族儿女的团结和睦的新风采传达出来了！”这说明，通俗达雅，异彩纷呈，确实有雅俗共赏的妙用。又如《大巴山月》，写大巴山人对红军的怀念，也有民歌的格调——

月亮，月亮，
挂在大巴山上；
山上，山上，
多少眼睛张望！

月色白如雪，
月色明如霜，
人在清辉里，
似闻月桂香，
香绕苏区三千里，
曾随战歌远飞荡。
……

评传说，诗“以大巴山月为意象”“汲取了李白诗歌意境和词曲的韵调，写得灵敏活泼，诗意盎然”。其实，还有民歌的格调，读起来朗朗上口，两者相结合，俗中有雅，雅中存俗，妙在其中。

上泉的诗美，谱成曲，歌也美，真可谓歌诗并美。传中举出《茶山新歌》一诗——“……上岗的小路通到茶山顶，/石头都踩得亮晶晶，/你送走多少风雨的夜晚？/你迎来多少灿烂的黎明？//早晨我采茶走出门，/总要看一看那带枪的士兵；/黄昏我提篮转回家，/总要望一望那威武的身影。//我默默地想呀悄悄地问：/你家乡有没有这样的茶林？/茶林里有没有采茶的大姐？/大姐里有没有你心爱的人？……”评传指出：此诗揭示了采茶姑娘对战士的敬重和爱慕之情。以歌词论，它“句式整饬，节奏鲜明，音韵流畅，一韵到底，自然优美，而且明白易懂，能歌能诵，诵之犹如行云流水，听之有如金声玉振”。以诗论，“诗味很浓，有优美的意境，有真切的感情”“既用了诗的思维，又用了音乐的思维”，歌诗相济，两全其美。

一曲《小白杨》唱遍天下，更是这方面的典范。那是诗人诗意的迸发，也是歌者悠扬的心音。此曲出色地描绘了边防战士的光辉形象——

一棵小白杨，
站在哨所旁，
根儿深，干儿壮，
守望着北疆。
微风吹，吹得绿叶沙沙响；
太阳照，照得绿叶闪银光。
咪……
小白杨呀小白杨，
它长我也长，
同我一起守边防！
……

评传中详细地讲述了歌词的写作经过：1982年，上泉受总政文化部邀请到乌鲁木齐军区采访，军区首长请上泉为他们创作一首好的歌词，能像《茶山新歌》那样被广泛传唱。梁上泉答应了，并在边疆进行了较长时间的采访，当他看到连绵的白杨林带时，便写了《林带阅兵曲》一诗。第二年，上泉又参加中国音乐家协会组织的采访团赴内蒙古体验生活，在一个哨所旁看到了一棵小白杨，它年轻可爱，就像正在浇灌那新树苗的新兵，上泉心有所悟，一下灵感触发，乃写下了自在新疆就酝酿起的歌词。经作曲家士心谱曲，阎维文演唱，很快传遍全军，风靡全国，产生了很好的社会影响。评传指出："《小白杨》以鲜明独特的意象，高远的意境，生动的情节和精练的语言，受到作曲家的欢迎。"歌以诗为本源，诗以歌而流传，实为两全其美，不禁让人拍手叫好！

四

上泉创作六十余年，早已形成了独特的艺术风格。评传对他的艺术个性全面地进行了归纳总结，这是全书十分重要的一环。艺术个性是否确立，是创作成就的关键；而艺术风格与作家的生活经历、社会环境、教育学养和独特个性等都有密切关系。上泉自幼生长在大巴山区，祖辈都是纯朴的农民，山区的农民对他也有很大影响，勤劳、质朴、善良、耿直便成了这个山区子弟的基本个性。一切从现实出发，关注现实，歌唱现实，渴望改变现实就成了他终生奋斗的理念。学校的培养教育，部队的锻炼成长，使这个大巴山的儿子变得更为成熟和坚强。他的诗创作便是沿着这条道路，越走越踏实，越走越开阔。

评传依此对诗人的艺术个性进行评论，有理有据，令人信服。诗人在《洗墨池》一诗中深情地吟唱道："太华山下的这池泉水，/为什么总是墨绿如故？/李白真在这儿洗过笔砚吗，/至今还蒲花般涌流不住？/愿我的水笔能饱汲这清露，/给新诗注入民族的元素。"他强调的是新诗的民族元素，这就是传统的根，民族的根。评传指出：改革开放以后，"诗的时尚更多地倾向于借鉴外国诗歌的艺术经验，而你则是更多地关注中国民族、民间诗歌艺术的经验……你除了在诗歌民族化、群众化方面做出了很大的努力外，还非常重视中国诗歌传统手法、技法的运用及语言的锤炼。你不但广泛使用了古代诗、词、曲中常见的比兴、象征、借代、设问等诸多手法，还经常借用《诗经》国风、汉代乐府和宋元小令中常见的反复、排比、顶针、回环等技法"，可谓血脉相承，心灵相通，深得其惠。《雪莲》《三峡回声》《河边怀友》等诗，都是很好的例证。试看《三峡回声》一诗——

三峡险峻，
三峡幽深，
我最爱听呵最爱听，
三峡的回声。
……

回声呵回声，

连通古今，

汇成三峡大合唱，

向未来涌进！涌进！

这种反复、排比、回环，一唱三叹，真有古代诗词和民间歌谣之风。它如实地传达了诗人真诚、朴实、情深的心境，读起来优美、清新，格外动人。

他在新时期写下的许多诗也大都如此，例如《果林夜曲》就写得诗意浓郁，情深意长——“火把都快燃尽了，/已烧得血液沸腾！/朋友结伴走开了，/去向那苹果树林。//——昏昏，溟溟……//阿妹的口弦声声，/阿哥的月琴叮叮，/共同弹着一个曲调，/伴和着一个心音。//——轻轻，轻轻……//不碰落枝头的夜露，/不惊动草丛的虫鸣，/在自己营造的果园，/倾诉甜蜜的爱情。//——静静，静静……//让正在成熟的果子，/多添一些糖分；/让正在上色的果子，/多添一些红晕。//——亲亲，亲亲……”火把似的热情，爱的真诚，夜的宁静，把彝族青年的欢乐、爱情，写得情真意切，气绪饱满。四句一节，每节间以两个重叠词，形式很美；格律整齐，音韵俱佳，让人心向往之。

评传归结说：“你独特的艺术个性和艺术风格：真诚、朴质、深情、清新、优美，也即是你所说的‘真，情，深，新，精，音’”。这种概括，与诗人的创作实际相吻合，大约也会为广大读者所认同，为评传画上了一个完整的句号。

欠缺的是，全书对上泉创作不足之处未加评说。他数十年确实硕果累累，成就甚大，但在新时期似没有重大突破。他没有公刘那样想得深沉，没有雁翼那样想得广阔……未知方家以为然否？在比较研究中，自然可以得出不同的结论。

上泉呀上泉，你是大巴山的儿子，有一颗真诚执着的诗心；你是一条奔腾不息的江河，泉水叮咚绿长流。久麟呀久麟，你不愧是传记文学的行家里手，你的《梁上泉评传》既热诚而公正地论述了上泉投身诗歌创作六十多年的创作道路和艺术成就，又生动而详尽地描述了上泉充满乡情、爱情、亲情、友情、山水情和艺术才情的诗意人生和美好心灵。我相信，《梁上泉评传》将同梁上泉的作品一起，长久地流传在巴山蜀水、神州大地，流传在爱诗爱美的广大读者心间……

2014 年 6 月 18 日　重庆

（该序作者系西南大学中文教授，中国作家协会会员，国务院政府特殊津贴专家，重庆新诗学会副会长）

序二：网·纲·鱼

斯原

在重庆新诗学会的一次每月例会上，郭久麟把我拉到一边，说他最近写完了《梁上泉评传》，想请我作序。并说之所以请我，是因为在写这部书时看到了我关于梁上泉的几篇文章。郭久麟是重庆大名鼎鼎的教授、学者、作家、诗人。在传记文学方面，他不但写过周恩来、陈毅、罗世文、雁翼、柯岩、张俊彪等人的传记共九部，而且有《传记文学写作论》《传记文学写作与鉴赏》《中国二十世纪传记文学史》等专业理论著作问世，可以说是既有丰富创作业绩和经验，又有系统史论概括，是传记文学领域不多见的里手和专家，我有什么资格给他作序？转念一想，他那么多著作我一本都未得到，这次是个机会，就说，那我要敲您一竹杠，把您那些大作给我几本，看了才能写。他说当然。

不久，我收到他快递的A4纸打印本《梁上泉评传》，五号字三百多页，估算有四十多万字；又收到他邮寄的《中国二十世纪传记文学史》《柯岩传》《张俊彪传》和《大中华二十世纪文学史》。后者前不久刚出版，我尚不知晓，给了我一个惊喜。他告诉我，《大中华二十世纪文学史》由张俊彪和他任主编，全书一百七十万字，2012年由江苏人民出版社分上中下三卷出版，2014年又由中华书局香港分局和新加坡分局分五卷在海外出版发行。其中“中国二十世纪诗歌发展史”和“中国二十世纪传记文学发展史”系他执笔，约五十万字。

初读《梁上泉评传》，眼前一亮的是该书的独特结构。传记作品，由于是“特定的人的生平的历史”，因此一般按时间先后为序，记述、展示、评介传主的一生或一定阶段，称为纵向结构。但有的传主由于功德、事业等同时向几个方向发散，以时间先后为序，不便于集中记述其某些侧面，因此有些传记作品以传主的功德、事业等为序，称为横向结构。《梁上泉评传》结构的独特表现在既有纵向生命历程的抒写（作为诗人、作家，主要是其创作生活的始终），又有横向人生功业的阐述（主要是其在不同艺术门类所取得的成就），还有纵横交错的对其人生况味的提炼和陈颂（主要是其人生境界和艺术真谛）。

具体来说，全书分为篇幅大体相当的上下两篇，上篇“创作生涯”，下篇“诗意人生”。上篇突出一个“评”字，写梁上泉的创作道路和艺术成就；下篇突出一个“情”字，写梁上泉的人生经历和亲情、爱情、友情、山水情、艺术才情。这种双线结构的安排，是郭久麟在多年作家传记创作实践中总结提炼出的一种新写法，它可以充分地展示传主的艺术成就和人生道路。

在这种双重复式平列结构之中，又贯穿着纵横排列的结构。上篇共十二章，先纵后横。第一至六章纵向叙述梁的创作道路：出生，成长；参军当上文艺兵，创作最初一批作品；在《人民文学》发表诗作，参加全国青创会；“文革”逆境，奋斗不止；新的长征，出席全国诗歌座谈会和第四次文代会；新的探索，新的创造。第七至十二章横向论列梁在叙事诗、儿童诗、歌词、传统诗词、书法、影视剧本和散文诗与散文创作上的成就。

说到这里，本文题目中的第一个字——“网”，自然就浮现出来。郭久麟是一个织网高手，他先纵后横编织了一张博大精深、疏密有致的梁上泉创作生涯之网。其中除了纵向横向各六条粗线（章）以外，还有纵向九十九条、横向二十五条细线（节），当然其下的段落层次以及纵横交错形成的网结、网目等等多到不可胜数。

打鱼的人都知道，要打到鱼光有渔网还不行，必须有拉动渔网的大绳，称作网纲。所谓纲举目张，纲起着决定性的作用。郭久麟不但是织网高手，也是打鱼能手，他当然不会忘掉渔网必须加上一条又粗又长的网纲。本文题目中的第二个字——“纲”，就是谈这个问题。

不用仔细阅读就会发现，《梁上泉评传》下篇的“诗意人生”，突出了一个字——“情”。全篇共七章，第十三章，乡情；第十四章，乡情；第十五章，爱情；第十六章，亲情；第十七章，恩情和友情；第十八章，山水之情；第十九章，才情。这些内容分门别类排列，大体上是横向结构；但仔细审视会发现每章也有纵向的结构，所以实际上是纵横交织的。在“诗意人生”之下突出一个“情”字，道出了诗歌乃至广义的诗亦即全部文学艺术的本质。无论司马迁的“诗三百篇大抵圣贤发愤之所为作也”，陆机的“诗缘情而绮靡”，严羽的“诗者，吟咏性情也”，还是鲁迅的“诗歌是本以抒发自己的热情的”，郭沫若的“诗歌的本职专在抒情”，闻一多的“诗家的主人是情绪”等古今大家的论述均说明了此点。情对于文艺创作具有决定意义，就好比网纲对于网的意义。这样，《梁上泉评传》中“诗意人生”中的“情”就成为其“创作生涯”之网的网纲。事实上也正是这样，梁之所以甘苦与共、矢志不渝，投身文艺创作事业凡六十六年，至今仍笔耕不止、吟哦未停，并取得多方面彪炳于世的骄人业绩，不就是根源于、成就于他一腔火热的赤子之情吗！

好了，郭久麟给了我们一张网，又给了我们一条网纲，接下来顺理成章该我们撒网拉纲打鱼了，也该谈谈本文题目中的第三个字——“鱼”了。如果说网和纲是《梁上泉评传》的结构的话，那么撒网拉纲打到的鱼就是它的内容。鱼可真多呀，大大小小、不同体型、不同品种的都有。但不同的人用同样的网和纲打出的鱼的多少和种类可能是不同的，这根源于打鱼人的功夫和技巧。就我初步打了一遍的感觉来说，至少打到了以下一些：

第一条大鱼是梁上泉这个人一生的经历。梁作为名家大家，他一生的经历不论对研究者、仿效者的需求，还是对一般人满足好奇心理来说，都是很有意义的。《梁上泉评传》详细追述了梁上泉从出生至今长达八十三年的人生轨迹，在我们面前树立起一座宏伟而光辉的纪念碑。碑上镌刻着他成长的道路和业绩，他对待祖国、人民、家乡、亲人、师长、朋友、事业和对待自己的态度，他的喜怒哀乐、成败得失、幸运遭遇、人生感悟等等，是我们人生教科书有价值的参阅读本。从作品与人品一致性原则的角度考察，这条大鱼也是我们理解、把握梁上泉的作品的一个内在根源。

第二条大鱼是梁上泉的许多作品。梁一生创作歌词近千首，诗歌近万首，出版诗集三十二部。另有歌词、散文、散文诗、戏剧、影视、书法等作品专著面世，或被多家文艺团体采用演出，或被多家电影制片厂、电视台摄制播放。要想全部看到几乎是不可能的。《梁上泉评传》引用了梁的大量作品，仅诗歌一项，据我不完全统计，就有三百五十多首。尽管这在他全部诗歌作品中只占到约 3.5%，但可以起到以斑窥豹的作用。由于所引均系梁的优秀作品或代表作品，因此通过这条大鱼，不熟悉梁的作品的人可以领略其风采，熟悉的则可以重新感受其艺术魅力。

第三条大鱼是郭久麟的评和论。评传和一般传记的区别，在于前者多了评的元素，这在该书中随处可见。无论梁上泉，他的妻、儿，还是所涉及的别的人的为人处事；无论历史上的重大事件，还是生活中的细枝末节；无论梁的优秀作品，还是不成熟的有缺陷的作品，凡有需要都会加上作者的评述。而且这种评述尽力做到在特定历史条件下看待，实事求是，不人为拔高也不刻意隐讳。如在引入《哈达和鲜花》这首诗后，肯定了其质朴、亲切，同时批评它推敲不足、稚嫩。

适时加入作者的见解和论断是该书的特点之一。当然这样的内容不能离开传主和评传太远，而应当有助于读者对所谈问题的理解和接受。如在横向论及梁叙事诗创作之始，加上了作者对叙事诗文体的认识。不少的诗歌理论家认为，叙事诗的冠名不够科学，因为叙事不是诗歌的长处，它只是作为抒情的线索或载体而存在。笔者以前也持这样观点。郭久麟指出，这是把叙事诗的叙事功能看轻看低了，实际上在叙事诗里叙事和抒情都很重要，没有叙事就没有叙事诗。然后结合梁上泉叙事诗作品，分析了其在人物刻画、环境描写、故事讲述等方面的成就。指出有的研究梁上泉的专家由于受叙事诗观念的影响，在评价梁的叙事诗时只强调了抒情写意、节奏韵律、精练和谐等诗的部分，而忽视了叙事部分，是不够的。他的这个论断不能说没有道理。

第四条大鱼是郭久麟的写作风格。这条大鱼是顺便逮到的。其风格特征在该书中明显的有五点：一是尽量多地占有和运用第一手事实材料。为写好评传，作者在以前研究梁上泉诗歌的基础上，又专门系统全面地阅读了梁上泉的全部著作和有关他的评论和报道，并多次到上泉家对上泉本人及其妻子和儿子进行了采访；为修改书稿，作者又曾与传主在重庆作协办公室连续摆谈一个星期，每天中饭后都在大礼堂广场边散步边交谈（无独有偶，郭久麟写作《柯岩传》时曾与贺敬之、柯岩夫妇在北戴河一同生活了一个多星期）。这些，都是为了获取、运用准确的材料，深入了解上泉的人生、生活、思想和创作。书中除引用梁的诗歌作品三百多首外，还引用梁上泉的领导、老师、家人、朋友的原话、文章、书信等数百处，很有说服力。二是尽量增加传记的文学色彩。该书运用了大量文学描写的手法，而且多用细节，注重具体刻画和描写，使读者有身临其境，目睹其人，耳闻其声之感。如，在写梁上泉同战友们的雪山草地行军时，运用了环境描写、人物对话等方式，感觉和读小说别无二致；在写梁上泉与妻子蒲心玉的恋爱过程时，引用了蒲写给梁的情书十多封，阅读中那位被称作“巴山一枝花”的女主人公形象一直活跃在我脑海中。三是尽量运用优美形象生动的文学语言，运用抒情和议论，营造一种亲切融洽的文学氛围。四是全书以第二人称贯彻始终，读来亲切自然，这在数十万字的大部头著作中是极少见的，应该说是久麟的一个创新。五是对梁上泉作品的全面、系统、深入的评价。《梁上泉评传》对梁上泉的创作历程作了系统梳理，对梁上泉的全部著作做了公正客观的分析和评论。在评传的二、三、四、五、六章，久麟对梁上泉的二十多部抒情诗集的创作经过、思想内容、艺术特色进行了论述和分析，对其代表作给予了评论；在评传的七、八、九、十、十一、十二、十三章，更是分别对梁上泉的叙事诗、儿童诗、歌词、传统诗词、书法、歌剧影视及散文和散文诗进行了分析和评论。对谈到历史上一些是非曲直时，能够公允而论，绝少愤青式的偏颇。

除以上四条大鱼外，还有一大批中鱼。其中最引人眼目的是，蒲心玉与梁相识相恋结婚生活工作的情景以及她本人的理想、事业、情操，他们的长子梁钢几经坎坷进入空政歌剧团以及发生天大不幸的情景，梁上泉对双胞胎儿子梁芒、梁果的培养和梁芒所取得的杰出成就，梁上泉的家乡及他与家乡交往的情景，对梁上泉的文艺成就及其作品思想内涵与艺术魅力的概括（全书铺垫，末章论定），中华人民共和国成立以来文艺工作、文艺政策曲折发展的情况（顺便逮到）等等。

当然，还有无计其数的小鱼。在阅读过程中时不时就会捕到几条。我感兴趣的如梁上泉家乡的民谣和红色歌谣，他被团鱼咬住，包办婚姻始末，当年的成渝铁路工地，参加全国青创会，到抗美援越第一线，“文化大革命”中被捆绑反吊起来，在西沙群岛写诗，《红云崖》三十年的波折起伏，《茶山新歌》的争议，《小白杨》的故事，熊猫儿童艺术剧团的成立，出访新加坡，见到毛、刘、周、朱并当面向毛请教了两个问题，与挚友蒲新成的友谊，感恩启蒙老师李冰如，怀念恩师沙鸥，会见巴金并交谈，随曹禺访朝，与施光南、士心、阎维文、陆棨、彭斯远、赵心宪、赵太国、苗长江、金斯堡等人的交往等等。

大中小鱼打到了不少，还未来得及饲养观看和烹饪品尝。待以后不时观赏、佐餐，有客到来一同把玩、咀嚼，想来定是营养丰富，其乐无穷。

是为序。

（该序作者系中国人民解放军重庆通讯学院原副政委，中国作家协会会员，诗人，诗评家）

诗痴梁上泉

——《梁上泉评传》自序

郭久麟

一

赠梁上泉

耽于文艺痴于诗，六十八年一贯之。

边地风云化锦绣，巴山星月凝珠玑。

诗词歌剧呕心血，老少边穷系苦思。

著作等身留史迹，情传大众永相期。

——郭久麟

孔子说：“知之者不如好之者，好之者不如乐之者。”

我认为，在孔子的“知之者不如好之者，好之者不如乐之者”之后，似乎还可加一句“乐之者不如痴之者”。这是我这些年在写雁翼、柯岩、张俊彪、梁上泉等诗人作家的传记的过程中，对这个问题所做的更深一层的思考：上述几位诗人、作家，都是根据自己的经历、才能、境地，而认识了文学，爱上了文学，乐于从事文学，最后竟痴迷于文学事业，而后乃成为著名诗人作家的。

梁上泉对诗的痴迷，首先表现在六十多年来一以贯之的迷恋上。他从1947年开始写诗，之后就从未停止。他从大巴山的农村走出来，走向全国，走向世界，成为中国著名诗人。半个多世纪以来，梁上泉以全部的热情、智慧、才华和赤诚，坚持民族化、大众化的创作方向，创作出诗歌集（包括抒情诗、叙事诗、古体诗、散文诗、歌诗等）三十来部，戏剧（包括歌剧、影视剧等）十余部，散文集一部，文集七卷，受到广大读者的热烈欢迎和众多评论家的高度评价。至今八十多岁，尚且笔耕不已，还在熬更守夜地编辑自己的七大卷《梁上泉诗文集》。

如果说，雁翼、柯岩、张俊彪都由写诗而写小说、剧本、影视、散文、理论；那么，梁上泉可真是一辈子热爱并从事诗歌创作，由古体诗而新诗，而歌词，而诗歌的书法，而散文诗，而诗歌的序跋和评论，其散文，也主要是记叙有关诗的创作、研究与交往的。因此，他是真正毕其一生全力从事诗歌创作。其次，雁翼、柯岩、张俊彪都曾在人生道路上担任过一些行政职务，或从事过报刊编辑、丛书主编等；梁上泉却一生都没有担任过实质性的职务，省市作协副主席多是挂名，他真正是毕其一生，把全部精力和智慧都投入诗歌创作之中，真正称得上是“诗痴”。

二

梁上泉有幸，还在上中学时，就受到了他的中学老师、乡土诗人李冰如先生的喜爱、熏陶和教育，很早就爱上了诗歌，并那样热心地写作古体诗词，还掌握了古典诗歌的音韵格律，这种情况在当代诗人中是较少的。

梁上泉有幸，高中快要毕业时，就因为编辑的诗刊很有特色而被部队文工团招收成为文工团创作员而走上了文学创作道路。同时，他又有幸一到部队就被分派到云贵川边远地区，得以广泛而深入地体验边疆少数民族和边防战士鲜活而沸腾的新生活，而工作的任务又同他的爱好与兴趣恰相吻合，并且他个人的追求和爱好又同时代的要求和人民的趣味恰相吻合，再加上他在艺术上的才华与他在诗艺上的长期积累和刻苦钻研，就使他的诗歌创作一开始就呈现井喷情况，从 1954 年底到 1958 年，就连续在中国最权威的文学刊物《人民文学》上发表诗歌，而且从 1956 年底到 1958 年，竟连续出版了五部诗集！

三

梁上泉对诗的痴迷表现在他终生都如痴如醉、坚持不懈地深入生活，深入老少边穷地区，深入部队、工矿、农村，从生活中汲取素材，进行创作。仅根据不完全统计，几十年来，他几乎每年都有几个月时间在外地采访。有人戏称说他是“结婚三十年，分居二十载”。在深入生活时，他始终与群众打成一片，总是与群众和睦相处，虚心向群众请教。外出采访，许多作家都希望能有舒适的条件，可是他却经常要求坐大客车，住大铺。我问他为什么自找苦吃？他说：“我不是不住宾馆，不坐小车，当住的时候我也住，当坐的时候我也坐，比如在北京开人代会，京西宾馆当然要住，高级小车也当然得坐。但我回家乡或是到基层采访，就经常不坐轿车，也不住大宾馆。一是怕麻烦朋友，二是怕麻烦有关部门，三是觉得挤大车、睡通铺能和平头老百姓和农民兄弟接触，听他们谈天南海北事，道生活酸甜苦辣麻，坐小车、睡高级宾馆就没这味道了。”他每次外出都带着笔记本，及时记录下看到、听到、想到的东西。为了写好《梁上泉评传》，我借阅了他的几十本生活和创作笔记。我在里面看到了梁上泉详细记录的观察笔记、采访记录、读书笔记，以及各民族、各地区的介绍，还有当地的风情习俗、方言俚语，以及他抄录和搜集的大量藏族民歌、彝族民歌、四川民歌等等。

在深入生活的过程中，他不怕苦，不怕累，不懈怠，始终保持旺盛的创作激情，时时刻刻地积累感受，汲取诗情，激发灵感，写出优秀诗篇。1952 年夏，他从重庆去滇西南边疆生活，因极度晕车，只好迎风靠在军车边板上，一天一天站着，连续七八天站在车上，一直站到保山军分区。到保山后，没有公路了，只能步行到镇康，他背着背包，带着干粮手枪，同战士们一起爬山过沟。亚热带的气候，时而大雨倾盆，时而骄阳如火。大雨一来，全身如洗，太阳一出，汗水湿透军装。这样走了九天方才到达边防哨所。他又给战士们上文化课，与他们一起巡逻、战斗，并做民族工作，一干就是半年，荣立三等功。1953 年，他参加了雪山草地战役，一路负重急行军，和战士们经常睡在冰天雪地之中，但他却甘之若饴。在阿坝藏族地区工作战斗了半年多后，接着又随西南军区慰问团沿康藏公路慰问采访，还经常参加工地劳动。他就是在这样艰苦的环境中深入地观察和体验生活，捕捉诗的灵感，写出了优秀的诗篇。他的第一本诗集《喧腾的高原》就是这一时期的作品。1956年春，他参加了全国青年创作者会议后，又到滇南的西双版纳和西盟的阿瓦山寨，同边地军民一起生活到年底。西双版纳和山区万紫千红的鲜花、磅礴绵延的热带雨林和当地军民的火热的斗争生活，使他思绪翻腾，激情澎湃，《茶山新歌》《两棵树》《雨后》和《蝴蝶泉》等优秀诗篇喷薄而出。1957年7月和10月，他又连续出版了诗集《开花的国土》和《云南的云》。

确实，梁上泉对诗的痴迷真正是到了废寝忘食、不避一切艰辛的地步！他给我讲过一个故事：有一次，他在20世纪60年代外出生活采访，住每晚五毛钱的通铺，和衣在床上和农民兄弟摆了一夜的龙门阵，第二天起来，身上奇痒，脱衣一看，只见一路一路的虱子在爬。我问他：你怎么办？梁上泉笑起来：嘿嘿，这有啥关系嘛！把衣服用开水烫一下就解决了。他说，如果没有和农民兄弟同睡共谈的这一夜，也许听不到那么多群众的知心话，那还是一个损失呢！这就是他的痴：虱子换来的是同农民兄弟的心灵相通，是对农民兄弟生活的切肤体验，是诗的素材的积累甚至诗的灵感！

梁上泉对诗的痴迷，还体现在“文化大革命”时期。“文化大革命”初期，他被造反派押送到他的家乡达县去“改造”，又被当地造反派怀疑是派来支援夺权的“黑后台”被抓了起来，投入监狱，并被两手反背吊起来——“鸭儿凫水”，两个手腕都给吊烂了！可是，就在这样的时刻，他竟然吟出了悲愤的诗：

春雷春雨伴春风，催得桃花树树红。

徒有春光无限好，赏春人在铁牢中！

出狱后的几年，他获得一些自由，很快又到西双版纳、大凉山、泸州气矿等地深入生活，还到山东老区、西沙群岛采访，写出了不少诗篇。粉碎“四人帮”之后，他以更加旺盛的创作激情，深入生活，进行创作。1977年，梁上泉同几位诗人重走长征路，其他几位诗人因故返家了，他却坚定地走了过去没走完的长征路，并于1978年出版《春满长征路》。从那以后，他每年都到老少边穷地区采访创作，从不间断！

四

梁上泉对诗的痴迷，还表现在他对生活的高度热爱和对创作灵感的敏锐发现与及时捕捉上。六十多年来，他几乎走遍了整个中国，而西南边疆，他更不止一次两次地游历和深入考察！他总是登山则情满于山，观海则意溢于海！每到一处，他都会沉醉于人民的生活和建设之中，沉醉于山水田园之中，敏锐地观察感受，及时地触发灵感，捕捉诗意，写出优美的诗篇。1978年七八月他到甘孜、阿坝、凉山，当年九十月，又到玉门、柴达木，在那样艰苦、紧张的采访和工作之中，他几乎每天都写一两首，甚至三四首诗！很快，他就出版了诗集《在那遥远的地方》和《高原，花的海》。到井冈山几天，他写了十八首《井冈山新绝句》。到张家界几天，他一口气写出十三首《武陵源写真》。在这些诗歌之中，有着他多么激扬的内心世界，有着他怎样的敏锐和才华，勤勉和艰辛，又有着他怎样的痴迷和挚爱啊！

梁上泉对诗的痴迷，还表现在他对创作的倾心投入和执着勤奋上。1982年秋，解放军总政文化部邀请梁上泉等地方作家到乌鲁木齐军区采访，他们在茫茫大漠中驰行，古代边塞诗人的千古绝唱和新时代边塞诗人的优秀诗作，都在他心中流荡。他心中焕发出前所未有的激情，写出了不少诗歌。军区首长知道他是军人出身，他的诗歌和歌词深受军民喜爱，所以，在采风即将结束之际，首长希望他为边防战士写一首好歌，要像《茶山新歌》一样的广泛流传。他答应下来了，并提出还得进行更多的采访。于是，当其他作家都返回各自单位之后，他却留了下来，军区派出一辆吉普车，并派专人陪同他再深入采访。他每到一处边防哨所，都与战士促膝交谈。就在这两个多月的时间，他写了几十首诗！其中，《林带阅兵曲》以白杨为意象，以宏大的气魄写出了边防战士的英雄群像，受到军区官兵的好评。但是，这首诗只适合朗诵，不宜于谱曲，他还是不太满意，想写出一首让战士们传唱的好歌。回到重庆后，他一直念念不忘新疆之行，还在构思着新的乐章。1983年，他又接受邀请，参加了由中国音乐家协会组织的访问团，赴内蒙古呼伦贝尔大草原和大兴安岭林区体验生活。在绵延起伏的边境线上，他采访了一座座哨所、一处处军营。在一处哨所，他看见值岗的战士像白杨树一样的挺立，而下岗的战士则在读书、写家信、弹吉他。一个战士手执军用水壶弯腰给树苗浇水，这吸引了他。梁上泉问战士："树苗哪来的？""家乡带来的。""什么树？""小白杨。"一听小白杨三个字，他脑海闪现出在新疆时时看到的白杨树林带，闪现出铺天盖地的白杨林，眼前的这棵小白杨一下子在他脑子里同眼前的新兵联成一体，"小白杨多像小战士！""小战士就是小白杨！"于是酝酿了大半年的这首歌，一下有了灵魂！他找到了感情的突破口，找到了构思的切入点，在回到住地的路上，他边走边想，边想边写，边写边哼唱，于是《小白杨》诞生了。《小白杨》以鲜明独特的意象，高远的意境，生动的情节和精练的语言，受到作曲家的欢迎。作曲家士心为其谱写的生动流畅的曲子最为流行，插上了飞翔的翅膀，经歌唱家阎维文演唱，而很快风靡全国。

《小白杨》的诞生，是梁上泉多年生活与感情积累的产物，更是梁上泉痴情于诗的生动表现。

五

梁上泉对诗的痴迷，还表现在对诗歌创作的坚守上。20世纪80年代初期，因为诗歌不景气，不少诗人提出改行写小说，写剧本，他却坚定地表示：我是死不改悔！绝不改悔！中国是个诗国，有几千年的诗的传统，我不相信中国的诗歌会没落！中国是诗的国度，诗应该越写越好！而且，在一些诗人把诗歌不景气怪罪于读者的时候，他还多次撰文指出：是诗人远离了生活，疏离了读者，而不是读者远离了诗人和生活。

梁上泉对诗的痴迷，还表现在坚守自己认准了的诗歌道路上。梁上泉年轻时受家乡民间歌谣、老区的红色歌谣的启蒙教育，进入达县中学后，受李冰如老师的影响，学习并写作古典诗词，阅读新文学作品，喜爱现代新诗。参军后，他从沸腾的边疆军民生活中汲取诗情，运用了民间歌谣与古典诗词及现代新诗相结合的形式，闯出了一条以民间歌谣与古典诗词为基础的、雅俗共赏的、以歌唱新生活为主的诗歌创作道路，受到读者的欢迎。新时期以来，各种主义、流派、风格风起，他和一些诗人走过的现实主义道路受到排斥和非难。在这种情况下，他仍然坚持中国老百姓所喜爱的民族化、大众化的道路，同时注意吸收新的表现方法，更好地、更富于美感地表现生活和审美情感。

从 1947 年开始诗歌创作到现在，六十多年来，梁上泉始终以诗为自己的缪斯，为自己的精神偶像，为自己的人生选择和终生追求。他的一生，就是为诗歌而生，热衷于诗，痴迷于诗，终生追求，时时处处感受着诗的灵感。因此，他也把自己的人生诗化了！

早在四川大学读书时，我就爱上了梁上泉富于民族风情和民歌风味的诗歌。当时我拟大学毕业后写一部中国新诗史，因此认真研究过他和其他一些现当代诗人的诗。大学毕业分配到四川外语学院工作后，同梁上泉多有接触，在一些会议和采访活动中也多有交谈。他对我也给予了不少指导和帮助：他为我的诗集《爱的琴弦》写序，他为我 60 岁生日亲笔题写对联；他出席我的作品研讨会并赠送亲笔书写的诗歌……他对诗的痴情和挚爱，他的艺术才华和他为人的忠诚热情，都使我钦佩敬重，我一直把他视为自己的老师和做人的榜样，努力向他学习。但是，20 世纪 80 年代以后，他和他的诗歌好像就逐渐淡出诗坛，对他的诗歌的评价也越来越不怎么好了。我觉得这有失公允。因此，在2010年至2012年我同张俊彪主编《大中华二十世纪文学史》并执笔撰写其中的“中国二十世纪诗歌发展史”和“中国二十世纪传记文学发展史”两篇时，就在诗歌史中辟专节论述了梁上泉和其他一些被某些诗评家淡忘或淡化了的诗人及其诗歌。而且我还决定为其撰写这部《梁上泉评传》。

我固执地认为，一切为生活、为人民、为时代呕心沥血歌唱的诗人，一切为自己的时代奉献出真诚而优美的诗歌的诗人，都应该受到我们的尊敬和热爱，而不应该被历史忘怀！

谨此自序。

MULU 目录

上篇　创作生涯

下篇　诗意人生

上篇

创作生涯

CHUANGZUO SHENGYA

第一章 军旅生涯育诗人

1949年10月1日，中华人民共和国成立，中国进入了一个伟大的新时代，中国的诗歌也步入了新的时期，即新中国诗歌的第一个繁荣期。

1949年11月，你的家乡达县解放了，你的人生也步入了一个新的历程。你荣幸地参加了中国人民解放军，在军旅生涯的培育与锤炼之中，在边疆军民火热的斗争生活中，你成长为新中国诗歌的第一个繁荣期里一颗冉冉升起的诗星。

一、当上文艺兵

达县解放时，你高兴地写了一首五律，表达了你对新时代、新生活的热烈欢迎和衷情期待：

城乡齐解放，天地一翻新。
雪似花留我，冰如镜照人。
夜歌从此息，晨曲正开音。
喜泪盈双眼，待看万木春。

1950年春，达县县立中学并入达县高级中学，你也进入达县高级中学续读高中三年级。达高成立了新星文学社，选你担任社长。新星文学社要创办一份壁报，你就自告奋勇地担任了《新星》壁报的主编，成为校园里社会活动的积极分子。

1950年12月，川北军区文工团到达县招收文艺兵。招兵的同志到达县高级中学选拔人才。他们看到了《新星》壁报，觉得图文并茂，诗文均好，遂向学校领导了解办报之人。当他们知道这张壁报是由你一个人创办时，很是赞赏，又知道你不久就要高中毕业，就决定录取你！你兴高采烈地，连家人也不愿通知怕受到阻碍，就跟着招兵的人到了川北军区，当上了艺术大队创作组副组长，从此开始了长达七年的军旅文艺生涯。《从军行》就表达了你的这种热望和追求：

戎装换上入军营， 顺意喜当文艺兵。
创作不休兼演唱， 倾心服务即人生。

从此，你植根于部队的生活和祖国的建设事业之中，植根于人民生活的这片丰润的沃土之中，为我们献出了那么多优秀的文学作品！

你在日记的第一页，即1950年12月22日的日记中记下了你参军时的心情：

难忘的一夜

十年来的学校生活，就此结束了。在我前脚已跨进革命阵营——川北军区文工团，后脚尚在达高中的今夜，我感到有莫名的心情啊！

我不能忘记班上的同学送行的欢送会，我更不能忘记那些充满了热情、鼓励、欢喜、抑郁的话语，我不能忘记余兴中的歌声、笑声！我听了，使我更增加了工作的信心，同时，我还与我约定了：我不为革命而好好努力，是无面见他们的！

我现在还感到心在跳动，血在沸腾啊！

是的，学校生活是值得留恋的，家庭生活是值得体会的，但是，我在这留恋与体会当中，我始终听到祖国在高声呼唤！你想，我能贪恋这些么？不！决不！我只有向前向上，不断努力，来为工农兵文艺服务到底！不辜负这“难忘的一夜”哟！

我读了你参军前夜的日记，真的很感动。共和国初期的青年人，是多么纯洁、积极、向上啊！以后，我又看了你几十本这样的笔记。

这样的笔记，你记了几十年，记了几十本！每一本都记载着你的工作、学习、写作，记载着你的思想和感受，记载着你的采访，记载着当地风俗、风情，记载着好人好事，记载着各地的民歌，记载着群众中那些生动亲切的语言，记载着你前进的脚步。你是六十年如一日，勤勤恳恳学习，踏踏实实工作，敏锐细腻地观察、体验，呕心沥血地构思，废寝忘食地写作，忠诚厚道地做人，才造就了今天的你——著名诗人、作家啊！

1950 年 12 月 24 日，你们文工团的同志从达县乘船到三汇。你在日记中写道：

别了，达县。当船开动的时候，都在暗暗地说。

在河市早餐后，即回船中读英语《每月日记》一书。男女同学都在唱歌嬉笑。船中的空气如围着的火盆一样的温暖啊！

薄暮，抵三汇，此地左来州河，右来巴河，汇合而成为渠河。夜游渡头，于月色朦胧之中，颇觉清幽可恋。宿镇公所。

你们从渠县到广安的花园上岸，换乘马车，在马车的铜铃声中经岳池直到南充。一路上你还准备了节目。到了南充，已是 1951 年元旦：

一整天，城市都在打腰鼓，扭秧歌，闹热得很。我们创作组的同志也在忙着赶任务，但过得还很快乐。

在南充，上级要你们以“抗美援朝”“拥军优属”“拥政爱民”三个主题写三个短剧。你被分配写了“拥军优属”的短剧。真巧，你得到了达县木厂街街道送来的拥军优属的慰问袋，制作人竟是一位军属！于是，你用这个事件作为题材，写了这部短剧。

1951 年 3 月 30 日你和同志们离开果城南充，坐船到重庆西南军区公安部队政治部文工团。开船前，川北军区文工团来欢送你们。你们在锣鼓声中分别了。你在舟中，瞭望着两岸的美丽河山，不觉心旷神怡，写出了《从军行》等诗：

一

年方十八始从军，瞒下家人出校门。

情满木船皆学友，渠江流水送行云。

二

戎装换上入军营，顺意喜当文艺兵。

创作不休兼演唱，倾心服务即人生。

三

果州一别向渝州，船入清江自在流。

春色连天云接水，几疑人在画中游。

几天后，你们乘船开向合川县城。经过黎家溪时，船突然在蒙蒙雾气中搁浅。你和船上的战士们及附近部队同志都争先恐后地前来拉船，很快把船开上了航道。船老板娘拉着部队战士的手，感激地说：“老乡们（指战士）真好，要是过去，国民党滥兵不臭骂就是好的了！”

在合川，渠河与涪江汇入嘉陵江，水势陡然增大，故称合川县。你登上县城最高的楼头，俯瞰远山近水，瓦屋蟹舍，想象着下次再来，古老的城市当焕然一新。

从嘉陵江顺流而下，很快便到了北温泉。北温泉是重庆的一处风景名胜。你们都去温泉洗澡，又到游泳池中浴着天然的温暖的波浪，好像投入了慈母的怀抱，在池中东跳西跳，玩了一个多钟头，才依依不舍地穿起衣服，又去游公园。踏着石镶的花径，观赏着路边红的花、绿的草、青的树，还有那清澈的池塘，玲珑的假山，真正是忙坏了你们的眼睛。然后又到乳花洞游览。乳花洞里，有许多奇形怪状的钟乳石、石笋，真是别有天地，令你们观赏不尽，惊喜不断。北温泉内外还有不少小巧精致的别墅，你想象着，要是住在里面，一定能做很多惬意的梦。到北碚后，你们住在百货市场楼上，参观了由著名企业家卢作孚创建的中国西部科学博物馆和北碚人民公园。看到了很多见所未见、闻所未闻的动物、植物以及动物化石、植物化石等，这些使你很感兴趣，眼界大开。

4月4日，你和战友们从北碚乘船顺流而下，经过古镇磁器口，到了千厮门，然后坐轮船到弹子石。晚上，你们到住地附近的亭子上观赏重庆市中区及江北夜景。只见长江与嘉陵江汇合在朝天门码头，万家灯火，照映在长江与嘉陵江之上，与天上的星光汇在一起，壮丽迷人。

当时，重庆是大西南的重镇，西南局的首府。邓小平、刘伯承、贺龙正领导西南地区和重庆人民建设着锦绣山川。

你还不知道，你的生活、工作、事业乃至生命，将同这座中外闻名的大都市连在一起了！但是，你还是在日记中记下了你当天的誓言：

从今天起，要把我们的生活紧张起来，活泼起来，尤其在互助友爱上，要特别留意……过去的生活是过去了，现在的生活更应好好把握，把今天作个新生活的开始！

刚到重庆不几天，你们就到裕华纱厂演出。上午，你同老赵去厂里打前站，并了解情况。当时，全国、全市、全厂最大的任务就是镇压反革命，肃清特务。工厂领导向你们介绍了运动和生产的情况。下午，全团都进厂了，一去就被引到楼上办公室，糖果一大堆，香烟不断牵，把你们当贵宾一样招待。下午演出，演员和观众都情绪高涨。你觉得，在观众雷鸣般的掌声中，你和演员们都感动得说不出话来。

你写了一首较长的说唱诗《于瞎子诉苦》，于4月16日寄给重庆《大众文艺》。你在当天日记中写道：

我今天特别感到“虚心的学习和大胆的创造”是如何的必要！光学习不创造，会变成眼高手低；光创造不学习，那眼低手也低了。所以今后只有多写，同时多写给刊物杂志叫编辑多提供意见，对进步是有好处的。

十来天以后，你收到了大众文艺社退回的《于瞎子诉苦》一诗，并附带一个简单的意见：“有些地方写得比较形象，但有些地方又写得概念，故缺乏完整性。”这是你第一次听到的意见。

6月24日，你们文工团接受三一五工厂的邀请，为他们成立工厂管理委员会演出。你同陈萍组长先一天去该厂收集材料，创作快板。演出时，快板收效超过了你们的想象！你每念一段都得到热烈的掌声。但是你仍感到你与工人的感情实在还有相当距离，要写出他们所喜闻乐见的作品，不是凭空可得，得经过长久的学习。

1951年7月14日，文工团的共青团支部召开团员扩大会议，发展陈平组长入团。你参加了这个会，受到不少启发。你检讨了自己斗争性不强，与群众联系不够，对组内事情不够关心等。认识到要想作个团员，就必须严格地要求自己！

二、访问老苏区

1951年8月，你随着以王维舟为团长的“中央老革命根据地访问团川陕边分团”的演出队到川北地区慰问采访。

8月9日，你同访问团同志搭乘十几辆汽车到南充，王维舟团长给你们做了报告。王维舟是川陕苏区的领导人之一，在群众中威望很高。他在报告中指出，这次慰问团的到来不仅是访问烈属、军属、残疾军人及坚持革命的老区人民，而且是一个有重大政治影响的工作，大家一定要克服困难，百分之百地完成任务，给当地百姓留下个好印象。在南充，时任川北行署主任的胡耀邦同志还设宴欢迎你们一行。

两天后，你和慰问团从南充抵达达县，到了已离开了八个月的家乡。当天，你就去看望了你中学最要好的朋友蒲新成的母亲——张如惠。她告诉你，蒲新成参加志愿军出国了。开初，她很担心儿子，但听了志愿军归国代表的报告，就觉得应该有个军属的样子，自己尽量多干活，并带领群众热情服务。当你问到蒲心玉，她说：不巧，她跟文工队下乡演出了！她还拿出一个很厚的歌本让你看，自豪地说：她唱会了很多歌子，还要教人唱哩！你听了很感动：像她那样一个穷苦的老妈妈，也只有在今天翻身后才能在文化、政治上得到提高啊！

回到达县，你去看望了李冰如先生，并同许多老同学见了面。同学们见了你的那种热情劲，太使你惊异，也太让你感动了！

第二天凌晨，你同慰问团员乘车去到万源——你们访问的目的地。

在万源罗文坝区署，你们同当地烈军属及老百姓座谈。在一个军属家中，你们找到了一块刻有“消灭刘湘救农民”的红军标语；在一张木桌上，刻着“红九军”“红军战士”等字。这些文物，都是老乡们费尽心思，暗暗密藏，好不容易保存到今天的！

下午，你们同乡亲们一起搭建舞台，晚上，便召开了“军烈工属及残疾军人群众大会”，你们为大家表演了九个文娱节目。

几天后，你们又下乡。你们一行二十多人越过险峻的山岭，到达曾家乡，受到了当地群众那样热烈与盛情的欢迎，他们一边忙着为慰问团做饭，一边在大太阳下为你们唱歌、打花鼓、扭秧歌。你和宣传队的同志也抓紧时间为老乡们唱歌、跳舞。你感到，你们同他们已经交融在一起了！

你和宣传队的同志给大家演出，受到群众热烈欢迎。晚上，你们排小歌剧《鸭绿江畔》时，虽然天黑如漆，但老乡们却一个又一个抱着被盖、打着灯笼，来看你们演戏，学着你们唱歌。有一个瞎子，听见军乐后，也摸着来看排戏；一个五十多岁的老头，也细声地唱着写在黑板上的“主题歌”。排演完毕，你们几次叫老乡们回去睡觉，他们都觉得还没看够，不想走！这些老乡很多年都没唱过歌了，那天，他们放开喉咙来唱了！

在8月23日的演出中，各乡各地的军烈属代表、秧歌队、花鼓队、连箫演唱队都从四面八方热情而又整齐地走来了。当晚，在石窝乡竟聚集了四千多人。你们的盘子、金钱板、方言戏，特别受欢迎。

这一天演出，你还登台饰演了“王区长”。你在当晚的日记中写道：“晚上演出，我演《鸭绿江畔》小戏中的‘王区长’，第一次与群众见了面，还未出多少大的缺点。”

1951年9月15日，正是八月十五中秋节，你经过一整天的跋涉，回到了自己的家乡。沿途看到谷子已经收割完毕，家乡的土改也已经完成。你们家的大院里有两家是地主成分，被迁出了院子，而另外搬了几户农民进院子住。你们家因为你参军，还有两位亲人叔爷梁章炳和叔父梁光忠参加红军牺牲，既是军属，又是烈属，门上挂了两块军烈属的光荣匾。你高兴地写了一段快板：

光荣匾，金闪闪，高高挂在门上面。

人人去来人人看，人人夸来人人赞：

好儿女，上前线，保家卫国去作战。

家属要光荣头上加光荣，

儿女要模范当中争模范。

在川北的慰问活动中，你特别注意搜集、记录和整理红军时期保存下来的珍贵文物。在万源第四区区政府的河口场，看到了很多红军时代的标语："打倒日本和一切帝国主义！""工农专政！""坚决消灭刘湘，保卫川陕赤区！""国民党是刮民党""庆祝中华苏维埃共和国胜利！"

在河口场，你还看到了当时的农村干部保存下来的三张苏区纸币，正面上方印"中华苏维埃共和国"，下印"国家银行"，中间有斯大林头像，两边是镰刀斧头；背后上方印"全世界无产阶级联合起来"，下方印"土地归农民，政权归苏维埃"，当中有手持长枪的工农武装人员的像，出票日期是1935年。

你在万源期间还访问了不少老同志。在三区罗文坝，你采访了侯正虞、张星民；在四区河口乡，你采访了张清全、张良先；在五区石窝场，你采访了向茂阳；在大沙乡，你采访了李武才、杜开武等人。你记录、积累了那么多丰富的、生动的素材，为你日后创作《红云崖》，做了坚实的铺垫。

三、在成渝铁路工地

1951年，你被调到重庆西南军区公安部队文工团，并接受西南文联主席、著名作家沙汀的指示，随文联文艺创作组，深入成渝铁路工地沿线体验生活。

修筑成渝铁路是四川人民四十年来的心愿，也是刘伯承、邓小平、贺龙主政大西南之后，发展四川的一项重大举措。成渝铁路是新中国成立后，由我国自行设计施工、采用国产材料修建的第一条铁路。成渝铁路于 1950 年 6 月 15 日动工，1952 年 7 月 1 日全线通车。

你到工地后，即深入实地，了解大量情况。在 11 月 22 日的日记上，你记载了成渝铁路修筑概况：

1. 动员组织群众（自去年 10 月 28 日起）；2. 报名并民主选举干部，编队；3. 开向工地，初步学习一些技术，分工、教育、改善生活；4. 动员了三万五千多人，主要是内江、隆昌、资中、资阳、简阳沿线五县的。

不久，你到了工地，帮修理炮钎家什的工人师傅拉风箱，很快就与几个铁匠混熟了，彼此交谈着以往和现在的生活和工作情况。第二天，你就搬到一中队民工棚去住，与他们生活在一起，听工人们讲述他们改进打炮眼、安炸药的方法。当晚，第一次在工地睡觉也第一次与工友们一起作息。天刚蒙蒙亮，炊事员就把饭煮好了。同去的创作组的张某还像平日在城里一样睡懒觉，几乎把饭都吃脱了。你觉得这样很不好，会在无形中形成特殊地位，与工人们打不拢！在上工的路上，张某又提出在这儿住不惯，认为这儿不紧张，不典型，应该找一个比这儿好的队去体验生活才有收获。你还是提出你一贯的意见：应该继续住下去，不要像个搜集创作素材的文艺工作者那样去做客，当旅行家；而应该安心与他们住在一起，混熟了，自然能了解到他们的思想感情。但你说服不了他，就一个人留下来，同民工们一起劳动生活。你体会到，只有同工人打成一片，放下知识分子的臭架子和文绉绉的作风，帮他们搞这搞那才行。

上午，你同他们一起冲了两个炮眼，手很快打出两个血泡，但你却体验到了工人伟大之所在！这石头，硬得像钢铁一样，一碰就起火星，而这座又高又长又大的大佛岩，居然就是被工人们一锹锹、一铲铲、一炮炮地削了半座下来，使之彻底变了样！不知有多少汗水茧巴血泡，才换来了这么大的成绩啊！看看自己手上的两个血泡，再看看面前被削下一大片的大佛山，你从心里感到，真该在这儿为民工们立个“纪功碑”！

你同工人们边谈边劳动，他们也慢慢“梁同志长”“梁同志短”地同你拉起家常来了！

下午，你又到资中银山镇附近的铁路大桥去参观。倪股长指着大桥说：“这大桥已足足架了一年，花了好多钱，好多工，但是，匪特一包炸药就可以破坏了！所以我们每天晚上要组织民工夜巡。”这简短的几句话，让你知道了公安工作之重要！

过了两天，天上飘起了水雪，你同工友们一起披着蓑衣，戴着斗篷，毫无惧色地去了工地。你们手脚虽冷，可心里却是热烘烘的！

工地搬运组的同志要你抬石头。你说：“抬嘛！我一定好好向你们学习，你们也好好教，收个好徒弟！”你对他们坦诚地微笑着，也十分认真卖力地抬着石头。他们抬起都挺吃力的，你依然卖力地抬起走了。总之，他们教你做啥，你就认真卖力地做啥。工人们高兴地说：“你都还能服从组织分配。”还有的说：“你锻炼出来，比我们还行！”

你在劳动中也孕育着作品。你写了《工地是战场》的歌词，你觉得还很有力度，很有气魄，就交给作曲家李康生。他很快为你谱出了曲子，也很有力，只是不易唱，难以流行。

你产生了一种想法：把成渝铁路上的很多动人的事迹用小诗写出来。因为写剧本还要很多素材进行综合加工分析提炼才可能着手写，而小诗则可以较快地构思，较快写出来。

而且你还试着与民工合作写诗。你首先同他们一起编他们最熟悉的工具诗。你先从十字镐、炮钎编起，先给他们一些诱导，然后让他们编写，你再加以修改，再念给他们听，最后修改出来。有个叫杨本成的小工人，活泼伶俐，编的东西很顺口，比如说，他编《十字镐》：“十字镐，两头尖，家什虽小能开山。”也很有气魄。另一位工人林宗清也很聪明，他编《炮钎》诗，写他们放炮打钎的过程，最后说：“这点创造还不算，还要继续加油干！”

几天后，你同野谷、李康生等五位创作员由二大队去到十八里外四大队的闪将坳隧道工地。在四大队队部，杨大队长介绍说，他们的工作重点是开凿二百六十公尺的铁路隧道。因为要求在月底完工，所以他们分三班轮换抢修。

你住在大队部里，也睡在大队部里。工友们日日夜夜轮班战斗在隧道里，开山机昼夜在隆隆转动着，洞里不时传来爆破石头的沉重的轰鸣声。工人们在电石灯的臭味里，在机器和火药的噪声和烟雾中，坚持着"捡底"和搬运的工作。隔着篱笆墙就是俱乐部（也是卫生站），白天晚上都有受伤的工友来看伤。

你同李康生商量着创作《成渝铁路大联唱》的组歌。面对成渝铁路建设这个伟大的历史性的工程，你感到文艺工作者落后了，必须加倍工作，努力赶上。于是，你紧张地赶写着歌词，先写出了《盼修铁路四十年》。

1951 年 12 月 7 日，成渝铁路重庆至内江段通车典礼在内江举行，有十万人参加庆典。陈平组长派你同李康生同去参加。一路上，看着沿途翻身农民踊跃挑着金黄的谷子去缴公粮，看铁路工人最后的热火朝天的铺轨工作，你乘兴写出了《成渝铁路大联唱》的《铺轨》一篇。

7 日上午，你作为大会的一名记者，挤在人群中，在椑木镇等待着客车到来。在和煦的朝阳下，火车缓缓开来。你看到车头上的毛主席像笑了，同千万群众欢笑在一起。你看到，70 多岁的老人也拄着拐杖，带着板凳赶来了。烈属黎际熙说："我都 78 岁了，想不到还能看到火车啊！还能要坐一下，试一试！"旁边的老人也兴奋地说："从小就听说修成渝路，修得胡子白，毛主席来就修好啦！"

火车开到内江站了，人们像潮水一样，迎接着胜利列车的开进。十二时，随车来的西南军政委员会的刘文辉、熊克武两位副主席等领导剪彩，接受献旗、献花，记者们争着摄取一个个最有历史意义的镜头。记者们还拍摄了电影。少先队员们举起小小的拳头来，为他们将来更大的幸福而欢呼！

熊克武副主席讲话：在国家经济条件极度困难的情况下，在各个军工、民工及其他职工的努力下，成渝铁路今天已完成了全线的一半了！我向你们表示热烈的祝贺！……

刘文辉副主席讲话：今天参加了沱江大桥的落成典礼和内江通车典礼，欢快的心情是语言不能形容的！在四十年前，川汉铁路的集股，使四川人民留下了不可磨灭的印象……我们为自己的铁路而欢呼!

接着是文联献词。工商联献词。

随后，领导和群众代表、记者们坐上了火车。你也坐上这辆彩车，随列车第一次平稳地驰过沱江大桥。广播车上唱着《咱们工人有力量》，你不禁想到这一个多月来的采访，这真是工人阶级用火热的劳动，把世界改造得变了样啊!

几天后，你写出了《成渝铁路大联唱》的草稿，交给了李康生。他提出了一些宝贵的意见，主要是说缺乏严格的取舍，钻进民工的创作中钻不出来了。这使你感到，要创作优秀的作品，必须要进一步提炼、升华，艺术源于生活，还要高于生活!

在铁路工地，你还访问了劳动模范谢家全、肖光汉等人，采访了无指机枪手；你还记下了“铁路隧道工程上的日日夜夜”，记下了大量的创作素材。你还抄了警卫连的墙报，群众的快板。你一面在生活中学习，一面向群众艺术学习。在这个基础上，你写出了几首《铁路民工之歌》在《说古唱今》和《西南文艺》上发表。这是你在革命部队里的处女作第一次正式发表，你心里有说不出的高兴!同时，你也想到，这些作品是凭着一股热情写的，只写出了英雄的事迹，还没有有力地表达出英雄的思想感情，这一点就是你今后努力学习的方向，只有这样，才能写出好作品。

果然，不久，你写出了歌词《一根扁担》：

一根扁担软洋洋，
挂着筦箕上工场，
碰上我这个铁肩膀，
扁担磨得光又亮，

高山挑成平阳地，
深坑填成铁路基，
要迎接火车早开来，
挑他个不歇气。

这首歌词以口语入诗，通俗易懂，贴近生活，由章枚谱曲后受到广大群众欢迎，在群众中广泛传唱。著名歌剧《白毛女》的作曲家张鲁将歌名改为《扁担谣》并为之谱曲，在各种演出中广泛传唱。

四、去到滇西边疆

1952年7月11日，你接受组织安排，要去云南边疆。

在出发前，你和同志们一起学习了党的民族政策。你在笔记本上记下了《中国人民政治协商会议共同纲领》中的重要条文。

那时，由重庆开往贵阳的货车（不是客车）还是用木炭作动力。你有严重晕车的毛病，只好迎风靠在车窗前面，一天一天站着。

你们从重庆海棠溪过长江，经綦江县，进入贵州桐梓。你发现，贵州桐梓与重庆景色风情迥然不同。高山峻岭，云雾弥漫，牛毛细雨连绵不断，真个是“天无三日晴，地无三里平”。山地多，水田少，加之那年天旱，苞谷、稻谷，都长得矮簇簇的。出桐梓到娄山关，再到遵义县城。你听当地人说，遵义有一座红军坟，自红军长征北上后，老百姓成群结队去坟前烧香许愿，说是有灾有难，一求就好。你觉得，这表面上看是迷信，实际上说明红军在人民心里扎下了根。

汽车由遵义老君关而下，便到了有名的乌江天险。只见这里山势险峻，公路狭窄，汽车就在两岸峭壁间盘旋，甚为危险。一座新修的乌江大桥横跨大江，桥虽不长，却显得极其雄伟壮观，桥侧有“黔水飞虹”四字，真是名副其实，实在是写得传神而又有气魄！

经过息烽县，不久就到了贵阳市。一路上，你克服着寒冷，忍受着颠簸，还仔细地观察着社会、人物、风景、风情，晚上到了驻地又详细地记录下来：

贵州的天气，在炎夏还不热，晚上能盖棉被。在贵阳市看天空，好像抹着淡墨似的，一会儿太阳从云缝里射出来，一会儿又下着毛毛细雨。但市里感到很清爽、平坦，与成都差不离。街上乞丐还很多，到处跟人要钱。一些下力的劳动者穿得很褴褛。的确，旧社会给贵阳留下的创伤是太深了！

你们到贵州省公安总队了解了一下情况后，又乘车至安顺，再到平彝县——这里是云贵两省交界的地方，云贵两省的土地也在这儿划出了明显的、天然的界线：贵州土地发黑，云南土地发红。红色的土地却比黑色的土地出产丰富。晚上到达沾益。第二天，你们坐着小火车从沾益，经过九个钟头，到了四季如春的昆明。这七月的大热天，竟很少有人穿单衣在街上走，多是穿着夹衣或毛线衣。太阳温煦，清风吹拂，使你感到春天的舒畅。在昆明休整几天后，你们又沿着滇缅公路乘了五天货车，到了保山县（今保山市）军分区。这几天，你依然是冒着太阳和风雨站着，脸上晒得黢黑，还脱了一层皮，简直像一个大花脸！

保山是滇西边防重地，这里四面环山，中间一片很大的平原。你缅怀抗战时期军民抢修滇缅公路到缅甸英勇打击日寇的事迹，不禁吟成了《滇缅路上》两首绝句：

一

千里行车滇缅路，硝烟不见见云雾。

结盟抗日想当初，生命线连胜利处。

二

谁能大笔记丰功，舍命也曾保路通。

莫道英魂消散久，沿途尽变云南松。

从8月8日至16日，你们从保山县城走到镇康。保山到镇康没有公路，不通汽车，只能步行。公安部队派了四个战士护送你们，还雇了一头牲口驮运行李。

第一天，你们从保山走了九十里路，住在银川街。

第二天，在牛毛细雨中赶路，你脚上打起了血泡，走路疼痛；你想到了一个好方法：用口罩把血泡罩起来，捆在脚板上，走起路来就轻松多了。

第三天，你们到了新寨，夜宿崇岗街。此街是新建的村子，街的一边是保山县，一边是镇康县。真正是一脚踏两县。

第五天，你们从小猛统到猛捧。

第八天，你们到了马鞍山。

你在 8 月 16 日的日记中写道：

行军第八天，算是最艰苦的一天，风雨纵横，泥泞满道。但是同志们从未喊苦，也不知困难姓什么。一直都往前走，向祖国的最边疆走，现在总算走到了大寨——乙团部了。

这八天来，翻过了无数崇山峻岭，走过了四五百里路，经过风吹雨打，也经过了雾迷日晒。饱吃了香蕉菠萝，也饱吃了玉米洋芋。看见了各族人民辛勤地劳动学习，也看见了他们对人民军队的热爱。

祖国的边疆，由于长期受土匪特务的扰乱，国民党的残酷压榨，很多劳动人民，至今还少有衣裤，过着很苦的生活。正因为这样，我对解放了的边疆，更怀着热情，更觉得可亲。我有足够的信心，相信我们忠实勤劳的各族人民在政府领导下，一定会一天天走向繁荣，在国防线上筑起铁壁铜墙！

从保山步行八天，才到了镇康边防团团部。接着，你又同一排战士一直去到了尖山、南伞街等中缅交界的边防前哨。你们刚到尖山时，老百姓同你们很生疏。不久，便渐渐地接近你们了。你们宣传组的战士教他们唱歌跳舞。起先，他们只有少数人来唱，慢慢地，大大小小，男男女女在每天傍晚时，都拿着一把干蒿杆，从七八里远的寨子跑来学唱学跳。他们由不懂乐谱到能唱能跳了！你发现，他们在唱《种田人》等歌的时候，感情非常丰富！每天，他们要唱到十点多钟，才点着干蒿杆回家休息。在这期间，你也犯过一个错误：你见当地汉族人家像旧时代一样，给十来岁的小姑娘缠脚，疼得她们哭叫，十分可怜，你就用当地的曲调填了一首《放脚歌》教她们唱。姑娘们都高兴地唱开了。

你很高兴。谁知，过几天，她们都没来活动了。一问，才知是因为教唱了《放脚歌》，引起家长反感，不许他们的女儿来了！这使你大吃一惊，自知这会影响对敌斗争的宣传。为此，你主动向宣传组作了检查，这首歌再也不教唱了。

你在边防前线还参加了不少面对面的斗争。有一天，你同宣传组的同志到小白沙寨子去，那里住着五六家汉人，有几家搬到外国麻粟坝去住了。对面土匪住的村子看得很清楚。过去，这一带是拉锯式的互相斗争的地区。老百姓听到土匪枪一响，就逃到山上去，不然就要被他们杀了！你们去了以后，好几位老大妈噙着眼泪说："大军，你们没在这里呀，土匪我们怕死了！听说他们一来，我们老的老，小的小，都往山上奔，小娃叫唤大人也哭。等天亮回来一看，啥都抢光了！牛牵走了，猪拉走了，几个坛坛罐罐也打破了。每年一到秋收时节，土匪总要来，一年风里来雨里去，收的一点玉米旱谷就被搞光啦！"

你们到这个村去之前，先叫一个老乡——人民小组长先去说，叫老乡们不要怕，不要走。你们去了以后就宣传"对敌斗争政策"。这些政策，不但老乡明白，就是对面的外国人也知道；敌人反宣传，我们就揭穿他。经过一段时间的工作，终于回来了十几家人，十几个人。土匪也渐渐被孤立了。

在保卫边疆的战斗生活中，你深深地认识到：守卫在祖国最边远的战士，是祖国的最前哨。从朝鲜战场来说，西南边疆是大后方，但就整个中国而言，却是祖国的南大门！作为边防战士，你感到无比的自豪和光荣！

8月21日，你从乙团去到独水井二连。赵指导员给你介绍了情况，决定让你到尖山去，因为那里有个组在搞对敌斗争。22日，你赶了一趟南伞街；23日，你到了尖山。

尖山真正是最前哨了！这里一眼就能看到缅甸，麻粟坝就在眼前，土匪住的寨子看得清清楚楚！战士们告诉你，土匪往往乘我们不注意，就窜过边界来侵扰抢杀。今年3月，我们部队调回去学习，土匪们就跑过来，把联防组看守的四个人杀死了三个，还点燃哨棚烧毁了他们的尸体！

几天后，你幸运地参加了真枪实弹的战斗！

那是 1952 年 8 月 29 日，你们驻尖山的军民联防组突然接到一个情报：以黄大龙为首的土匪在赶大水井街，这帮国际土匪经常来街上抢人赌钱，他们钻我们部队离那里较远的空子，来侵犯我国边疆。30 日，二连指挥员带领了一个排，要去打敌人的埋伏。太阳偏西时，每一个人都准备好了武器弹药、干粮和白毛巾、便衣等。7 时，便开始向前赶路。

出发前，指挥员作了简短有力的动员："同志们，我们面临的敌人是政治土匪，是帝国主义特务恶霸三位一体的武装。我们边防部队要坚决消灭他！"

二排长说："我们今晚要在正下半夜 4 点赶到街子埋伏好！——也就是说，就是要在夜里走过这六十里没有路的路！另外，还要节约弹药，特别是自动武器！"

于是，你们这支威武雄壮的部队大踏步前进了！

向导有两个，一个是佤族的联防组长，一个是崩龙寨联防组员。那个佤族的青年满怀仇恨地说："我们四五代人都遭土匪枪杀。如今我们一家三口只穿一张羊皮，谁出去谁换上。非林（大军之意）回来啦，我们才有好日子过！"

你们开初走的还是大路，转一个弯，翻一座山，就走小路了。因为怕对面敌人发现目标，就在莽莽苍苍的树林里像蛇一样梭进。月亮从叶缝里筛出碎影，你们走过，连鸟也没有惊动。一个山头一个山头地爬上去，石壁陡峭得要压下来，谁要是摔下去，就得在四五丈深的山沟里找人！你见小鬼司号员背着军号和步枪，走路倒也快，可是摔跤也多。一次滑到坡脚去了，他爬起来首先查看军号和步枪没有坏，便又一股劲地向上爬。脚腿擦了一层皮，他都没管。

在西南边疆，天气是多变的。当你们下一个光秃秃的山坡时，大风大雨吹打得人睁不开眼，脚底好像抹了油，三步两摔跤。"摔吧，老子卖给你啦！""啊，又立了一大功！""噫，差点才摔到潭底！"虽然是这样艰苦，你和战士们却轻声快乐地说笑着。一会儿，雨又停了，你和战士们早已淋成落汤鸡！小鸟在路旁的荆棘里冷得打战，露水都沙沙地摇下来。沟那面，忽然发现两个火把在闪动，传来一阵阵牛铃的叮咚声。于是大家都边走边望着这可疑的火光。“静！静！静！”的口令一个接一个地悄声传下来。向导走在前面看得清楚，他对指导员说：“开始我以为是土匪在拉牛呢，仔细看，那是老乡在犁地。他们白天躲山，牲口不敢在家，晚上才回来开地种荞麦。我们过去也是这样。”

离目的地不远了，由于你们赶得快，这时才半夜两点，便停留在一家老乡的小屋里烧了开水喝。老乡不作声不作气地把明天要做早饭的苞谷煮在火上，他非给你们吃不可！你们再三婉言谢绝，他说：“同志，吃吧！你们深更半夜都为我们打土匪，还不是为了我们过好日子！”你们说：“这是我们的责任！”老大娘却把苞谷按在你们手上说：“我们要你们不挨饿，也是我们的责任。”结果还是照价给了钱才完事。

在路边，看见许多没人住的破草房，据说过去这里有十来家人，都被土匪烧的烧了，赶的赶走了，自从你们来了，发动“对敌斗争”的政治攻势以来，才搬回了几家人。

大水井到了。这里四面都是山，街在一片开阔地上，共四条路。指导员叫二排长带一挺机关枪和一个步枪班埋伏到街子右边的路旁；其余的都留在右边的两条路口，其中一条路通向缅甸的麻栗岭，由街子到国境线只有半里路，敌人一定要往这边逃跑，于是把机枪架在侧边一座小山头上，你们都在这一人多深的茅草丛里隐藏起来。在黎明前的一阵黑暗里，大家稍微闭了眼养了养神，只留两个哨兵监视周围的动静。

你和战友们在野外行军、露宿，冒着生命危险等待着战斗的来临。凌晨醒来，看着周围群山的景色，你不但没有艰难困苦的感觉，反而产生了战斗的豪情和爱国主义的情怀！你在日记中写道：

阵阵的晨雾，淡淡的云霞，青青的山野，缕缕的炊烟，我们祖国的边疆多美啊！我们为她而战斗，我们要拿生命来保卫她！

五六十只眼睛盯着敌人的来路。10点了，还没见一个赶街的，大概敌人不来了吧？不会，他们照例要来赶街的，因为可以在这里捞一把或打听我们的情况。可是为什么不来呢？难道他们会知道我们的行动吗？也不会的！但是，老百姓为什么还不来呢？

“啊，老乡赶场不会有这么早。他们起来才磨玉米做饭，再从四五十里路赶到这里来，哪有这么早呢？”向导对我们说。

“狗东西来了！”司号员指着那一路大摇大摆的匪徒骂道。指导员望去，前面一匹枣红马上，坐着黄大龙——他过去独霸在此，为非作歹；现在逃到缅甸，与我们为敌，声言要反攻大陆。黄大龙后面跟着二十几个土匪。他们根本不知道有无数的枪口正对准他们的脑袋。战士们早已推上了子弹，沉不住气地等待着号声。可是号声没响，等敌人来了一起打！敌人进街了，赶街的也陆续来了，差不多全是妇女。她们是从几十里地赶来卖点东西，买回一点盐巴吃的。可是往往半路又被这一伙土匪抢去了。狗崽子，我看你今天抢吧！

不到半点钟，我们的便衣队已慢慢向街子接近。突然，老乡一窝蜂往街外跑，大的大，小的小，异口同声地嚷着：“抢人了！抢人了！”老乡刚跑开，三个土匪也追出街口来。指导员把他的指挥旗一挥，军号响了，机枪打破了沉寂，接着是步枪的声音。土匪乱了起来，跑出来不知所措地乱打枪。他们根本没有想到有这么一遭，就像是碰到了神兵天降似的！两挺机关枪像铁扫帚一样扫了过去。

那驮着刚抢来的布匹、盐巴的骡子射倒了。接着，又倒下了几个。其余的稀里哗啦往山上爬。半山腰，他们有两个人受了伤，大声大叫地吵着。住在麻粟岭外国地界上的土匪听见枪声，抬来一挺轻机枪和重机枪在山头哒哒哒地朝下打起来了。卡宾枪也在乱响。但是我们却不吭气。他们打枪打得更凶了。他们是怕我们往上冲，才在那里穷咋呼，像哭丧一样叫着。

雨又来了。打得人睁不开眼。我们的机枪手在仔细观察着敌人的火力点，看准了以后才蛮有把握地向上打点发。我还拿过司号员的枪打了他几家伙。对面也不时还击，只听子弹在身边嗞嗞作响，我心里有点胆怯。可是一看我们的战士微弯着腰找寻敌人沉着应战的姿势，我也慢慢不害怕了！

你在最后以景抒情，结束了这篇日记：

雨后的太阳，分外温和、分外慈祥地照着我们祖国的边疆和胜利的边防战士。

当天的伏击，我军胜利归队，无一伤亡。后来听说敌人被打死四人，打伤五人。匪首黄大龙也被打伤，不知逃向何方了，很久都没再回麻栗岭的家……

看了你的日记，听了你的讲述，我知道了你是以怎样的热情参加边疆军民的剿匪斗争，并且在这些活动中还从一个文学作者的角度，观察、感受、体验和记录着这一切！

几天后，你接到二连连部的信，就回到独水井，以后又回到大寨团部。你和创作员主要做俱乐部的工作。

1952 年的国庆节快到了。指导员说：“团里一再来指示说，敌人是不甘心我们庆祝伟大的国庆节和中秋节的！他们一定会来捣乱！”领导一号召，战士们每天都爬上背后小山上修整工事：搞地堡、对空射击坑、伏射掩体、交通壕、单个立射坑……夜里，哨兵把子弹推上了膛，刺刀在月光下闪着乌黑的光辉。山头上，还修起了三层楼的碉楼，用松木夹着泥土垒成。碉楼四周的枪眼，都像睁开的眼睛，注视着敌人的动静！

在准备战斗的同时，领导对文娱活动也很重视。你组织战士们开会前喊啦啦词，唱歌；发动大家写快板，写文章，在吃饭时听广播，这激起了大家写作的兴趣。你自己更是带头写作。你写了小戏《边疆战士》，并亲自教战士们排练；你还写了歌词《我是祖国的哨兵》，说唱《一颗子弹》，以及《山泉流响的地方》《橄榄坡上》等多首诗歌。

11 月初，你又行走八天回到保山军分区，再由保山坐五天汽车返回昆明。11 月中旬，又坐三天汽车，回到重庆。你们文工团正需要自己创作的节目。万占坤团长找你和北夷了解了一下，让你们把在边疆写的作品修改排练出来。他对这些作品还比较满意。他说：“你们刚回来，不休息，就‘劳动生产’，真好！我们深感抱歉！以后再好好休息！”

你创作的说唱节目《一颗子弹》在西南军区文艺会演中获奖。你更感到责任重大和光荣！

由于你下云南时在连队参加了伏击敌人的剿匪战斗，在群众工作中取得了突出的成绩，再加上创作收获较多，在1952年年终评比中被评为三等功臣。

五、雪山草地行

1953年3月，你随剿匪部队进军川西北，参加了雪山草地战役，并参加修筑成都到阿坝的公路。

3月6日早上，你在中央人民广播电台听到了斯大林病逝的消息。很快，你们接到了到雪山草地工作的任务。9日下午，你同部队向九龙坡火车站赶去。走到长江边，5时整，大家站立默哀，送斯大林同志入葬。

10日上午7时上火车，20多个车厢装着战友们向成都前进。唱歌、打扑克，是战士们最爱的。你和战友们唱着歌：“太阳照在绿草地，田园变得更美丽……”

11日凌晨2点半，你们在睡梦中抵达成都。

部队的行动是神速的！当天早上天还没亮，你们就又坐上了汽车，驰向了辽阔的川西平原！

晚上到达理县薛城镇。这里已不通汽车。第二天早上5点半，天还没亮你们就起床行军了。头天晚上，你们宣传队的同志商量了，要做一次行军鼓动，打响第一炮，打开新局面。你们写鼓动标语，贴鼓动标语，又在部队中宣传。你一路上嗓子都喊哑了。战士们听到你嗓子哑了，关心地对你说：“歇一歇吧，太辛苦了！”但是，你丝毫不觉得苦。你觉得，行军途中最辛苦的要数炊事员。他们白天行军得走在前头，部队休息他们要给战士们煮饭烧水，半夜又要起来煮饭。战士们吃完赶路了，他们还要收拾盥洗用具，然后挑上笨重的罗锅提前赶路。你们当天晚上赶到杂谷脑休息。

在杂谷脑一觉醒来，只见对面山上一片白。有的战士说是月亮，有的战士说是雾，才下岗的战士肯定地说那是雪！这时你才明白昨夜为什么那么冷！

在天撒粉亮之时，你们出发了。你们爬过了一座满是白雪笼罩的大山。路旁的柏树都像开满了梨花。这使你想起古人的诗句："北风卷地百草折，胡天八月即飞雪。""忽如一夜春风来，千树万树梨花开。"你和文工团的同志不怕疲劳，在部队休息时赶到山腰鼓动，给他们唱歌，打快板，鼓励战士背着四五十斤重的背包胜利地通过了山岭！晚上，你们夜宿蛇卡全，还给战士们进行了慰问演出。

3 月 17 日，你们翻越三千两百米的鹧鸪山。鹧鸪山一片白雪，像一头巨大的白色老虎，雄踞在进军的路上。这连绵的群山就是岷江的源头。山上长着成千上万株的雪杉，既直且粗。这里地势高，气候冷，可是战士们心里热腾腾的，不顾风雪严寒，向着山顶攀去。到了山顶，你连一点汗也没有，只是喘不过气来！只见万山都在脚下，周围白雪茫茫。战士们坚持往上爬，体弱的同志脸色都变了，但别人要帮他背点东西，他却坚决不同意！战士们互相勉励着，显得那样愉快，那样高兴！他们豪迈地说：

"你山再高，又矮了一截！"

"不怕你山高，又踩在我脚底下了！"

上山高，上山累，可下山却更危险！下山时，积雪尺厚路陡冰滑，稍不注意就会像溜冰一样滑下去！有时，人得用手抠住雪走过最滑的地方，许多人的手都抠出了血！

走下雪坡十五里，就到了马塘。大家驻下休息。

3 月 23 日，你和战友们从奔湍的江流旁的羊肠小道沿江而上。在路边，经常可以看到当年红军长征的足迹和山岩上留下的标语，如"红军夺回土地分给穷人"等。你看着这些红军留下的标语，想到今天自己又走着红军长征的路，克服困难的信心也就更高了！

路上，你们看到几个喇嘛寺，远远望去，寺前漆着花纹，金黄的庙顶在阳光下发光。你们爬上了三千六百多米的高原。在小草冻结的土地和泥泞中行进，十分吃力，走几步就喘气，好多人都鼻孔流血。

但是，你们终于到达了辽阔的草原地带——龙日坝。

第二天，你们从龙日坝出发，继续向草原地带行进。你看到，草全被霜雪打黄了，周围几百里都没有什么人家。但是，土壤非常肥沃，层层叠叠的腐叶已把土壤变成了黑色。你听说四川的第一个集体农庄就是在这里创办的。你坚信：当成阿公路修通后，前景将是很可观的！

晚上部队要休息了。眼看上面就是很多的喇嘛寺，但为了尊重兄弟民族的风俗习惯，你们按照上级提出的“冻死不住民房，饿死不吃民粮”的口号，就硬是在一个冰雪凝结的小溪边住下了。这一天你们已经走了一百四十里路，牦牛还没驮来帐篷，你们只能就地躺下，用雨衣一盖，就睡了。半夜一觉醒来，雨衣上已满是白雪，满山遍野全是白茫茫的一片！空气凛冽，寒气如刀尖般刺人肌肤，所有的东西都淋湿了。床下（能称为床吗？）像流着自来水！可是，你同你的战友却没有人叫苦。有人还说：“当年老红军比我们更艰苦，条件更坏。”不一会，炊事员已经在严寒的野地里为同志们烧水煮饭了！火舌一伸一缩，像舔着天。站岗的战士，披着雨衣，高度警惕地站着。因为马良残匪就在这二三百里地里活动，这里已是匪区了！

当天你们就要翻山越岭，踏雪破冰，进入你们的阵地了！

你拿出笔来，就在这四千多米的高原上，在凛冽的寒气中，在朦胧的晨光中，写下了当天的日记。

到高原后，首先要煮饭。没有柴火，你和战友们就在高山上去拾柴。你们冒着没膝深的雪，拿着绳子，到雪原上去拾柴。你们把那一人多高的树枝丫折断，用绳子捆起来，再拖回驻地，交给炊事班，以便他们为你们做饭。

你和战友们在四千一百多米的山上挖工事。

队长指导员召集各排干部到帐篷动员说：“挖好阵地，是阻止马良残匪的关键。不挖好工事，能够阻止敌人么？”

指导员也说：“现在的敌人已是热锅上的蚂蚁东逃西窜，想找火力薄弱的地方逃跑，很可能从我们这儿经过！今天我们完成了工事，就是胜利！”

你和干部们接受任务后，都满怀信心地拿着铁锹走出帐篷。

这是冰冻了的土地，是像铁石一样硬邦邦的土地！但你和战友们毫不畏惧！铁锹挖下去，现出几点白星，竟然纹丝不动！但战士们毫不气馁，一锹一锹地挖！手出血了，挖！鼻血直流，挖！渴了，饿了，挖！铁锹把子断了，挖！风吹裂了脸，雪盖住了头，还是挖！要在敌人到来之前挖好我们的工事！多流汗，少流血，顽强地挖呀！拼命地挖呀！

终于在高原上挖出了半人深的阵地，以阻止马良土匪。

就这样，第一天过去，铁石一样的冻土，终于在你和战士们的毅力和铁锹之下屈服了！你们在结冰的高山上挖出了几尺深的长长的坑道，两边堆砌了两尺厚的墙，墙中挖了枪眼，瞄着敌人的来路，只等敌人的到来。战壕上还盖了木条，搭了雨篷，下面就成了温暖的家。一个班，一个排，就在工事里安了家，只要一有情况，翻身就可以开打！

在这里，你作为战斗的一员，看到战士们的决心战胜了一切！

同时，你这些天的战斗生活还让你经受了很大的磨炼，得到了脱胎换骨的改造。

你背上背着四五十斤重的背包长途行军，还是第一次。开初觉得很累，肩疼腿痛，力不能支。但是，你看一看身边的战士，马上就感到，战士们比你背得多，背得重，人家都吃得消，你怎么就受不了？同时，你还想到：我会不会掉队？能不能支持得了？你坚决地在心中回答：不能掉队！支持得了！为了实现自己的理想，为了争取入团，你必须坚持，必须跟上队伍前进！你没有掉队，就说明你阶级觉悟有了提高，感情有了变化！今后，比这更艰苦的生活，你也能过，比这更艰苦的工作，你也能胜任！

你第一次在雪地上睡觉，当冰雪盖满你全身的时候，你一下想到，我从娘肚子里出来，这还是第一次，妈呀，真苦啊！但是，你马上又会想：你来是干什么的？不是来干革命的，来战胜艰苦的？没有艰苦，哪来胜利？没有艰苦，哪来锻炼？艰苦就是光荣！艰苦就是考验！想到这些，你反倒觉得艰苦的生活没有啥，而且你还决心改造一下环境。第二天睡觉前，你先去刨平了一块土，再折些树枝和草盖在上面，再铺上防潮的雨布，居然在雪地上铺上了一架“钢丝床”！早上醒来，你猛然想到：只有这样靠自己的双手，才会改造环境，创造奇迹，创造幸福生活！而且，也只有这样的生活，才是真正美好的、有意义的生活！

上泉啊，你是真正在艰苦而火热的战斗生活中自觉地磨炼自己，提高自己，并在生活中提炼着哲理和诗情画意！

你在部队中自觉地、主动地观察和采访优秀的指战员，向他们学习，并从他们身上汲取着思想的营养，不断地提升着自己的思想境界。你在日记中记下了十六团一连王指导员的事迹，也记下了你的一些感受。

你到连部，首先就看到那个披着衣，说话既有魄力而又亲切的干部，他就是这个团的重点连——一连的指导员。你们早就听说，他在政治上真有一套：在黑水战役三天三夜的固守战中，在七百多敌人包围着他们连一百多人的情况下，在粮食供应断绝，吃草根、嚼牙膏甚至渴得喝尿的情况下，同志们仍然士气饱满，毫无怪话。你知道，这都是与他的政治工作分不开的。你了解到，在部队最艰苦的时候，他提出“向艰苦的进藏部队学习”的鼓动口号，在吃喝都没有的情况下，他提出“向志愿军学习”的鼓动口号，战士们马上就精神百倍地工作起来了！以至在他们连出现了那么多好人好事：有从土匪手中抢回少数民族银圆又归还老乡的事迹；有拾得少数民族小孩又千方百计帮助其找到父母，使其父母由不理解到理解解放军并主动带路剿灭残匪的战士……你还进一步了解到指导员的身世：他是河北石家庄人，父亲被日本鬼子杀害，曾当过长工，1944年参加八路军，一直参加了淮海大战。渡江战斗中，他们连是突击连，战船被敌炮击沉，一排人几乎全部坠江牺牲，他是轻伤后抓住船桨渡过长江的。之后又进军到西南。他入伍以来，参加大小战斗不下百次，立大功六次。你问他：“在政治工作中，为何能一贯保持部队旺盛的情绪？”他说：“首先是我了解连里每个战士的性格思想；二能及时发现问题；三能抓紧干部党团员，每开一次会一定要解决一个问题，达到会议目的。”

在雪山草地，你还观察着、欣赏着、记录着高原美丽的风景和独特的风采：

草原上，青草正发芽，一片嫩绿，青得可爱！成群的牛羊迎着柔和的阳光在低头吃草。小小的河流在轻轻流着，小鱼在大胆地游荡，天空只有几丝白云。可是，你要认为这是不变的好天气，那就错了。中午以后，风就起了，沙土打得你睁不开眼，一阵又一阵在你耳朵里也装满了沙土。风停了，有时也传来几声雷鸣，有时不声不响，雪就飘起来了，冰雹就打下来了，躲也躲不及。接着，又是一片和煦的阳光，来晒干了雪粒，晒干了牛羊的毛，晒干了鸟儿的羽毛。可爱的草地，又像个动物园，又像一幅图画。

你以那样的热情记下了你听部队军号之声时的诗意感受——

同志，当你听到部队军号之声，响彻营地，传过山寨，掠过山野，飞向广阔天空的时候，你就会想到这是祖国对指战员们的召唤，召唤他们为建设现代化国防军而紧张地学习，卖劲地工作！他们都忠实地站在自己的岗位上担负着祖国给予的重任。……

在雪山草地，你看到了党和政府团结少数民族上层人士所取得的成绩。

你知道，华尔功成烈、索官赢和苏永和是阿坝藏族自治州的三大头人。他们都在党的民族政策感召下，经过曲折的过程，成为统一战线的依靠对象。

你在4月13日记下了在头人华尔功成烈家的演出。华尔功成烈是当地头人，党和政府做了很多工作，把他团结起来了。他积极支持政府工作。郭林祥政委为了更好地做统战工作，决定在华尔功成烈家召开州人民代表大会。郭林祥还叫你们文工团的演员们都去了他家。这一天你同文工团的都化了妆到他家去。军乐作前导，离他家还有好长一段路，华尔功成烈就满面笑容，骑马相迎。到了他们家，你们又跳国际舞，又表演歌舞。这使他开阔了眼界，也更靠近我们。这是一个很有政治意义的工作。这天他看得入了神，也非常高兴。那些给他送酥油、献哈达的老乡们，居然第一次见到他不收礼品了。

那天，他以最上等的、招待上宾的宴席招待你们。除郭总指挥以外，都席地而坐。你们还同他和索官赢轮流照相。你知道，上层工作做得好，人代会就顺利得多。

不几天，就召开了人代会，你在4月17日的日记中记下了这次盛会：

在草地阿坝格尔登寺前，搭起了会场。16日便开始开会了。从各个部落来的土官、老民以及华（华尔功成烈）主席、索副主席、公堂活佛，和我部队机关的首长都参加了。共一百多人。军号一响，一面鲜红的国旗升起来，风刮得她哗哗地飘。在帐篷里的各族各界代表都一致注视着她。

献花献舞献旗。

上午会后，我们抬来了七门无座后力炮，连鸣24响，庆祝这次有史以来第一次人代会的召开。炮声甚大，却命中一个目标，这使僧侣百姓都缩颈吐舌，可是匪特会吓得发抖的……

这天，张部长做了报告，在政策上作了详细的解说：

解放军要遵守三大纪律八项注意；现行制度不予改变，因为这套制度土官、头人、老民都同意，都还拥护嘛，为何要改变呢？像今天参加会的索副主席，他不但还当他的土司，而且还当上藏族自治州的副主席了，他的权力、他的威望就更高了……像在座的公堂活佛，不但照常当活佛，而且还当上军政委员会的副主席，不但在这里有威望，在茂县等汉人地区也有威望，他还到过北京见过毛主席……

我们坚决实行共同纲领的民族政策，民族平等，反对民族歧视，要团结互助。人民解放军要坚决这样做……头人、土官、老民、寨首被迫或受欺骗宣传为匪逃走者，回来不咎既往，并保证以往地位和其生命财产安全。凡匪首匪众，只要能缴械投诚者，从宽处理；要坚决与人民为敌者，则坚决消灭之……还有，我们不但要完成剿匪任务，而且也要搞好群众生产！要求贸易工作要以批发为主，使私商多销多利，要把四川与甘省的路打通，大量输入货物。同时还要搞好文教工作、贸易工作，把银行、学校都要建设起来，更好地为人民服务……

接着，总指挥官郭林祥在人代会上讲话说：

在黑水战役中，华尔功成烈主席领导着人民，积极支援人民解放军，把傅炳勋等三匪首捉住了，并领导士兵剿匪、堵匪，这种精神，我们永远不会忘记，并要叫藏族自治政府向贺龙将军报告，使他知道华主席和他领导的人民是如何在积极地帮助解放军。华主席现在身兼数职：他是阿坝自治区人民政府的主席，又是四川省藏族自治州人民政府的副主席，同时又是草地的大土司。

索官赢副主席是四土的土司，现在是四川藏族自治政府的副主席，是四川民族事务委员会的副主席，还是黑水的大头领。苏永和他曾抵抗过我们，但今天工作做得很好，诚心诚意地改过，不是两面派。

我人民解放军是各族人民的子弟兵，就是说，人民是我们的父母。我们就是要保护人民的利益。我们这个队伍是毛主席教养出来的人民武装，纪律严明，秋毫无犯，坚决执行毛主席的民族政策。不说远了，就说这次来阿坝，因交通不便，未提早通知华主席准备房子，所以我们指挥部都同样露宿了一个晚上。华主席的官寨没经过他同意，我们都没住。事后，华主席对我们很关怀，曾下命令叫寺里腾出一部分和尚喇嘛庙的宿舍叫我们部队住，但我们感到会妨碍僧侣念经，就没有进去住。

土官华尔骞上台讲话：

毛主席的政策使我们能在一起，我很感激！我由于好多事情不知道，上了特务土匪的当，犯了很大的错误。有两个黑水来的特务说了些欺骗话：共产党要把有钱人整尽，不要土官老民，只爱穷人，便与土匪一起打解放军。后来，解放军把土匪打散了，把我也打散了，但解放军给寨子里的百姓说：一定要把你们的土官找回来！后来把我找回来了，给我说明了政策。也只有毛主席的政策才这样好。要是国民党那个时候，我这命早没有了！我希望在座的一定不要听信土匪特务的谣言，不然把头掉了都不晓得……

在边疆生活中，你还随时随地记录着生活中的语言。凡是听到那些生动的、风趣的谚语、言子、方言，只要是积极向上的，赞美新生活、新时代的，你都及时记在本子里。以至于你各个时段的日记本、记事本中，都有一段一段的关于语言的记录。如第八本，就记了下面一些谚语：

猫吃尿泡瞎喜欢。

纵有登天摘星手，抓捞不住是枉然。

马到临崖收缰晚，船到江心抛锚难。

安心立意吃泥鳅，不怕青泥糊住眼。

你还抄录了不少少数民族的民歌：

其一

天上的星星离我远又远，
离我远的姑娘不能相见。

其二

从远方飞来一只布谷鸟，
飞到辽阔的草原上。
人地生疏野茫茫，
口在唱歌暗心伤。

这些语言很有文采，又很生动。

7月，你又参与修筑从成都到阿坝的公路。鹧鸪山海拔四千多米，是成阿公路上最高的山。山高严寒，你们眉毛都结上了冰，鼻孔里喷出的气都凝成了冰碴。帐篷里冷得像冰窖，早上起来，毛皮鞋都被冰雪冻住了，拔不起来，你们不得不用铁镐来撬！但是，就是在这样千年积雪、冰雪酷寒的雪山上，筑路的战士们搭起了雪白的帐篷，炊事班点起了烧饭的炊烟，这一切使你产生了丰富的想象和联想，灵感光临了！一股强烈的情感涌上心头，诗句汩汩而出，《鹧鸪山》诞生了：

望不到顶的鹧鸪山，
中午了，还见云雾弥漫；
那不是云雾呵，
是筑路军工烧饭的炊烟。

望不到边的鹧鸪山，
六月了，积雪还未化完；
那不是积雪呵，
是军工的帐篷白得耀眼。

在炊烟中，在帐篷间，
云集的战士成千上万，
工地就是新的战场，
远近的歌声正在回旋……

这是你在高原写的第一首新诗。你借用了藏族民歌的一种表现形式：那是什么？那不是什么！以设问和解问设置悬念和释念的方式，巧妙地描写了鹧鸪山上筑路军工们烧饭的炊烟、雪白的帐篷，描写了劳动的歌声在回荡，抒发了战士们的理想……这首诗从生活中发现了朴实的美，它显示了你向少数民族的民间艺术学习，走大众化、民族化的方向。

六、康藏新歌

1954年11月，你随西南军区慰问团赴康藏公路慰问筑路部队和民工，行程直至拉萨。经过四年部队生活的孕育，你终于写出了第一批优秀的诗歌，跻身中国优秀青年诗人的行列。

从重庆回到成都后，西南军区公安部队鲁瑞麟司令员刚刚才从凉山雷波剿匪回到成都，听说你们文工团要去慰问进藏部队，他穿着一件黑皮短大衣就来接见你们。你们一见到首长，全都兴奋地围上去。他亲热地同你们一个一个地握过手后，便同你们谈起音乐舞蹈的培训问题来。他一边说，一边比画着，气氛顿时就活跃起来了！他情绪饱满地说："我们凉山真好！现在正在修发电厂、礼堂，还要建农场。我还亲手在礼堂种了一盆菊花，还有十九株其他的花，简直就成了小花园了。不信，我们明年去看看！"你听他说"我们"两个字，觉得是那样的亲切，不由从心里产生深厚的爱。

晚上，在军区礼堂召开的欢送你们慰问团的宴会上，鲁司令员又换上了军装，同贺炳炎司令员坐在一起，亲切交谈。只有一只左臂的贺司令员挥动着左臂，坚毅而纯熟地给你们讲话，他那带点四川口音的讲话，使你感到分外亲切。听战友讲，贺司令员的右手，早就献给革命，献给祖国了！

几天后，你们从成都启程，前往雅安，再到康定。康藏公路，从雅安开始。作为西南军区部队的一个作者，你们从成都到雅安，都受到了热情的欢迎和隆重的接待。所到之处，鲜花在飞舞，手臂在挥动，口号在高呼。你深深地感到兴奋和荣耀，也感到责任的重大！你深知，正是这些举着鲜花、热情挥动着的手臂，硬是从数百公里的横断山脉开凿了一条宽阔的大道！你能不为他们好好创作吗？！你能不为他们献出优秀的精神食粮吗？！

汽车在康藏公路上盘旋，抬头能看见山顶的积雪。次日，汽车飞上了二郎山的雪线。你不由得带头唱起《歌唱二郎山》的歌来："二呀嘛二郎山呀，高呀嘛高万丈……"

你知道，这里的每一寸公路，每一块石子，都洒着军工的血汗。

公路边，经常有烈士墓。许多筑路战士牺牲在雪线上。你觉得，这漫长而崎岖的公路，本身就是一部热血和汗水书写的、读不尽的教科书，随时在教育着你！

上下二郎山，大约八十公里。山下不远处，就是有名的泸定桥。想起毛泽东《长征》诗“金沙水泊云崖暖，大渡桥横铁索寒”，你很想去细细地游览一下。你征得特别许可，去参观了红军飞夺过的这座铁索桥。这座桥架在急浪飞腾的大渡河上，由十二根粗铁链架在两岸，中间铺着木板以便行人。你走上桥，感到桥身在怒涛中摇晃、颤动，你不由得想到当年那二十二位红色战士在铁索上冒着枪林弹雨冲过大桥的英雄行为！你感到，铁索上还有他们的指纹，桥头上还有战火烧黑的烟痕。使你高兴和欣慰的是，桥的那一头有一个青年画家，正在细心地画着它，他正把自己的敬爱之情、敬重之意贯注在画面上！

你看到，在这座历史性的大桥上游不远处，又新修了一座铁桥。

铁桥头的石碑上刻着毛主席的长征诗。

两边桥柱上有朱总司令的亲笔题写的对联：

万里长征犹忆泸关险

三军远戍严防帝国侵

额上横书着“大渡河桥”。

大渡河激扬起你的诗情，一进入藏区也触动了你厚重的历史感。因此，当你们慰问团的汽车在部队的欢迎行列中抵达康定城后，你特别去访问了一位七十几岁的藏族老学者。他告诉你：早在20世纪初，藏区就曾发生过一场场激烈的战斗：

1903年，英国派兵入侵西藏，当时坚守在江孜炮台上的藏军用土枪、土炮和大刀，顽强地抗击着英军一次又一次的进攻，一直坚守了四十多天！弹药用完了，就用石头砸；粮食吃完了，吃野菜马皮，坚决不把自己的领土交给侵略者！最后，他们全部殉难在自己的营垒上。

住在帕里附近的藏民，他们的庄园被烧毁了，很多人被英国侵略者抓住鞭打、烧头发、烧脸，但他们毫不屈服！

在曲美辛科地区，有五百多名藏族士兵英勇战斗，全部壮烈牺牲！

你听了这些英雄的事迹，心里想到：帝国主义者想用武力使西藏与祖国分离，永远也办不到！

他还告诉你：在从亚东通往印度的一个险要山口上，藏民们奋起抵抗英国侵略者。他们用羊毛驮子塞住山口作为工事，与侵犯的敌人进行殊死抗争！

你们慰问团所到之处，当地群众都热烈欢迎。慰问团给指战员带去党和政府的慰问，给他们演节目，还带去各种礼品。你在慰问过程中依旧注意观察生活，了解和体验生活，在日记中记下了大量生动的事迹、战士的诗歌、群众的语言和创作，细心地汲取着生活中的素材。你详细地记叙了医生为一位藏族姑娘治病的事：

甘孜县有一位任区长的郎加头人，他有个媳妇叫日根，怀有身孕已七个月了，周身长了严重的脓疮，他家把她送到军医院进行检查，是得了脓毒症，若不立即治疗，就会死去。但是看了病以后，郎加又把她领回家去了，不愿治疗，医生说不服她。医院决定叫门诊部的何医生带着护士到她家给她看病。去他们家有十多里路。到了藏民家，医生发现病人需要输血，何医生就同其他护士一起争着给她献血。她家的人看着一大管的血从解放军身上抽出，又注射到日根的身上，又感动又激动。不久，她的病势好转了。以后，何医生又到她家治疗，医生护士不怕脏，不怕累，为她洗身擦伤，一连看了五十多天，直到她生了一个男孩子。这真使郎加和他父亲太感动了！

该怎么来报答解放军呢？

他们家给医院送去了一大沓银圆。医院当然不收，因为这是免费治疗。这让郎加很难过。那么，送解放军几块地吧！解放军不是要种菜吗？但解放军依旧没接受。第三次，郎加又给医院送去了牛。他们诚恳地给医院说："这是我们藏家的风俗习惯！你们若是不收我家的牛，那就是看不起我！"医生手足无措，想了半天才说："啊啰！我们不能收你们的东西，毛主席叫我们增加生产，这牛就拿去耕地，我们就高兴了！"过年的时候，郎加家又商议了：送解放军锦旗和鲜花吧！于是，到了节日，郎加带着日根，抱着婴儿，来到医院贺年，几百名藏胞都跟着来了！

郎加兴奋地说："解放军真是雅姆雅姆的救命恩人！若不是你们，我的媳妇和孩子通通的死啰！"说着，他又在藏民的歌舞中，把写着藏汉两种文字"起死救生，为民先锋"的锦旗赠送给医院，连同哈达和鲜花。

这一来，消息在藏区传开了！藏民们都不找念经的人治病，而专门找医院的医生治病了！

这件事，激扬起你的诗情，你写出了《哈达和鲜花》：

这是洁白的哈达，
这是绯红的鲜花，
北京派来的医生呵，
收下它吧千万收下！

你用洁白的真情，
为藏家疗伤治病；
你用绯红的血液，
救活了我的生命。

我的生命中，
有你的生命跳动；
我的心脏里，
有你的热血沸腾。
……

鲜花加上哈达，
是深情中的深情！
哈达加上鲜花，
是汉藏亲如一家！

这首诗写得质朴、亲切，完全是从生活中提炼出来的，写得很有感情，只是略显推敲不足，有些稚嫩。

七、《阿妈的吻》

你写了这首诗，还意犹未尽。几天后，你采访了一位“边疆姑娘”胡剑青。她是江苏海滨的一位姑娘，从护士学校毕业，于1952年11月从祖国最东边来到西边的昌都市，从平原来到海拔四五千米的康藏高原，从学校来到边疆。她是助产士，开初来了感到很吃惊，因为藏民生孩子都是躲在牛棚一个人趴在地上生，生下婴儿后用一块小羊皮一包就算完事，所以，产妇的生死只能听天由命。了解到这种情况后，她们与头人接了头，开始重点为藏民接生。她们接生的孩子平安无恙，这就渐渐地宣传开了。她们还在医院为婴儿缝了一些衣服，送给婴儿们穿，好像自己真正做了母亲一样。胡剑青特别说：

> 昌都有个母亲曾生了八个孩子都死了，可是这次到医院来生，一次生了个双胞胎，母子三人都很好。我们每个星期还要到她家去看看她们母子好不好。她们看见新医院开门，一连两三天都歌舞不停。有的母亲把脸贴在玻璃窗上亲一亲，那意思是说：我们藏家有了自己的医院了！……

胡剑青还说了很多，可是，这段话却给了你心灵的震撼和激动，更给了你诗的启迪！尤其是“有的母亲把脸贴在玻璃窗上亲一亲，那意思是说：我们藏家有了自己的医院了！”

又一天，你漫步在公路边的一所医院门前，看见一位年近五十的阿妈，抱着一个白胖胖的娃娃，脸额贴着明净的门窗，一次又一次吻着自己的孩子，眼里含着泪花。这使你又想起胡剑青给你讲的故事，还使你想起日根的故事，于是灵感突然间产生，你抓住了“母亲的吻”这个精彩的细节，这个精美的意象，这个构思的中心环节，很快写出了优秀的诗篇《吻》（之后改为《阿妈的吻》）。《阿妈的吻》是你创作的一个大收获，是你的代表作：

> 阿妈哟阿妈，
> 你为什么不说话？

眼望着新修的医院，
为什么噙着泪花？

问你你不回答，
吻着怀里的娃娃，
向医院步步走近，
你到底在想些啥？

莫非想起以往的孩子，
没有一个长大，
莫非想起旧日的病痛，
找不着一个“门巴”？

阿妈，你擦干了眼泪，
是不是要说说心里话？
笑脸却紧贴着明净的门窗，
像吻着白胖胖的脸颊

啊！你吻吧！吻吧！
你以吻孩子的母爱，
在吻着自己的医院，
在吻着自己的祖国呀！……

显然，《哈达和鲜花》与《阿妈的吻》这两首诗，都非常热情。但后一首诗经过更多审美的提炼和升华，抓住了母亲吻孩子和脸贴在医院的门窗的动作意象，构成了精美的意境，经过丰富的想象和联想，含蓄而深沉地表现了藏民对新生活的热爱，对祖国的热爱。

你还写了好几首有关医务工作者的诗。如《姑娘是藏族卫生员》，通过藏族女卫生员到藏民家为藏民打针却遇到误会而展开的故事，表现了新一代藏族卫生员高尚的医德医风和藏族人民对她的爱护：

“不要那样看我，
不要那样看我，
我脸红得像团火。
年轻的牧人呵，
不要把我认错！
姑娘是藏族卫生员，
到你帐篷作防疫宣传，
不是找你有话说……”
……

“阿妈不要留拦，
阿妈不要留拦，
我还要到雪山那边的保健站。
不喝你家的酥油茶，
不吃你家的青稞面，
姑娘是藏族卫生员，
只有一句心里话：
祝你母子都平安！”

诗歌表现了新中国培养的少数民族医护人员正在茁壮成长。艺术手法上运用了误会法及对话法，显得新颖别致、生动活泼。

1955年，《人民文学》发表了《阿妈的吻》《牦牛队的姑娘》《姑娘是藏族卫生员》等诗。你一下就出名了！很快，上海学者吴欢章等人编著的《中国诗人成名作选》将《阿妈的吻》收入。编者说，该诗之所以称为诗人的成名作，理由有三：第一是诗人审美追求与时代诗美流向和谐统一，第二是诗人不断追求新的艺术创造，第三是诗人善于从生活中获取灵感。

的确，你是以“战士行列里的歌者”的身份，“来参加这支进行曲的合唱的”，你的审美追求与时代诗美流向达到了和谐统一。

八、《“金桥”，通车了！》

12月15日，太阳灼热地直射着雪山。你同慰问团乘车经过雅砻江木桥。慰问团决定为进藏、援藏、建藏光荣牺牲的烈士扫墓。步行几里，就到了墓地——烈士们就长眠在雪山下的雅砻江边。你们用双手扫清了坟上坟前的积雪和杂草。手都冻麻木了，但你和同志们一样，依然默默地清扫着。你想象着这些为建设西藏而积劳成疾流尽最后一滴血的同志，他们用生命铺平了前进的道路！烈士墓园奏起了哀乐。你看见很多人眼圈都红了，甚至连旁边围观的藏胞也站在那里默哀。他们都知道，这些汉人的死，正是为了他们！

你在心里说道：“烈士们，安息吧！你们的精神永垂不朽！像雅砻江一样奔流不断，像喜马拉雅一样高耸万年！”

再后，你们经过马尼干果，经过新路海，车轮在雪原上转动，在白云层转动，终于到达雀儿山。汽车盘旋在这座海拔五千三百米的高山上，车轮经常深陷在四五尺深的雪道里，全靠推雪车给车队开辟道路。上行十二公里，车到山顶，你不由得高兴地举目四望，只见雪山万重，山顶群峰如剑。山上有水晶石，闪烁发光。你发现，雄鹰都只在半空掠过，不敢超越山顶。上到山顶，你头昏脑涨，呼吸困难。你不禁想到，军工们能在这么高峻的山上，在这么陡峭的险关，修出这么长的一条道路，我们坐车的还怕什么！下到雀儿山脚，就是烈士张福林的陵墓。墓园就建在山脚的冷杉林中。你怀着崇敬的心情，同慰问团的同志们一起，缓缓走进陵墓。只见陵墓门口写着：“历尽艰辛犹不屈，雀儿山上建功勋”的挽联。墓园内，摆放着无数的花圈。你近前瞻仰时，好像还看到他正在山口上放大炮，好像还听到他正在高唱着《打通雀儿山》的战歌。你又想起在雅砻江边看到的那些无名的烈士墓园，心里禁不住激情喷涌，浮想联翩：正是张福林和他的战友们的努力和拼搏，才在从来没有人走过的雪山上，修起了宽敞的公路！于是，你激情翻涌，写出了《谒张福林墓园》：

雀儿山低下了积雪的峰顶，
雄鹰扇动着沉重的翅膀，

我们肃立在你的墓前，
把崇敬的心意献上。

采来长青的雪松枝条，
采来不谢的冰山雪莲，
和着我们深切的怀念，
细心编织成美丽的花环。

有着共产主义理想的人，
他的生命是永远年青——
当唱着《打通雀儿山》的时候，
我们依然听见你洪亮的回声……

你从内地带来的五色菜种，
已撒遍高原，撒遍边疆，
在雪线上开花结实，
传播着灿烂的理想……

雀儿山呵，把你的头颅高仰，
雄鹰呵，任你展翅飞翔，
我们英雄的张福林，
还屹立在战斗的岗位上。

从甘孜到昌都，沿途严寒刺骨。车在凛冽的寒风中前进。霜花把黑毛衣领染成白色。你不禁吟出了一首古体诗：

高原万里雪茫茫，满面风尘满面霜。
日夜巡逻云海里，敌人胆敢侵边疆。

到了宿营地，刺骨的严寒把钢笔的墨水都冻成了冰！你不得不哈着热气把笔尖的墨水融化，硬是哈一口气写一个字，把这首诗记了下来！

在雪山上，太阳透过薄雾，把第一缕光线照射到最高的雪山上，而弯弯的晓月还挂在西天。

车过金沙江，是汽车坐上木船，木船用铁索套上长链，长链挂在两岸，用四人推轮盘过渡。河中浮冰飞快下行，河水映着青山，呈深蓝色，极其好看。车到哀牢山顶，一望无际，视野辽阔。汽车从山顶盘旋而下，转折几十道。高山顶上还是霞光明艳，可山沟里却黝黑一片，生长着高大的原始森林。

经过宗加拉，在辽阔的大山中，除了隔河的小桥边有几户藏民居住外，连绵的山岭上都是冷杉林，青翠的绿叶掩映着凹凹凸凸的石山，非常美观；加上云雾缭绕，显得更加奇特。这景象，恐怕只有在中国的山水画里才能见到！你有时又想，即使画家如实画出，观者还可能说："这是假的！世界上哪能找到这样好看的地方啊！"

在河谷中，你还看到了更奇丽的雪景：河谷中，冰花高悬，如同瀑布；水沟中的水亦成冰川；日出雪化，冰下涌出喷泉，热气腾腾，那是高原严寒中的温泉啦！

早上起床，只见旭日东升，彤云满天，炊烟四起，雄鹰高翔，好一派动人景象！

我真为你感到高兴！你是那样幸运！还那么年轻，就参加了人民军队的伟大行列，看到了世界上多少人想看而看不到的绝色美景！

1954 年 12 月 25 日，这是你永远不会忘记的日子——这天，康藏、青藏两条公路通车到拉萨了！你诗意地想到：这两条祖国母亲的大血管汇流到祖国边陲——西藏了！这一天，你们在昌都的云南坝上，举行了四千多人的大集会，大庆典！你看到藏民都穿上了节日的盛装，军人们都带着奖章来庆祝这个喜庆的日子。虽然风在吹，沙子在飞扬，但是，你看到会场上人们的士气是那样的轩昂；领导讲话之后，还有联谊会的两个藏族姑娘上台自由发言，一个讲话，一个翻译，她们都为这金桥的诞生而欢欣鼓舞！会议从上午 10 点开到中午 1 点结束。晚上在后勤司令部礼堂狂欢跳舞，你感到，这里的音乐与拉萨的欢呼声交织在一起，交融在一起……

就在25日夜晚，你在激情燃烧之中，一口气写出了《“金桥”，通车了！》：

这一天，金沙江
　　　　澜沧江
　　　　雅鲁藏布
在一起纵情歌唱。

这一天，二郎山
　　　　折多山
　　　　色齐拉
在一起闪闪发光。

因为，这座“金桥”
从首都架到了拉萨，
跨过千山万水，
带来了东方的彩霞。

四年，这战斗的四年，
一千多个白昼，
一千多个夜晚，
都盼望着这一天。

为了这—天，
一千多个日子的严寒，
都集中在一个时辰，
我们也经得住考验！

为了这一天，
一千多公里路的艰险，

都集中在一个工地，

我们也要与之决战！

……

珠穆朗玛女神，

听到了这个喜讯，

将更高地昂起银光闪射的冠冕，

骄傲地望着远大的前程。

……

这庄严的时刻呵，

使我们无比欢腾，

北京是幸福的发源地，

我们和祖国一道

正——在——前——进！

1954 年 12 月 25 日，昌都

1954 年新年夜，你与同志们在昌都市后勤司令部礼堂狂欢跳舞直到黎明，即 1955 年的 1 月 1 号。你想起前年的新年夜，也是在文娱晚会上跳舞唱歌迎来新春。于是，你在日记上写道：

愿新的一年能在政治上更进一步，在创作上得到丰收！（1954～1955 之过渡时即记）

果然，在新的一年——1955 年，你迎来了创作上的丰收年。

1955 年 1 月 3 日，你由昌都出发到太昭。第一天走了七十公里，到西西站时，太阳尚未落山，你们便到温泉去洗澡。你看到，沿河一带都有滚烫的硫磺泉，人们在这里修了几个澡池，远远看见雾气腾腾，泉水流经之地，都结成了白色钙体。你下到水里，只觉烫得不行！人们说："这简直可以煮鸡蛋了！"你们只好拼命放冷水。在高原，能有这样热的水洗澡，真感到周身轻了几十斤！

1月4日，汽车经过邦达草原。这里是一望无边的平坝子，连一根树木都没有。小河完全结了冰。虽不适合农业生产，但却是天然的牧场。风很大，天很冷。到下宜拉山的时候，天气渐渐暖和起来了。从这里直下五十多里，道路曲折蜿蜒，如蛇，如飘带。山底下便是怒江天险。只是，怒江到冬天已经大大枯竭，完全没有夏天山洪暴发时的威势。现在水呈深蓝色，两岸的高山直耸入云，仿佛把天都夹成了菱形，太阳恐怕只有中午才能晒到河底！

汽车沿着河谷前行，便到怒江桥。怒江桥没有桥墩，全凭钢索横架于两岸之间。公路从悬崖峭壁间劈开，通到桥头。筑路战士在大桥头留下了一块巨石，如尖刀刺天，上用红字书写着"英雄阵地"四字。汽车再往前行，你在半山腰上看到了"征服山"三个大字！你的心陡然一颤！不禁思绪绵绵：你知道，这里原来没有名字，是战士们用巨手征服了天险，打通了大山，改变了穷山恶水的形象，并重新给大山命了名。而这名字，显示了战士们怎样豪迈的气概啊！在这里，你又听到了一个传说：说是古时候，由于大江阻隔，两岸不通往来。一天，有个牧人听到有个姑娘在唱歌，他四处张望，四方寻找，见到一个美丽的姑娘就在对岸唱歌。他也对着姑娘唱起来。他俩隔岸对望，隔岸对唱，隔岸对话，感情越来越好，可是就是不能走到一块，只能用歌声传递自己的爱情。日子久了，青年牧民再也忍受不住这爱情的折磨，便跳到江中向对岸游去。不料水大，青年游到江心，就游不动了。姑娘一见爱人要沉水，急忙奋不顾身地投入江水去救他。但是，狂涛很快吞没了这两颗真诚相爱的心。你听了这个传说，更加感慨藏族人民是多么渴望有一座桥梁啊。你更感到了这座座桥梁，这长长公路，为藏民带去了怎样的方便和福祉啊！正是这些纷至沓来的思绪，凝聚成了《"征服山"》这首诗——

这是一座无名山，
却是有名的天险，

怒江波涛在怒吼，
冲击着陡峭的崖岸。

英雄的探路者，
曾踏下第一个脚印，
在脚印上面，
公路就要前进。

英雄的挖炮手，
在命令高山投降，
用钢钎和八磅大锤，
对准岩石的胸膛。

多少个日日夜夜，
工兵顽强地搏斗，
炸药掀动着坚石，
大山在面前发抖。

车队从江桥上驶过，
放炮的烟痕留在边坡，
好像记功碑上的字句，
血汗的光辉还在闪烁……

这是一座无名山，
却是有名的天险，
当它被劈开了的时候，
才留下个名字——“征服山”！

1月5日，你们乘车翻过唐古拉山。进入森林区，这一段路又陡又险又窄。不久就到了安错湖，湖面结着一层薄冰，湖中有些凸起，上面还长着冷杉。安错湖据说有四十公里长，不太宽，公路只在湖边行走了十多公里。再往前，是密口站。四面高山入云，天如井口，夜来月色溶溶，你们在篝火旁谈天说地。夜里就住在藏胞的空房子里，墙壁已经无板，睡在屋里，可以望见雪山，星星犹如舞台布景，还可以听见流水的声音。

6日，你们来到了扎木。这里，四面白雪积在山顶，山下便是一个大平坝。远远望去，密密的树林之中，是一片帐篷和崭新的楼房。你走进平坝，见烈士张福林所在的师部就驻在这里。这里面还有贸易公司、新华书店、邮电局、税务局，真像一个小城市。这里的同志自豪地告诉你说："这里将来就是几万人的城市！"是啊，这周围有用不完的木材，路边有几十公里的桃花。你在附近转了转，只听见伐木声、钢锯声、铁锹声响成一片，你感到，轰轰烈烈的建设正在进行着。

7日，你们行车一天，晚上到达通麦，搭帐篷，在行军床上安睡。你不但不觉得苦，反而还感到别有一番风味！

9日，接到总团电报，让你们前往拉萨。你们带着欢欣的心情前进。每隔十来里路，就有战士们摆着茶水、糖果等着慰问团汽车的到来。你们的车子到达之后，他们都热情地递上口杯，捧上糖果。因为你们急着赶路，没法停留，战士们便把这些礼品抛进车里。这使你被战士们的深情感动。

10日夜，你们途经皮康、昭化、格桑，直接赶往拉萨！太阳落山时，景色特别好看，只见东方出现一颗很大的星，继后，一轮明月从山头冒起，显得分外巨大。晚10时，你们才在茫茫月色中到达拉萨。

在拉萨，你访问了"永不褪色的旗帜"——张福林班和"高原炊事班的旗帜"——一五九团五连炊事班，访问了一六二团熊兰清、一六〇团炊事班蒲国有。

张福林班的战士们在行军中，每人平均负重八十斤以上，爬过一座座山，淌过一条条河，他们毫不畏惧。晚上，睡在小帐篷里，底下铺着油柞柴，下边哗哗流着水，他们也毫无怨言。他们在波密地区修路时，见两岸几家藏民过河时只能在溜索上滑来滑去，每过一次河都要冒很大的危险，他们便决定为藏民们修一座桥。他们加快速度修路，提前三十天完成了上级交给他们的筑路任务，然后请求上级，要求给藏民义务架一道桥。上级批准后，他们跑到几里外砍下树木，运来木料，又到几里外的地方背来几百斤一块的石头，搭建木桥。当时天气冷，河水又深，战士们勇敢地跳进河里，只几天时间就建起了木桥。这下，不但乡亲们可以安稳过河，连牲畜都可以自由通行了。不久，战士们又为乡亲修了一条路。这时，乡亲们拿着哈达、鲜花，到工地感谢架桥修路的指战员。他们知道张福林班是为了纪念为给乡亲们修建康藏公路而牺牲的张福林烈士命名的，就把桥也命名为“张福林桥”，以便永远铭记不朽的英雄。

采访“高原炊事班的旗帜”——一五九团五连炊事班，你记载了他们在高原上为让战士们吃饱吃好，经常派人一早出去挖野菜；他们用黄豆做出豆腐、豆腐乳、黄豆芽、豆浆等；他们用绿豆做出绿豆饼、绿豆丸子、绿豆芽等多种菜品，让战士们吃得愉快，以保障他们的健康。

1955 年 1 月 16 日，你参观了罗布林卡（藏语：宝贝林园）。这是达赖喇嘛避暑的地方。你看见，罗布林卡的楼阁殿宇均金碧辉煌。林园里，非常漂亮的孔雀在林园中自由徜徉，还有仙鹤、野鸦等鸟儿，都在幸福漫游，从不怕人。在西藏，它们都被当作神鸟，任何人都不会伤害它们。

1 月 17 日，你又参观了布达拉宫。布达拉宫是西藏最伟大的建筑。它高十三层，整个宫殿显得雄伟壮丽，里面更是庄严肃穆，灿烂辉煌。你登上宫顶，眺望全城，感到无比激动。晚上，你写出了《登布达拉宫》一诗：

白云托着大鹰，
在脚下飞腾，
呵，
我登上了布达拉宫顶！

我像一只大鹰，
飞腾在白云上面，

呵，

我俯瞰着拉萨全城！

什么辉耀着我的眼睛，
不是雨后初晴，
悬起了横跨长天的彩虹？

是什么那样艳丽缤纷，
莫不是“林卡”的孔雀苏醒，
打开了艳丽的彩屏？

都不是呵都不是，
那是盛装狂舞的人群，
在两条新修的公路上，
迎接祖国的春天，
歌唱拉萨的黎明。
……

3月初，你同慰问团结束了工作，经成都，于三八妇女节这天，回到重庆。

3月份，你又受命调京集训。你非常兴奋。3月28日，你从遥远的西南，沿川陕公路转陇海铁路再转奔北京。你的心情是非常激动的。“因为列车在前进，我每时每刻都在向祖国的首都靠近，向伟大祖国的心脏靠近！”你在日记中记下了你“向着北方”前进时的欢快心情：

向着北方，向着共和国的心脏，是你的脉搏牵着我的脉搏，我的血液在你的身上流淌。

向着北方，我带着南方的油菜花的金黄，带着江南橘柚花的甜香，奔向春天的大野，奔向那绿瓦红墙……

第二章 蜚声全国诗坛

一、新星冉冉升起

共和国的春天是蓬勃向上、春意盎然的。在温暖的春风里，百花灿然开放；在祖国的怀抱里，诗人幸福地成长。

你刚刚才在《人民文学》等杂志上发表二十多首诗，著名诗人、诗评家、中国文学讲习所教员沙鸥就在《人民文学》杂志1956年2月号上发表了长篇评论《成长中的青年诗人——谈梁上泉的诗》，对你的诗作给予了充分肯定，把你推上了中国诗坛。

沙鸥一开始就给予你较高评价：

当我一提到梁上泉的诗，便想到了那种朴素、动人、充满边疆生活的色彩和明快的民歌调子。

梁上泉是1955年才出现的青年诗人。

一年来，他发表了许多诗，我读到的就有二十多首。每当我读到他的新作品时，都感到欢喜和激动，许多优美的诗使我长久不能忘怀。青年诗人是有着多么美好的起点呵！我一次又一次地得来的深刻的印象，使我感到青年诗人是带着他新鲜的风格走进我们的文学队伍的。

沙鸥首先分析了你诗歌的思想内容：

梁上泉发表了的绝大部分诗都是取材自藏族人民的生活和康藏的筑路部队。诗人的生活体验是比较丰富的，歌颂的主题也是多方面的。

藏族人民的幸福生活及我筑路部队的英勇的劳动，是他主要歌颂的主题。诗人把握了这样的主题，说明诗人抓住了生活中的主要的方面。

像《姑娘是藏族卫生员》《牦牛队的姑娘》《山谷的一夜》《高原牧笛》《"金桥"，通车了！》《登布达拉宫》《地上的银河》《这里夜夜平安》等诗，都是直接取材自藏族人民的生活，歌颂藏族人民美好生活的。这些诗的共同的特色是有民族的、地方的色彩。

沙鸥指出，你以朴素动人的《姑娘是藏族卫生员》表现了藏民生活的巨大变化，而且还通过《高原牧笛》探索变化的源泉：是解放带给他们的这种变化，是共产党带给他们的这种变化，是解放军兴修公路，繁荣了经济带给他们的这种变化。这种变化又带来了民族友爱的主题和爱情的主题。

沙鸥还指出，你的诗不但满怀热情地歌颂了生活，而且，还多方面地反映了藏族人民及战士们的感情，对人物的内心世界和精神面貌作了探索。

沙鸥还进一步分析了你的诗歌创作在艺术概括上的成绩。他指出：

作者较善于选择、描写生活与人们身上主要的东西。

诗是离不开生活的，但抄录生活并不能成为诗。这就要求诗人对生活善于作艺术的概括，善于用艺术形象的语言来表现：

先来看看《高原牧笛》吧。筑路部队修建了公路，因而使高原的兄弟民族的生活改变了，这是无边无际的。如果把大大小小的事情都写进去，只会流于琐碎、分散；如什么都不写进去，只说高原的生活改变了，还是免不了成为概念的游戏。梁上泉《高原牧笛》中表现这个主题出色的地方，就在于选择了笛声这个主要的东西……这种不同的笛声就使战士们感受到由于有了公路，兄弟民族的生活与心情都发生变化了。诗的艺术效果在于给人一种实感，给人一种如临其境的高原的情调，读者便在这种感受中接受了诗人的思想。

在《阿妈的吻》中，年轻诗人对生活所做的艺术概括，在技巧上所达到的成就，比起《高原牧笛》来就更高了。藏胞到为他们建立的医院中去看病，这本是生活中大量存在的现象。如果只把握到这样一个现象，仅仅表现了这样一个现象，就会成为平庸的、没有意义的描写……诗人通过对阿妈默默地噙着泪花走进医院的描写，首先揭开了这个人物深刻的内心世界，出色地表现了这个人物的精神面貌。这里就艺术地概括了藏民对共产党所建立的医院的深厚的感情。这种深厚的感情所包含的也不仅仅是医院的出现，还有着整个生活都在开始变化的内容……丰富的生活内容，复杂的内心活动，深厚的情感，就通过了这样艺术的概括得到了这么集中的表现。

《高原牧笛》和《阿妈的吻》给人一种清新、明晰的深厚的感觉，充分证实了青年诗人在技巧上的才能……

这篇评论的发表，把你推到了中国年轻有为的新诗人行列！

二、参加全国青年文学创作者会议

1956 年，对中国来说，是大鼓劲、大繁荣的一年。对于你来说，更是一个重要的年头。

这年 2 月，你被组织派遣，从北京到上海，登上了公安军第四巡逻队的一艘军舰。第二天早上 8 点半，军舰就出航了，驰向长江口准备出海。沿江碰上了很多外国商船。你同许多战士一样，今天是第一次出海，心里都很兴奋。船过鸭窝沙，水虽然还带黄色，但已是一望无涯，风浪也开始大起来了。逐渐就有人呕吐起来。不久，几乎第一次出航的新战士都吐了，你也吐了。尤其是军舰停航下锚，无规则地摇晃，更令人呕吐不止。你吐了几次，几乎连胆汁都吐出来了！晚饭也不能吃。可是，又听说不吃饭，再吐，就会吐出血来，又必须勉强吃一些！但战士们即使呕吐不止，也仍然坚持工作。晚上 8 时，军舰接到电报，叫返回横沙抛锚，因为前面有七级大风。晚上，只见天上的月亮明明晃晃，大放光芒，照着大海，银光闪闪。远远浮标灯时明时灭，浪花泼溅了一夜。你想，不平静的海洋啊！你躺在舰上的床上，真像摇篮似的摇荡不停。这可不是妈妈的摇篮，这是个锻炼你们意志的摇篮。

第二天，舰在原处停了一天，你头已不昏了，苹果吃起来也很甜了。晚上，你和很多水手都唱起了《喀秋莎》和《远航归来》。歌声随着晚风飘荡，特别响亮。

3 月 1 日，你同李湧大尉一起前往阴山路参观了鲁迅纪念馆。馆里有一面椭圆如心的镜子，鲁迅用它照影多年。你站在这面镜子前，仿佛面对着鲁迅先生。你在心里对自己说："面对这面镜子——鲁迅先生，就深深想到应该怎样做人。"

3 月，你作为人民解放军的代表，出席了首届全国青年文学创作者会议，并被推选为诗歌组召集人之一。这个会对于你来说，是十分重要的，所以你每天都记日记或记周记，详细记录了领导和老作家的讲话。

会上，组织上请了农业部部长刘建勋介绍当前农业合作化的情况。全国总工会书记处书记张修竹谈中国工会的历史和现状，并介绍了当前工人业余文学艺术活动的开展情况，号召青年作者千万戒除骄傲自满的情绪，做一个优秀的人类灵魂工程师。鲁迅夫人、全国妇联主席许广平代表妇联要求青年作家多写一些有关妇女问题的作品，反映她们在社会主义的斗争中的光辉形象。她还以鲁迅刻苦写作，甚至连疾病都不顾的精神鼓励青年作家积极创作。

作协还请了李季、公木、郭小川、赵树理、袁水拍等老作家给青年作家做报告，讲创作。最后，作协还请团中央书记胡耀邦以及宣传部副部长周扬和总政文化部陈沂部长做报告。

会上，你认识了许多著名作家，向他们学习了很多有益的东西。在会上，著名诗评家、中国文学讲习所副所长公木还对青年诗人的诗歌创作问题做了重点发言，他在发言中对你的诗歌创作给予了很高的评价：

把部队生活和边疆建设结合起来歌唱的，几年以来，出现了许多有才能的诗人和优美有力的诗篇。其中顾工、梁上泉、白桦的成就都是比较突出的。

梁上泉也是出现在康藏高原上的部队诗人。他的诗，不只在内容上反映了藏族人民的幸福生活和筑路部队的英勇劳动，而且在语言风格上也富有藏族民歌的地方色彩。《姑娘是藏族卫生员》通过深刻的构思和有趣的对话，描绘出藏族人民对新事新人的欢迎和敬爱。另外，《牦牛队的姑娘》《山谷的一夜》《高原牧笛》《“金桥”，通车了！》《登布达拉宫》《地上的银河》《这里夜夜平安》《阿妈的吻》等诗，都是直接取材于藏族人民生活，歌颂党带给藏族人民的美好生活的。在《阿妈的吻》一诗里，诗人写一位藏族妇女抱着病儿到新建的医院去，一面走一面吻着自己的娃娃，眼里噙着泪花，而当她一步一步走近医院时，情绪也一点一点起着变化，最后两节把对儿子的疼爱，变成对医院的感激，这实际上也就是对祖国的颂扬，这合乎生活的真实内心变化，真正表现出藏族人民对新生活来自心灵深处的满足，以及他们热爱祖国的真情实感，这形象是感人的。《里程碑》《征服山》《雪地炊烟》《家乡的声音》《邮车从远方来》《孩子陪伴着我》《谒张福林墓园》等，则是表现康藏筑路部队生活的诗篇，其中描写了英雄部队的英勇劳动；描写了在长征时曾到过高原并写下誓言：“红军一定要回来”的将军；描写了普通的可爱的战士，战士的爱情、幻想、克服困难的顽强精神和对藏族人民的无限关怀。《谒张福林墓园》一诗，以沉重的调子，来凭吊一个伟大的共产主义战士，他是在抢修康藏公路时献出自己生命的英雄，诗中流露着崇敬而又亲切的真实情感，是一首极深刻的感动人心的悼诗。

公木最后对你的诗歌的特色（接受藏族民歌的影响和浪漫主义成分）给予了较高的评价：“梁上泉的诗由于接受藏族民歌的影响，增加了浪漫主义成分，当然是与现实主义相结合着的浪漫主义成分。这是诗人的最大特点，这也是极为可贵的特点。”

会上，沙鸥和公木作为中央文学讲习所的领导和老师，都邀请你免考参加文学讲习所的学习。你也知道，那是他们对你的关心。但是，你感到，边疆的沸腾的生活在强劲地召唤着你，祖国大踏步前进的雄姿强烈地吸引着你！你不能停下来，你得赶上去，到生活中去，到群众中去，到文学的唯一的源泉中去学习、体验、创作！于是，你又一次选择了云南边疆！

你第二次到云南，也取得了大丰收！你这次到云南，到西双版纳，由于目的明确，又已经有了诗歌创作的经验，再加上是第二次去，过去的积累就发酵出来了，创作的激情在你的心中沸腾起来，你感到左右逢源，想象飞腾，你感到灵光四射，灵感频发。几乎时时都有诗的灵感光临，几乎天天都有诗成，有时一天甚至写一两首诗。真的是创作大丰收！1956 年 5 月，中国青年出版社出版了你的处女作《喧腾的高原》。你沿着认定的方向，坚持不懈地努力，从 1956 年到 1958 年，你先后创作出版了《喧腾的高原》《开花的国土》《云南的云》《从北京唱到边疆》《寄在巴山蜀水间》和长诗《红云崖》等六部诗集，不但数量惊人，而且质量很高。你像一颗灿烂的新星，在新中国的诗坛冉冉升起！

1956 年 9 月，你加入了中国作家协会。

三、处女作《喧腾的高原》

1956 年 5 月，你的第一部诗集《喧腾的高原》由中国青年出版社出版。

这是你的第一本诗集，你的处女作。诗集扉页上介绍说：

> 1954 ~ 1955 年，作者曾在红军长征经过的雪山草地和康藏高原生活过。他用诗歌的形式，歌颂了建设康藏高原的人民和战士，表现了高原上沸腾的新生活。

该诗集收入你的早期诗歌二十七首。其中，《阿妈的吻》被上海学者吴欢章等人编著的《中国诗人成名作选》一书收入。此外，《高原牧笛》和《雪地炊烟》也受到广泛好评。其实，不只上面提到的三首，还有好些诗都写得很有新意。比如：

《“征服山”》就抓住了生活中特定的一个真实的山名（前面日

记中已引用），并展开你诗意的想象和联想，展示出筑路大军开山劈岭的英雄气概。

《牦牛队的姑娘》写藏族姑娘为筑路大军送军粮，表现了藏民的新生活，展示了藏族姑娘的新的美好形象：

牦牛队的姑娘，
穿着枣红布衣裳；
牦牛队的姑娘，
骑在枣红马上。

在高高的雪山那边，
有她亲手织的篷帐，
她住在草原中间，
四面鲜花开放。

她披着朝霞从那里出发，
到兵站驮上军粮，
振鞭吆喝着牦牛队，
追赶着向西的太阳。

姑娘为什么喜气洋洋？
听见了军工的开山炮响。
姑娘为什么笑得像春天？
她情人战斗在前进的路上。

姑娘怎能不着忙？
图线已划过她的帐房。
姑娘怎能不歌唱？
公路正铺向她的家乡。
……

姑娘幸福地抖抖马缰，
鞭儿又在晚风里挥荡，
牦牛牦牛快快走呵，
满布硝烟的工地已遥遥在望！

《喧腾的高原》虽然是你的第一部诗集，但是质量很高，显示出你的才华。你善于用心灵的慧眼捕捉生活中的诗意和美，善于抓住生活中的意象来构思，使诗歌富有诗情画意，很有弹性和张力。前面我们分析过的《阿妈的吻》《高原牧笛》等诗都是示例。这里我想再举《里程碑》为例分析之：这首诗写的是一位指挥修路的将军，表达的是今天的建设是昨天的战斗的延续，这样重大的题材和深刻的主题，是很难把握的。可是你却巧妙地抓住了将军长征时刻在高峰上的标语这个意象，运用了对比手法，把长征时的炮声和修路的炮声联系起来，把昨天和今天联系起来，把战争和建设串联起来，展示了深刻的意蕴：

我们的将军，
经受过长征的风云，
曾拿着军事地图，
指挥红色的士兵，
把胜利的旗帜，
插上这座最高的山峰！

他用刺刀刻下的标语，
在石岩上像闪光的星星，
“红军一定要回来！”
照亮了各族人民的心。

我们的将军，
回来了，又在这山头扎营，

拿着工程蓝图，
指挥身经百战的士兵，
把宽大的公路，
修过这座最高的山岭！

他抚摸着亲手刻下的标语，
又抚摸着脸上的皱纹，
十八年前的誓言实现了，
他率领的大军就是证明！

当战士发起向巨石的进攻，
他想起当年的冲锋陷阵；
当炸药的响声震动群山，
他像听见当年隆隆的炮声。

他用脚走出来的道路，
如今车辆在自由飞奔，
那刻着红军标语的岩石，
已作了里程碑的雏形，
那是革命的里程碑呵，
记载着艰苦的历程，
也预示着壮丽的远景！

四、《开花的国土》

从1955年到1956年，你差不多走遍了我们辽阔的国土：你到过热火朝天的黄河两岸，你到过硝烟消逝的淮海战场，你到过碧波万顷的海防前线，你到过古老的长城内外，你更在“天府之国”的巴山蜀水采访。每到一地，你都被当地的生活和山水所吸引，并写下了激情的诗章。你满腔热情地歌颂祖国的富饶、人民的勤劳、战士的忠诚，歌颂我们时代蓬勃向上的新鲜风貌。这些诗语言清新晓畅，节奏欢快明朗，构思精巧新颖，具有鲜明的时代特色和时代风采。1956 年 9 月，你将这四十三首诗歌收入在中国青年出版社出版的诗集《开花的国土》。

诗集中的大量诗篇，表现了昨日的战斗与今天的建设，如《远望太行吕梁山》《麦苗儿青了》《微山湖呵微山湖》《跨着十万大山》《向着北方》等。《跨着十万大山》就充满了战斗的回忆与建设者的豪情，而且气魄宏伟，意象博大，洋溢着浪漫主义精神：

我跨着十万大山，
从不感到征途的遥远；
我跨过大山十万，
从不回顾来路的艰难。

几年前我是个侦察员，
驱着雷雨，驾着闪电，
搜索残匪的每一个踪迹，
像大鹰一样飞遍了群山。
……

在那些战斗后的露营之夜，
常爱在星光下彼此倾谈：
将来要当个建设战线的尖兵，
来侦察这藏满宝贝的山峦。

我终于实现了自己的心愿，
探宝又来到这往昔的营盘，
相识的山鸟为我报晓，
多情的野花给我做伴。

旧的足迹上又盖着新的足迹，
铁锤叩着激战过的山巅，
我不再用仇恨的目光警惕探索，
心里的每个角落都被爱情填满。
……

我挺胸跨着十万大山，
我迈步跨过大山十万，
要看那十万座比山还高的钻塔，
竖立在险峻的群山之巅！

你还写了不少歌唱祖国山河的诗篇。《长城内外》就是代表作。这首诗以宋词的韵律，歌唱了长城内外的大好风光，展示了新中国朝气蓬勃的精神面貌：

长城高，
千山小，
塞上白云多，
去来拦飞鸟。
铁壁万里长，
屹立到今朝，
风风雨雨两千年，
巍然摧不倒！

关内丘岗如波涛，
穗穗，
苗苗，
黄了多少？
青了多少？

战壕改渠道，
银水村边绕，
碉堡变粮仓，
金谷已装饱。

塞外草原大无边，
花花，
草草，
红了多少？
绿了多少？

塞上烽烟不再起，
眼望彩虹心含笑，
人人驱骏马，
骏马如飞跑，
自由驰骋蓝天下，
只听风声耳边啸。
登城一望千山小，
农歌和牧歌，
更比白云高！

五、《云南的云》

1957 年 10 月，中国青年出版社又出版了你的诗集《云南的云》，收入诗歌四十三首。这是你 1956 年 5 月远赴西双版纳和西盟阿佤山边境与当地军民同吃同住同生活同劳动战斗的收获。这四十多首小诗，像云南碧空的片片彩云，缭绕着平坝高山：有边防军的战歌，有苗家姑娘的欢唱，有阿佤寨的书声琅琅，有傣族青年雄壮的号角，更有蝴蝶泉的奇丽风光。

《潜伏哨》生动地描写了边防战士的形象，表达了他们保卫祖国、热爱和平的心声：

你去，顶着个月亮，
你来，抱着个太阳；
你去，汲一身露水，
你来，披一身霞光。

辛苦了，战友！
昨夜潜伏在什么地方？
是哪一个路口，
第几号界桩？

我知道你的胸襟
为什么那样潮润：
你躺在自己的国土上，
心窝总爱贴得紧紧。

我知道你的睫毛
为什么水珠挂满：
你探视可疑的迹影，
静静地不眨一下眼睛。

红日熨着你的胸襟，
晨风梳着你的睫毛；
向你报告平安的，
是远寨的几声鸡叫……

你还写了边疆军民的鱼水深情和青年的爱情。其中《水泉呀水泉》写得十分含蓄：

水泉，轻轻地响，
我要听他洗衣的歌声；
水泉，慢慢地淌，
我要看他汗湿的面容。

戴金色奖章的人呀，
请看一看我这背水的姑娘！
别低头只顾洗吧，
请望一望我这多情的目光！

哎！响得轻轻的水泉，
说我愿替他洗涤衣衫；
哎！淌得慢慢的水泉，
永远别装满我的水罐……

当然，你更以灵敏的慧眼和优美的笔触，彩绘着边疆的山水，云南的风情。《蝴蝶泉》就是其中的代表：

苍山下，洱海边，
有个蓝莹莹的蝴蝶泉，

蝴蝶泉边蝴蝶飞，
一年一次蝴蝶会。

中甸草原花正开，
你为何飞到这儿来？

丽江的菜花香百里，
你为何远飞来这里？

下关的湖水明亮亮，
你飞到这儿为哪样？

是不是泉水清又清，
对它可以照丽容？

是不是泉水甜似蜜，
恋它好比恋花枝？

五颜六色聚成团，
引人齐奔蝴蝶泉。
……

蝴蝶花下看蝴蝶，
真假蝴蝶难辨别。

蝴蝶起舞人起舞，
应着歌声与锣鼓。

蝴蝶聚会人聚会，
人与蝴蝶不嫌累。

蝴蝶飞回人飞回，
蝴蝶成双人成对……

蝴蝶会的欢歌四处传，
传过苍山洱海到天边。

你采用了信天游的形式，以强烈的节奏感和灵动性，把蝴蝶泉写活了，把边疆各族儿女的团结和睦的新风采传达出来了！

《茶山新歌》是这部诗集的代表作，也是诗歌的成功之作。这首诗歌的创作灵感源于姑娘们对边防军战士们的爱。你告诉我，驻地经常有姑娘们来慰问，来聊天，来听你们唱歌，向你们学歌，来了总是舍不得走。你看出，许多姑娘是冲战士来的。但是，部队有纪律：战士不能谈恋爱！可是，你总想表现姑娘们对战士的爱情——这种爱情是纯洁的，美好的，是同热爱祖国、热爱人民军队的感情联系在一起的。因此，你在诗中以给边防军献茶来形象而含蓄地表达姑娘对边防战士的爱：

茶叶青哟水也清，
清水烧茶献给边防军：
亲人上岗你停一停，
喝口新茶表表我的心！

上岗的小路通到茶山顶，
石头都踩得亮晶晶，
你送走多少风雨的夜晚？
你迎来多少灿烂的黎明？

早晨我采茶走出门，
总要看一看那带枪的士兵；
黄昏我提篮转回家，
总要望一望那威武的身影。

我默默地想呀悄悄地问：
你家乡有没有这样的茶林？
茶林里有没有采茶的大姐？
大姐里有没有你心爱的人？

我高声地唱呀低声地问：
我的采茶歌你爱不爱听？

这歌儿像不像你家乡的曲调?

采茶女像不像你心上的人?

茶叶青哟水也清,

清水烧茶献给边防军:

亲人下岗你停一停,

喝口新茶表表我的心!

这首诗以优美纯朴的语言，描绘了边防战士日日夜夜艰辛而忠诚地守卫边疆的英武形象，表达了采茶姑娘对边防战士的敬重之意、爱慕之情，格调是高尚的，感情是健康的。此诗诗味很浓，既有优美的意境，又有真切的感情。从歌词角度看，首尾两段重复回环，中间四段逐层递进深入，句式整饬，节奏鲜明，音韵流畅，一韵到底，自然优美，语言明白易懂，能歌能诵：诵之犹如行云流水，听之有如金声玉振。这首诗由作曲家铁珊谱曲后在部队和民间广泛传唱。

创作这首诗，你既用了诗的思维，又用了音乐的思维。它证明：你身上既有诗人的高度修养，又有音乐家的天赋素质。

在传唱中，也有个别同志提出一些批评，认为写了爱情，是对边防战士的“勾引”；但是，当时就有文章对这种批评提出了反批评。这首诗歌与你的《红云崖》一起使你在“文化大革命”初受到批判与打击，甚至还被关进监狱。但是，“文化大革命”中，这首歌却依然受到群众的欢迎，甚至被当作民歌流传到台湾地区等，知识青年还把这首歌选入了知识青年之歌。“文化大革命”后，这首歌更广泛地在群众中传唱，并被选入艺术院校的教材之中。

六、《寄在巴山蜀水间》

诗集《寄在巴山蜀水间》于1958年6月由上海新文艺出版社出版，收入写于1957年的二十九首诗，主要内容是反映川陕边区老革命根据地的历史斗争和中华人民共和国成立以来的新变化。

其中，《月亮里的声音》和《祖母的画像》被视为你的代表作。前者被选入钱谷融主编的全国高等文科教材《中国现代文学作品选》；后者被视为现代叙事诗的优秀诗作之一，并被中央人民广播电台多次配乐朗诵，以后又作为你的代表作《山泉集》的压卷之作。（《祖母的画像》留待叙事诗中评析）

你在《〈月亮里的声音〉创作谈》中曾讲到这首诗的创作：

1957年一个春夜，我去北京天桥剧场，观赏参加全国业余文艺会演的四川代表团的演出。一位名叫沙玛乌兹的彝族姑娘，落落大方地出现在舞台上。她高挑的身躯，穿着五色长裙，像拖着五彩云霞，从遥远的大凉山飞降到千多位观众面前。她抱着那张圆如满月的月琴，是那么自信，才从容地弹响一个音符，就把整个场子镇住了，也把我这个常在少数民族地区生活走访的年轻军人征服了。

她那只有两根弦的弹拨乐器，向我诉说着奴隶社会的悲惨景况……当金沙江两岸获得真正的解放时，欢腾的浪花在琴弦上飞溅，荞子花和牧人同舞同乐。激越跳动的旋律又把我挂在眼帘的苦泪一下抹尽擦干了。当丝绒幕把她掩隐，我再没观赏后面的那些歌舞，耳边总萦绕着那月亮里的声音，一直到终场人散，我才发现自己独留堂座未走。

我迟出剧场，已无车可乘了，只得踏着满街的月光，独步独吟，从城南走回城北的军营。在这十里左右路途中，这首诗的腹稿也初告完成了……

《月亮里的声音》写得豪爽而飘逸：

你的胸怀竟如此宽广，
抱住了一个圆圆的月亮；
你的长裙拖着红霞，
从凉山飞到北京的舞台上。

听着月亮里的声音，
几疑是天上的嫦娥下降；
你用琴弦跟听众谈心，
又分明是个彝族姑娘。

月亮里只有个广寒宫，
月琴里却有你整个家乡，
通过你会说话的手指，
把我引到你放羊的远方。

一曲倾诉着奴隶的苦难，
像山顶郁结着不化的银霜，
森严的寨堡里有娃子在呼号，
一滴热泪燃起一星火光。

一曲庆贺奴隶的解放，
两弦间就是欢腾的金沙江，
雪白的荞花开在两岸，
牧人的舞影跃入水中央。

最后一曲献给山区的未来，
弹得星星落在孩子的书桌上，
惊喜地望着那美丽的现实，
一半像神话，一半像幻想。

掌声的急雨把你催回剧场，
幕布的紫云把你深深掩藏，
归来的路上琴声还很明朗，
正像这深夜里满街的月光。

你以月亮比喻月琴，一开篇就展开了一个博大的境界：“你的胸怀是如此宽广，抱住了一个圆圆的月亮。”然后通过“月亮里只有个广寒宫，月琴里却有你整个家乡”的联想，把我们从天上带到了姑娘的家乡，再通过月琴手的乐声，写出娃子的热泪、奴隶的解放和山区的未来，把凉山奴隶的苦难与新生，那样鲜活灵动而又富于色彩地展现出来，既有现实主义的意识，又有浪漫主义的幻想，既有优美的意境（月琴、月亮），又有优美的语言，给人以审美的愉悦，又给人情感的陶冶。正如严辰在诗集《山泉集》的序言中所说：“彝族姑娘把深情化为倾诉的乐曲，青年诗人把深情凝成鲜明的形象。”

《通川桥上》很有特色：你不是一般性地叙述祖国建设的成就、建筑的变化，而是抓住儿时的同学而今成了诗人和工程师，今天相逢在故乡的通川桥上，缅怀往日的生活，展望现实的变化这一场景，这就赋予了诗歌以历史的内蕴和情感的张力：

我们偶然相逢，
相逢在通川桥上；
你的眼，我的眼，
都映着故乡的风光……

桥下不息的江流，
曾流走惜别的热泪；
多年探寻，多年战斗，
我们在狂欢中相会。

你成了建筑工程师，
我写着建设的新诗，
同学时都爱歌唱，
至今依然是同行——

你绘出大厦的蓝图，
朴素得像诗歌一样；
按照它添砌砖石，
节奏鲜明，音韵铿锵。

我把诗句当砌砖的水泥，
让它们互相凝结在一起。
只要站起一堵入云的高墙，
墙上就耀满壮美的诗章！

七、《我们追赶太阳》与《大巴山月》

1960年，你在上海文艺出版社出版诗集《我们追赶太阳》，1962年4月，在重庆出版社出版《大巴山月》，收入的都是短诗。这些诗大都写于困难时期的1959至1962年。由于受当时大跃进的风潮的影响以及文艺政策的错误引导，你无法真实地反映当时极“左”路线给人民生活带来的巨大灾难，其中一些诗，经不起历史的检验，也没有多少价值。但其中也不乏一些较好的诗歌，如《我们追赶太阳》中的《敬老院长》和《将军石》等。

《将军石》以雕塑般的笔法，用大写意的笔触，塑造了红军将军的粗犷而豪迈的形象：

将军石上，
站过一位将军，
将军迎风屹立，
点兵下将令：
“猛烈扩大赤区，
猛烈扩大红军，
三千里，

十万兵！”
声音激起巴河浪，
在巨石四面奔腾。

他带领人马走了，
大青石上，
永留下一双脚印；
脚印深深，
巨人在此生了根，
乡亲们合上眼，
就看见将军身影——
徐向前总指挥，
仍在高呼前进！……

《大巴山月》中，有一些表现革命传统和描写祖国山河的诗，因写得清新流畅富于诗情画意而为人们传诵。如《大巴山月》《银杏坝》《桃源观鱼》《花桥》《致通江》等诗。

《大巴山月》以大巴山月为意象，展现了巴山人民对红军的怀念。诗歌汲取了李白诗歌的意境和词曲的韵调，写得灵敏活泼，诗意盎然。经作曲家张正平谱成无伴奏合唱，唱起来更加意绪饱满，情景更加悠远：

月亮，月亮，
挂在大巴山上；
山上，山上，
多少眼睛张望！

月色白如雪，
月色明如霜，
人在清辉里，

似闻月桂香，
香绕苏区三千里，
曾随战歌远飞荡。

照到营帐，
战士都枕戈待旦；
照着路口，
闪动着旗影刀光；

照到竹林，
青年忙做红缨枪；
照到巴河，
姐妹争洗红军装……

无数次缺了又圆，
无数次暗了又亮，
又是一样的银夜，
仍是同样的月光！

山头长大的人，
眼里总有个月亮；
月亮也开笑眼，
把群山久久凝望。

《银杏坝》则抓住顶天立地、高大挺拔的银杏树这个意象，借苏区民间传说，表现了红军老将军的感人气质和苏区人民的对他的缅怀和敬仰：

白云朵朵枝头挂，
山环水抱银杏坝，

坝上银杏参天，
试与群峰比高下。

只因将军西征，
躯干上拴过战马，
树在犹如人在，
传出多少新神话。

神话越传越奇，
说红军就要回老家；
敌人挥刀斩伐，
想解脱梦中的惊怕。

老树虽被砍倒，
根上又发了新枒，
随着日月增多，
随着年岁长大。

一棵棵肩靠着肩，
长根相连在地下；
挺得住暴雷急雨，
夜闪萤光自开花。

花开花谢又结果，
果实遍地撒；
将军归来树成林，
树下催铁马。

这两首诗都运用了古典诗词的韵律，读来朗朗上口，音韵铿锵。

八、《长河日夜流》

1964年12月，诗集《长河日夜流》由作家出版社出版，收入抒情短篇五十四首。其中，有不少优秀的诗篇。

《山泉》即景抒情，内容是那样的深刻含蓄，语言是那样的精练和谐，简直就是精美的绝句：

在山泉水清，
出山泉水洁，
细流入大江，
大江喷白雪。

雪浪过群山，
合唱催热血，
我愿化涛声，
高歌同飞越。

《放筏》也写得极有古诗词的凝练和民歌的风韵：

天色没有山色青，
山色没有水色深，
水色泛起一抹银，
中流划来放筏人。

人在筏上筏在天，
天上白云连炊烟，
烟云随着江风远，
远处吼着九节滩。

还有《雪山的雪》以宋词的韵味表现红军今日继承的传统：

雪山的雪，
又白又皎洁，
白如明霜，
皎洁似秋月。

只因红军脚步，
从头飞越；
只因当年英烈，
遍洒赤血。
我是个后之来者，
爱它银辉闪射，
这次进军途中，
几曾露宿过夜，
身卧老营地，
心与英雄紧紧贴。
便把漫天的雪片，
当作阳春蝴蝶；
便把浓重的寒气，
化为胸中热；
雪棉被下望晓云，
更觉得蓝天悠远；
冰连世界屋脊，
更衬得绿野广阔。

雪山的雪，
又白又皎洁，
晨光一照，
隐隐透红色……

读着你的这首诗，我不禁想起你在康藏路上，在雪山草地睡在雪地上的情景：当你第一次在雪地上睡觉，当冰雪盖满你全身的时候，你一下想到，自你出生以来，这还是第一次，真苦啊！但是，你马上又会想：你来是干什么的？不是来干革命的、来战胜艰苦的嘛！没有艰苦，哪来胜利？没有艰苦，哪来锻炼？艰苦就是光荣！艰苦就是考验！你把这些生活与当年红军的生活联系起来，再加上诗意的想象和艺术的提炼，就写出了这首好诗。

《唐柳》也很有韵味：

拉萨城头大昭寺，
寺前唐柳依依，
文成公主栽的树，
已历尽千年风雨。

风雨中越长越大，
年年发着新枝，
枝枝都像公主在招手，
牵动着汉藏的情谊。

风雨中越长越高，
年年抽着新条，
条条都是公主的发丝，
秀色青青垂万里。

万里草原万重山，
分来枝条插春泥。
待看飞絮如雪．
生起一片绿绮。

棵棵如姐如妹，
株株如兄如弟，
承受着黎明的阳光，
扎根在祖国的边地。

你以丰富的想象，描绘出唐柳多彩多姿的形象，并把唐柳同文成公主联系起来，赋予此诗以丰厚的历史内蕴，使之成为汉藏人民友谊的象征。

九、《山泉集》

1963年6月，作家出版社出版了你的诗歌选集《山泉集》。当年作家出版社为当时著名青年诗人李瑛、严阵、张永枚、雁翼和你每人推出了一部选集。

《山泉集》由著名诗人严辰写序，给予了你较高的评价。

严辰首先从整体感受上，对你的诗集作了赞赏：

读完梁上泉同志的诗选《山泉集》，掩卷沉思，有许多感触。我好像刚从彩色的河流上走过，两岸繁花如锦，叶影婆娑，五彩缤纷，目不暇接。是喜悦，是兴奋，但似乎还远不足以说明我的心情。

上泉同志在不到九年的时间里，已经出版了七部短诗集：《喧腾的高原》《开花的国土》《云南的云》《从北京唱到边疆》《寄在巴山蜀水间》《我们追赶太阳》《大巴山月》和一部长诗《红云崖》。这数量说明了他的诗情焕发，他的勤奋和毅力。

《山泉集》是你的第一部诗选，是从你已出版的七本抒情诗集中精选出来的，有很高的价值和艺术成就。我认为，主要反映在以下几方面：

首先，你热情歌颂了我们的祖国。在你的诗中反映的，是边疆建设的风貌，是对红色乡土的缅怀，对山川草木的吟咏，你通过这些诗篇披露襟怀，抒写胸臆，表现对党和祖国的深情，对新社会的诚挚的爱戴。《长城内外》就是你的代表作，前已引述。再如《我是巴山瞭望哨》就抒发了你爱护红色传统，保卫祖国河山的意志和决心：

我是巴山瞭望哨，
白云替我擦刺刀；
太阳月亮两相照，
四面八方看得到。

北望宝塔山，
山间延水绕，
流入黄河奔大海，
谁说它的源头小！

南望井冈山，
山高红旗高；
至今遥闻冲锋号，
回声犹在万山飘。

东望大别山，
山峰多峻峭；
旧战壕里羊群跑，
牧童仰对青天笑。

西望昆仑山，
千里涌银涛；
战友巡逻出发早，
积雪深处马蹄骄。

南北飞来的大雁，
东西飞来的小鸟，
都给我把喜讯报，
祖国的脉搏连心跳。

1962 年 5 月 18 日　南江

其次，你反映了丰富的边疆生活。你写了红军走过的雪山草地，写了军民修筑的康藏公路，写了美丽如神话的云南边疆，这些都是我们向往的地方。你用诗歌的翅膀，带着我们去领略那美丽的边地风情，去重温那建设边疆繁忙紧张的日日夜夜。

其三，你写出了你对有着革命传统的故乡梦绕情牵的深情！大巴山脉的一草一木，触动着你的情思，流传在通、南、巴一带可歌可泣的故事，燃烧着你的心灵。你把对故乡的眷念和对苏区的缅怀紧紧地结合起来，写出了《望红台》《通江谣》《将军夜过巴州》等诗篇。《还乡行》就是你杰出的代表：

没回家乡先问一千声好，
走近家乡再道一千声早，
生我养我的老苏区呵，
你的儿子回来了！

喝一口家乡水止心跳，
唱一曲家乡歌抿嘴笑，
望一望家乡人亲又亲，
说一说家乡话变了调。

……

人在长高火焰在升高，
谁知比当年高多少？

亲爹亲娘别量了，

我长得同你们想的一般高！

其四，你还有许多写景的小诗，轻盈灵巧，流畅明快。如《桃源观鱼》就像一幅精美的风景画，描绘了桃源河的美好春色：

桃花流水抹春色，

渔人最爱桃源河，

阳光如丝亿万缕，

牵引鱼群穿绿波：

游过去——金梭，

游过来——银梭。

金梭银梭金银梭，

流光晃眼直闪烁，

迷蒙中莫忙撒渔网，

让织成这匹青丝锣：

横起量——几丈宽，

直起量——百里多。

在艺术上，你汲取了古典词的一些长处，同时又发挥了民歌的优点，并把这二者巧妙地融会贯通起来了。同时，你尽可能把生活接触面的广阔和对生活的深度理解与开掘相结合，力求把思想的高度与艺术的精湛相结合，你的《匠心》一诗，就表达了这种艺术追求。《匠心》一诗，真是杰作！你为我们塑造了一个忠实于艺术的石匠形象，我感到，你写的是石匠，又不单写石匠，你何尝不是在写你，在写众多优秀的作家、艺术家呀！你和他们，哪一个不是“搜尽巴山的奇峰，才刻得一座青山”；哪一个不是“望断巴河的流水，才刻得一条河川”！ 诗中的“匠心”，就是艺术的“匠心”，艺术的“良心”。《匠心》一诗，也成为你艺术创造的象征——

搜尽巴山的奇峰，
才刻得一座青山；
望断巴河的流水，
才刻得一条河川。

常倚那寨上老松，
才有风涛的实感，
久驾那浪里飞舟；
才知洪波的腾翻。

胸中跃动着活的形象，
毛石就能变化万千；
为使石头都有生命，
巧取花纹浮想联翩。

看这些小小的钢錾，
都是倾注热情的血管；
一片草叶，几个花瓣，
也要用汗雨专心浇灌。

这首诗让我更深地理解了你在艺术上精益求精的自觉开拓和毕生追求！

十、奔赴援越抗美第一线

1965 年，援越抗美进入关键时期。我军以志愿工程队的名义派解放军进入越南，帮助越南朋友修筑铁路公路。总政文化部则派文化工作队去进行慰问宣传工作。

你听说，文化部副部长徐光霄问下面的同志：四川有个梁上泉，可否随队出去？重庆歌舞团领导找你谈话，问你愿不愿意。你明知这是上前线，不但非常艰辛，而且还有受伤甚至牺牲的可能，再说当时梁钢才五岁左右，很需要你照顾。但是，对文学的挚爱，到枪林弹雨中体验生活的向往，使你毫不犹豫地答应了。最可爱的是，梁钢在你出发前还拿了一把木枪给你，要你把木枪送给越南小朋友，打美国鬼子！

你出国前多次申请入党，多次研讨都有人提出你经常在外发表作品有名利思想的问题，通不过。这次你要去火线，并且要当文化工作队的队长，组织上再次讨论了你的入党问题。9月5日，你在支部会上表示，一定不怕艰苦，不怕牺牲，用生命来实践自己的诺言！支部会上大家一致同意你入党，你成为光荣的预备党员。一年后在援越抗美的战场上如期转正。

不久，你到北京集中学习、培训。总政领导给你们讲话。这次到越南你被任命为文化工作队队长，全队有十二名成员：三个女同志，九个男同志。你们的任务是战勤、体验生活、创作、辅导。

9月，你们换了服装，从蒙自到河口，由河口跨过南溪河，坐着闷罐火车，秘密出国。在军列上，你写了一首《去国行》：

胸涌红河浪，星光随水流，

隐车怀壮志，去国御同仇。

人过丛林静，虫鸣万木秋，

刻心盟誓在，不胜不回头！

1965年10月16日，军车上

到越南后，你带工作队的同志下到连队，与战士们一起修路，一起劳动，排演节目，演出，还辅导战士们创作。美国飞机经常来侦察、骚扰、投弹。公路被炸毁了，你们又马上修好。在紧张的工作中，你写下了《战地巡演》：

云空作天幕，阵地当舞台。

星月照明好，风雷伴奏来。

战歌配炮响，擂鼓把山开。

同乐同甘苦，死生亦快哉！

1966年夏　越南

在紧张的战斗中，你也不忘家乡，有时还做梦梦到回家与蒲心玉团聚,可是一阵军号声把你唤醒,你赶快穿好衣服,拿起工具,奔向工地。一次晚上回到营地，你写下了《夜宿黄连山》的诗：

黄连山上月，朗朗照营房。
血汗洒邻国，情思飞故乡。
深宵迷睡意，清梦绕疆场。
警号催人起，操戈迎曙光。

在越南期间，你深深感受到中越人民的友谊。中国人民以伟大的国际主义情谊，在那样困难的境况下，竭尽全力支援越南人民的反帝和统一事业；越南人民也热爱中国人民，奋力建设着自己的国家。《布谷鸟，高声唱》就记下了越南人民战斗、生产的热情：

越南的春天，一片明朗，
广阔的田野普照着阳光。
布谷鸟儿又重回家乡，
布谷鸟儿又高声欢唱：

布谷！布谷！

我们播种，满怀希望，
飞舞的谷粒颗颗金黄，
一粒落地，万粒归仓，
多打粮食支援前方。

布谷！布谷！

在越南，你还写了《战地春燕》《星下夜话》等诗篇，排演了不少演唱节目。

第三章 在逆境中奋斗

一、狱中吟

1966年11月，你正在援越抗美前线的艰辛环境中满腔热情地工作着。突然，全队接到命令，提前回国参加“文化大革命”运动。

你在越南，也知道国内发生了翻天覆地的变化：1966年5月16日，中共中央政治局扩大会议通过“五一六通知”，“文化大革命”在全国正式展开，重庆揪出《重庆日报》的“三家村”，随即将所谓“萧李廖”反党集团定为“三家村”黑后台进行公开批判；6月1日，《人民日报》发表《横扫一切牛鬼蛇神》的社论，重庆和全国一样，开始大规模的打、砸、抢及抄家活动。7月1日，中共中央西南局书记处书记、重庆市委书记任白戈被中央《红旗》杂志点名批判，起初主要在教育界、文化界进行的挖“黑帮”“黑线”的斗争被引向了重庆最高领导层。你就是在重庆的这个混乱时刻回国的。

离开越南前，范文同总理还给你们签发了荣誉证书。可是回到重庆，不但没有热情的欢迎，反而很快受到批判。你的夫人蒲心玉因为担任了重庆歌剧院代理书记，也成了走资本主义道路的当权派，受到批判。

造反派批判你的歌剧《红云崖》是为张国焘树碑立传，你的《茶山新歌》是瓦解部队斗志，还说你是修正主义路线的黑作家。不久，你们夫妻与重庆文化部门的“牛鬼蛇神”一起，都被关到人民剧场进行集中批判，不准回家。

1967年1月，毛泽东号召造反派向走资派夺权，全国掀起全面夺权的“一月风暴”。1月24日至26日，以重庆大学“八一五战斗团”为首的四十多个造反派群众组织与奉命“支左”的驻军联合组成了重庆“革联会”，宣布夺取重庆市党政机关一切权力。但是，重庆工人造反军及西南师范学院“八三一战斗纵队”及“首都三司”驻渝联络总站四十多个造反派群众组织向中央发出急电，称“革联会”的夺权是排斥了工人革命组织，是假夺权，不予承认。由此，造反派分为两大派，派性斗争越演越烈。2月10日，长篇小说《红岩》主作者罗广斌因支持反对“革联会”一派，被“革联会”一派绑架，在关押地坠楼身亡，两派冲突更加激烈。就是在两派的纷争中，你被造反派弄到达县。有人说你是畏罪潜逃到达县。你要求到工厂去劳动，到了蚕丝厂，你半天劳动，半天抄大字报。几天后，全达县城戒严，说是城里在抓人了。晚上，有个在厂里推船的大娘悄悄跑来给你报信说：梁老师，他们要抓你，你快跑吧！她亲自推着小船过河，准备让你回老家北山乡躲起来。谁知过河后却被新设的路卡拦住盘问。你本来化了名，但最后却被他们中的一个老干部模样的人认出，说你是个有名的重要人物，把你抓起来审讯，你不承认，他们竟然把你双臂反绑，倒吊在车梆上！你只感到钻心的剧疼，真担心双手会被吊断！

这是一个严酷的初春，你感到了一生中最残酷的倒春寒！

吊了两个多钟头，他们才把你放下进行审讯，并罗列了你一大堆罪名，把你押送到公安局，说你是现行反革命，要你签字。你愤怒地反问他们：什么现行反革命，我不是！

他们还诬陷你参加了围攻军分区的活动，诬陷你反党反军。你愤怒地反驳：我没有去！我没有反党反军！

他们又说你里通外国，根据是日本专家研究你的诗歌的论文从日本寄到了达县。你回答他们：我才从越南战场回来，我应该是国际主义战士！他们说：哼！战士？你只能是里通外国的反革命战士！不签字也照样把你关起来！

他们把你关进看守所的时候，找来老犯人来给你剃光头。那老犯人只用冷水淋湿了你的头发，就拿起那又脏又钝的剃刀使劲剃你的头发，痛得你钻心，你觉得受到了奇耻大辱！你宁愿死也不愿受这样的侮辱！

牢房很小，只能装七个人的小小的牢房却挤了十几个人！人挨人睡下后翻个身都不行！饭菜更别说了，简直无法下咽，吃了几天之后，又严重便秘，大便解不出来，挣得流血，非常难受！

在看守所，每天都逼你们读看守所守则，每天都要你们作自我检查，交代罪行。看守所还只给你们每天上下午五分钟放风时间。看守所还十分恶劣地用老犯人来监视你们，并不断地提审你们！看守所根本不把犯人当人对待，就是想彻底摧毁你们的人性和自尊！监狱中有个特别坏的家伙，狰狞的脸上长着个通红的鼻子，看守所的人都厌恶地叫他“猫头鹰”。他每天多次巡视监狱，一到牢房就拉开门上的帘子检查你们！他那贼一样的眼光扫过牢房，让每个人都胆战心惊。他看过牢房后，摇着手中的一长串钥匙，声音越来越小，你们以为他走远了，正想做点什么，他突然又拉开了帘子，训斥起你们来！原来，这家伙耍了个花招，他根本没走远，却故意摇动着钥匙串，声音越来越低，让你们以为他走远了，他却突然杀一个回马枪！

你在看守所抗议他们无端拘捕你：“我是重庆市人大代表，宪法规定，抓捕人大代表，要经过人大常委会审批！你们抓我，经过了常委会批准了吗？！你们抓我，是不合法的！”

他们无法回答，只好蛮横不讲道理地说：“哼，宪法，什么宪法？连制定宪法的刘少奇都被打倒了！”

你听了感到无比的愤怒和悲哀！是啊，那时的中国，宪法被废弃，国家主席、革命元勋都被打倒，真真是黑白颠倒，是非混淆，坏人得势，好人遭殃。你在看守所思索着因“文化大革命”所发生的一切，更感到了人整人的可怕。你在痛苦和愤慨之中，吟成了悲痛的诗篇：

一

春雷春雨伴春风，催得桃花树树红，

徒有春光无限好，赏春人在铁牢中。

二

围墙翘首望云天，唯见雄鹰久绕旋，

识透沉冤赖锐眼，知情应落铁窗前。

你把这些诗悄悄念给狱中难友听，他们听了都十分感动，转而又悄悄地念给其他人听，慢慢地，你的这些诗不胫而走，在群众中传开了！

“文化大革命”中，你的一些作品被群众暗暗相传。一些歌曲，也在群众中传唱。《茶山新歌》就被知青们传唱，并被收入了“文化大革命”时期的地下文艺作品——《知青歌曲300首》中！

在看守所的冤屈日子里，你思念着妻子和孩子，惦记着妻子的安危和孩子的冷暖。你很想妻子来看你，却更怕她来了也被造反派抓起来。不久，你听到一个消息，说是要给你判十五年刑！

你妻子蒲心玉更加担心和惦念你。她多方打探你的消息，不断托人给你带钱粮，带衣物来。她不相信你会是什么坏人！知道你被抓捕完全是被诬陷、被冤枉！她决定到北京去告状！她同另外一位同志一起，到北京找到军分区的老领导，要他们主持公道，叫达县放人！老领导听说你的冤案后，就要下面把你放了。但是，下面还给你留了个尾巴：该抓，随时可以再抓，不能翘尾巴！

你出看守所后，重庆的两派斗争得正激烈。你住的这栋楼反到底派（即反对“革联会”的一派）的人多，你对面楼上，八一五派（即支持“革联会”的一派）的人多。两派都想来争取你，你却哪一派都不愿参加。两边来喊你去，你都不愿去！两派的斗争越来越严重，由文斗发展到武斗，由棍棒钢钎发展到机枪大炮。

有一次，两派分别运来一车石头，都叫你去运鹅卵石，运到他们自己的阵地上，好作为武器打击对立派。你被夹在中间，怎么办呢？你不愿为哪一派运去石头，让他们去打对立派的人。于是，你硬是拒绝为两派搬运，你从两派运来的石头中各选了一块大卵石，搬回自己家中，作为枕石，警醒自己。十多年后，你以此石为意象，写下了《警枕》一诗：

一对枕头似的卵石，

一对卵石做的枕头，

枕着它回想荒诞的往事，
度过几多酷热的夏秋？

那是在“文革”正狂的时候，
整个中国震出了一道裂口，
群众分为对立的两派，
准备着一场激烈的武斗。

我这被批判的黑诗人，
成了两派要拉要打的“牛”，
本想在夹缝中逃脱厄运，
奈何牛棚两侧都是大楼！

两派的司令部各设楼上，
两派的大旗也威势抖擞，
皆先后运来一卡车卵石，
都要把弹药储备得足够。

一派叫我们往东楼搬运，
不然就等着挨批挨斗；
一派叫我们往西楼搬运，
不然就等着挨训挨揍。

……

不能把石头当作凶器，
去打击同志，伤害朋友；
不能把石头运送两派，
宁肯自己受到石打鞭抽。

给它派上新的用场吧！

用来压篾席兼做枕头，

一可使我头脑清醒，

二可免除我的隐忧……

“文化大革命”中的经历使你深深地体会到：人整人的残酷和可怕！当时不但人整人，更可怕的是自己整自己！那么伟大的天才诗人郭沫若，不是都在大会上宣称要烧毁自己的全部著作吗？在这极端痛苦的表白之中，有着多少心灵的沉痛和时代的悲哀啊！

二、又到西双版纳

“文化大革命”中，你不愿介入派性斗争，更不愿参与武斗，就只好躲在家中逍遥。1969 年 4 月，中共“九大”以后，根据毛泽东的部署，“文化大革命”进入斗批改阶段。你逐渐参加了一些文学采访和创作活动。

1969 年 10 月，你到重庆武隆等地深入生活，写下了《乌江行船曲》等诗：

我们的老船长，

自小拉纤江边走，

脚蹬卵石手扒沙，

摇肝摆肺度春秋，

号子从苦胆里冲出，

纤藤往皮肉里深扣，

拉过千舟万船，

载不下旧恨新仇。

若不是工农红军长征过，

苦日子哪能熬出头？！

……

风风雨雨几十年，

改天换地一双手。

今日夜航谁开路？

老船长依然走前头。

舵旁引水，

精神抖擞，

脚踏千里风波，

奋力争上游，

心中自有灯标在，

水底礁石能看透。

重重滩，道道关，

夜沉沉，风飕飕，

不打通新航道，

誓不罢休！

……

1972 年，你随重庆市慰问团远赴云南西双版纳橡胶农场慰问采访，写下了《美丽可爱的西双版纳》和《割胶曲》等诗。前者由杜家治谱曲，曾在群众中广泛传唱：

绿色的西双版纳，

我们美丽的家乡，

孔雀乘风歌舞庆吉祥。

啊，林海无边掀波浪，

就像咱傣家人呵，

呼吸多欢畅。

彩虹铺大路，

前程更宽广。

望着绿色的山川，

展开翅膀高高地飞翔！

金色的西双版纳，

多么可爱的边疆，

果实又大又甜又芳香。

民族和谐聚一堂，

啊，幸福的大家庭啊，

过上了好时光。

彩虹铺大路，

前程更宽广。

怀着金色的理想，

展开翅膀高高地飞翔！

三、大凉山之行

1973年6月，你去大凉山采访。临行前，你摘抄了凉山彝族自治州概况：凉山彝族自治州1952年成立，现辖昭觉、雷波、越西、甘洛、美姑、马边、峨边、普格、金阳等10个县，州内住彝族、汉族、羌族、苗族、回族等民族100多万人。中华人民共和国成立前这里还是奴隶制度时代，占有奴隶的多少，是衡量奴隶主财富的主要标志。

到大凉山后，你到处观察采访。在美姑，你采访了采红乡民兵连指导员，他讲："我当过二十年锅庄奴隶，全家七个人被卖到三处。我十五岁时，父亲死在奴隶主的皮鞭下，母亲气死在乱草窝中，奴隶主还不许我哭，用鞭子毒打我，强迫我上山砍竹子。

"人们常说，大凉山的山不大，小凉山的山不小。我们生产队正处在大小凉山交界处的群山之中，沟深流急，多少奴隶当驮力，运盐运粮，淹死在河水之中，以后虽然修了一条‘藤桥’，但是桥很长，又很危险。民主改革后，我们决定自己修钢丝桥，八个民兵先上阵，以后社员们都参加，终于修起了幸福桥！”

在凉山，你像在别处采访一样，收集了不少彝族百姓的民歌民谣：

天上乌鸦洗不白，
地下石头煮不烂。

土司一颗印，
奴隶万颗头。

南山北山的树子，
群山把它们连在一起；
五颜六色的鸟儿，
树林把它们连在一起；
千江万河的流水，
海洋把它们连在一起；
翻身解放的奴隶，
金桥把它们连在一起。

你在凉山写出了《凉山新曲》《阿妞之歌》等诗。1973 年，著名诗人雁翼受命组建《四川文艺》，首先向你约稿，并很快发表了你的诗。不久，著名诗人李瑛主持《解放军文艺》，也向你约稿，很快发表了你的《剑门山的路》等诗。在四川和全国，你正式亮相了。

四、钻塔飞歌

1974 年，你去泸州气矿采访，写了《石油尖兵》《好呵！钻头》《工农情深》《钻塔飞歌》《油丫头》等诗。

《油香万里》写出了石油工人的意气风发和战斗精神：

草原戈壁井架林立，
盆地海湾油喷正急，
江河两岸炼塔高耸，
海上平台响着钻机。

喜看大地石油花开，
开遍祖国的南北东西；
谁说我们是贫油之国，
自力更生能创造奇迹！

每见机轮飞速地运转，
都可感到油井的呼吸；
每天打开新来的报纸，
都可闻到石油的气息。

油花才是最美的花，
永不凋谢，花开四季；
油香才是最浓的香，
随着车船，香飘万里。

《石油尖兵》歌颂了地质勘探队员的伟大贡献：

是咱地质队员的脚步，
在荒野踏出了第一道足印，
是咱披满风尘的帐篷，
在沙漠建起了第一个新村。

是咱人工地震的炮声，
把沉睡亿万年的莽原唤醒；

是咱钻探机械的轰鸣，
叩开了石油地宫的大门。

地下的宝藏无穷无尽，
靠咱把它们一一查清；
地下的秘密成千成万，
靠咱把谜底一一揭明。
……

哪里有难关险地，
咱就前去冲锋陷阵；
哪里有含油构造，
咱就急盼井队扎营。

向祖国交出一张张剖面图，
就像战士那样严肃忠诚；
祖国也授予咱一个光荣称号：
石油战线上的侦察兵！

五、西沙群岛谱诗篇

1976 年 3 月 5 日，你接到赴西沙群岛采访的任务，非常兴奋！你知道，1974 年，中国同南越西贡当局在西沙展开了一场海战。你也知道，西沙群岛与东沙群岛、中沙群岛、南沙群岛自古就是中国的领土。可是，南越西贡当局从 20 世纪 50 年代中期就开始对中国提出领土要求；至 1973 年 8 月，南越军队已占领了我南沙、西沙的六个岛屿；9 月，南越当局又非法宣布将南沙群岛十多个岛屿划入其版图。我国外交部于 1974 年 1 月 11 日发表声明，再次重申西沙群岛、东沙群岛、中沙群岛、南沙群岛都是中国神圣不可侵犯之领土的一部分，决不容许任何侵犯中国领土主权的行为。但西贡当局却不顾我方警告，竟然于 1 月 15 日至18日先后派遣驱逐舰“陈庆瑜”号、“陈平重”号、“李常杰”号和护航舰“怒涛”号，侵入西沙永乐群岛海域，向在甘泉岛附近进行生产的中国两艘渔轮恣意挑衅，无理要求中国渔轮离开甘泉岛海域，并炮击飘扬着中国国旗的甘泉岛，强占了金银、甘泉两岛。在这种情况下，中国被迫出动了海军。19日早晨，我海军南海舰队按照广州军区的部署，命令396编队进至广金岛西北面拦截南越“李常杰”号、“怒涛”号舰；命令271编队进至广金岛东南海面，监视“陈庆瑜”号、“陈平重”号舰艇。南越“李常杰”凭借装备优势，从中国海军两舰中间冲过，靠向琛航、广金两岛，并用四只橡皮舟运送四十多名官兵登陆，向中国民兵开枪射击。中国海军被迫自卫。经过一场激战，南越四艘军舰全部受伤，中国海军收复了被南越侵占的岛屿。西沙群岛刚收复，硝烟未散，诗人张永枚和作家浩然就被派往西沙进行采访创作。浩然很快写出了长篇小说《西沙儿女》，张永枚关在屋里三天三夜只吃了邻居送来的四个汤圆，写出了诗报告《西沙之战》。西沙之战，我海军以劣势装备打败南越海军，显示了中国人民海军的强大力量。收复西沙群岛之甘泉、珊瑚、金银三岛之领土领海，是毛泽东晚年的一个杰作，也是中国人民海军一次值得骄傲的战绩。

这次，组织上调你去为小说《西沙儿女》改编的电影《西沙儿女》写电影歌曲，同行的有导演水华和剧组的一些演员。

你们一行乘“友谊”3号轮船从榆林港去西沙，经整夜航行，早上迎着朝霞前进。中午，遥遥望见珊瑚岛。下午3时，抵达永兴岛，当夜住在碉堡内。第二天遍游全岛，并去石岛。8日，乘高速炮艇9330号返回，于当天下午3点返抵榆林军港。

乘飞机从北方飞到南方，你更体会到祖国的辽阔广大；飞到海南，到了西沙，你更看到了南海的美丽富饶！旅途上，你望着辽阔的、蓝色的海洋，望着那珍珠般的珊瑚宝岛，吟成了《展翅南飞》的诗篇：

北方正飘雪花，
南方正开桃花，

从北京飞向海南，
从初春飞向盛夏。

啊！我们心爱的国土，
何等辽阔广大！

黄河远去千里，
长江才来眼下，
掠过湘江珠江，
方到琼州海峡。

啊！跨过大江大河，
更有海岛如画！

飞过天涯海角，
并非海角天涯，
边界在南沙群岛，
直至曾母暗沙。

啊！广阔丰饶的海疆，
多劳祖先开发！

南方遥望北方，
桃花遥映雪花，
巡航祖国版图，
怎不深深爱她！

望着云飞浪卷的西沙海洋，望着明珠般闪烁在大海上的西沙岛屿，你心中充满了战士的豪情。你在这儿写下了《南海渔歌》，由杜鸣心谱写了两首曲，由杜咏华唱录，歌唱了渔民欢乐的劳动和幸福美好的生活：

红旗飘扬出渔港，
爱我南海是家乡。
胸有阳光照，
不怕雷雨狂。
舞动笠帽放声唱，
欢乐的渔歌响四方。

风吹椰树树更壮，
浪打明珠珠更亮。
出航齐撒网，
喜看鱼满舱。
天蓝水碧心宽广，
劳动迎来好风光。

你还写下了《不沉的战舰》，以岛礁与战士合一的构思，歌唱了美丽的海礁和英雄的战士：

南海水，水连天，
南海天，天连水，
水天交接处，
岛屿礁崖多壮美。

壮美的西沙群岛，
雄伟的海上堡垒，
水兵驻守这里，
到处都有战位。

葱绿的野海棠，
是护炮的衣被；

挺拔的抗风桐，
是不倒的船桅。

战士并排站，
稳如主权碑，
巨浪不能移，
台风不可摧。

胸中两洋交汇，
目光更加明锐，
一群威严的岛屿，
一支不沉的舰队！

你还写了《西沙之歌》的歌词，在军营中传唱：

美丽的西沙，
富饶的西沙，
南海的明珠呵祖国的花！
渔民一代代，
顶风安下家，
第一棵椰树我们种，
第一口甘泉我们挖。
血和汗，如雨洒。
更使宝岛放光华！

英雄的西沙，
战斗的西沙，
海上的堡垒呵钢铸铁打！
人人是哨兵，

天天把枪擦，

船队奔驰迎恶浪，

战旗高扬反强霸。

保国土，卫海疆，

永远守望在天涯！

你还讴歌了守岛战士建设小岛的艰苦努力和爱岛如家的情怀：

这小岛真小，

只有我们立足的礁岩；

这泥土真少，

没有植物生长的地盘。

每到内地出差，

都带一把泥土回转；

每到家乡探亲，

都带一包菜种回还。

至今这哨所上面，

土层铺得又厚又满，

种上了各地的蔬菜，

开辟成屋顶菜园。

江西的南瓜，

河北的大蒜，

四川的牛角椒，

湖南的马齿苋……

菜园虽不太宽，

却与大陆紧紧相连，

战士要让每寸国土，

四季都是春天。

六、《歌飞大凉山》

1976年5月，人民文学出版社出版了诗集《歌飞大凉山》，收入了你在大凉山、云南西双版纳、泸州气矿、山东及西沙等地写的诗歌六十八首。内容说明介绍：作者以充沛的热情，歌唱了我国大、小凉山彝族地区由奴隶社会飞跃进入社会主义社会的新面貌；歌颂红军长征的光荣革命传统和今天长征路上的新气象，描绘了这一地区工业建设中朝气蓬勃向前发展的新图景。这些诗，笔调清新，语言精练，富有民族特点和地方特色。

《歌飞大凉山》出版于“文化大革命”末期，不能不受当时思潮的影响，不少诗都有那个时代的痕迹。但是，由于你的这些诗都来自生活，所以有一些诗比较好地表现了人民的生活和思想感情，也有一些诗描绘了普通劳动者的形象。

《英雄的身影》是你从今天回忆起昨天的建设：

成昆线上日夜钢轮吼鸣，
铁道两旁已是嫩草青青，
筑路战士又开向哪里去了？
杂草掩盖不了他们的脚印！

在那又高又陡的边坡上，
还存留着放炮的烟痕；
在那野花初开的藤蔓间，
还垂挂着系腰的长绳。

那架设过帐篷的营地前，
播下的各色菜种正在滋生；

军号震荡过的深山野谷，
往日的战斗标语分外鲜明。

那猴子戏扔石头的悬岩底下，
可还有戴安全帽赛球的人们？
那终年挥汗如雨的火焰山上，
又有新的建设者来这里扎营。

穿山劈岭的开路先锋，
到处留下艰苦鏖战的身影，
靠革命战争时期的那股狠劲，
推动着时代列车飞驰猛进！

《金雨》则描写了飞机撒播树种的新鲜事：

蓝蓝的天空，
不见一片云，
银鹰飞过的地方，
为何金雨纷纷？

纷纷金雨下，
洒遍荒山秃岭。
落地轻无声，
润土细无影。

彝民抬头望，
看得正出神，
摊开双手笑相迎，
雨点落在掌心。

雨点落在掌心，
粒粒珍贵如金，
原是树种从天落，
喜坏山里人。

……

蓝天飞着银鹰，
银鹰播种不停，
撒下了一带带金雨，
投下了一片片森林！

第四章 春满长征路

一、重走长征路

1976年10月，以华国锋为首的党中央一举粉碎“四人帮”。全国人民欢呼雀跃，欢庆胜利！你也在无比的欢欣之中，以诙谐幽默的四川方言，以民歌调填写了《螃蟹呀螃蟹，一个也跑不脱》，并由曾繁柯编曲：

那水塘里螃蟹多，
它们串串连连起坨坨。
大的大来小的小，
爬的爬来梭的梭。
两个大爪爪，
八个小脚脚。
长对贼眼睛呀，
背个硬壳壳，
专门搞破坏，
田头土地到处戳。
打些洞洞眼，
精光白天钻角角，
就像“四人帮”，
拉帮又结伙，
张牙又舞爪，

干的坏事硬是多，

简直无法说，

就像那“四人帮”，

捣乱又作恶。

本来是横起爬，

它硬说是路线最正确，

简直是打胡说！

共产党人有胆略，

清除“四害”把鬼捉。

捉了鬼哟除了害，

万众一心斗妖魔。

这首民歌调写得幽默风趣，通俗易懂，朗朗上口，很快在群众中传播开来。

1977年6月，你同高缨、陆棨、胡笳重走长征路。你们从重庆到遵义，到赤水河，到湖南，到井冈山。他们三人到了井冈山后，身体不适，不能坚持，就返回四川，你却决定继续走下去。你觉得，既然已经决定而且走上了长征路，无论有多少困难，都应坚持走完！于是，你一个人继续前行！你从井冈山到瑞金，从瑞金到南昌、九江，再到武汉，回到重庆。之后一些年你又重过雪山，穿草地，后来还补走腊子口、宁夏，到三边，到延安。

一路上，你以作家的慧眼，探究着历史的遗迹，尤其是红军长征留下的遗迹和传说，观察和注视着中华人民共和国成立以来的新变化，并以诗人敏锐的心灵，发现和挖掘着生活中的诗意，孕育着灵感。

出发时，你写下了《踏上长征路》：

带一张长征路线图，

踏上了红军长征路；

为寻春从何处来，

日夜兼程不停步。

路，艰难曲折，
路，重重险阻，
越雄关，穿深谷，
跨山过水通远处。

二万五千里云和月，
一部部革命教科书，
翻不完呵阅不尽，
一路走呵一路读……

长征路线图，
就是迎春图：
斗争常在春常在，
春满长征路。

是啊，你作为后之来者，风餐露宿，翻山越岭，走那么多的路，翻那么多的山，涉那么多的河，吃那么多的苦，冒那么多的风险，一个人沿着红军的路线采访调查，观察体验，及时记录。翻阅你留下来的数个笔记本，我仿佛也跟着你踏上了万里长征路，同你一起重温难忘的历史，阅读历史的教科书——

在四渡赤水的太平渡，你看见了老船工屋前的门板上贴着一张纸，说明这块门板在长征时曾起过的作用，你感到，这门板就是一部读不完的书，于是，你以门板为意象，展开丰富联想，写下了《写在门板上》一诗，道出了长征时代的军民鱼水情：

云一路，水一路，
来访太平渡：
渡口探访老船工，
船工没在屋。

屋前不见人，
门口久留步，
喜看门板贴说明，
历历映双目——

当年白军来，
到处关门又闭户；
听说红军到，
卸下门板搭床铺。

天明架浮桥，
渡送自己的大队伍，
门板作桥板，
水上开辟胜利路。

过河迎激战，
抢运伤员忙救护，
门板当担架，
冒着弹雨上征途。

归来做宣传，
革命标语写何处？
门板是路碑，
指引穷人斗豪富。

——说明虽简单，
看得心头热乎乎；
屋前久徘徊，
门板是本读不完的书。

在达维工农红军会师桥，桥头立有纪念碑。在离大桥百米左右的河岸上，你高兴地看到，一座可发电七十五千瓦的水电站正在修建。在夹金山下夹金沟的半山腰的悬崖绝壁上，社员们正在开挖水渠。

你了解到，夹金山地区盛产贝母、虫草等名贵药物。达维地区年年增产，而且近年来还修了五座水电站，还修了公路。

由马尔康翻过梦笔山口，就进入了两河公社地界。你沿梦笔河岸边前行，电灯耀人眼目。这里的农民修了许多小水电站。

你乘车离开若尔盖草原，穿过班佑草原，翻过阿俄山，便到了巴西公社。这里原是山穷、人穷、寨子穷的山村，现在修起了很多新寨子，架起了桥梁，修起了公路，农牧民过上了好日子。老红军、州组织部长同几位老同志陪你在他们当年战斗过的地方，一起欣赏着山水美景，给你讲述着当年的故事和今天的建设与发展。

在夹金山下，有一个村庄，村东有一个海子，像一面明镜。你站在海子边，欣赏着这美丽迷人的风景：只见这碧绿明丽的海子，像一面宝镜，把深蓝色的杉树、灰蒙蒙的白桦、一蓬蓬粉红的羊角花、一座座水平梯田、一排排电线杆、一幢幢寨楼，连同那四围白皑皑的夹金山的雪峰以及蔚蓝色的浩瀚天穹，全都映在宝镜之中，怀抱在博大的胸襟里，真是美不胜收！一位七十多岁的老红军给你讲了军号的故事：

“那年六月间，我们红一方面军经过夹金山，我是号兵，跟着先头部队，下到山腰，首长命令我吹起了联络号，很快，山脚号声也响起来，开初是一支号在呼应，一会，许多号一齐吹起来，山上山下，一呼一应，响彻群山，号声吹得海子的水激起了波澜，号声吹得山上的雪花满天飞舞！‘我们是红军！’‘我们是红军！’原来是四方面军的亲人啊！红一方面军和红四方面军的战士们在号声中，在幸福的欢呼声中，紧紧地拥抱在一起！以后，我们两个方面军的号手就在一起练号，大家排成一个队形，吹起同一个军号谱，步调一致向前进！”

后来，在红军长征陈列馆里，老号兵请解说员把陈列的军号取出来，一面细心地擦拭，一面深情地回忆着往事：

“有一次，我们的一支游击队被敌人包围了，首长就抽了几个号兵一齐吹。我们几支号一吹，敌人以为大部队来了，不知虚实，吓得望风而逃！”

你还关注着山川的变化。在日记中，你记录了团结桥的故事：

古城松潘，岷江上有一座桥把南北两岸连起来。但是，在新中国成立前，回汉民族在反动派、土司及上层阿訇挑拨下，经常械斗，这连接两岸的桥，变成了隔阂桥。从1911年到新中国成立前，四次大灾都发生在回族区，反动派不准汉人过去救灾，把桥从中锯断。新中国成立后，各族人民一起修起了古松桥，以后又改为了石拱桥。“隔河相望不相识”的日子，永远成为过去。现在，在杂谷脑的羌汉两族人也隔河修起了团结桥。

你还在日记中记下了边地山寨的变化：

茂汶出产的香蕉苹果，深受国际友人喜爱。新中国成立前只有地主庄园零星的种了几十棵，现在已栽种了八千多亩，三十多万株。金川雪梨，已有一百多年的栽培历史，皮薄，核小，脆甜化渣，清香可口……

在甘孜州轻工业产品展览馆，你看着那陈列柜里各种各样的民族服装、银制首饰、地毯、皮毛、皮革、民族皮靴、黄油、奶粉、茶叶、药品等，你觉得，它们就像草原上的格桑花，向阳开放，也在你心中开放……

岷山地区是红军长征经过的地方。那里不仅森林资源丰富，而且有大熊猫、金丝猴、扭角羚、苏门羚、梅花鹿等珍贵稀有动物。现在，四川、甘肃两省毗邻的地区已建起“护林联防委员会”。

在川藏、青藏公路通车二十多年的日子，你在林芝记下了它的巨大变化：

新中国成立前，从拉萨到成都，从拉萨到西宁，只有两条古代的驿道可通，走一次需要四五个月到半年时间。自修起了这两条公路，从拉萨到成都，从拉萨到西宁，却只要十几天的时间了！这些年来，在金沙江、澜沧江、怒江、拉萨河、通天河等江河之上，架起了一座座现代化的桥梁。这一条条幸福的金桥，给边远山区运进了生活用品和建设物资，使沿线的深山荒原上，出现了一批新兴城镇。林芝，原来荒无人烟的山沟，已建起了水电站、毛纺厂、木材加工厂、火柴厂、粮油加工厂。牧区这里过去一只羊才换一斤茶叶，而今一只羊能换到七八斤茶叶。

6月20日，你乘班车去小金。你见山头积雪未化，深深体会到红军穿着单衣过雪山之寒冷！现在，山头上有个雷达站，战士们终年在雪岭值勤！一过垭口，阳光下的高山杜鹃开出各色花朵，甚是好看。

梦笔河，开初是雪水，涓涓细流，随着山沟往下流，越流越大，到两河口，已成为一条波浪激溅的大河了，到街头，即与洪桥河汇合。车停下，你即去小学背后瞻仰“两河口会议”会址。会址在观音庙背后的“观音阁”。内外堆满了悼念毛主席和周总理的花圈。回到街上，你再访问红军旧迹，问到一位七十来岁的吴老太婆，她说当时只晓得朱德、毛委员，还有张国焘，他们在观音阁开了几天会，天天都站着岗哨的。她给你说，她还见过毛委员哩！

你到松潘毛尔盖的更沙草原，访问一个帐篷小学。学校门开着，老师却不在，老师到学生们家里给学生复习功课去了。后来在路上碰到了帐篷小学的班登老师，他告诉你，牧区纵横一两百里，有很多个畜群分散在各处，学校无论设在那里，都有部分学生无法来上课，因此不但学校要随时搬动，还得设几个点，需要教师巡回上课，不能死守在帐篷里呀！现在学校设了三个点，十五个学龄儿童都上了学。你看到班登不辞劳苦，风里来，雪里去，一张小黑板，一个布挎包，帐篷外，火塘边，处处设课堂。他给这里的学生讲了课，布置了作业，又转到另一个畜牧点去。学生走到哪里，他就走到哪里，真是个忙人！

在唐克草原，你见到了我国五大名马产地之一的河曲马产区。因为黄河绕积石山形成巨大的弯曲，地和马都因之得名。河曲乃川（四川）、陕（陕西）、青（青海）毗邻之地，海拔三千三百米以上，地势平坦，草场宽阔，土地肥沃，水草丰茂，是藏民世代繁育良马之地。河曲马古代经天水（秦州）一带出售，故有秦马之称。早在《诗经》里就有诗歌颂它的强悍。它具有形态壮美、体质结实、能跋山涉水、耐粗饲、适应性和抗病力强等特点，又能骑、善驮、会拉车，是十分理想的优良马种。当时正是初秋，你站在草原上，但见繁花碧水，遥接蓝天，棕红的、枣黑的、灰青的、玉白的……各色马匹，成群结队，布满牧场。社员们给你介绍：现在，河曲马已非唐克地区所专有，已推广到若尔盖所有牧区；各牧区都在改造自然草场，建立饲草饲料基地，并实行科学放牧，加强疫病防治。

到了包座，只见包座战役指挥部还有残墙，战壕也还在，还有红军的烈士墓。当地老同志告诉你，包座战斗打得十分激烈，双方伤亡都非常大。使你感慨万千的是山上的树，树干上至今还扎满了当年的弹头和弹片，以至于现在也不能砍伐，因为一砍就会砍坏斧子。你看了，不禁想到当年战争之惨烈。你久久地徘徊在树下，写下了《铁树》一诗：

包座之战，打得激烈，
包座的树，叶落枝折；
双方枪口相对射，
弹头满干，树也成铁。

铁树掩护铁的红军，
万余敌人被歼灭；
铁树集成铁的森林，
年年依旧发新叶。

胡匪马匪常洗劫，
见树恨得眼流血，
妄图斩树做工事，
砍得刀飞刃也缺。

刀飞刃缺心胆裂，

从此后，草地春有色，

春色染绿长征路，

多亏得，铁树斗冰雪！

在阿坝州，你采访了曾出席北京全国农牧林科技展览的若尔盖红星公社兽防站。你详尽地记载了兽防站同志们的动人事迹：一是在雪线上采雪莲。1963年的夏天，兽防站的同志们赶着驮牛，向海拔五千多米的格洛山进发，从早走到晚，才爬到半山腰。支起帐篷住下，天亮醒来，帐篷已被大雪压垮了，大伙儿半截身子都埋在雪里。他们艰难地拔出身体，抓几把糌粑吞进口里，又继续往上攀登。前面陡壁如削，只得用锄头开路，挖一个窝，人才能前进一步！他们终于登上了山，采集了雪莲和其他药材十五种，共一千多斤。二是在深海中割睡菜。睡菜是一种医治马疥癣的野菜，长在由地壳变动而形成的内陆湖——朵尔丹海子里。朵尔丹海子水绿得发黑，深不见底。1966年，共产党员尚木旦主动承担了潜水采睡菜的任务。他带了五个兽防员，骑马走了六天，才到海子边。7月，这里还是冷浸透骨。他喝了几口酒，取出保险绳，一头交岸上同志，一头系在腰上，纵身跳入海子虎虎地割起来。几分钟后，必须得起来披上衣服，暖和一会，休息一会，再喝两口酒，才又纵身跳进深处！就这样，苦战了八天，采割睡菜七百多斤。在兽防站制药房里，你看见粉碎机的齿轮在飞转，蒸馏炉、水剂炼灶的烟囱吐着袅袅炊烟，十三间崭新的药房内，一排排药柜装满了膏丹丸散。

1977年6月底，你到了阿西公社，参加了赛马会。你在笔记本中记载：

“七一”，阿西公社在罗查大队举办赛马大会。

头一天上午，各大队的青年、党员、赛马选手都来这里报到，有的乘拖拉机来了，有的乘马车来了，有的骑马来了，有的走路来了！在草场上，一会儿就搭起了帐篷。妇女们穿上节日的盛装，准备晚上演出节目。一些知青和民办教师，也一起来了。

“七一”早上开纪念会后，即连续四天举行赛马、马上射击、投弹、赛跑、球赛、广播体操及文艺比赛。

通过几天的接触，初步对藏族牧区生活有所了解。以后又下热尔大队，作了重点走访。公社书记银巴，是班佑本地人，原是达扎寺的和尚，1958年民主改革中是积极分子，1959年入党。爱人尚在当地搞缝纫工作。

5日中午，我们即乘手扶拖拉机回到县城。个个脸上，都晒得黑亮亮的，跟“阿啰”差不多了！

在若尔盖，你写下了《赛马会速写》六首，每首都抓住一个人物或一个场景，每首都只写四至五节，每节四行，一韵到底，简短凝练，清新活泼。其中《马上少年》就显得格外洒脱爽快：

马上少年，
年不过十三，
胸前红领巾，
飘着火焰。

近看，
纵马似流星；
远望，
疾驰似闪电。

一会儿马背独立，
稳如一座山；
一会儿镫底藏身，
瞬息人不见……

年轻的骑手，
为啥这样老练？

未来的骑兵，

早已跨上征鞍。

你还详细地抄录了若尔盖的地质、地貌、气候以及农牧业生产情况。

在红星公社，你详细地摘抄了巴西会议的资料。

你了解了红星公社所属的热尔草原兴建的综合治理草、水、料、林、路、圈、舍、电的“万亩畜牧业试验草场”。你看到，现在，在草库伦已栽有宽两米、长一万三千多米的柳林带，共三十九万多株；栽种优质饲料五百余亩；草场施肥八十多万斤；开掘石料三千多立方米……

不久，你又去到草地新城红原县。这里原来只有一座森严的寺院——达扎寺，仅有一百多户人家，住在牛粪糊的房子和一些破烂的帐篷里。现在，这里铺起了公路，修起了自来水厂，铺起了医院，办起了小学、中学；农机厂里，金工、钳工、锻工、铸工、木工、机修工六个车间合理布局；奶粉厂生产的长征牌奶粉已畅销全国各地。参观奶粉厂，你写下了《红原奶粉厂》之诗。

在阿坝州，你写了《白玉的丰碑》《州府马尔康》《红百合花》《白马谣》等二十几首诗。你以诗人的慧眼，捕捉着诗的题材，诗的构思。

就这样，你一路上风餐露宿，观察记录，认真思考，精心思索构思，不断孕育诗情，激发灵感，捕捉诗意。从韶山到长沙再到井冈山，你边走边看边记边想边写，写下了《韶山行》《湖南第一师范》《三湾枫树坪》《井冈主峰》等二十几首诗；从遵义、赤水河到大渡河、剑门关，你又写下了《遵义红楼颂》《放歌赤水河》《茅台酒歌》《致大渡河》《剑门山的路》等二十几首诗；过雪山草地，你更写下了《雪山遥望》《五彩浪》《巴西篝火》《天险腊子口》《想延安》等二十几首诗。可以说，你真正是“登山则情满于山，观海则意溢于海”，你是作家中的劳动模范，诗人中的勤奋典型！

回家后，你又晚睡早起，把重走长征路写的诗整理出来。1978 年 10 月，四川人民出版社出版诗集《春满长征路》，收入诗歌八十一首。分为“井冈山泉”“遵义红楼颂”“岷山千里雪”“太阳和月亮”四辑。诗集的出版，再次印证了人们称赞你“走一路写一本诗集”的说法。

二、从西昌到泸沽湖

1978年8月，你又同高缨、胡笳到川西采访，你在8月5日的日记上写道：

从蓉出发，过郭老故乡——沙湾镇。去年来此，郭老尚在尘世；今年来此，郭老已永别人间。车上，写诗一首以悼沫若同志。

8月6日，高缨约胡笳和我，同游邛海。借得体委航海小船，划到对岸川兴公社的大小渔村岸边，见老少社员数人，谈及农村情况，回登芦山，庙已破烂，唯汉柏及明柏尚苍郁雄健。

半山俯瞰西昌大坝，禾浪无边，绿波盖地，与邛海相连，几不可分。谁说邛海在变小，西昌大坝就是一个大海！

8月8日，你同高缨、胡笳专程拜谒了位于西河区的丁佑君墓。墓地上刻着团中央的悼词，还有朱德的题词：

丁佑君是党和人民的好女儿，是共青团和青年的好榜样。

中国青年，应该学习她把自己的一切都献给党和人民的高度阶级觉悟和革命精神。

你们在区政府了解了丁佑君的事迹：丁佑君是共青团员，在当地工作。土匪叛乱后，把工作队包围在碉堡中，土匪抓住了丁佑君，把她押到碉堡前，要她向碉堡里的同志们喊话，丁佑君坚决不从，反而鼓舞同志们。土匪朝她打了两枪，又将她拖到保成河边的猪市扔掉。现在这里修起了佑君桥。

你讲的丁佑君的事迹使我感慨不已！革命中，许多女性都特别英勇顽强，牺牲得也极其悲壮惨烈。刘胡兰是被铡刀斩了头，江竹筠是惨遭酷刑、镪水毁尸，丁佑君死了被野狗撕扯尸身！张露萍烈士更是死后几十年默默无闻，连担任贵阳市委书记的华子良在为她修墓时都不敢为她立碑！直到“文化大革命”后我写《罗世文传》时大胆地把她的事迹宣扬出来，这才引起党组织和人们重视，四川省委组织部组织专人调查了解张露萍等烈士的事迹后，正式追认她们为革命烈士。丁佑君的事迹，高缨就写了长诗，我们永远都怀念她！

8月9日，你们一行乘火车到了攀枝花市。傍晚，杨超、李超和何正清书记接见了你们。何正清书记还特别提到，你在叙事长诗《红云崖》中写到的那条“赤化全川”的特大标语，他在通江王坪时，亲眼见到石匠们在悬崖上前后刻了几个月。

8月10日，攀枝花市科委工业组聂仲清给你们介绍了攀钢的情况，他说：攀钢从20世纪50年代就开始开发，1955年前后苏联专家肖立克教授等就曾到兰尖山上去考核，当时，山太陡，路难走，大家是用轿子把他抬上去的。他带了些钒钛矿回去化验，说是不能炼铁。从1958到1966年都在搞的实验，在“文化大革命”中停下来了。现在攀钢所在地叫弄弄坪，据说是周恩来总理在听汇报时有人说炼钢厂地势不平，沟深坡陡，就说：弄一弄就平了嘛！以后这儿就被叫作“弄弄坪”。在这里已建了几座炉子，还要建四五号炉于弄弄沟内。攀钢的铁矿中除含铁、钒、钛之外，还含钴、镍、钾、铬等金属，而现在只炼出了铁和部分钛。方毅副总理说，要综合利用，并提出1985年前钒钛产量要跃居世界前列！

过了两天，你们去大庆式企业兰尖铁矿参观，并采访了赵清志小分队和该队的三八红旗班。

8月14日，你们乘北京牌越野车出发去泸沽湖。经过云南华坪，翻越过四十公里的沉睡的大火山，夜宿宁蒗彝族自治县。第二天，又行进七十多里，在林区的一个山头上，望见了盼望已久的海子——泸沽湖，真是美不可言！——“四面青山，中有一湖，海包六七点，水飘独木舟，中午，阳光在五色的微波上闪耀。”

你是1978年去的，那时交通不便，只有一条便道，凹凸不平，汽车沿着海子绕行，两个小时才走了二十里。20世纪90年代，我去游览时，车道就好得多了！

你们在泸沽湖采访了区妇联主任马群秀，她是藏族人，原来是教师，现在是省人大代表、省革委会委员。她给你们讲了永宁的土司制度，以及当地的风土人情等等。这是在刚刚粉碎“四人帮”不久，当然主要是讲喇嘛和土司压迫农民的情况和这些年农村的生活状况，左所区委杨书记也给你们讲了一些泸沽湖的传说。比如，她说大嘴地区过去有一个岩洞，被大鱼塞住了，后来喇嘛土司派人用牛拉出了大鱼，就从洞里涌出了大水，成了这个海子。这个洞现在都在流水。据说，大水涌出来时，一个摩梭妇女正在喂猪，见水涨了，她就让两个人坐在猪槽里漂浮逃生，自己却葬身水底。所以，现在泸沽湖还使用猪槽船（即独木舟）。

在这里，你写下了《高原的明珠》一诗：

半湖云南的山和水，
半湖四川的水和山，
川滇交界的泸沽湖，
两弯新月合成一个圆。

月亮一样的明明灿灿，
天空一样的湛蓝湛蓝，
高原上的这颗明珠，
凝聚着多少离合悲欢？
……

你通过西昌地区博物馆了解了左所区的历史和文物。

你还记载了西昌博物馆的几个重要调查及其发现。

读着你的这些日记、记载，我深感你的兴趣之广泛，知识之广博。有的诗人，只关心与诗歌有关的事。你不！你对历史、地理、文物、民俗、民居、民风，对神话传说、历史故事，对百姓的生产生活，都非常关注。在采访调查旅行中，你对语言也非常重视，经常记下群众生动的土语、谚语民歌、民谣，你经常一本一本地抄录各地的格言选本、民歌集等。正因为你这样刻苦学习，勤于思考，你才文思泉涌，灵感频现，佳作不断。

8月16日晚，在这里学习的全区教师，在中学操场坝烧起柴火，大家手拉手跳起锅庄。领头的一两人吹起笛子，各族青年一起跳。民族之间显得非常团结和睦。火焰闪跳，飞起的小火星也在狂舞。火光熊熊，使天上的月亮也暗淡了。

接着，你在泸沽湖一带，采访了学校、医院、水电站，以及土司之妻和很有传奇经历的肖淑明一家。

8月19日，你穿过森林爬上大山，在山头环望海子，美色尽收眼底。湖水之蓝，蓝于墨水，你似乎觉得，这湖水用毛笔吸起，即可写出美丽的诗篇。归来时，找不见道路，尽在密林陡坡披荆斩棘而行。

8月20日，你上午走路到一大队，坐独木舟漫游海子。你登上了大嘴海包。海包上有较大的野梨树和一些仙人掌，顶端有玛尼堆。划船者告诉你：海深处有六十余丈。海边有白色的海花无数，茎叶可作饲料。

就是在这里，你写下了《泸沽湖渔歌》：

美丽的泸沽湖，
湖水闪金波，
打鱼的船队如穿梭，
纳西族姑娘，
同撒尼龙网，
网着细鳞鱼，
唱不完的歌。
歌声舞影送夕阳，
迎接月亮映山坡。

阿妹打鱼多，
赶马青年齐来驮。
知心话早已装满筐，
当着众人怎好说。

说什么？讲什么？

姑娘的回答在笑窝：

忙织网，忙干活，

哪有时间想表哥！……

8月23日，你由永宁返回攀枝花市。晚上，攀枝花市委书记、原重庆市委宣传部长何正清会见了你们。在这儿，你接到了蒲心玉的信，说四川音乐学院已发出通知，录取梁钢进入声乐系声乐专业学习。你自然非常高兴！

三、热带植物研究所

第二天下午，你到了米易县丙谷，访问了西昌地区亚热带植物研究所，采访了阮圣宏等研究员。阮圣宏告诉你，他们从1958年西南局书记李井泉在海南开会回来就开始搞热带作物研究。1959年8月成立了热带作物试验站，当时正值灾荒，一月吃二十斤米，仍然一身汗一身泥的搞橡胶种植实验。但是，试验没搞多久，又下了马。1968年，所里把咖啡园挖掉种菠萝，以后又把菠萝挖掉长荒草！百草园也搞掉了，无眼菠萝、玫瑰茄、香茅草、龙舌兰麻等都搞掉了！说这是雅加达式的植物园，资产阶级的！阮圣宏心疼地对他们说，你们打我一顿都可以，别把无罪的东西给毁掉了！可是那些人不听他的，一直折腾了好多年！

这几年，他们的研究所的工作恢复起来了！他们把气象站搞好了。原来处于自生自灭状态的橡胶林，存活下来不少，于是，他们继续把它种起来，另外引进了巴基斯坦的瓜尔豆，引进了澳洲的银桦、桉树，还有杧果、常春花等。植物园就种得更多了：广藿香、穿心莲、猫须草、沉香苗、椰枣、砂仁、肉桂、百步还阳、龙血树……

你还采访了米易丙谷公社万书记，西昌地区紫胶试验林场张云场长、热作所万所长等。

你写下了《走进百宝园》的诗：

走进这座“百宝园”，
就到了另一个世界，
望着新奇的花木，
真个置身于亚热带。

香蕉树挂着象牙，
番木瓜背着小孩，
杧果树吊着秤砣，
椰枣林蜜实紧挨。

油梨在这里落户，
柚木已长大成材，
引进的三叶胶树，
也流出它的乳汁来。

寒潮冷风常侵袭，
百宝园险遭毁坏，
多亏剑麻作篱笆，
守护这小小的绿海……

你在笔记本上摘抄了大量关于西昌地区纪行、纳西族介绍、纳西族群婚家庭残余，以及四川小凉山的介绍等资料。

米易植物研究所的采访，使你更看清了“文化大革命”给社会，给文学、给科技事业带来的伤害，看到了一些造反者的兽性。于是你写下了《题人心果》：

果树还长人心，
鲜亮而又红润；

有人不如果树，
仅只留下兽性。

曾把果树砍倒，
做成打人的木棍，
鞭挞科学文明，
倒向蛮荒驱进！

1978 年 9 月 3 日，你返回米易县城。

9 月 4 日，你返回西昌。

9 月 7 日，你乘火车返回成都。得到通知，要去北京参加由中国作家协会委托《诗刊》社召开的大型诗歌座谈会并到一些油田参观访问。于是，你当日即返回重庆。

9 月 8 日，你在家校对《春满长征路》直到 9 日凌晨 6 时。

1979 年 1 月，四川人民出版社出版《山海抒情》，收入了你在“文化大革命”中和刚刚粉碎“四人帮”之后到南海、胶东、西双版纳及川西北生活采访时所写的一些诗，分为《南海赞》《胶东行》《边疆曲》《巴蜀歌》等诗辑。其中一些歌唱祖国山河的诗，歌唱人民英雄精神的诗，写得相当好，如序诗《山海曲》等。

四、石油花开诗花开

1978 年 9 月 9 日，你乘飞机抵京。

9 月 10 日，在北京和平宾馆，你们听了石油部长宋振明的讲话。他说：“大庆，1976 年年产五千万吨石油。这是在陆相沉积的第一个大油田，破除了一个大迷信，这是坚持实践第一的成果。以后在河北的任丘，在所谓不产油的震旦系找到了大油田。今年年产石油最高可达一亿零四百万吨。”

他还告诉你们：“在新疆南部有一个五百万平方公里的大盆地，打了一个油井，一喷一百多米高，日喷一千多吨的轻油，可不炼而开拖拉机。去年五月中旬出油的，至今仍日喷百米以上，井深三千多米。

“柴达木是个老矿，现打出两口日产两百多吨的井。那里条件艰苦，要翻三千五百米海拔的高山。

“最近在南海的莺歌海和北部湾都发现了油；渤海湾也有几口井出油；陕甘宁多大，油田就有多大，地层比较复杂。四川天然气形势也不错；河南的东南西北都有油……”

9月11日，你到了任丘油田11号井。这个矿井穿过了四个油层，油层厚达八百七十五米，日产二千六百零五吨，是年产最高的一口井。

你看见，华北会战的石油工人们住的还是活动房子和帐篷。沿途还望见许多的白杨，参天立地，如一把把青锋剑。

9月12日晚，返回北京。

9月14日，乘列车奔向柴达木，三千七百七十四公里的路程。在列车上，你阅读着、摘抄着李若冰的《柴达木手记》、碧野的《边疆风貌》，为采访柴达木做着准备。

在火车上，你还访问了一位地质师，这位地质师的事迹和经历使你激情难抑，写下了《给一位地质师》：

初进柴达木还是青年，
今日已是鬓发斑斑，
为了查清盆地的宝藏，
青春攻克了一切难关。

迈着零点八五米的大步，
把广阔的沙原踏勘，
抗住迷路渴死的威胁，
曾写下最后的誓言：

“将沙漠变成良田，
给荒野带来春天。”

战友们三天后找见，

地质图还紧抱怀间……

戈壁的飞沙刷白了黑发，

敏锐的目光穿透了湖山，

如数家珍地谈着柴达木，

每根银发都是标杆！

这首诗写得朴实、真切，在叙事中融入了你的赞美和敬佩之情。最后一句把地质师的银发比作标杆，显得刚健豪迈，很有诗意。

9 月 17 日，连乘三天三夜火车后，你于凌晨到达柳园。柳园是西藏和青海石油局的转运站。从柳园乘汽车南行，经西湖公社，过阳关，穿越当金山，过盐湖，晚上到达冷湖——你们的目的地。在这儿，你又看了青海人民出版社出版的《可爱的柴达木》一书。书中介绍：在青海西北部，有一片矿藏丰富、沃草遍野的柴达木盆地。它是祁连山和昆仑山环抱着的宠儿。它东西长约八百公里，南北宽约三百二十公里，总面积在十二万平方公里以上，是我国最大的盆地。盆地四周高山环绕，平均海拔二千六至三千米。气候干燥，气温变化大。河流较多，湖泊也不少。柴达木矿产特别丰富，人们称它为“聚宝盆”。盐的储藏量在一千亿吨以上，柴达木蒙语就是“盐泽”之意；铅、锌、硼砂储量也是世界第一，锰、镍、铬、黄金、石棉、水晶石等矿藏也很丰富。中华人民共和国成立后探明了大量石油矿藏。冷湖地区到处是油，人们干脆叫它“油湖”。

9 月 18 日，冷湖青海石油管理局党委副书记尹克升给你们介绍了情况：柴达木盆地已发现一百七十多个石油构造，分北、东、西三部分。冷湖是北部地区，经过半年集中会战，已建成初具规模的油田。康世恩部长提出要打深井。现在，几乎所有的深井都有油。盆地路线长，交通不便，缺乏蔬菜，所以现在在搞农业基地，种菜。

接着，你到了柴达木、玉门、敦煌等地。你一路采访，一路观察体验，一路写出动情的诗篇。

你饱览那宏阔神奇的大漠风光，惊叹于油田壮丽的崭新奇景；你歌唱建设者火热的生活，更歌唱他们美好的心灵。《冰塔林》以奇幻的色彩和神异的想象，绘出了冰塔林的美景：

一进冰塔林，
如入水晶宫。
青光彩影，
变幻无穷：
冰的柱，冰的笋，
冰的桥，冰的灯，
冰的蘑菇，
冰的钟乳，
冰的山峰！
造物如此神奇，
今朝更展丽容，
勘查队的红旗，
迎风飘动，
又添多少白帐篷？
这新的冰塔林，
立雪原，触云空！

1978年10月　海南州

《月牙泉》则描绘出月牙泉和月牙儿交相辉映的奇景：

月牙遥对月牙泉，
月儿弯弯，
泉儿弯弯，
青光银波两相看，
相看两千年。

古时明月汉时泉，
一个天上，
一个人间，
天上人间应不远，
水月相流连。

风推流沙如推山，
沙漫月色，
山压泉源，
源头长在水长流，
映出不夜天。

你看到戈壁人家的窗台上尽是盆花，深感他们对鲜花绿色的喜爱，触动灵感，写下了《戈壁之花》：

拨开戈壁飞沙，
探望戈壁人家；
家家安玻窗，
窗台尽是花。

花有波斯菊，
花有金喇叭，
花有红月季，
花有白山茶……

人怀如花的理想，
沙石也会发芽；
油花引来万花香，
香遍整个中华！

1978 年 12 月 22 日

最后一节境界阔大，诗意浓郁。“人怀如花的理想，沙石也会发芽”写出了石油战士们美好的精神境界和他们如花的理想。结句“油花引来万花香，香遍整个中华”更把诗意扩大到整个中国，令人回味不已！

1978年秋冬的大西北之行，几个月时间，你写了几十首诗，编辑成诗集《在那遥远的地方》，于1980年6月由上海文艺出版社出版。诗集的“内容提要”中说：“作者满怀对生活的激情，在昆仑山下，戈壁瀚海和丝绸之路，唱出了一首首短小、清新而又优美的新歌。诗里有昆仑山的雄姿，也有冰塔林的奇景；有沙漠绿洲的春色，也有格孜湖上的秋光；有清辉似雪的敦煌月，也有石油工人会战的帐篷城……这些诗是祖国的颂歌，也是新生活的赞歌。感情真挚，诗句清新，写景寄情，富有诗情画意，是这本诗集的特点。”

1979年4月，四川人民出版社出版了你根据大巴山红军传说改写的儿童叙事诗《火云鸟》。

五、西部放歌

1980年7月至11月，你再度到四川凉山州、甘孜州、阿坝州采访。

7月4日至8月9日，你同陆棨到了凉山州。你们参观了乌科育种场，再到热都尼萨去看火把节。一路上，当地领导和群众给你讲了许多彝族风俗和民间传说以及民谣民谚。你在笔记本上记下了火把节的传说：

传说彝族有位大力士叫敢巴，他吃铜吃铁当饭。有一天，天神恩铁古孜派一个大力士阿哈孜孜下凡，想要和敢巴摔跤。当时敢巴不在，阿哈孜孜就问敢巴的母亲敢巴到哪儿去了？母亲说他吃铁饼吃铜圆去了。阿哈孜孜就走了。敢巴听说阿哈孜孜来过，就赶到一座大山上，同阿哈孜孜先吵了一架，然后就打起来。阿哈孜孜被敢巴打死了，敢巴把他的尸体放在树洞里，众人都不说。只有叫天子（即云雀）去给天神说了。天神怒撒瘟疫和虫子在地上，众人点起火把烧虫驱病，叫天子即飞天报告说：火把将虫子烧死了，火把将瘟疫驱散了！……

7月22日，你们到了乌科育种场。这是建在海拔三千米以上的畜牧场，以石桩和铁蒺藜作围栏，分成了几个牧队。他们利用山水发电照明。育种场引进了新西兰绵羊，体型比普通羊大一倍且丰满美观，甚为可爱。

7月23日，你们一行六人，从乌科育种场出发，冒着大雨，往普格县的热都尼萨走去。上坡时，空气稀薄，喘不过气；穿过原始树林时，只见树上垂着长长的“胡子”。雨渐渐小了，树木，格外的青翠；空气，格外的清新；连鸟儿的叫声，似乎也经过了雨水的洗濯而变得更加清脆悦耳了！西部山川的秀丽迷人给你留下深刻印象。同时，高寒山区的落后也让你痛心。你们在五个半小时的行程中，除了见到几个牧羊人之外，几乎不见一户人家。抵达耶底公社晒果洛大队时，天已黄昏，大队长喝酒喝醉了，一个民兵排长和一个队干部十分尴尬地商量着如何接待你们六位浑身水湿、通体疲惫的“不速之客”。他们只好先弄了一些杂草，在办公室烧了一堆火，把你们打湿了的衣服鞋袜烤干，也驱散了你们一身的寒气。直到晚上11点多钟，才带你们到一个队长家吃饭——他们是现杀羊子，做了些坨坨肉招待你们！晚上，睡在牛圈楼上，楼上连垫的干草也不多，你们只能两个人合盖一件“察尔瓦”（即彝族人用羊毛织的披毡），你们盖着，顾得了身子顾不了脚。跳蚤又特别多，咬得你难以入眠，清楚地听着耳边猪牛的鼾声和嚼草声，好像就睡在牲畜旁边一样。早上起来一看，由于队长他们把“察尔瓦”给你们盖了，他们自己却没有衣穿被盖（“察尔瓦”既是他们的衣，又是他们的被盖），全部赤着上身，缩成一团，躺在篾笆上烤着火过夜！你看他们生活得如此简单清苦，心里不禁隐隐作痛！你把这种忧国忧民的情怀，写进了《彝寨夜宿》一诗之中：

黄昏伴我到彝寨，
借宿队长家，
殷勤受款待，
火塘上方就座，

请食荞粑瓜菜，
木勺子，舀酸汤，
热流暖心怀。

漫谈直到深夜，
总在现实徘徊，
话题不离驱贫困，
早日富起来。
随后送我们上圈楼，
脱下一件旧披毡，
让给我们两人盖。

盖胸难盖脚，
更有风来作怪，
只得和衣睡，
夜短犹可耐，
蜷身滚卧燕麦草，
静等东方白。

听楼下牲畜鼾声大，
呼出热气烫耳腮，
无眠真难挨；
再看他躺篾笆上，
燃火当被盖，
一边装吸兰花烟，
一边添干柴。
这使我辗转反侧，
苦思不得解：

民主改革后，
已过二十载，
高寒山区仍高寒，
遭的什么灾?

第二天一早，你们就出发到热都尼萨参加火把节。半个多小时就到了那儿。这是一个四面皆是草山的平地，其中有个岩洞，有泉水从洞中流出。只见从布拖、普格、宁南三县上山来的身着盛装的男女青年，迎着阳光，向这里走来。有的姑娘还在泉水边用金黄的油布伞遮身梳妆，有的男子骑着马缓缓而来。你感到，这是一个比美比俊的民间集会，是个色彩的比艳大会！将近中午，金黄色的伞已布满了周围的山坡。不久，在草坪的一角，姑娘们跳起了“冬格舞”（即火把舞）。她们十个左右围一圈，往返旋转，边唱边转动，此起彼应。逐渐，跳舞的人越来越多，围成了十几个圈。围观的人也越来越多，直挤得水泄不通。跳舞的人都显得矜持端庄，不受旁边活动的干扰。旁边，斗牛、跑马、摔跤，也陆续开展起来。孩子们则用竹枪在打闹着。最有趣的是，一头头牛从草坡上被吆入聚会场，又被鞭炮、枪声和野性的呼哨赶得发狂，直向歌舞的人们冲去，歌舞者散开又聚合拢来。而牛则用蹄扒土，用角戳地，显示它是最强者。从太阳升起直到太阳落山，各种游艺仍然在继续，上万人的节日聚会还未尽兴。你们几个却都饿了，向举办者讨了一些洋芋、荞粑充饥。看见天已黄昏，翻译老王就把你们领到十多里外的耶底寨住下。到这家来住宿的人竟达三十多人，他们累极，饿极，只吃了些洋芋，还没等到坨坨肉煮熟，就去圈楼上睡觉了。圈楼上只有燕麦草，既无垫的，也无盖的，大家只有和衣而睡。第二天早上六点钟，老王叫醒你们，向西罗村走去。经过五个半小时，翻山过涧，才到了西罗劳改农场场部住下。一路上，你才感到了膝关节的疼痛！到了场部，只见这儿也在过火把节。一些昨天在布拖见过的青年又出现在这里。跳舞、斗牛、跑马、摔跤等活动，都在热烈进行。晚上，只见三个寨子的人点着火把绕着村子转了一圈，最后把余下的火把放在一起烧掉。你看着这美丽的火把游行，感到就像满天的星群聚合成一个月亮一样，非常壮观。火把消失了，但男女青年们的热情却未熄灭！就是在这里，你满怀激情地写下了《姑娘的手艺》《燃烧的夜》《山之恋》《背新娘》《醉》和《果林夜曲》等表现火把节风情的诗篇。《果林夜曲》写得那样优美动人：

火把都快燃尽了，
已烧得血液沸腾；
朋友结伴走开了，
去向那苹果树林。

——昏昏，溟溟……

阿妹的口弦声声，
阿哥的月琴叮叮，
共同弹着一个曲调，
伴和着一个心音。

——轻轻，轻轻……

不碰落枝头的夜露，
不惊动草丛的虫鸣，
在自己营造的果园，
倾诉甜蜜的爱情。

——静静，静静……

让正在成熟的果子，
多添一些糖分；
让正在上色的果子，
多添一些红晕。

——亲亲，亲亲……

1980年7月21日，布拖

在藏、汉、回多民族居住的康定，你写了《五色海》，以五色海美景来象征、表现和歌颂民族大家庭的团结和谐：

群峰白雪皑皑，
山野繁花竞开，
青青的森林飘云带，
环绕着一座五色海。

五色的海子呵，
汇聚着大自然的色彩，
在蓝蓝的天宇下，
神话般的令人迷爱。

在这高山湖畔，
俯瞰自治州的疆界，
这多民族的大家庭，
也像是彩色的大海。

彩色的大海在欢笑，
彩色的大海在澎湃，
只要我们和睦相亲，
高原春光长在！

1980年8月31日，康定

1980年9月7日，你到了甘孜。这里离白利寺约十公里，离大金寺二十多公里。在这里，你采访了国有农场、县草原建设指挥部。9月9日，你住在普公帐篷里，一夜牧犬高叫，久久难眠，第二天早上醒来一看，被子上都盖了一层白霜，原来是呼吸的水汽凝聚而成。到帐篷外一看，到处一片银霜，你不觉即兴吟出了一首五绝：

野营临晓窗，被上一层霜。
心绕故乡梦，犹疑是月光。

中午，你采访了四川省草原研究所王所长和川农副教授周寿荣。

9月11日，你以职业作家身份，参加了石渠县各部门座谈会，听取了县文教局罗局长、文化馆杨云培馆长以及教师们的汇报。

将近半年的川西行，你写了一百多首诗，从中选了八十四首，编辑成诗集《高原，花的海》，交四川民族出版社，于1982年3月出版。编辑在内容提要中说“诗人梁上泉满怀对人民的爱，对生活的深情，先后到甘孜、阿坝和凉山自治州的藏、彝、羌族地区深入生活。他在广大农村牧场，在著名的贡嘎雪山、当年红军经过的雪山草地、大小凉山、大渡河沿岸，创作了一首首短小、清新而优美的抒情诗。诗里有贡嘎山的巍巍雄姿，九寨沟的绮丽风光；有泸沽湖、邛海的月色；也有藏、彝、羌族努力从事生产建设的战斗豪情。这些诗所反映的多彩生活，汇成了花的海洋，给人以美的艺术享受。”

六、出席全国诗歌座谈会和全国第四届文代会

1978年底，你应邀出席了中国作家协会委托《诗刊》编委会召开的诗歌创作座谈会。

我在《柯岩传》中详细地叙述了筹备和主持这个会议的情况。它是由当时主持文化部文艺工作的贺敬之给柯岩提出，由柯岩请示《诗刊》主编严辰和副主编邹荻帆及中国作协主要负责人李季，并报经中央领导批准后召开的。它是粉碎“四人帮”以后，在文艺界规模最大、影响最大的一次全国性的诗歌盛会。

在这个会上，你见到了来自全国各地有相当影响和成就的几代诗人：老一辈的艾青、臧克家、冯至、卞之琳、田间、赵朴初、公木、徐迟、严辰等，中年一代的李季、阮章竞、邹荻帆、蔡其矫、方冰、绿原、

徐放、牛汉、吕剑、张志民，再年轻一些的李瑛、公刘、白桦、苗得雨、贾漫、胡昭、柯岩。还有工人诗人黄声孝及农民诗人姜秀珍，以及一些刚摘掉右派帽子、甚至还没摘掉右派帽子的著名诗人邵燕祥、流沙河、周良沛等。你听了中央领导同志胡耀邦、王震、胡乔木等的报告，听了老中青几代诗人的精彩发言。你感到，这真是个大解放、大开放、大团结、大鼓劲的诗歌盛会！老诗人赵朴初关于新诗要在古典诗词和民歌基础上发展的发言给了你很大的启发和激励。

大会分成了几个组。你是一个组的召集人。你这一组的有四川来的诗人雁翼、流沙河等，大家欢聚一堂，真有说不尽的感慨和沧桑！

1980 年 10 月底，你又出席了全国第四届文代会。这是新时期中国作家的一次大团圆、大团结、大鼓劲的盛会。在会上，你见到了来自全国的著名作家、诗人、戏剧家，你聆听了邓小平同志及其他领导同志的讲话，听了众多诗人作家的发言，倍受鼓舞和激励！你决心更好地沿着民族化、群众化的道路，写出更多更好的作品！

第五章 新的探索与创造

一、《多姿·多彩·多情》

1986年2月，四川文艺出版社出版诗集《多姿·多彩·多情》，收入你1981年初至1984年间的六十三首诗。在序诗中，你吐露了你愿做一颗小小的行星，投入无限的空间，与生活、与美、与诗做伴，巡游多情的大地，写出美丽的诗篇的心愿：

我与生活做伴，
生活与美做伴，
美与爱做伴，
爱与诗做伴。
并翅飞翔，一起运转，
共同巡游多情的大地，
多姿的山川。
……

我愿做一颗小小的行星，
沿着长长的轨道飞旋，
虽然只能反射有限的光芒，
却要投入无限的空间！

确实，从1981年至1986年，你不断地投入生活的激流，在生活中寻觅着诗，不断地为人民、为时代奉献着深情的诗篇。

1981年，四川出现特大水患，你立即赴川西采访。

1981年10月，你在参加株洲召开的全国歌词研讨会后，又去常德、湘西、张家界、凤凰古城、贺龙故里参观采访，写下三十余首诗，再经秀山、酉阳、黔江、彭水采访而归。

1982年8月，你调入重庆文联从事专业创作，即应总政文化部之邀，赴乌鲁木齐军区采访，写作歌词《峨眉酒家》等，在《人民文学》发表，由著名作曲家士心谱曲，阎维文选唱此歌参加全国青年歌手大奖赛，获民间唱法第一名。

1983年7月，你带儿子梁芒，参加中国音乐家协会组织的全国词曲作家赴呼伦贝尔大草原和大兴安岭森林采风活动，写出《小白杨》歌词，由士心谱曲，阎维文演唱，在全军全国广泛流传。

1985年3月，你又随曹禺率领的全国文联代表团赴朝鲜访问。

11月，你又应邀至东海部队舟山群岛海军部队采访，后经福州、厦门、鹰潭等地回渝。

你迷恋着祖国的山河，心系着祖国的建设，深爱着各族的人民。

《天鹅湖》写得优美迷人，天鹅的优美形象，天鹅的苦恋故乡，不就是你的自我形象嘛！

巴音布鲁克——
泉水丰盈的地方，
开都河的源头，
就是天鹅的家乡.

溪河千回百转，
在草原任意流淌，
亦如天鹅的曲颈，
闪着银白的光。

河连个个水泊，
构成天鹅的形象，

也许才引来天鹅，
追逐起微波细浪。

鹅群寒秋南去，
春天又万里返航，
苦恋生养的故地，
深情世代不忘！

《相见欢》更把长江、嘉陵江在重庆朝天门的汇合，赋予了爱情的象征意义：

长江，嘉陵江，
在重庆港口会面，
拥抱，蹦跳，
用激溅的浪花交谈。

它们说些什么，
似乎全能听见，
叙着各自的波折，
流着欢乐和悲酸。

为赴今朝的约会，
冲开了一切阻拦，
多少个日日夜夜，
怀着难忍的爱恋。

往后再不分离了，
只有齐步向前，
你中有我，我中有你，
向大海立下誓言！

《香溪水流长》写的是昭君和亲的传说，以香溪的美艳为象征意象，写出了王嫱的外貌和心灵之绝世优美与芬芳；而音韵之和谐优美，词语之凝练高雅，几乎可与宋词比美——

香溪水，
水流长，
每到溪口忆王嫱。
绝美一村姑，
明珠深山藏，
常和童年姐妹，
溪畔洗衣裳；
跣足照容颜，
伸指自梳妆，
波如镜，
水生光。

谁说山溪水，
流的脂粉香？
山花含露开放，
本已无比鲜亮，
何须粉饰？
何须艳妆？
只缘女儿有志，
志在安民安邦，
甘当民族好使者，
和亲去远方，
出塞琵琶一曲，
弹去一路风霜……

南来雁，
一行行，
飞落小溪旁，
传来信息，
乡民敬仰，
捧起溪水当酒浆。
从此有了香溪名，
香溪水，
水流芳！

《血滴》一诗凝练如唐诗中的新绝句，以短短四句，二十九个字，捕捉住一个凄美的意象，绘出了一幅悲壮的画面，抒发了一腔热烈的赞美，意境雄浑，含蓄深沉，音韵铿锵：

那勇士捍卫边疆，
在高山阵前负伤，
伤口滚滴的鲜血，
凝聚成悲壮的夕阳！

《画工的洞窟》在选材和立意构思上都极有特点：

千佛古洞旁，
还有无数石窟，
石窟如蜂巢，
曾是画工居住。

那边是那样辉煌，
这边是这么简朴，

那边彩画盈壁，
这边烟尘满屋。

匠师把心血，
尽往佛窟倾注，
一笔又一笔，
留下不朽的艺术。

后人赞不绝口，
欣赏多彩的画图，
心随飞天神女，
飘游仙国乐土。

可我转过身来，
走到画工的门户，
却见他们的形影，
至今还蹲在墙隅。

少的那么纯真，
老的那么成熟，
都在苦苦地构思，
显得格外严肃。

我久久地望着，
不觉泪眼模糊，
创造者的容貌，
成了我心中的彩塑！

人们去到千佛洞，都是去看画、赞画，你却独具慧眼，发现和捕捉到了为艺术献身的平凡而伟大的画工！在构思上，你也别开生面，运用了尖锐的对比和强烈的烘托，以画师创造的艺术辉煌与他们生活的简朴和艰辛两相对照，以他们的心血倾注同他们的默默无闻相映衬，既热烈歌颂了画工献身艺术的精神，又显示了艺术家不为人知的艰辛。诗的画面和形象中流淌着你的心血，你的深情，一起构成了这首诗震撼人心的深邃意境！

二、《爱情·人情·风情》

1989年12月，中国文联出版公司出版了你的《爱情·人情·风情》，收入诗歌一百二十四首。

这部诗集，保留了你固有的清新明丽、朴实自然的风格，却平添了成熟的风韵和思想的深沉，诗也写得更加凝练，更加精致，更富于哲理。

在这个诗集中，你选入了不少爱情诗。你过去写爱情是比较少的。一首《茶山新歌》，写的是姑娘对战士的热爱和暗恋，却被一些人批成是什么“勾引边防战士”，那时候，哪个还敢正面写爱情啊！可是，今天，你却大胆地、堂而皇之地在诗集的标题和主题、内容上写出了爱情！这是你在题材上的突破！在艺术表现上，也有你个人的特色。

《相爱》写你与爱人的爱，那样的深沉执着，又那样的坚贞而永恒：

我们是这样相爱，
爱得热烈深沉，
身上都相互依附着
彼此的灵魂。

假如我死去了，
生命还会延伸，
胸腔里仍将跳动着
你的那颗心。

《我是风筝》则借风筝的形象，写出了爱的缠绵悱恻：

我是风筝，
无论飞得再高再远，
总有一线，
和你缠绵相连。

你的指尖，
携着我的命运，
风越大越紧，
越感到你的牵引。

风筝是我，
带着你高翔的心，
你手中的线，
是我俩共同的神经。

《美梦》写出了爱的欢乐和痛苦：

你有你的隐痛，
我有我的隐痛，
痛苦总会消融，
冰河在春风里解冻。

你有你的美梦，
我有我的美梦，
梦中夜夜相逢，
欢乐在心湖里涌动。

《浑圆的浆果》这首爱情诗，以浑圆的浆果为意象，为象征，书写成熟期的爱情，写得那样深情、细腻，显得蕴藉含蓄，余味无尽：

浑圆的浆果，
等待一个人采撷。

成熟期到了，
那双手是谁的呢？

怎忍弹破捏破，
甚至不敢抚摸。

只能酿成美酒，
斟满人们的笑窝。

题材上，你以前主要是表现军队、群众的生活，现在，你还写了不少风景风情风物，写了你对生活的沉思。

我很欣赏你《滴露集》里的那些哲理诗。如：

一

水中的鱼儿渴望着自由，
市上的人却贩卖着钓钩。

三

水仙呵！
离开了石子和水，
还能成仙吗？

九

水，平静的时候，
总在默默沉思；
水，奔腾的时候，
总在苦苦追求。

十

荷花谢了，别发愁，

荷叶残了，别担忧，

在看不透的淤泥里，

已长成胖胖的莲藕。

十一

当你看见金手镯，

你要争着买；

给你打副金手铐，

你可愿意戴？

《倒淌河》抓住青海独特的自然景观——由东向西的倒淌河，象征性地表达了你在艺术上的独特追求，即坚持自己继承古典诗词和民歌民谣的传统，坚持从生活中汲取诗情，表达自己“独特的情感独特的性格”，坚持自己朴素亲切的明快诗风而不赶时尚、不赶时髦的诗学主张——

东流的江很长很长，

东流的河很多很多，

最知名的是长江黄河。

西流的江很少很短，

西流的河时有时没，

最长久的要数倒淌河。

不追赶一时的潮流，

有独特的情感独特的性格，

寻自己的方向扬自己的波。

向西的日月交替而过，
向西的公主沟通了唐蕃，
向西的河水也汇成湖泊。

《爱情 · 人情 · 风情》在“情”字上下了较大工夫。你以多样的抒情方式来反映“情”的境界和氛围，追求思想的深刻和含蓄。在艺术上，你更加追求诗意的凝练、简洁、精巧、雅致，音韵和谐，韵律优美。请看《湖上人家》：

一条船，
就是家。

鸬鹚在船上栖息，
渔网在船上高挂，
母鸡在船上生蛋，
孩子在船上长大。

天无际，
水无涯，
天水之间，
一抹紫霞……

这首诗有古诗词的韵味，有民歌的风味，又有现代诗歌的明白晓畅。

三、《梁上泉诗选》

1993 年 4 月，在你 62 岁生日之际，四川文艺出版社出版了你的精装本诗歌选集《梁上泉诗选》，收入新诗一百八十八首。

这是你对四十年新诗创作的检阅和总结，也是你对新时期文坛的隆重献礼！

这部诗选，精选了你新中国成立后出版的《喧腾的高原》《云南的云》《开花的国土》《寄在巴山蜀水间》《大巴山月》《长河日夜流》《山泉集》等诗集，以及新时期出版的《在那遥远的地方》《高原，花的海》《多姿·多彩·多情》《爱情·人情·风情》等诗集中的诗。集前有你的“自序”。在“自序”中，你谦虚地简述了自己的人生经历和创作历程，并总结了你的艺术追求。你一开始就说：“我原名梁上全，因我父亲是个会多种手艺的农民工匠，识字不多，却想让我这个长子将来出人头地，当个‘人王’。人王者，全也。故以此名之。我生来没那个命，也没那样的奢望，就暗改原意：‘宁喝白水，不当人王！’白水者，泉也。便将‘全’改为‘泉’，且沿用至今。其实，以白水来评量我的诗，大致名实相符。它浅淡，平常，明白，无味。由于源出山间梁上，总那么细细地淌着，长长地流着。”其实，你太谦虚了。你的诗确实明白易懂，从不装腔作势，但绝非白水，更不是无味，而是情景交融，意境清新，感情真挚，韵味悠长。正如收在这本诗集中的严辰的代序所说：

固然，每个诗人从他不同的角度出发，会产生不同的表现方法。有的笔墨淋漓，纵横恣肆，如火如荼，热气蒸腾。有的线条清丽，精巧细致，玲珑剔透，韵味隽永。风格是多种多样的，但只要是鲜花，是真、是善、是美，都是我们需要，都是我们喜爱的。《梁上泉诗选》的作者，似乎较接近于后者。在他诗的彩色河流里所反映的，是边疆建设的风貌，某些事物的具体变化，对红色乡土的缅怀，对山川草木的吟咏，他通过这些来披露襟怀，抒写胸臆，表现对党和祖国的深情，对新社会的诚挚的爱戴。

是的，这就是你的诗，它也许不是长江大河，不能一泻千里，没有奔腾澎湃、惊涛拍岸的气概。但是，它却是深山峡谷中花柳掩映的潺潺溪流，那样澄澈，那样碧透，那样幽蓝，好像可以数清水中卵石的美丽花纹，好像可以闻到风中传来的阵阵芳香；它还是祖国西南边疆和少数民族地区的风景画、风俗画、风情画。

你的这些诗，是你扎根于现实生活的沃土，到祖国老少边穷地区走访，走遍了神州大地，北到大兴安岭，南到西沙群岛，东到长山舟山，西到帕米尔高原，向人民学习，在生活中采撷、提炼的成果。这部诗集分为七辑：第一辑《雪山的雪》，写青海西藏，其中《姑娘是藏族卫生员》《阿妈的吻》《牦牛队的姑娘》《高原牧笛》《雪山的雪》《唐柳》是代表作；第二辑《云南的云》，写云南边疆，其中《云南的云》《茶山新歌》《两棵树》《潜伏哨》《月亮里的声音》是代表作；第三辑《还乡行》，写川北故乡，其中《还乡行》《匠心》《大巴山月》是代表作；第四辑《窗含长江》，写长江及三峡，其中《山泉》《老引水员》《三峡放歌》《嘉陵江》是代表作；第五辑《西部音画》，写西部边疆，其中《黄河，你告诉我》《雪与月》《碑》《啊，巴颜喀拉山》《峨眉酒家》《天山雪》是代表作；第六辑《爱之岛》，写爱情友情风情，其中《阳台》《两相盼》《美梦》《相爱》《朦胧爱》《化妆》《红土地》是代表作；第七辑《山海情》，写祖国山河之美，其中《彩色的河流》《访李白故乡》《画家的画》《九寨沟之秋》是代表作。

《梁上泉诗选》是你的第二十部诗集。这部诗集，既有你固有的风格，但也并非老调重弹；这部诗集，既有你固有的清新明丽，但也增加了你成熟期的芳香，注入了你对人生更多的思考，艺术上，也更加精巧，更见凝练，更含哲理。比如《朦胧爱》，就表现了你最初的朦胧爱，那么久远的、朦胧的、深沉的爱，你却用那么精致的几个意象、那么精美的几个动作画面，就那么深情地、含蓄地、艺术地表现出来了，直使人想到苏东坡的《江城子》“十年生死两茫茫……”——

我最初的朦胧爱，
悄悄地给了，
一个同班的女孩。

女孩的那一瞬，
那一情态，

到我生命的终结，
也难忘怀。

夕阳光，
把她勾勒成金像，
信手采下的野花，
在她唇边飘香。

香风给我传递，
一朵纯真的微笑，
一个温情的信息，
就从那年那时起，
储存在我的记忆。

可她辞世太早，
我独自把她悲悼，
这绵绵隐情，
她至死也不知道……

1988年5月18日　重庆

你在《梁上泉诗选》的“自序”中说：

概言之，在诗艺上我主张扎根于现实生活的沃土，尽量汲取古典诗词、民间歌谣以及外国优秀诗歌的养分，力求开出具有民族特色和现代意识的诗花。真，情，深，新，精，音，这“六字真言”是我的总追求。追求到死，也许都写不出几首如意的好诗来，我想诗神是不会怪罪痴迷者的。

这是你的肺腑之言！

四、“梁六行”

1993年7月，重庆出版社出版了你的六行诗诗集《六弦琴》，收入了你1980年至1992年所写的六行诗共二百二十八首。诗集的出版，表现了你对现代格律体诗歌形式的认真探索和对诗歌语言精练简洁的努力的追求。

这部诗集也可以说是你对当时诗歌的过度散文化和非诗化的反拨和校正。当时，诗坛上不少作者盲目崇外，把诗写得过于口水化，没有韵律，没有诗味，散漫无章。针对此种弊病，一些有识之士提出建立现代格律诗的观点。你的诗主要是继承古典诗词和民歌的传统，带有格律体和半格律体的性质，因此，你想在此基础上再作一些创造性的实践。在这方面，你的老朋友沙鸥和雁翼都做了许多努力：沙鸥的沙八行就写了近三十年。雁翼在20世纪50年代前就尝试写十四行体，在“文化大革命”前和“文化大革命”中都受到过非议以至批判，但他在“文化大革命”后还是坚持了一段实验，取得了一些成效。你的六行体是这些实验中的一种，应该说取得了较好的成绩！

这是一本接近古典诗词的短诗集，每首都是六行。你既没有借用现存四行绝句，也没有套用八行律诗，而是从“六弦琴”获得灵感，首创六行体：每首六行，六弦等距，一韵到底，讲究排比对仗，音韵和谐，变化有致，形式严谨，称得上是借用古典诗词形式的格律诗或半格律诗。

你在序曲中就点明了诗的内容和风格：

我的吉他——六弦琴，
声声伴我热诚的歌吟：
咏山水，咏风物，咏爱情，
咏时代，咏环境，咏人生，
愿每一曲都紧扣心弦，
震颤您呵，我的知音！

你运用六行体，非常讲究诗意的浓缩与凝练。一些非常丰富的内容和较重大的题材，你竟然用严格的选材和丰富的意象精练地概括表现出来了，显示了高度的艺术概括力和审美功力。你的一生，走过了那么多地方，阅历那样丰厚，创作那样繁盛，可是你竟然用六句就形象生动而又富于诗意地表现出来了，不能不令人拍案叫绝：

心上长绿着戈壁红柳，
眼里长亮着冰山雪莲，
双手抚抱过万岭青松，
两脚踏行过四海银澜，
一个组合的五彩梦幻，
衬映着我的青春华年。

你的这首诗，运用了戈壁红柳、冰山雪莲、万岭青松、四海银澜等美丽意象，写出了你几十年走遍祖国边疆大漠东西南北的人生旅程；而心上、眼里，抚抱、踏行、组合、衬映这些词语的运用，又表达了你人生探索路上的艰辛愉悦，浸泡着你对祖国边疆山川的丰富情感；而戈壁红柳与冰山雪莲，万岭青松与四海银澜，心上与眼里，抚抱与踏行，组合与衬映，五彩梦幻与青春华年的精致对仗，加上六行诗句的每句九个字，每句节奏都是四个顿，构成了严格的格律体诗！

这首诗，六句诗就高度概括了你作为诗人走南闯北的艺术人生，看似信手拈来，实际上是精心雕琢，匠心独运，可以说是一件精美的艺术品。

再如你的《木蛙——题木雕》：

别人刀下是蛙的惨死，
你的刀下是蛙的诞生。
雕得鲜活灵动，
呈现百态百形：

害虫一见全都惊逃远遁，
人却喜瞪着蛙般的眼睛。

你为木刻青蛙所题的诗，是如此鲜活灵动："害虫一见全都惊逃远遁，人却喜瞪着蛙般的眼睛"。这正如你对我说的："看起来没费多大工夫，其实很费劲，只是不让人看出而已。"

木蛙是一件精美的艺术品，你的这首诗不也是一件精美的艺术品吗？

《海的心》意象博大，情感充沛，意蕴丰满，浑然天成，熔铸着你对大海旭日的精心观照和独特体验，也融入了你追求光明和诗情的壮志雄心：

碧海里涌出的一轮红日，
是大海捧献给万物的赤心。
那么鲜丽，那么明净，
有如泪水涤荡过的灵魂：
那么巨大，那么热忱，
不愧是出自广阔的胸襟。

《行道树》则写出了你对生活在底层的农民工的同情和关注：

从那偏远的农家小屋，
走进人海迷茫的雾都，
街边候立着的扁担，
站成了一排排行道树，
鸟不来栖息，它深知
树皮已脱，树心很苦！

你的不少诗歌饱含丰富而真切的哲理意蕴。如《鸟和人》：

笼中鸟，在树上对话，
遛鸟人，在树下对话。
鸟谈些什么，人懂吗？
人谈些什么，鸟懂吗？
我觉得鸟语还好理解，
人语反难解答。

你热爱生活，忠厚诚实，但也幽默风趣。《羌人》既是写羌人，是不是也写你：

住在云里，
走在云里，
脚上穿着云云鞋，
鞋帮的云彩追随着你，
你就成了云中人，
踏云来，踏云去……

你不就像羌人一样，几十年来，踏云来，踏云去，走南闯北，走在祖国的高山大野、冰峰大漠……

这部诗集，可以说是“十年磨一剑”。十年弹一琴，宝刀出鞘，华光耀眼；琴弦鸣奏，音韵铿锵。因为要把丰富的意象和情感浓缩在六句诗中，写作时你就不得不“戴着脚镣跳舞”，对诗歌进行精雕细琢，反复打磨，因此，你的“六弦琴”就显得意象更精粹，章法更严密，语言更精纯，句式更匀整，音韵更和谐，犹如古诗中的绝句，古词中的小令。

你对六行体诗体的探索，远没有停止。在你2003年出版的《不老草》第二辑《六弦琴续弹》中，又收入六行诗体一百五十一首；2010年2月，在由中国文化出版社出版的诗集《诗路花语》中，也收入了六行诗好几十首。这里面都有不少好诗，比如，《不老草》中的《各有天空》，就在排比中展现出一种哲理性的诗情：

云雾是山林的天空，
水面是鱼虾的天空，
林荫是雀鸟的天空，
草原是牛羊的天空，
母亲是孩子的天空，
宇宙是哲人的天空。

而《登临大雁塔》则回荡着历史的韵味：

七级佛图高耸，
引我登临入虚空，
顿生雁的双翅，
灵视长安古城，
半在秦汉烟云里，
半在唐诗古树中。

《诗路花语》中的《新疆素描》以十六首六行体诗，从多方面、多角度广泛地反映新疆的历史和现实、风景和建设、人文和风情，像一首组诗，很有特色。

你对六行体爱之弥深，情有独钟。你在辑前序诗中说：“弹拨六弦琴，承传融古今。唯求精练语，意象更翻新。”的确，你的《六弦琴》和《六弦琴续弹》及诗集《诗路花语》中的六行体，传承并发扬了民族诗歌的传统，是绽放着你的心血和智慧的奇葩。我觉得可以称之为“梁六行”。

自《诗经》以来，两千多年间，中国的诗歌都以四行、八行为主流，尤其是唐诗中的格律，更以七律、七绝、五律、五绝的四行、八行为主，这似乎主要是因为受制于八卦四象，加上四、八行便于安排头尾腰膝，起承转结。即是说，这种四、八行的外节奏，更有利于表现诗的内节奏。所以，沙鸥在新体诗试验中，创制了沙八行。但是，现代格律诗体的试验应该丰富多彩，所以你开创了六行体。这是你对中国新诗体式的新试验，也是你对新诗格律体创试的新贡献。

五、《不老草》

2003 年 6 月，中国三峡出版社出版你的诗集《不老草》，作为你从事文学创作五十五周年的纪念集，收入了你从 1965 年至 2003 年间创作的、但未收入你过去诗集的诗歌五百二十五首。《不老草》按诗的形式、特别是诗节的长短分为四辑：第一辑《微型小诗》，第二辑《六弦琴续弹》，第三辑《抒情谣曲》，第四辑《长笛短吹》。诗集前有诗评家赵心宪的序言，书后附有四篇诗评。

你将诗集命为《不老草》，似乎有着深刻的寓意，就是隐喻你创作不衰的生命力，亦如你在“序诗一”所宣示的那样：“一棵不老草，教我人不老。虽近古稀年，花甲减去了。返老又还童，几岁小宝宝。”的确，你创作诗歌的生命永不衰老，不但不老，甚至于还返老还童，永葆“童心”，蓬勃旺盛。

第一辑《微型小诗》收入微型诗二百四十六首。你在辑前序诗中写道：“型微意不微，精短有情味。更爱小诗小，大能容万类。”这个序言虽然只有二十个字，却透露了你对微型诗的清醒意识：微型诗不仅要型式微，精而短，更要“意不微”并“有情味”。哪怕仅有只言片语，也要抒写和表达诗人对于外界事物的心灵感触和情感体验，否则就不能称之为诗。

微型诗似乎是正在兴起且日趋流行。很多年前，重庆一批诗人针对当时诗坛的散漫和口语化，就大力提倡写微型诗，并出版了《微型诗》刊物，还请诗坛泰斗贺敬之题写了刊名。著名诗人沙鸥先生在《小诗的创作》一文中对微型诗的美学原则作了如下概括：首先是立意的“深、新、宽”。立意深，指诗人要认真思索人生，思索生活，从思索中提炼出人生、历史、审美、哲理、情感等方面的体验，把立意引向深化；立意宽，指立意的覆盖面要宽，诗人的视角要广，视点要高，要能得到读者更多的同感。其次是构思的个性特征及构思立意手法的同时完成。再次是语言的本色美。

微型诗常常是抓住一瞬间的感受，在“一瞬间切入”，表现的往往是一地的景色，一时的情调，片刻的体验，刹那的顿悟，让人从一地想到辽阔，从一时想到久远，从有限中领略无限，从刹那间体会永恒。

你的这辑微型诗，绝大部分是写得很好的。它们是你多年灵感火花的结晶。如下面三首：

你在楼台上赏月，
我在楼台下赏你，
两个月亮聚合在一起。

一粒粒小小树种入了土，
百年后棵棵大树破云出。

春天，放飞着风筝，
风筝，放飞着孩子，
孩子，放飞着笑声。

第一首诗通过对楼台上赏月的你的欣赏展开诗意想象，把你与明月联系起来，融合起来，进而将诗情的传递与画意的勾勒及诗人的人生体验融合一体，给人悠然的遐想和美妙的意境，兼具有李白《对酒独酌》的意境与卞之琳《断章》的韵味。

第二首诗通过“小小树种”与“棵棵大树”的鲜明对比，“入了土”与“破云出”的强烈对照，展示了种子的强大生命力，赋予诗歌以巨大的弹性和张力。

第三首诗通过动词“放飞”的三次叠用，将春天、风筝与孩子及笑声串联起来，将动人的画面与悠然的诗意融合起来，展现了丰富的诗味和情韵。类似的好诗还很多，如《咸亨酒店》之：“茴香豆已香了几十年。”《人生印痕》之十六：“童年吃过的清明粑，到老还没完全消化。”

你的《诗与人生》中的不少诗，近乎格言。如：“诗品即人品，品诗亦品人。”“人要品格，诗要血性。”“诗贵真诚，人贵品行。”“诗为情语，语为心声。”

你在微型诗创作上的更大贡献，是在微型诗的意象组合上。即是你有意识地将表现某一特定内容或特定事物的多首各自独立的微型诗聚合在一起，组成一种复合型的抒情长诗或组诗，从而构成一丛诗的奇葩。如《老水手》将六首两行各自独立的微型诗合成为一组，就比较完整地表现了老水手的人格风采：

一

老水手平躺在床上，
梦里还在乘风破浪。

三

一生闯遍了五大洋，
在海轮还比家里长。

六

红红黄黄，苍苍茫茫，
老人爱立海边望朝阳。

《齐鲁点翠》将独立写齐鲁的微型诗组合在一起，多侧面地描绘了齐鲁大地的风情：

一

左手——辽东半岛，
右手——山东半岛，
搂抱着渤海听浪涛。

六

李清照曾住名泉边，
情如趵突，词如漱玉，
不愧天下第一泉。

八

山有千佛，我不拜，

山有千树，我心爱，

林茂自有活水来。

十一

曾上登州蓬莱阁，

八仙过海留传说，

我，飞渡长岛飘然落。

十三

五岳之尊耸碧霄，

人登极顶，

更比泰山高。

《西部掠影》也将数年积累的关于西部的多首微型诗组合在一起，构建了西部的立体形象：

高原上的皑皑雪山，

心目中的巨大雪莲！

江河因有高远的源头，

大地才有这万古长流。

高原的古柳老桩，

能与藏历的岁月比长。

掘地不过几尺深，

可通读唐宋元明清。

“老西藏”下了高原，

头上顶回一座雪山。

古树挺站古庙中，

饱经雷电饱经风，

孤傲向高空。

你在《云山草叶》中，将写缙云山的五十二首独立的微型诗组合在一起，构成了类似一首一百零四行的复合型记游长诗（或组诗），从而将缙云山的风光风情风物以及你的主体情怀系统地展现出来，由单薄到丰盈，审美意象也极为繁复。这是你对微型诗的重要贡献——

一

一片草叶一首微型诗，

信手拈来寄情报君知。

二

缙云山静坐在暮云里，

默想着无尽的往事。

三

我偎依在绿云的怀抱，

追忆着山区的童谣。

五

悬崖上倔立着棵棵树，

险坡上也走出条条路。

十二

天凉好个秋，林静好个幽，

蝉鸣鸟唱，诗兴难收。

十八

我宿红楼，鸟宿绿树，

好梦总会频频光顾。

二十二

独自晨步在林间小路，
双脚沾满草叶的朝露。

二十三

粉红色的晨雾在流散，
朝霞把群山重打扮。

二十七

倾听动物的鸣唱天籁，
凝视植物的开花情态。

二十八

坐在秋蝉的合唱声中，
也变蝉儿隐入树丛。

三十二

泉水涤荡我的身，
清气净洗我的心。

四十一

羊齿植物庇护着水土，
水土滋养着羊齿植物。

四十九

山岚林气生发蒸腾，
是感受到朝阳的热情。

五十一

早观旭日冉冉东升，
晚赏斜阳徐徐西沉。

第六章 叙事诗创作

一、叙事诗总论

叙事诗在你的诗歌创作中，虽然数量不是太多，但很有分量。由于有长达三千五百行的长诗《红云崖》和《祖母的画像》这样优秀的、已经进入新中国文学史、甚至可以说是具有“史诗”性质的代表作,因此,你的叙事诗不仅在你的诗歌创作中是不可或缺的重要部分，而且在中国当代诗歌史上也很有影响，占有重要的地位。

对于叙事诗的文体认识，我同一些诗歌理论家，甚至是研究你的理论家有一些细微的差别，这就是对叙事诗的叙事部分的重要性和作用的认定。诚如他们指出的，叙事诗是由叙事与抒情这两个元素构成的，它应该说是一种综合性文体；但他们认为，叙事只是作为抒情的线索或者载体而存在的，只是为了更好地抒写诗人对于“故事”所体现的历史、人格、情怀等的主观感受。这点，我觉得是不是把叙事诗的叙事功能看轻了，看低了？我认为，在叙事诗里，叙事与抒情都是很重要的因素。没有叙事，就没有叙事诗；如同没有抒情，就没有叙事诗一样。叙事（叙述故事、描绘环境、刻画人物）是叙事诗的主要内容和重要任务，不仅仅只是作为抒情的线索或者载体；叙事诗里，通常都要通过故事情节和环境描绘,塑造主人翁的鲜明而独特的形象，如中国古典叙事诗中《木兰辞》塑造的花木兰的形象，《琵琶行》塑造的琵琶女的形象，现代叙事诗中郭小川的《月下三部曲》中塑造的将军的形象。当然，这些形象的塑造和环境的描绘，乃至情节的展示，都是通过优美的、诗意的、抒情的方式来完成的。但是，不能说这些形象的塑造、环境的描绘、故事的讲述，只是抒情的载体，只是为了抒发诗人的感情。应该说，叙事诗中形象的塑造、环境的描绘、故事的讲述，就是叙事诗的主体、内涵和主要成就；而抒情，则是叙事诗的表达方式和文体特点。也就是说，叙事诗不仅要抒发感情，更要刻画人物、描绘环境、讲述故事；或者说，叙事诗是运用诗的分行排列的形式，诗歌的节奏韵律和精练和谐的语言，通过抒情的方式来刻画人物、描绘环境、讲述故事，表达诗人对生活的审美体验和独特感受的。因此，在叙事诗里，叙事和抒情都是很重要的。衡量一首叙事诗的高低优劣，不仅要看它是否有诗歌的抒情写意，诗歌的节奏韵律，诗歌的精练和谐，而且还要看它是否叙述了生动的故事，描绘了动人的场景，刻画了典型的人物。由于有的专家只强调了叙事诗的抒情部分，认为那是魂，而忽视了叙事诗的叙事部分，认为那仅仅是抒情的载体。因而忽视了叙事诗的重要内容，即人物刻画、环境描写、故事讲述等。所以，他们在评价你的叙事诗时，基本上没有分析你的叙事诗在人物塑造、主题提炼和思想开拓等方面的成就，我以为这是不够的。我认为，你的叙事诗，特别是《红云崖》和《祖母的画像》这类篇幅较长的优秀叙事诗，其成就就不仅是抒情的优美、诗意的浓郁，而首先是叙事内容的取胜，是人物塑造、主题提炼和思想开拓方面的取胜。否则，就不会出现把《红云崖》改编为歌剧、电视歌剧、广播剧的情况了——这些改编，都是基于对叙事诗《红云崖》的叙事部分，即题材、主题、故事、情节、人物塑造、环境等方面的高度评价和认可。

下面，我想从这个认识出发，来评价你的叙事诗的成就：

首先，你善于选择叙事诗的题材，提炼叙事诗的主题。

叙事诗是叙事与抒情的结合，既要塑造鲜明独特的人物形象，展示富于时代特色的丰富内涵，又要抒发诗人的充沛情感，所以，诗人在选材时，就要选择既有人物故事又便于抒发感情的题材，就要选择能深深地打动诗人心灵和情感的、富于特征性的人物和事件，就要选择能够提炼出具有时代价值的主题的题材。这方面，你是做得非常成功的。《红云崖》就是选择了非常富于时代意义和重要价值而又充满诗情的悲剧性的故事和人物。这是你几十年来从川陕苏区所听到、看到的千千万万个故事、人物和红军遗物中挑选、提炼、加工出来的。

红军到川陕苏区时，石匠在山崖上刻标语、改标语，就有形象、有故事、有情节，也易于抒发感情。同时，也是苏区一位石匠坚决不改标语高呼革命口号壮烈牺牲的故事深深地打动了你，激发了你的灵感，诱使你选择了这个题材。你在提炼主题时，聪明地把生活原型中石匠拒不铲除“赤化全川”的红色标语而跳崖牺牲的情节改为石匠把“赤化全川”的红色标语改为“赤化全国”而中弹牺牲，大大提升了全诗的思想内涵，展示了罗石匠高远的思想境界和对革命胜利的坚定信念！《祖母的画像》也是你时隔七年回家探亲见到祖母的形象触动了你的情感，触发了你的灵感，使你回想起她几十年胼手胝足、含辛茹苦哺育你和照顾家庭的种种情景和细节，你才抓住这个题材！这个题材既有丰富的生活内容，宜于塑造劳动者的光彩形象、表现劳动群众的优秀品德，又凝聚着你充沛的生命激情，便于抒情。同时，你在这个题材中又提炼出中国女性最优美的传统美德，最深厚的民族感情！所以一经笔出，便为华章！

其次，你在叙事诗中塑造了鲜明、独特的人物形象，表现了广阔丰富的时代生活。

你在《红云崖》中，通过制造尖锐紧张的矛盾冲突，在血与火的洗礼中，塑造了罗石匠、大青嫂、冬花的英雄形象。《祖母的画像》中，你更以众多的场景，丰富的细节，生动地刻画了祖母的形象，塑造了一位体现中华民族传统美德的女性，一位具有史诗般气质和风采的伟大形象！

你的其他一些叙事诗的对象也往往选择战争年代的英雄人物或边疆少数民族的历史人物。前者赞美那些在对敌斗争中英勇无畏、为国为民捐躯的英雄人物，如《将军石》中的将军、《红大娘》中的红大娘等；后者则描写少数民族传说中爱情故事或忠于民族的历史人物，如《林公树》《三千岁的少女》《云台仙子》《梦绕玉龙雪山》等。

围绕着这些人物，围绕着这些人物的故事线索，你写出了壮阔的历史或现实的生活内容，展现了丰富厚重的时代生活，比如《红云崖》，就以石匠用自己的生命将“赤化全川”改刻为“赤化全国”的剧情，浓缩了中国近代史上国共两党的斗争历程，展示了丰富的历史内容，故戏剧、影视界纷纷要你把它改为歌剧、电视剧。

其三，浓烈的情感和诗的气韵。

你是一位抒情诗人，所选择的题材就很富于诗的情味，所以你的叙事诗都洋溢着饱满的激情和浓郁的抒情意味。你在创作时，很好地把握了叙事诗的特点，叙事力求简短明了，故事力求单纯明快，细节力求意象鲜明，同时把重点放在抒情写意上。你充分发挥了作为抒情诗人的创造力、想象力和驾驭语言、韵律和节奏的特殊能力，把叙事诗写得充满了诗情画意，音韵美妙和谐。

二、《祖母的画像》

《祖母的画像》是你叙事诗的代表作。这是你用多年情感的丝线编织而成的一首深情动人的佳作。你以诚挚的感情和生动的细节塑造了一个质朴而崇高的中国劳动妇女典型，人物朴实而厚重，深情而细腻，具有某种史诗的品格。这首长诗同《红云崖》被评论界视为你个人最好的叙事诗，视为当代叙事诗中最优秀的叙事诗之一。

《祖母的画像》既是由偶然的触发自然得来，又是你多年的生活与感情孕育而成。

“月月红第八十次开花，我回到了阔别七年的老家。”1956年底，在参军离家七年之后，你回家探亲。“大院里不见一个人影，都在地里种庄稼。”“祖母的门上横着一把铜锁，”“我的祖母，她在哪儿呢？”你到处寻找，只见“她在菜地里，端一个小竹凳，坐在地里挖泥，人老手未老，汗珠颗颗滴！”这时候，有多少回忆翻江倒海般涌进你心里！“我，她抱大的孙孙，爱我爱得心疼！我打柴刺了脚，她给我挑刺钉；我割草割了手，她给我包伤痕……”

临别的那个夜晚，你听到了祖母教导妈妈的声音：

“你作个母亲，
就得像个母亲，
明晨，别像见面那天，

又哭哭啼啼引起他的伤心！

像我这样的年纪，

比你更难舍难分！

都要高兴地送他走，

不准用眼泪给孩子送行，

这样，他回忆起我们的模样，

才永远是放心的笑容，

让他安心地工作，

这是好事情！……”

第二天送行之时，果然“祖母没哭，妈妈没哭，和乡亲们一样面带笑容，像朵朵盛开的葵花，映在我明亮的心中！为减轻她们的离情别意，我迈着大步前行，半里了，一里了……他们还以目光远送，这时我看见祖母，一个人站在那大石的头顶，她是怎样爬上去的哟，我小时也难攀登！她站得比谁都高，只为了多看一眼我的背影。”你再一次忍不住哭了，流泪了！激情击荡着你的心灵，想象飞腾于你的脑海，灵感降临了！深挚而朴素的诗句自然而然地在心灵中孕育而成，汩汩奔流：

我的祖母，

生在山谷，

长在山谷，

老了还在山谷！

周围三十里，

困住了她的脚步，

从小屋走向田间，

从田间走向小屋，

这便是她一生的道路，

就是充满幻想的梦，

也没飞出过这狭小的乡土！

而她的感情，

她的衣着，

比泥土更为朴素！

……

在路上，在车上，你再无心看周围的田园风光，也无心与周围旅客摆谈，你沉醉在诗意的氛围中，沉迷在诗篇的创作上！回到重庆，别人都去参加会议，你却埋头于书案，修改着这首长诗。你知道，你写出了一首优秀的诗篇！

是的，这是你用深情谱写的祖母的颂歌，用感情和理智从故乡生活的大海中提炼出来的一颗珍贵而璀璨的宝珠！

你歌唱她的勤劳俭朴：

七十岁的老社员呵，

从没半点偷闲：

放下扫帚拿锄头，

放下锄头拿粪铲。

劳动是她的嗜好，

起早是她的习惯。

你歌唱她的博大胸怀：

她像春风般的慈祥，

她像秋霜般的严峻！

当我穿上崭新的军衣，

要跟解放大军出征，

她没有说什么，

只唱了个《送别红军歌》，

当作祝福，给我送行。

——呵，亲爱的祖母！
我懂得你的歌声，
十几年前，
曾唱着它送走了你的弟弟，
十几年后，
又唱着它送走你的孙孙。

你歌唱她那样深情那样理智，为了让你高高兴兴地回到部队，她叮嘱你母亲送你时不要哭，大家都不要哭。她们果然都微笑着送你。可是当你走出一里远——

为看她最后一眼，
我又悄悄地急速转身，
这时我才看见她用衣袖，
在揩拭脸上的泪痕……

这时候，你为我们描写了祖母光彩照人的形象——

此刻，刚冒山的太阳，
最先照着大石上的身影，
祖母头上飘动的银发，
像晨风中的一朵白云……

这时候，你才歌颂了她的伟大和崇高：

——呵！祖母！
你没见过广阔的天地，
却有一个广阔的心灵，
在你和祖国的面前，
我知道作一个怎样的士兵！

全诗提炼出一个深刻的主题，强化了对祖母的歌颂：你的祖母，不仅是你的祖母，也是广大劳动妇女的代表，是我们伟大祖国、伟大民族的代表：

——祖母呵，祖母，
我何曾有一分钟离开过你！
祖母和祖国，
对于我是同一个名字，
无论在太阳下，
或是在月光里，
我们都像这时这样，
永远站在一起！

著名诗人严辰评价说：“《祖母的画像》描绘了一个纯朴的劳动妇女的形象。诗里有着泥土的芳香，它不是田园诗人伤感的哀歌，而是对一颗圣洁心灵的深情绵邈的颂扬。她生活的天地十分狭窄，但她心灵的天地却异常广阔。”这位70岁的老社员，“劳动是她的嗜好，起早是她的习惯，她以她的忠诚看待革命，她以她的行动影响家人。这是一位忠厚、勤恳、正直、善良的妇女，她不仅是作者祖母的形象，也是我国广大农村劳动妇女的形象，也是我们伟大祖国的形象。”

是的，你的这首诗，把中国妇女的形象提升到一个新的高度！

三、长诗《红云崖》

《红云崖》——从长诗到歌剧到电视剧，走过了二十多个年头，费尽了你的心血，表现了你对文学事业的挚爱之情，你顽强坚忍的意志以及百折不挠的毅力。

你是大巴山的儿子，是大巴山的山水和大巴山的人民养育了你；你也把你的智慧和心血奉献给了大巴山的父老乡亲。《红云崖》就是你献给大巴山的珍贵礼物。

你创作《红云崖》的灵感，来源于你童年的生活积累及你多次回故乡了解到的传说故事。尤其是1957年你回家乡采风途中听到的一个传说故事：红军长征后，还乡的恶霸逮住一个石匠，要他去铲掉石崖边醒目的红军石刻，石匠上了石崖却高呼着这条红色标语之后，舍身跳崖，壮烈牺牲。这个故事一下子拨动了你感情的琴弦，激起你强烈的创作冲动，激发了你诗情的灵感！你随之想起你的两位长辈参加红军默然无声地牺牲；想起你青少年时期所听闻的许多红军和苏区群众的故事；更想起你在1951年随中央老革命根据地访问团川陕边分团王维舟团长回到川北老家慰问时刻骨铭心的情境；想起你所搜集到、所看到、所听到的那些故事传说及红军留下的石刻标语、文物等等。于是，你产生了以叙事长诗的形式来表现石匠舍生忘死的壮举，来表达苏区千百万群众热爱红军的心声的创作激情。强烈的创作冲动使你食不甘味，寝不安席。终于，你以罗石匠刻“赤化全川”大标语，白军返乡后逼迫罗石匠铲标语，他却机智地把它改为“赤化全国”的大标语，最后被敌人杀害的故事为纲，通过描写两家人悲欢离合的故事，表现苏区人民对红军的热爱，表现善恶美丑的斗争。

你为《红云崖》安排了一个精彩且富于抒情性的情节：1935年，石匠罗老松之子罗大刚投奔红军，后随红军解放了家乡。罗石匠在红军来到大巴山时，在红云台上刻下大字标语“赤化全川”。其子罗大刚随红军长征后，恶霸许敬率还乡团回乡反攻倒算，追查刻写“赤化全川”标语的人。老苏区的群众齐心保护罗石匠。寡妇大青嫂的独子饶小三因贪生怕死从巴山游击队逃跑回来，在许敬威逼下供出其师傅罗石匠。许敬逼罗石匠上崖铲字。罗石匠拒绝，许敬要杀刚满月的孙子——独根苗红生。罗石匠想好计策，假意答应，当夜，儿媳冬花埋怨罗石匠。第二天，罗石匠在乡亲的怀疑和辱骂声中登上悬崖。众人正在伤心，忽见崖上的“川”字变成了“国”字，“赤化全川”变成了“赤化全国”！群众高声欢呼，许敬开枪，罗石匠鼓励群众：“红军一定会回来！”许敬逼冬花劝老人，冬花拒绝。许敬要打死红生，冬花以身体护住儿子遭惨死。乡亲们把红生传给大青嫂。许敬逼饶小三爬上悬崖逼罗石匠铲字，否则要他两个人的命！罗石匠举起铁锤砸着脚下麻绳，饶小三开枪打老人，绳索斩断，饶小三“栽入乱石成肉饼，永远化尘埃！”而罗石匠中弹后，手醮热血，把“赤化全国”的最后一点全涂抹成红色！“枪声中他屹立不动，把预言刻在人心窝。”

围绕这个基本情节，你从重庆一直改到达县，反反复复修改了五稿。初稿中，你按生活原型，团总要罗石匠上崖铲掉自己刻的“赤化全川”的大标语，他不愿铲字，壮烈牺牲；在修改中，你突然想到，让罗石匠上崖之后，把“赤化全川”改成了“赤化全国”——就是在川字中间加几横，改成当时民间简化的“国”字，以突出表达对革命胜利的坚定信念。这一修改，不但提升了罗石匠的眼界和胸怀，而且拓展了全诗的思想内涵和艺术境界！

你充分发挥了叙事诗的特点：叙事简洁明快，情节集中单纯，感情热烈激昂，人物形象鲜明，语言朴实生动，诗意真挚浓郁。比如罗老松刻完“赤化全川”的标语，送别红军一段，写得多么深情而豪迈：

红云起，
红云生，
红云红字分不清；
红军走在红光里，
又告别呵又称颂；
老人站在红光里，
又祝福呵又叮咛：
“红军呵，慢慢走！
大刚呵，记心中！
你们走了这标语在，
天红地红人也红！”

“再见吧，老爹爹！
再见吧，老青松！

你刻的大字放光明，
照亮前面万里程！”

“你们放心地走，
巴山的映山红开不败！
你们放心地去，
革命的气节永远在！

“山鹰飞到千里外，
还要回窝来，
亲人远去千山外，
莫把家乡忘怀！”

而歌颂“赤化全国”新标语一段，也运用连排的比喻，显得力透纸背，刚劲有力：

“新标语就是一把火，
烧得你们无处躲！
新标语就是一把刀，
杀死你们恨才消！
新标语就是一支号，
崖上一吹山动摇！
新标语就是一杆旗，
永远插在根据地！”

吼声传到山外山，
吼声传遍全苏区，
吼声传过嘉陵江，
吼声传向远方去……

1959年5月，长诗《红云崖》第四稿在巴金主编的《收获》杂志上发表。当年7月，《红云崖》第五稿在中国青年出版社以单行本出版，出版后即受到好评。粉碎“四人帮”后，中国青年出版社于1979年10月重新出版长诗《红云崖》，显示了诗歌不朽的生命力！由于长诗内容富于时代特色，故事情节精彩，塑造了鲜明的劳动者的形象，故又被改编为歌剧、电视剧乃至京剧和川剧（我川大中文系的同班同学隆学义就在读书时把《红云崖》改编为同名川剧上演）及许多其他地方剧种。

四、《千泪泉》

你的叙事诗除了写现代题材，就是少数民族的题材，特别是少数民族的传说和故事，如《三千岁的少女》《云台仙子》《梦绕玉龙雪山》等。《千泪泉》就是其中较好的一篇。该诗讲述了一个动人的传说：

在新疆克孜尔千佛洞，有条深深的溪涧，泉水长流不息，泉音在山谷回旋，诉说着一个故事，一直传到今天：很久以前，有个龟兹国王，在这里独显威严。国王有个女儿，长得俊美心良善，当她长到18岁，爱上了一位青年石匠。由于地位悬殊，他们自知前程多艰。可是国王女儿毫不惧怕，当着父王表明心愿，希望成全他俩，发誓生死相恋。国王听了，气得周身打战，但他强装笑脸，劝女儿快改变主意。但女儿坚贞不屈地表示：要她情丝断，除非石头烂！

父王假作让步，胸中另有盘算：谁要娶他爱女，必须凿佛洞一千。“爱情就这样奇特，伟力可以穿山。”青年石匠，决意照办。锤声飞扬四散，传遍平地高山，一个一个佛洞，在岩畔焕然出现：洞窟虽不太大，工艺却非常精湛。完成最后的一窟，就是见面的一天。他要把那雕像，刻成公主的容颜，供在佛龛，敬在心坎，作为真诚的象征，也作为永恒的留念。他使尽全部的力，洒尽浑身的汗，开凿开凿，奋战奋战，他终于倒下了，力尽而死，血染石岩！公主抱尸痛哭，哭声震地惊天，涟涟热泪如泉涌，人亡泪不干！

这首叙事诗，借用克孜乐尔千佛洞的传说，叙述了一段凄美的爱情，歌颂了青年石匠为爱情献身的精神和他高明的石刻技艺，表现了少数民族悠久而古老的文化传统。

在艺术表达上，这首诗也很有特色。这首几百行的叙事长诗，你全用六行诗体，而且一韵到底，这是很不容易的，应该看作你对六行体长诗的一种成功的探索和实践。在创作手法上，你学习和运用了民歌的夸张、比喻、拟人、重叠等表现手法，显得民歌风十足。比如下面这几节：

心想国王无戏言，
怀着必成的信念，
不分季节，
不分早晚，
叮叮当当的锤声，
送走漫长的时间。

锤声飞过高墙，
传到公主耳边，
既觉得暖，
又觉得寒，
使她坐卧不宁，
未知是苦是甜。

锤声飞越沟谷，
传到树丛林间，
鸟来相帮，
兽来相伴，
一同衔石除渣，
听从青年使唤。

锤声飞扬四散，
传遍平地高山，
乡民来瞧，
远客来看，
一个一个佛洞，
在岩畔焕然出现。

洞窟虽不太大，
工艺着实精湛，
无不惊奇，
无不夸赞，
都默默为他祝福，
早日了却夙愿。
……

深情感动顽石，
顽石渗泪斑斑，
斑斑泪痕，
汇聚成泉，
为这苦命的情侣，
悲泣千百年！

第七章 儿童诗创作

一、儿童抒情短诗

你爱诗、迷诗、痴情于诗，就想到把各种诗体都写完。于是，你不但写抒情诗、叙事诗，还写歌诗、古体诗、散文诗，并且写了不少儿童诗。你觉得儿童是很大的读者群，不应该忘了他们；同时，你对童年生活的向往与留恋之情，童年生活和故乡亲情所熔铸而成的故乡情结，经常涌上心头，催促你把它们写出来。还有，你在边疆采访中所看到与感受到的与儿童生活有关的情景，也想用儿歌的形式写出来。再加上你又担任过重庆市作家协会儿童文学创委会主任，为了搞好这个工作，你也有意地要写一些儿童文学作品。

在儿童诗的写作中，你深深体会到，写儿歌一定要有童心、童趣、童味，还要有儿童的语言！成年人写儿童诗，就要向儿童学习，进入他们的心灵世界，了解和理解他们的爱好、兴趣、语言！你曾经写过一副对联，表达你的心愿：

人有童心长不老，
花成果实久留香。

确实，你是一位很有童心的诗人，因此，你写出了不少种类的儿童文学作品，这里面包括由著名画家邵宇插图的儿童抒情诗集《从北京唱到边疆》《飞吧，信鸽》，儿童叙事诗《小雪花》，儿童剧《过年那一天》、和人合作的《喜鹊闹梅》（儿童歌舞剧）、《熊猫咪咪》（现代童话歌舞剧）、《狱中石榴花》（儿童音乐剧），八篇童年生活的回忆性散文。这一章主要分析你的儿童诗歌创作，儿童剧放到戏剧文学一章分析。

其实，你在刚开始写诗的时候，你就尝试儿童诗的创作。你写儿童诗，注意向儿歌学习，写得很不错，起点很高。1947 年夏你在县立达县中学写的《巴山豆》和 1948 年秋写的《捉迷藏》就很有儿歌风韵，你在 82 岁给我讲你的儿童诗创作时，还很有感情地给我背诵了《巴山豆》和《捉迷藏》等诗。《巴山豆》抓住巴山豆的藤藤长和到处攀缘的特点，同儿童离不开娘到处找娘的习性联系起来，写得风趣而又幽默——

巴山豆，藤藤黄，
爬来爬去找它娘。
娘又远，路又长，
姐姐带我过端阳，
同挖根根栽屋旁。

《捉迷藏》则把儿童痴迷于太阳和月亮落入山背后的现象而幼稚地追寻和想象的心理活画出来了——

跑向西边的太阳，
要躲到哪个地方？
跑向西边的月亮，
要隐入哪座山冈？
我追问到地球那边，
才知在跟我捉迷藏。

1958 年 5 月，中国少年儿童出版社出版了你的第一部儿童诗集《从北京唱到边疆》，收入诗歌二十四首。

你 20 世纪 50 年代创作的儿童诗，常常以战士的眼光看待儿童的生活。1952 年 8 月 1 日写于镇康边境的《弩箭手》，生动地描写了哈尼族小朋友独特的生活和情趣：

哈尼族的小朋友，
个个都是弩箭手，
像棵棵挺拔的槟榔，
生长在翠绿的山头。

自小就锻炼着双臂，
能轻轻拉开强弓硬弩，
向天空射出的竹箭，
只听风声不见去处。

这些小小的猎人，
站岗放哨像个士兵，
眼神像鹰一样锐利，
常叫敌人胆战心惊！

《小松树》也写得很有诗味，洋溢着天真的童心：

爷爷画了一片青松，
冒着白雾摇着清风，
我想变一只小松鼠，
游戏跳跃在树林中。

转业以后，你逐渐以成人的视野来观察和体验儿童的生活和心灵，写出了更多洋溢着浓厚抒情色彩，充满了精美的比喻和意象，有着美丽的想象和联想的诗篇，来表现西南边疆兄弟民族少年儿童的学习、生活和感情世界，展示了他们美好的心灵和幸福的生活。

《小河旁》写得生意盎然，表现了牧羊小姑娘的乡村生活情趣：

在清清的小河旁，
百鸟叫得百花香，

我爱这片大森林，
大森林也爱我小姑娘。

河里的鱼儿不怕人，
林里的松鼠不躲藏，
都爱跟我交朋友，
朋友都爱晒太阳。

太阳下山我回家，
赶着一群小白羊，
我的脚跟着羊群走，
我的心还留在小河旁。

1982年8月，四川少年儿童出版社出版了你的第二部儿童诗集《飞吧，信鸽》，收入诗歌四十六首。这些诗，以儿童的眼睛和心灵，描写了生活的方方面面，给儿童以美的引领和熏陶，如《街道树》《蜂房》《啄木鸟》等。《街道树》以拟人的手法，歌颂了街道树给人们带来的绿荫：

每一棵街道树
都撑起一把绿伞，

绿伞遮阴挡雨，
行人来往不断。

树呵，难道不手软？
树呵，难道不困倦？

多谢你们街边站，
送我们绿荫千片！

《柿子林》则用儿童眼光写儿时的游戏，充满了儿童的情趣：

千树红，万树红，
柿子林里挂灯笼，
风吹灯笼灯不灭，
笑相望，
还觉自己是儿童。

是儿童，非儿童，
童年情景入梦中，
穿林爬树捉迷藏，
村头藏到今，
友伴喜相逢。

一次，你在旅途中看到火车上装着密密麻麻的蜂箱，十分壮观。一问才知道，原来养蜂人也是追赶春天的人，他们把蜂房拉到鲜花盛开的地方，让蜜蜂去采撷春天的花粉，为人们酿成甜蜜的蜂蜜。于是，你从蜂房被运向远方去采蜜联想到旅客坐满车厢去往各自的岗位，提炼出“把如花的生活，造成蜜糖”的诗意，写出了《蜂房》：

车厢装着蜂房，
蜂房运向远方；
远方的花儿呀，
正在迎风开放。

旅客坐满车厢，
热闹得也像蜂房，
都奔向各人的岗位，
蜜蜂般展翅远翔。

它们去采集花粉，
我们去建设城乡，
把如花的生活，
酿造成蜜糖！

《啄木鸟》从给有病的林木听诊的啄木鸟写到有病不能讳疾忌医，而必须“医治趁早”；并希望“在我们生活的森林中，应该多有些啄木鸟”：

一望无边的森林，
多么寂静，多么幽深；
幽深寂静的山野，
只听见敲叩的颤音。

那是啄木鸟——树的医生，
在给有病的林木听诊，
诊断出潜藏害虫的部位，
就动手术，清晨忙到黄昏。

有的树木本来就有病灶，
反夸说自己一切完好，
若要在它身上划口开刀，
倒会招来嘲笑和烦恼。

那树医生却照常飞来，
像是劝道：医治趁早！
在我们生活的森林中，
应该多有些啄木鸟！

《黄沙怨》从儿童的角度出发，写出了保护环境的主题：

大戈壁的黄风，
向大巴山里刮；
大戈壁的飞沙，
向大巴山里下。

给蓝蓝的群峰，
蒙上了一层雾，
给绿绿的青枫林，
罩上了一层纱。

我的眼迷茫了，
看不见家乡在哪儿；
我的心迟钝了，
只听见担忧的话。

啊！出洞远翔的野鸽，
能不能归巢？
出门采花的蜜蜂，
能不能回家？

我怕，光秃的山岭，
再也种不出树木；
我怕，现有的森林，
再也经不住采伐。

快竖起绿色的城墙，
挡住大戈壁的黄风；

快竖起绿色的屏障，

挡住大戈壁的飞沙！

这首诗那么深切地担忧环境的恶化，那么急切地呼唤“快竖起绿色的城墙，挡住大戈壁的黄风；快竖起绿色的屏障，挡住大戈壁的飞沙！”也那么早就提出了环保问题，可见你的见解是很有预见性的。

《飞吧，信鸽》出版后，你还写了一些儿童诗，也很不错。1985年12月5日写于雁荡山的《太阳》一诗，是你由早上太阳升起的瞬间突然激发了关于太阳东升的灵感，经过精心雕琢打磨写成。那跳出来、冒出来、叫出来、闹出来、照出来五个动词的连用，把太阳的特点写活了，此诗被选入北师大版小学一年级语文教材上册：

在大海，

太阳是从水里跳出来的；

在平原，

太阳是从土里冒出来的；

在山村，

太阳是被雄鸡叫出来的；

在森林，

太阳是被鸟声闹出来的；

哦！整个美的世界，

是被太阳照出来的！

二、童话诗与寓言诗

1998年9月，四川少年儿童出版社出版了你同著名儿童文学作家张继楼合著的儿童诗集《会唱歌的洒水车》。其中，收入张继楼儿歌一百零二首，你的童话诗六首。这六首童话诗都充分发挥了你在长期歌剧编剧经历中练就的善于编写故事情节的能力，而且，为了符合孩子们的阅读与欣赏习惯，你还赋予了这些童话诗以风趣幽默乃至梦幻与荒诞的艺术特色。

《大雁齐飞》匠心独运，采用设问谜语和解疑的方式结构全诗。你首先提出大雁在蓝天上排着“一”字和“人”字形的队形有什么来历的疑问，然后引出全诗的主要情节：一只小雁在守夜值班时因麻痹大意而造成雁群几乎被狩猎者全部杀光，唯一幸存的老雁把这用鲜血换来的教训传给他的子孙——

从此，雁群排成“一”和“人”，
顶着风险远飞行。
一代传一代，
从古传到今，
春来秋去再不变队形。

你的《老鼠捉猫》则一反猫捉老鼠的常态，写出了老鼠捉猫的反常现象。猫妈妈带的一只小猫特别懒惰，猫妈妈想带其捉老鼠，它总是推脱：“我还小，还小！”猫妈妈想教他捉老鼠的技术和诀窍，它总是撒娇似的嚷着：“我不要，不要！抓耗子的本事，不学我早就会了！”结果，有一天它出门乱跑，猫妈妈外出找它，它回家时被一群老鼠围住，“拖住尾巴抓住脚，撕的撕，咬的咬。”全靠猫妈妈赶来救了它，它这才哭喊着“要要要……”此诗采用相同情节的反复叙述，极大增加了小读者对童话诗的阅读兴味。在《兔子判案》一诗中，你讲了一个精彩的故事：幼稚的山羊好心把掉入陷坑的饿狼救起，而狼却反转要吃掉山羊。正在这千钧一发之际，充当评判官的兔子很机智地要狼再表演一次被山羊所救的过程。老狼为了换取兔子对自己的支持，只好重新跳进陷阱，却再也出不来了！兔子揭露了狼的忘恩负义和背信弃义的丑行：“忘恩负义的东西！人家好心不得好报，等着吧，等着挨猎人的刀子！”

《葱子打人》，采用因果粘连的情节模式不断推进故事的纵深发展，从而体现出某些拟人体民间童话既质朴而又怪诞的艺术风格。该童话诗说，一个路人被飞石击伤，于是他去质问怪石，怪石说这是由于被猪拱了的缘故。他就去问猪，猪说是蛇在追他。他便去问蛇，蛇说因李子落地惊吓了自己。他只好去问李子，李子说是山风吹的。他又去问山风，山风说是刺猬吹口哨造成的结果。他只好去问刺猬，刺猬说是辣葱造成的。他再去问葱子，葱子自知无理推脱，便承认了路人被飞石击伤这一事实。诗人透过上述因果粘连的情节安排，把事物具有普遍联系的道理予以童话浅释。如此妙趣横生的情节演绎，对于孩子有很好的认识效果。

《熊猫与牧女》，则采用少数民族的传说故事，用梦幻和想象的情节，营构出的一个神奇故事，赋予了这首诗以浪漫主义的审美品格。诗作讲述了一个美丽牧女为拯救被老虎追赶的猫熊而英勇牺牲的故事，从梦幻想象角度对熊猫进化历史做了说明，表达了你的审美理想。

你还写了《蜜蜂和知了》《金黄的小鸭》《大海和水滴》等几首寓言诗。

在《蜜蜂和知了》一诗中，你通过知了和蜜蜂的故事，给孩子传达了一个耐人寻味的哲理：平时不爱劳动，不做精心的准备，困难时就无法应付——“蝉子有个外号，大家叫它知了。”“知了！知了！”仿佛什么它都知晓。它邀蜜蜂唱歌：叫累了同喝露水，齐把树皮叮咬，何必去采花粉，整天忙碌操劳！蜜蜂劝说鸣蝉：我不采花粉，花木难结果实；你把树皮叮咬，会叮得枝枯叶黄；再说夏秋一过，冬天马上就到，那时大雪飘飘，你没有储存食料，就会自身难保！但蝉子照样鸣叫，倒把蜜蜂嘲笑——

转眼冬来雪飘，
山林静静悄悄，
寒蝉在枯树叹息：
这回才真正“知了！”

《大海和水滴》则通过大海与水滴的有趣对话，运用拟人化的手法，展示了大海不拒水滴和细流的博大胸襟，更歌颂了大海爱惜和尊重每一个水滴，把它们当作自己的细胞和血液的慈母情怀：

水滴说：大海呵！
你深得难以探测，
你大得漫无边际，
又何必敞开胸怀，
要我这小小的水滴？

大海说：水滴呵！
你是我的一个个细胞，
你是我的一珠珠血液，
没有你就没有我，
甚至没有细流小溪！

这首诗对于大海的象征性描写，超越了一般“大海不辞细流方能成其大”的境界，进一步提炼出大海爱惜和尊重每一个水滴的爱心。你将这样深刻厚重的人生体验和哲学内蕴以如此凝练的语言诗意地表现出来，不但为少年一代上了人生哲理的一课，也给成年人甚至从政者以深刻的启迪！

三、儿童叙事诗

你创作的长篇叙事诗，以1961年少年儿童出版社出版的单行本《小雪花》、1979年四川人民出版社所出单行本《火云鸟》，及1980年创作、后收入诗集《飞吧！信鸽》的《泥土》等诗为代表。

你在《小雪花》一诗中，以第一人称手法，用巴山游击队侦察员小雪花自述她在赵队长教育下加入童子团，练就了一身本领，在一次战斗中，她在母亲被敌人抓捕的情况下，机智勇敢地引诱敌人钻进游击队的包围圈，全歼敌军的故事，表现了革命战争年代，小游击队员在严酷磨砺下的成长。长诗抓住小雪花的一段战斗经历，运用曲折多变的情节和细节描写，刻画了小雪花机智勇敢、活泼爽朗的形象。你大胆借鉴曲艺的叙事的手法，节奏明快自然，音韵铿锵悦耳。比如“序言”，就显得非常畅达明快，突出表现了小雪花英气蓬勃的性格：

我名叫小雪花，
住在巴山下，
巴山上有支游击队，
赵队长经常到我家。
我那时还年小，
扎了个短头发，
细娃娃都爱听故事，
见面就把队长拉，
他故事多得像芝麻，
撒出一把又一把，
教我们学那童子团，
心要机灵胆要大，
能哄狐狸上圈套，
敢到虎口去拔牙。
我听得高兴就哈哈笑，
笑着往他肩上爬，
仿佛这一下就变高了，
恨不得一夜就长大，
挎起小手枪，
跟他去把坏人打！

《火云鸟》写的是大巴山老苏区一个小红军悲壮凄美的故事。你在“序诗”中运用民歌形式，营造了一个美丽的氛围：

大巴山，高又高，
千峰万岭入云霄；

在黄昏，在清早，
霞光中飞着一只鸟。

鸟儿就像火烧云，
红翅膀，红羽毛，
钻天飞，绕山叫，
腾起一道火苗苗。

火苗苗在那云天烧，
红领巾在咱胸前飘；
火红的光彩两相照，
照映得山川分外娇。

火苗苗在咱心头烧，
少先队旗在蓝天飘，
引到敬老院过队日，
把鸟儿的来历问分晓。

烈属金婆婆接待咱，
坐在朝门外讲开了，
述说一个红小鬼，
怎样变成火云鸟——

原来，红军战士王发在执行任务时救起了一个爱与鸟儿对话的小孩儿小金，并带小金参加了红军。王发教他打枪，他也教会了王发鸟语。一次王发外出执行侦察任务，小金也悄悄跟去。小金勇敢地闯入敌人占领的大院，侦探到敌人当天半夜要押着他母亲去偷袭红军。他忙用鸟语通知了王发把这消息带回部队以准备歼灭敌人，而他却被敌人抓住严刑拷打。他坚贞不屈，敌人给他浑身泼满汽油，要活活烧死他。最后他抱着匪首独眼龙与之同归于尽，在熊熊烈火中化成了一只火云鸟——

小金搏战烈火中，
同归于尽心不惊，
扭住顽敌滚下崖……
这时四面起枪声。

乒乒乓乓打进院，
院子里乱成一窝蜂；
战士们忙找匪连长，
连长的狗命已送终。

娘带王发找小金，
牢房内外无影踪，
不知孩子哪儿去了，
只望见火光照半空。

火苗升天高入云，
鸟声旋绕云霞中，
云霞似火天破晓，
映得赤区遍地红。

“尾声”照应序诗，给读者留下了一个悬念：

红小鬼的故事讲完了，
腾空飞起火云鸟，
鸟儿唱，鸟儿叫，
咱激动的心呀嘣嘣跳。

问小金的亲娘在哪里，
金婆婆含泪向咱笑；

想来也许就是她，

要不她怎么全知道？

小叙事诗《泥土》写的是重庆著名土壤学家侯光炯为实现土壤改良，不惜从湖南长沙将该地红土带回重庆进行科研的动人故事，题材选取上有新的开拓。在艺术表现上，则别开生面地运用了对话方法，即运用侯光炯同到机场接送他的女儿和孙子的对话，来表现侯光炯为啥只带泥土不带糖果回重庆的故事，阐述了土壤对于人类生存的重大作用，赞扬了侯光炯不辞辛劳进行科学实验的奋斗精神：

爸爸：

外公跟泥巴做伴，

打交道已经几十年。

他爱得入了迷，

他常对我们谈：

土壤是人类生存的基地，

土壤是人类长远的财产，

看我们辽阔的版图，

有多么丰富的土地资源。

你外公精心研究着它，

撒下了一生的血汗！

……

爸爸：

你看他那泥土般的脸面，

皱纹像水渠，也像梯田，

献身农学，投身田间，

脚踏大地，眼望尘寰，

心贴芬芳的泥土，

胸怀壮丽的山川。

让祖国丰饶的原野，
繁花似锦，绿海无边；
让我们的土壤妈妈，
生出万物，果实成山。
这就是我们
共同的心愿！

1958年的《雪娃娃》，写得很生动，也很有儿童情趣。你完全以儿童的眼光，儿童的思维来写这首小叙事诗：

大雪纷纷下，
遍地开白花。
又唱又跳的小玲玲，
做了一个雪娃娃。

雪娃娃有口，
像要对她说话；
雪娃娃有脚，
像要跟她回家。

回家就抱他走，
一路寒风刮，
吹得小辫直摆荡，
上牙下牙光打架。
……
进屋急忙放床上，
再用厚棉被暖着他，
还说去给他做衣裳，
一个人躺着别害怕。

找来针线找来布，
缝好衣服又做袜，
这才掀开棉被看，
怎么不见他？！

找完床上寻床下，
只见水珠在嘀嗒：
哎呀！这个尿床鬼，
到底躲在哪儿去啦？

第八章 插上音乐的翅膀

一、歌词创作的成就

2010年10月，重庆出版社出版了《小白杨——梁上泉词作歌曲选》，收录你各个时期创作的不同形式的歌曲一百五十八首，附比较流行的七首歌曲及《红云崖》和《神奇的绿宝石》等影视作品选曲的音碟一张。

这是你五十多年来歌词创作的一个总结和荟萃。它是你诗歌创作的一个重要方面，也显示了你诗歌创作的鲜明特点，即你的诗歌音乐性特别强，许多诗都可以谱曲演唱；即使不便谱曲，也很适合吟诵。真的是诵之如行云流水，听之如金声玉振，谱曲则传唱千里。

其实，在古代原始艺术中，诗与歌是不分家的，诗都是可以唱的。所谓“在词为诗，在乐为歌”是也。以后，随着人类文化的发展，诗与歌才逐渐分离。但从《诗经》到唐诗宋词再到明清诗歌，中国古典诗歌一直都很重视音律音韵。词都能谱曲歌唱，诗歌也适合吟咏。五四运动以后，新诗在打破了古体诗语言上的束缚的同时，也冲破了古体诗在格律和音韵方面的格式，从而走向了自由化、散文化。这使新诗的音乐性不如古体诗。后来，虽然闻一多、徐志摩、何其芳等人提出了新诗格律化的主张，并且在实践中做了大量尝试，但是，新诗的形式散漫和音乐性缺乏的问题并未改变。面对这种情况，中国诗坛的一些诗人和理论家又提出了建设性意见，新诗的格律化和音乐性再次引起了诗人和理论家的重视。而在这方面，你一直做得很好。你的诗，大多精练简洁，节奏感强，押韵，能吟能唱。你的歌词，由于你真切地掌握了歌词的特点，写得简洁而纯朴，委婉而精湛，因而深深地打动了许多知名作曲家的心灵，激发了他们的激情，诱发他们的创作灵感，促使他们用动人的旋律，为你的歌词插上飞翔的翅膀！这些著名音乐家包括施光南、士心、杜鸣心、罗忠镕、田联韬、生茂、晓河、田歌、晓丹、舒铁民、曾繁柯等。他们让你的歌词唱遍了大江南北、长城内外，唱过了数十年的岁月。

你的歌词近千首，《小白杨——梁上泉词作歌曲选》精选了其中的一百五十八首。从歌词的内容看，可谓无所不包。从对祖国的歌颂和赞美（如《我的祖国妈妈》《祖国，我对你诉说》等），到对边防军人的战斗生活的描绘与歌咏（如《小白杨》《南海渔歌》《光荣，祖国的哨兵》《军民同饮团结茶》等）；从歌唱工农群众劳动生产生活（如《黄杨扁担闪悠悠》《勘察队到深山》《大爱抗大灾》等），到歌唱祖国大好河山（如《我爱你呀，花的草原》《山海曲》《金沙江的浪花》《我爱嘉陵江》等），歌唱军民的爱情（《茶山新歌》《龙灯闹新春》《秋千架下》《绣手巾》《别后情》等）。这上千首歌曲，记载着你半个多世纪走南闯北、深入生活的人生足迹和风雨历程，抒发了你对祖国、对民族、对人民的热烈情感和诚挚情怀，彰显了你对诗歌、对艺术、对文艺事业的执着追求与毕生依恋！

从歌曲艺术形式上看，更是多彩多姿，美不胜收：有群众歌曲、抒情歌曲、风俗歌曲、艺术歌曲、少儿歌曲，有单曲、组歌、套曲，有独唱、重唱、合唱，有影视歌曲、歌剧歌曲、叙事套曲、交响合唱曲等等。你称得上是歌词创作的多面手！

你的这些歌词创作时间跨度之长——长达半个多世纪，歌词数量之多，歌词艺术水平之高，为其谱曲的名家高手之多、范围之广，演唱这些歌曲的知名歌唱家之多（胡松华、关牧村、阎维文等），以及这些歌曲传唱之广阔和久远，在全国不算第一也可算得第一流吧！

你的歌词创作富于时代特色、军旅特色、地方特色、民族特色和通俗特色。

你的歌词，紧扣时代脉搏，从20世纪50年代的革命建设到改革开放的西部大开发（从《一根扁担》到《我的西部我的家》），从香港回归到抗震救灾（从《啊，紫荆花》到《蝴蝶从台湾岛飞来》），从汉族到少数民族，你的歌词，紧跟时代脚步，一步步朝前走，很少无病呻吟和纯粹风花雪月的作品。你的诗虽然时代氛围很强，但并不是图解政策，而是从生活中来，从群众中来，而且讲究艺术性，生活气息强烈，受潮流影响较轻。这样，你的大多数诗歌和歌词都既有时代特色和丰富的思想内蕴，同时又具有生活内涵和思想高度，且能经受时间的考验，具有较长的生命力。

你的创作生涯是从军旅生涯起步的，而且转业多年后依然对部队生活十分怀念并经常到部队参观采访体验生活，因此，你创作了大量军事题材的歌词，从《姑娘是藏族卫生员》到《小白杨》，从《茶山新歌》到《南海渔歌》，都深受部队战士的欢迎。

你是川北山区人，以后又长期在重庆工作，当兵和转业后又长期在西南边疆几省生活采访写作，因此，你的许多歌词都打上了云贵川藏渝的地域烙印，富于地区特色。如《金沙江的浪花》《巫山情歌》《苗岭飞歌》《美丽可爱的西双版纳》《神秘的三峡》都是歌唱川渝云贵，至于叙事套曲《神奇的绿宝石》和交响合唱《中国命运交响曲——重庆谈判》等大型作品，更是讴歌四川的九寨沟风情和重庆革命圣地红岩村了！

你的歌词具有浓郁的民族特色，表现民族的生活、民族的风采、民族的习俗。你的《美丽可爱的西双版纳》《 苗岭飞歌》《骑上伊犁马》《婚嫁歌》《昭君魂》《花花扇儿摇》《龙灯闹新春》，都有着丰富的民族内容和民族艺术风格。在艺术传达上，你的歌词大多汲取民歌和古典诗词的形式与手法，《花花扇儿摇》就是运用阆中的民歌改编的：

太阳当头照，
就像火在烧，
满坡谷子都挞完了，
树下来歇歇稍，
花花扇儿摇。

一旁只见哥，
汗珠儿往下掉，
浑身衣裳都湿了，
给你把风来招，
花花扇儿摇。

花花扇儿摇，
心都凉快了，
拿起扁担把谷子挑，
一同下山坳，
花花扇儿摇。

“花花扇儿摇”的民族风情，“树下来歇歇稍”的民歌风味，“满坡谷子都挞完了，树下来歇歇稍”的民俗语言，绝妙地体现了你歌词的民族特色。

同时，你的歌词还显示了大众化、通俗化的特色。如《巫山情歌》，吸收了民歌的比兴手法和象征夸张，又赋予了时代色彩，显得诗情浓郁而又通俗诙谐：

剪下巫山一片云，
送给小妹做头巾，
晴遮太阳阴遮雨，
表我一片心。

采来巫山一枝花，
送给小妹头上插，
你若有情就收下，
早早到我家。

到我家就早成家，

正好建设新三峡，

神女和我们山头站，

一同迎彩霞。

你深深地知道，歌曲是语言艺术与声乐艺术的综合，是诗歌与音乐相互充实与补充之后达到的新的和谐与提升。这种和谐、互补和提升决定了整首歌曲的完整性、文学性、音乐性及其审美价值。这里，歌词是基础。歌词与普通的诗歌不同，它不能像一般的诗那样自由放纵，它要受音乐艺术的时间性和听觉性的制约和限制，即要求歌词简洁凝练、自然流畅、通俗易懂，节奏鲜明、整齐。歌曲的乐曲为歌词插上飞翔的翅膀，歌曲的乐曲也与普通的乐曲不同，它也不能像一般的乐曲那样自由放任，而只能在歌词的形式、节奏和旋律的基础上，即在歌词的形式、节奏和旋律的激励、启示和制约之下，艺术地创造与歌词相适应的独自的形式、节奏和旋律，从而获得表现感情世界和内心生活的具体性、生动性和完美性。而你正是在对诗歌艺术与音乐艺术的整体理解和把握中，在歌词所受的限制和捆绑之中，发挥了你的才华智慧，发挥了你驾驭歌词的才情，写出了那么多优秀的、传唱那么广阔而久远的歌词。

你为什么会在歌词创作上取得这样大的成绩呢？我以为：

首先，你对诗的形式和节奏的把握。你从中学开始学写古诗，以后又注意收集和学习民歌，这样，你的诗既汲取了古典诗词重意境、重音韵的特点，又汲取了民歌通俗易懂、节奏鲜明的长处，这就使你的诗很多都适宜于朗读和谱曲。

其次，你在中学时跟着王抒情老师学习音乐，学习二胡，这让你在爱好音乐的同时也掌握了乐理，有助于你把握歌词的特点。

其三，你善于捕捉歌词的形式和构思。比如《望月》：

月儿亮亮，月儿光光，

一轮明月照四方；

你在张望，我在张望，
望月的心情不一样；
有时喜喜悦，有时忧伤，
对着月儿诉衷肠。

你的目光，我的目光，
目光聚在月亮上；
你在盼望，我在盼望，
月光为我们搭桥梁；
爱有多深，情有多长，
月下相思两不忘。

这首歌词简直就是一首优美的抒情诗。第一段，你由中华民族传统的意象——月亮提炼诗意，由月及人，由人写到眼，由眼望到心，从而将两地相思的情意表现得楚楚动人；第二段，你又由目光起意，由目光而月亮，又由月光而桥梁，从而将两地之深情表达得深挚难忘！构思新颖，形式整饬，两节诗句完全对仗，与古代的词牌十分相近。

其四，你善于把握简练、通俗和节奏感鲜明的音乐语言。如《山城水城园林城》：

山绕着城，
城绕着山，
山城就在园林怀抱间。
男子是黄桷树，
坚韧又雄健；
女子是山茶花，
活泼又鲜艳。
山城水城园林城，
一副美容颜！

古老之都，
奋进的船，
风风雨雨穿过千百年。
两江拍三岸，
道道桥相连；
面对大农村，
情系大自然。
山城水城园林城，
昂首向明天！

这首歌词抓住重庆山城、水城、园林城的特点，以山城、水城、园林城以及船、桥、黄桷树、山茶花等意象，用朴实、通俗、凝练、自然的语言，唱出了山城的特点和风采，可谓言简意赅，声情并茂。两段歌词语言自然对仗，音乐性特别强，近乎一首两节排比对称的格律诗！

从格律体新诗的实践看，你的大部分歌词作品都是比较严格的格律体新诗。每段单独看好像参差不齐，但是把各段放在一起，就仿佛词的上下两阙一样对称。这是你对格律体新诗体的自觉实践和有意识的追求，并且你歌词中的诗质与歌词的诗形还达到了高度的统一，这是十分难能可贵的。从以上分析可知，你在歌词创作上取得了重要的成就，而这一点，在全国音乐界似乎评价不够。《小白杨——梁上泉词作歌曲选》的出版，无可争议地显示了你在全国词家中的重要地位。

二、《茶山新歌》

还在20世纪50年代初期，你到边疆采访时，就发现当地少数民族姑娘特别喜欢边防官兵。你觉得这是一个很好的创作题材。但是，当时部队规定官兵不能与驻地少数民族女青年恋爱结婚，所以文艺创作反映部队爱情生活很受限制。不久，你住进茶山连队，看到姑娘们热情地请官兵们饮茶，甚至到俱乐部与官兵们一同跳舞，委婉地表达她们对战士的爱意和敬重，这更引起了你的关注。你想，不让战士们爱地方姑娘可以，但不让姑娘们爱边防军却难以做到！于是，你以姑娘们给边防军战士敬茶的方式，委婉地表达姑娘对官兵的爱。这首诗冲破了当时的禁区，在《人民文学》发表，以其真挚的情感、精巧的构思、生动的情节、清新的语言，引起了热烈反响，很多作曲家为之谱曲。尤其是铁珊谱的曲更受欢迎。

这首歌在广泛的传唱中也引起过争论。1962 年，雷惠就在四川文联办的刊物《文艺通讯》上发表文章说："在一次音乐会上听了女声独唱的《茶山新歌》后，有的同志半开玩笑地说'这是勾引边防军的歌儿'。当时我对这句话很反感，但后来仔细一想，虽然他那句话确实言过其实，然而，像这支歌里面唱的那样：'我高声地唱呀低声地问：我的采茶歌你爱不爱听？这歌儿像不像你家乡的曲调？采茶女像不像你心上的人？'战士们听了这些，将会产生怎样的感情呢？可是，据了解，《茶山新歌》自发表以来，一直是一支很受群众喜爱的抒情歌曲，不少的音乐会都演唱了这首歌曲。"

这篇文章发表不久，巴音就在《文艺通讯》上发表文章反驳说：

我觉得，一件作品的好坏，并不取决于它选取了什么题材，而在于它是否正确地处理和表现了题材。就以描写战士爱情的歌曲为例，它们之中既有好的，也有不好的。像雷惠同志提到的《茶山新歌》这首歌曲，我认为就是一首比较优秀的描写战士爱情的歌曲（确切点说，应该说它是描写采茶姑娘热爱边防战士的歌曲，或者说它是表现采茶姑娘对边防战士的热爱和倾慕的歌曲）。至于说这首歌可能起"勾引边防军"的作用，这种担心完全是多余的。相反，我认为它不仅没有丝毫消极后果，而且还会对边防军战士起到鼓舞作用。它的歌词不仅生动地勾画出了边防军战士光辉、英武的形象，而且揭示了采茶姑娘产生爱情的基础：她之所以爱边防军战士，不是为了别的，是爱他那颗忠于祖国的赤胆红心，和他那忠于职守、坚决保卫祖国的顽强精神。显然，它的格调是高尚的，感情是健康的，而且具有积极意义。

谈到这里，的确应该承认我们有的同志过去对于战士的生活、感情、爱好的理解是比较狭隘的，他们总以为只有那种描写练兵、放哨，节奏鲜明、进行曲式的歌曲，才反映了战士的生活，表达了战士的感情，适合战士的口味。而对于其他一些比较抒情的歌曲，还没有来得及弄清内容或进行具体分析的时候便急急忙忙下了结论："缺乏战士气魄"啦，"感情不够健康"啦，等等。雷惠同志的批评不正是个典型的例子么？我认为，这些观点是片面的，这些批评是不正确的，对进一步繁荣部队歌曲创作和增加部队歌曲花色品种没有好处，它只能使部队歌曲创作在题材、体裁、形式、风格等方面，走上日益单调狭窄的道路。

巴音先生在极"左"思想比较泛滥的时候旗帜鲜明地支持你这首歌，并给予正确的、正面的评价，说明了广大群众对《茶山新歌》的热爱！

有趣的是，这首歌在传唱中还发生了一些故事。其一，这首歌在传唱中被传为贵州民歌。其二，这首歌还传到海外，传到海峡对岸，歌名也被改为《茶山情歌》。其三，有一次，你参加重庆诗人与台湾诗人的联欢活动，台湾葡萄园诗社社长金筑老先生跟大家介绍说，有一首我家乡贵州的民歌在台湾很流行，大家想不想听？大家都表示想听，他就给大家唱起来。听完之后，重庆诗人问他：你知不知道这首歌的作者是谁？他说：这是民歌嘛，作者当然是无名氏了！当重庆诗人告诉他，这首歌词的作者是梁上泉，就坐在他对面！他立即走到你面前，兴奋地握住你的手说：这首歌我唱了几十年，想不到歌词作家竟是你！你真是一个有名的无名氏啊！

2006 年，你随中国诗人代表团访台，金筑接待你时，还专门在车上给到访的诗人们演唱了《茶山新歌》。

三、《黄杨扁担闪悠悠》

《黄杨扁担闪悠悠》创作于 1958 年。它意境生动优美，歌词幽默风趣，朗朗上口，在全国流传很广。

其实，早在 20 世纪 50 年代初，你在成渝铁路工地劳动采访时就写出了歌词并命名为《一根扁担》，经著名作曲家——《白毛女》歌曲作者张鲁与章枚分别谱曲发表后在工地上传唱。之后张鲁把这首歌词改名为《扁担谣》。

《黄杨扁担闪悠悠》是你以秀山花灯《黄杨扁担》曲调为基础，于 1958 年重新填写新词，写成《山区运粮队》，经金干编曲后编排为男声小合唱。演唱中似觉单调，演员建议在歌词中添加几句男独幽默逗趣的小段。于是你增加了几段，变为一首表演唱，并定名为《黄杨扁担闪悠悠》，只是在国内外演出中歌词略有小的改动。这首歌词吸收民歌、民谣的特色，在演唱中又不断吸收群众意见反复修改，成为一首极受群众欢迎的、具有“中国作风，中国气派”的优秀歌词：

合：黄杨扁担闪悠悠，
挑一挑白米出山沟。
人人都说白米好，
山里白米赛九州。

一条大路通场口，
牵起线线朝前走，
只要白米一出售，
要买的家什样样有。

独：对门的大姐，
平坝的小丫头，
欢迎你们进山去，
喝一杯丰收酒。

莫道山里穷，
正把公路修，
扁担要换成汽车开，
耕田用铁牛。
再买个电视机打米机，
干啥也不发愁。

正把新房修，
就缺个小妞妞。
再同来显身手，
好日子过不够。

姑娘你若爱上了我，
保管你不想走，
不想走你就不要走，
干脆嫁到山里头。

合：黄杨扁担闪悠悠，
挑一挑白米出山沟。
一条大路通场口，
牵起线线朝前走，朝前走！

这首歌词由于通俗活泼、风趣生动，很快就受到群众欢迎，以至还闹出一场“官司”。原来，由于这首歌曲吸收了秀山花灯调的某些特色，秀山县认为它是秀山民歌，可是与秀山毗邻的酉阳，却因过去有“挑一挑白米下酉州”的歌词，又认定它是对酉阳民歌之改造利用，此歌应属酉阳民歌。后来两县领导听说中央电视台打算制作一个有关这首歌的电视节目，竟亲赴中央台据理力争，足以说明你这首歌的魅力和影响！

四、《峨眉酒家》

1982 年，你由重庆市歌舞团调入重庆市文联从事专业创作。同年 4 月，应解放军总政文化部邀请，你赴京参加全军文学创作座谈会。8 月，总政文化部邀请部队和地方的一些作家到乌鲁木齐军区交流采访，你这位转业老兵有幸受到邀请。你们在茫茫大漠中驰行，戈壁漫漫，天穹高远，雪峰高耸，鹰声悠扬。唐代边塞诗人的千古绝唱和新时代边塞诗人们的优秀诗作，都在你心中激荡。你心中焕发出前所未有的激情，一路上写了不少诗歌。

有一天，在乌鲁木齐市的百花村，你看到这里集中了全国各地风味小吃，号称百家店，从全国各地来的兵团战士在这儿享受着来自家乡和全国的美食，你心中就有一些感触，似乎有四川清音的曲调在你心中回旋。不久，你又去到石河子新城。你去一个名叫“峨眉酒家”的小食店吃四川名小吃抄手。小店老板夫妇是四川人，专卖四川名小吃。他们热心为边疆群众服务，不但饭菜质量好，而且服务态度也很好，很受当地群众欢迎。你受到小店那热气腾腾的场景和小店老板夫妇热情态度的感染，不觉想到了在乌鲁木齐市百花村中的感受，想到了乌鲁木齐、石河子的变迁，想到了各民族同胞们的团结和睦，四川清音的曲调又在心中回旋，灵感在一瞬间诞生了！你顺口就吟出了带有民歌风和元曲小令韵味的歌词：

一片荒原，
一片黄沙，
绿洲田园间有人家；
十里新城，
十里灯花，
街头一座峨眉酒家。

接着，诗句在心中顺流而下：

峨眉名声远，
酒家却不大，
开的夫妻店，
来客坐不下。
这个要盘回锅肉，
那个要碗菜豆花，
外乡客不知要啥，
想吃川味怕麻辣，
只好先饮五粮液，
再吃清汤抄手，
加几个叶儿粑。

你把主题词和诗眼，放在了全词的最后：

哈！不是做广告，
不是说酒话，
有了这家店，
引来千百家，
惊退了片片荒原，
挤走了片片黄沙。
啊，峨眉酒家！

很快，你写出的这首词在《人民文学》发表后，有多位作曲家分别为之谱曲，以士心谱曲、阎维文演唱的影响最大。1984年，你去北京参加一个创作会议之后，去探访了阎维文。当时，阎维文正要参加全国青年歌手大奖赛，他妻子患了重病，阎维文想放弃青歌赛，留下来照顾妻子。但其妻却坚决支持阎维文的事业，要他一定参加大赛，不要管她，否则，她就不去医院！阎维文怀着对妻子深沉的爱参赛，演唱了《峨眉酒家》等歌，一炮打响，夺得民族唱法金奖！他很快出版了《峨眉酒家》的盒带，并寄给了你。阎维文的电视演播也受到听众的欢迎。之后，阎维文随团到日本演出，演唱了这首歌并受到日本观众的喜爱。

五、《小白杨》

在你的歌词创作中，影响最大的可以算《小白杨》了。

1983 年 7 月，由你写词，由作曲家士心谱曲，经军旅歌手阎维文深情演唱的《小白杨》，响彻江河大地，表达了边防军人对祖国边疆的火热情怀，在广大听众中留下美好而深刻的印象。谈起这首歌词的创作，你不禁感慨良多：

就是写《峨眉酒家》那一次，1982 年秋，你受总政文化部邀请到乌鲁木齐军区采访。军区首长知道你是军人出身，而且你写的诗歌和歌词深受军民喜爱，流传广泛，所以，在采风即将结束之际，首长希望你为边防战士写一首好歌，要像《茶山新歌》一样广泛流传。你答应下来，并提出还得更多地采访。于是，当其他作家都返回各自单位之后，军区派出一辆吉普车，并派专人陪同你再深入采访边防哨所、沙漠、戈壁、雪峰、冰川，广大边防指战员就战斗在这些生命的禁区。你对古往今来的戍边将士为国献身的精神十分敬佩，对当代边防战士更是充满敬意。每到一处边防哨所，你都要与战士促膝交谈。就在这两个多月的时间，你又写了几十首诗!

一天，你采访了一位在海拔五千多米、全国最高的神仙湾哨所换防下来的战士，心灵更受到震撼：常年值守、生活在雪峰、冰川的战士，渴望生命的绿色。战士们换防下来，首先要找的是绿色的树木，有的战士抱着树干流泪，感到是回归了生命的本色……新疆辽阔苍茫，瑰丽富饶。丰饶的绿洲，纵横的渠道，葱茏的林带，特别当夏天走进连绵的白杨林带，阵阵杨花扑面，会感到亲情的抚摸，亲切而温柔，你蓦然感到：这白杨树多像边防战士的化身！这个突发的灵感，使你挥笔写下了《林带阅兵曲》一诗：

南疆，北疆，东疆，
疆土广，疆土黄，疆土荒；

青杨，银杨，白杨，
杨树密，杨树高，杨树壮。

又密又高又壮的林带呵，
布满了垦区所有的地方；

又广又黄又荒的大地呵，
筑起了道道绿色的城墙。

那是我们强大的兵团，
在戈壁滩上扎营布防；

那是我们屯垦的战士，
在风沙线上挺起胸膛。

多么庄严的阅兵式，
在接受日月星辰的检阅；

多么整齐的分列式，
在接受各族人民的观望。

我愿，愿做一名新兵，
投身到农场，操场，战场！

我愿，愿做一棵杨树，
常立在南疆，北疆，东疆！

1982年9月8日　乌鲁木齐

这首诗以宏大的气魄写出了边防战士的英雄群像，受到军区官兵的好评。但是，这首诗适合朗诵，不宜于谱曲，你还不是太满意，还想写出一首让战士们传唱的好歌。回到重庆后，你一直还念念不忘新疆之行，还在构思着新的乐章。1983 年，你又接受邀请，参加了由中国音乐家协会组织的词曲作家访问团，赴内蒙古呼伦贝尔大草原和大兴安岭林区体验生活。在绵延起伏的边境线上，你采访了一座座哨所，一处处军营。在一处哨所，你看见值岗的战士像白杨树一样挺立，而下岗的战士则在读书、写家信、弹吉他。一个战士手执军用水壶弯腰给树苗浇水的场景吸引了你。因为你深知，哨所位于干旱区域，每个战士每天擦脸、饮用、漱口等日常用水只有一军用水壶；战士们都舍不得饮用，只有口干时才抿上一小口，而这个战士却用水壶在浇树苗。于是你走过去问他：

“是新兵吧？”

“你怎么看出来的？”

“要知道，我是个老兵啊！”

“哦！”

你又问：“树苗哪来的？”

“家乡带来的。”

“什么树？”

“小白杨。”

你一听小白杨三个字，顿时觉得一阵战栗！你心中闪现出在新疆时看到的白杨树林带，闪现出你见过的参天立地的白杨林，只见它们摇曳着，移动而来；你仿佛望见万里边防，都站着一个一个年轻的战士；也望见万里边防，都长着一棵又一棵这样年轻的小白杨。眼前的这棵小白杨一下子在你脑子里同眼前的新兵联成一体了：“小白杨多像小战士！”“小战士就是小白杨！”于是酝酿了大半年的这首歌，一下有了灵魂。你找到了感情的突破口，找到了构思的切入点，灵感被触发了！这首歌有了情节，有了语言，有了音韵。在回到住地的路上，你边走边想，边想边写，边写边哼，《小白杨》诞生了：

一棵小白杨，
站在哨所旁，
根儿深，干儿壮，
守望着北疆。
微风吹，吹得绿叶沙沙响；
太阳照，照得绿叶闪银光。
唻……
小白杨呀小白杨，
它长我也长，
同我一起守边防！

当初离家乡，
告别杨树庄，
我妈妈，送树苗，
对我轻声讲：
带着它，亲人嘱托记心上；
栽下它，就当故乡在身旁。
唻……
小白杨呀小白杨，
也穿绿军装，
同我一起守边防！

《小白杨》以鲜明独特的意象，高远的意境，生动的情节和精练的语言，受到作曲家的欢迎，很多作曲家为之谱曲。其中，以作曲家士心为它谱写的生动流畅的曲子最为流行，为它插上了飞翔的翅膀，经歌唱家阎维文演唱，很快风靡全国，他也由此而闻名全国。阎维文在以后的演出中经常将《小白杨》作为主唱歌曲。《小白杨》被全军定为军旅推广歌曲之一，也被一些高等艺术院校收入教材。在传唱中，不但产生了很好的教育作用，还产生了很好的社会影响，甚至流传出一些传奇性的故事。

一个故事是：中央电视台军事频道专门请你同阎维文及执导电视连续剧《长征》的著名导演翟俊杰到电视台制作了《敬礼！小白杨》的专题片，向全军指战员介绍《小白杨》。新疆塔城地区裕民县的塔斯堤哨所，四周多是寸草难生的石山，锡伯族战士探亲后带来十棵小白杨树苗，哨所指战员们挖下深坑，种下小白杨，又到二十公里外背来黑土，到五公里外背水浇树。但由于环境太恶劣，这十棵小树苗竟只有一棵存活下来。他们听到你创作的《小白杨》，很为自己在哨所旁种植的小白杨自豪，并以为你就是根据他们种植小白杨的事迹创作出这首歌曲的，以至于一些媒体也跟着误传。他们甚至把这个哨所命名为“小白杨哨所”，成为当地的一个旅游景点。

还有一个故事也很感人：

特快列车在京汉线上奔驰。你在北京开完全国人民代表大会后，搭乘湖北代表团包下的软卧专列，前往汉口看望内兄、湖北美术学院的蒲新成教授。入夜，几位代表开始宽衣睡觉，收音机里正在播放着本届人代会的专题新闻。武汉部队的一位将军正要解开衣扣，准备入睡，他仰头问你：“老同志，是干什么工作的？”你说：“我是搞写作的。”将军问：“哦，搞写作？都写过些什么作品呀？”你说了几部自己具有代表性的诗集，将军客气地点点头，嘴里带着歉意说：“哦，没看过。”说完，将军解开衣扣，躺在了自己的铺位上。正在这时候，车厢的播音机里突然开始播放阎维文演唱的《小白杨》。你随口说道：“呃，这首歌也是我写的。”将军惊异地问：“啊，你写的词，还是谱的曲？”你答道：“我写的词。”只见将军一下站起，笔挺地向着你“啪”地行了一个军礼，庄重地说道：“你为我们写了一首好歌，我代表部队官兵感谢你！”你惊得忙从上铺下来，语无伦次地说：“首长，不敢当，不敢当！我是一个老兵，为部队写歌，写好歌，是我应该做的事！”

这两个故事足以说明你的《小白杨》等歌曲在部队中的影响。

六、四川清音《长城谣》与《绣手巾》

你参军的头几年，为了配合文工团的演出，经常要赶写一些工农兵群众喜爱的说唱节目，如快板、金钱板、花鼓、鼓词、清音等。1952年，你下到滇西镇康边防团的班排工作生活，那时基层还没有营房，住的是百姓的竹楼寨子，由此就写了快板《竹器化》。参加了一些边防上的战斗后，你又写了快书《一颗子弹》，这个节目参加了西南军区的文艺会演，获得了优秀创作奖。以后你写的说唱节目《喜游大阳沟》和《猪儿有了妈》等还当作叙事诗发表。清音《长城谣》和《绣手巾》获得省市奖，而且成为四川各曲艺团的保留节目。

清音《长城谣》是你曲艺创作的代表作，还在山西参加汇演获得过优秀曲艺创作奖，它也为你的曲艺写作开创了一个新境界。

《绣手巾》也是清音，表现姑娘对同志哥的爱情，写得深情委婉、缠绵细腻：

妹儿家中坐，
细把油灯拨，
绣一张花手巾，
送给我那同志哥。

情哥在前线，
脚踏南海波，
妹儿耕种在田野，
割麦又插禾。

月儿当头照，
照你又照我，
万里路程连一线，
绣成花两朵。

这朵就是你，

那朵就是我，

两朵合为并蒂莲，

结成心一颗。

手巾寄给哥，

有话不用说，

揩了汗水揩雨水，

守卫我们好山河！

七、组歌《路在风雨中》

在探讨你的歌词创作的成就时，还应该强调你为歌剧《红云崖》与《大巴山游击队》、儿童音乐剧《狱中石榴花》、现代童话歌舞剧《熊猫咪咪》、音乐神话电影诗《神奇的绿宝石》、音乐风光电视剧《媚态观音》等戏剧影视作品所谱写的优秀的歌词。你的这些歌词大都紧密结合剧情，写得既有诗情，又有音乐性。《路在风雨中》就是一组优秀的歌词，是你为西南服务团《进军大西南》的连续剧所写的一组歌词，共有五首。第一首以雄浑强劲的气势歌颂了服务团战士披荆斩棘进军大西南的豪迈情怀和英雄气概：

千里的云，

万里的风，

风云相伴上征程。

多少个日日夜夜，

度过那春夏秋冬，

走着人生漫长的路，

路在荆棘中！

这首词气势宏大，铿锵有力，排比对仗，给人以历史的厚重感、沧桑感。而且其词蕴含全篇主旨，起了提纲挈领的作用。

第三首歌词也写得十分精彩：

长江浪，洞庭波，

波涌浪飞溅心窝。

风吹芦苇动，

岸柳舞婆娑，

江鸥伴帆影，

星光连渔火。

跨越江湖向前走，

一路涛声一路歌！

在这首歌词中，你以深厚的古典诗词修养，汲取古典诗词的传统，匠心独运地选取了“岸柳”“江鸥”“帆影”“渔火”等意象，并运用鲜明欢快的节奏，表现出进军大西南时豪迈爽朗的乐观主义精神。

第五首照应第一首，依旧气势磅礴，依旧选取了“风”“云”等意象，写得深沉含蓄，启人深思：

大西南的云，

大西南的风，

风云万里扫长空。

尝尽了酸辣苦涩，

度过了困难重重，

走着人生曲折的路，

来去太匆匆！

第九章 传统诗词创作

一、传统诗词创作的成就

1997年，你在中国三峡出版社出版《梁上泉诗词手书选》，收入1947年至1997年50年间所写传统诗词四百八十七首，并附由你亲手书写的四十七首诗词的书法。

2003年9月，你在新天地出版社出版《白水斋吟稿》，收入1947年至2003年五十七年间所作传统诗词曲对联汉俳近千首。

2006年，你又在新天地出版社出版诗词集《万物有情》，收入从2003年至2006年所作古体诗二百二十余首。

2007年，你在银河出版社出版《你是一朵云》，收入五百多首传统诗词。

2010年2月，中国文化出版社出版你的新体、古体诗集《诗路花语》，上篇收入古体诗二百零九首。这以后，你还写了一些古体诗，但你的传统诗词，主要都在这五部诗集之中。

你在中国当代文学史上，当然是以新诗出名。但是，你的传统诗词，却也写得非常多而且相当好。这在当代新诗人中，是很出众的。更重要的是，你是先写古体诗，再写新诗，然后是新诗、古体诗同时写，因此，古体诗的写作对你的新诗写作有很大促进作用；反过来，新诗写作对你古体诗写作也有重大帮助。但是，对你古体诗的成就，诗坛还关注不多，评价不够；对你在古体诗与新体诗结合上所取得的成就，更是没有多少评论家关注。因此，我拟在评传中分两部分论述你这两方面的成就，希望引起文坛的重视。

你的古体诗创作发端很早，初中三年级时就跟随老师、著名诗人李冰如先生学习古体诗词写作，基本上掌握了古体诗词的意境美、形式美和韵律美，并写出了第一批古体诗词。那些诗作虽然还显得稚拙，但却生机勃勃，显示了你的诗的才华和灵气，并为你在中华人民共和国成立初期的新诗创作奠定了深厚的基础。同时，你从1947年春起，也开始写少量新诗。但大量写作新诗，是从1953年开始的。你在频频创作和发表新诗以后，也从未停止过古体诗的创作，只不过少有发表，直到新时期才开始发表一些古体诗。20世纪90年代以后，你就新诗与古体诗都写并发表。到晚年，就以古体诗创作为主了。你对我说："我是一笔写两体，是一个'两栖动物'。"

在情绪激荡冲动的时候，你往往会选择古体诗。这是因为：古体诗有现成的审美规范和习惯，使用起来很熟悉、很便捷，不像写新体诗要临时考虑诗的形式和音韵，要考虑诗的立意和构思；其次，古体诗往往短小凝练，有利于在很短的时间内把激荡的感情凝聚在固定的习用形式之中。

你的古体诗词创作，反映的生活面较宽。首先是抒写个人经历、感受、悲欢；其次是馈赠亲友，送别、吊唁、怀念；再次是关注国计民生，发表感慨；最后是题赠名胜、寄情山水，抒发人生哲理。

第一，你的古体诗词，首先是记录你人生各个阶段的心路历程、心灵演变及情感波动和离合悲欢。

你早年写的《山行》，就很有韵味：

山远不知来有路，林荒但觉去无踪。
大巴山里长行客，来似流云去似风。

你刚刚参军不久，坐船从嘉陵江直下重庆，就在船上，在日记本上，记下了你触景生情、情景交融的诗：

果州一别向渝州，船入清江自在流，
春色连山云接水，从军喜作少年游。

1954年写的《雪原巡逻》一诗，则写出了你自己英姿飒爽地骑马巡逻在康藏高原，不惧严寒风霜的战斗豪情：

高原万里雪茫茫，满面寒风满面霜。
策马巡逻云海里，心腾热血保边疆。

你的《狱中吟》则写出了你无端被捕入狱的愤慨和悲痛之情。

2004年写的《回乡路上》，写出你回乡的喜悦与欢欣：

一

槐花满地地生香，山路弯弯到屋场。
所幸无车来代步，沿途犹可赏芬芳。

二

芬芳小径野花迷，只有蜜蜂蝴蝶知。
原是童年走读路，何愁露水湿新衣。

同是写于2004年的《老享清福》，则展现了你晚年的生活情致：

老享清宁当有福，蜗居休叹故人疏。
日高月近两相照，昼写诗文夜读书。

第二，你的古体诗词，多是馈赠诗朋亲友，送别、怀念、吊唁。如《观川剧〈巴山秀才〉致魏明伦》对仗精美，韵味较浓：

鬼才写秀才，万众动情怀。
悬念重重扣，奇思叠叠来。
创新精品出，演唱好音开。
励我巴山子，同登大舞台。

你的赠友诗、悼亡诗也常用古体形式。如《遥寄潭影兄》写得深情含蓄：

两江交合向东流，万里情牵黄鹤楼。
日日思君犹浩浩，时时望远总悠悠。
笔端齐涌少年浪，梦境同摇赏月舟。
唯愿归来常做伴，重寻旧迹解乡愁。

第三，你的古体诗很多是关注民生，关注国事，发表感慨：

如歌颂重庆直辖一周年的《重庆直辖周年》：

重庆又重庆，朝天更朝天。
挂牌周岁满，直辖万民欢。
心壮广场阔，志高眼界宽。
两江情似我，潮涌浪花翻。

你的古体诗也吟咏人民的生活、国家的建设。重庆嘉陵江黄花园大桥通车，通过黄花园隧道与石板坡长江大桥直线相连，使重庆两江三区连为一体，你立即写了《题黄花园大桥》一诗赞美之：

新桥跨浪走长龙，龙入山城穿地宫。
遥接两江三口岸，连通水陆上云空。

《贵州山》以深沉的情感，召唤人民关怀贵州百姓：

劝君多上贵州山，云里人家最苦寒。
唯见杂粮生石缝，料知耕种更艰难。

《不眠夜》更直接抒发对群众生计的关切：

难度不眠夜，只因多苦思。
下岗无业者，生计复何期。
贫富相差大，权钱交换奇。
利民消众怨，泪眼盼多时！

第四，你的古体诗也有很多是题写名胜、寄情山水，抒发人生哲理。

《山恋》写重庆四面山风光，山光水色，林湖烟雨，令人荡气回肠：

丹岩垂素练，碧落起长虹。

消暑林湖畔，荡魂烟雨中。

云崖惊鬼斧，壁画叹神工。

奇巧刚相济，四时回绿风。

1993年8月写的《水调歌头·游九华山》，笔力千钧，绘出了九华山的动人风采：

昨下黄山顶，今上九华峰。

三道天门高处，又见迎客松。

林木风中律动，山岭霞间峙耸，齐绽九芙蓉。

李白吟游地，千载意无穷。

踏梯石，过村舍，穿竹丛。

瑶台捧日亭里，接引一轮红。

辗得云腾雾卷，掩得庵藏寺隐，何处觅仙踪？

雀鸟投林静，归来听晚钟。

《巴山秋色》写尽巴山秋色。“木叶烛天红”，何等气魄！“色比桃花艳／秋如春意浓”，又何等美艳：

巴山一夜风　木叶烛天红

色比桃花艳　秋如春意浓

初来抚异树　独坐数群峰

恋恋不思去　梦留幽谷中

《江河铭》写的是江河，抒写的却是你人生的豪情壮采和创作的高远追求。江河成为象征的载体：

江河万古流　大笔写春秋
手共旌帆舞　心随日月浮
宁开艰险道　不羡逍遥游
意在求深广　海天无尽头

写于1995年桂林旅次的《桂林》三首，既是写景，又是抒情写意，第三首更写出了你渴望世人真诚相待相通的美好心愿：

一

真个桂林缘桂林　围城十里醉芳芬
秋中雨后花睁眼　笑赠游人满树金

二

虽非西北若西北　十万驼峰如战列
为恋桂林水草丰　绿原竞涌浪千叠

三

几多迷雾几多峰　尽映漓江清水中
世上人心应若此　真诚相见意相通

你的古体诗词在艺术上有两大特色：一是清纯本真，平易近人，不用典故和生僻字词，人人能懂，个个爱读；二是词语流畅，音韵婉转，绝不佶屈聱牙，故作高古，读起来朗朗上口，听起来铿锵悦耳。

再看一首《樊哙百里峡》吧：

百里风光百里峡，长天一线水生花。
千峰夹岸披银雾，万瀑争流泻彩霞。
洞洞蕴奇惊魔幻，滩滩斗险赞船家。
飞禽走兽游相伴，为赏清幽细品茶。

你把樊哙百里峡的风光描绘得如此生动奇幻，历历在目，却没有用一个典故，没有一句生僻之词！语言和所表达的感情观念都是现代的，但却又像唐诗宋词一样讲究了平仄对仗押韵，所以其音韵浑然洒脱，流畅明快，诵读起来，铿锵动听！你真的是百炼钢化为了绕指柔！

即便是写历史人物，吟咏历史事件，你都能用现代语言，把他们声情并茂地展示出来：你的《刘伯承元帅纪念馆》，用区区四十字就把刘伯承元帅的丰富经历和伟大功勋展现了出来，语言是如此朴实无华而又凝练精彩，音韵是那样激昂奔放而又流畅婉转：

少壮别家乡　山溪奔大江
中流拼搏急　百战远征忙
敌寇丧魂胆　军神赋国殇
小兵瞻故里　致礼缅怀长

你的《渔家傲》，借以祭奠第二次世界大战胜利五十周年，内容那样博大厚重，可是你却仍然用现代语言，依然没用一个典故和一句生涩之词，把它艺术地表现出来，不能不令人钦服：

滚滚烽烟旗色暗，茫茫血海罩凶焰。
天怒地悲人更怨，除灾难，同心驱魔奔前线。
抗敌军民经恶战，生灵惨逝数千万。
世界和平堪热恋，需防范，寰球突有风云变！

二、“两栖诗人”

你对我说：“我是一笔写两体，是一个‘两栖动物’。”

早年，你学写古体诗词。20 世纪 50 年代，你从传统诗词和民歌中汲取营养（我在你给我看的几十个日记本、杂记本上看到了你抄录的多少民歌民谣啊），创作了《喧腾的高原》《云南的云》等诗集，在那里面，我们看到了古典诗词和民歌民谣的意境美、形式美和音韵美。但同时，你也写了一些古体诗词，因为那时候古体诗词不能发表，所以，你往往只把它们作为笔记记了下来。20世纪80年代以后，古体诗也可以发表了，你才陆续写更多古体诗，并将其陆续发表、出版。于是，新诗和古体诗，你就根据题材、内容和表达的需要，交错着写起来。你自称是“两栖诗人”。你在新诗和古体诗的交替写作中互相汲取，互相沟通，互相促进，相得益彰。这方面，你可算是全国诗人中的佼佼者，你还总结出在这方面的经验和体会。你在2007年出版的《你是一朵云·写在前面》中说：

我有个不成熟的想法：写新体诗歌，多向古体诗词学习，以促进新诗的民族化；写古体诗词，多向新诗靠拢，以促进古体诗词的现代化。由此，使二者逐步走近，相互接轨。至于歌词创作，则更多汲取民歌民谣的养分，以便于谱曲能唱，离曲能诵，明朗易记。

我认为，你这个观点非常新颖、新鲜、深刻、精辟！对于中国当代新诗与古体诗词的发展，具有重要的价值和重大的意义，应该引起当代诗坛的重视！它既是你对自己六十多年新诗和古体诗歌创作实践的科学总结，又是你对当代诗歌（包括新诗和古体诗）现状进行多年研究和考察后所提炼出的新鲜而独到的见解，还可以说是你针对当前诗歌（包括新诗和古体诗）创作的问题所提出的一个良方，对于当代中国新诗及古体诗的继承、创新、发展，都有重要的启发作用。

你关于新诗和传统诗词写作的观点，被诗歌界及诗歌理论界所认同。就在《梁上泉评传》经过两次修改即将定稿的今天，我看到了2014年3月5日《文艺报》刊登的诗刊社主办的“首届‘子曰’诗人奖和《诗刊》2013年度诗歌奖”在京颁奖的消息。消息说：与往年相比，今年《诗刊》的年度奖加大了对传统诗词的奖掖力度。对此，《诗刊》常务副主编商震表示，传统诗词是国粹，没有理由不薪火相传。目前，全国约有一百万人从事传统诗词创作，与新诗创作群体在人数上不相上下。颁奖仪式之后举行的座谈会上，吴思敬、林莽、刘立云、李少君等诗人和评论家谈到，目前新诗和传统诗词都有很好的发展态势，但是彼此之间的交流不多。实际上，两者虽有形式上的不同，但却是可以相互兼容、相互借鉴的。无论是写新诗还是写传统诗词，诗人都要通过作品记录自己的生命和灵魂，表达时代的变迁和百姓的哀乐。在形式上，新诗创作要重新激活经典诗词的艺术魅力，传统诗词也要注意吸收新诗的自由精神和新鲜语言。

这个消息透露出一个重要信息：一是由于传统诗词创作的人数确实与新诗创作处于不相上下的情况，所以加大了对传统诗词的奖掖额度；二是专家们都认为新诗创作要重新激活经典诗词的艺术魅力，传统诗词也要注意吸收新诗的自由精神和新鲜语言。这个观点，你在七年以前就提出来了。

回顾历史，中国诗歌在三千多年的发展中，产生了众多卓越的诗人和诗歌佳作。诗歌发展到清末，由于政治的腐败，已失去了创造的活力，正如梁启超所批评的，是“诗界千年靡靡风，兵魂销尽国魂空”。文坛出现了改良主义的文化运动，诗坛上出现了梁启超、黄遵宪、夏曾佑、谭嗣同等发起的“诗界革命”，他们从提倡革新传统的语言文字、汲取西方情调和外国词汇入诗到提倡创造“新意境”，推动了诗歌发展。以后，资产阶级改良主义领袖康有为和诗界革命巨子丘逢甲自觉地以诗界革命精神开拓诗歌的新境界，并取得了卓著成效。不久，秋瑾以大量优秀革命诗歌震动了诗坛；1909年以高旭、陈去病和柳亚子开创的南社标志着诗歌革命的蓬勃发展。但是，这时的诗歌，在形式上并未发生根本性的变化，基本上还是古体诗歌的形式、语言和韵律。直到五四运动前后，以胡适和郭沫若为首的新诗革命者，以他们的现实主义和浪漫主义诗歌及其现代语言和散文化形式，冲破了传统诗歌的形式、语言、音韵的束缚，开启了中国新诗的新时代。在这之后，中国现代诗坛基本上又只有一家即新诗了。传统诗歌的写作被挤出了诗坛，成为暗流，成为小溪。新中国成立后，随着毛泽东诗词的公开发表出版和传播，古体诗词的写作逐渐兴盛起来。新时期以来，特别是20世纪90年代以后，由于新诗逐渐脱离读者，读新诗的人越来越少，新诗的影响也越来越小；古体诗歌的创作却越来越兴盛，写的人和读的人越来越多。有人说，现在，中国诗坛逐渐成为新诗和古体诗一正一副、一主一次，双峰并立，双管齐奏，双轨并驰，二水分流了。于是，中国新诗和古体诗，都面临着走什么道路的问题。在这种情况下，我认为，你的新诗创作与古体诗词的创作实践和理论主张，就有着重要的参考价值了！

目前，对新诗形式发展的道路，不少诗人有散文化的倾向，不讲形式，不讲音韵，不讲押韵；而另一些诗人则主张精练，形式大体整齐、大致押韵；还有一些诗人和理论家则提倡建立现代格律诗。

在古体诗创作上，一些学者把它们归纳为传统派与革新派：传统派严格遵守传统的诗词格律，以表现新的时代与新的生活，号称“旧瓶装新酒”，形式上用词古雅，好用典故，以显示古色古香为能事。革新派则主张既保留旧体诗的形式，但对平仄、对仗、韵律等不那么考究，可以突破，显示出思想新、境界新、语言新、时代色彩浓的特点。

在诗歌创作中，你似乎是中间派。在新诗创作中，你主张继承古典诗词和民歌民谣的优秀传统，汲取其简洁凝练、韵味隽永、意境精美、形式整饬、节奏鲜明和押韵、易于记忆传唱的优点，用以吟咏当代人的思想、生活和情感，使诗歌民族化，大众化。在五十多年的创作中，你形成了自己的特点，开创了一条新路。在诗体上你主张格律化和半格律化，即能够写成格律体固然好，如果不能，也不必勉强，不必以词害意。

你在新诗创作中，注意激活古典诗歌的艺术魅力，注意构思、立意和语言的精练和谐。请看下面的几首诗：

在山泉水清，
出山泉水洁。
细流入大江，
大江喷白雪。

雪浪过群山，
合唱催热血。

我愿化涛声，
高歌同飞越！

——《山泉》

高原的笛声悲凉，
是牧人泣诉衷肠；
高原的笛声响亮，
是牧人心在歌唱。

——《高原牧笛》

月亮，月亮，
挂在大巴山上；
山上，山上，
多少眼睛张望。

——《大巴山月》

第一首多像五绝，第二首多有民歌风，第三首又似小令。但是，它们却又不是五绝、民歌、小令，而是响当当的、真真切切的、优秀的，具有意境美、音韵美的新体诗，是你为中国当代诗坛奉献的富于民族风味和个人风格的半格律体、格律体的新诗！

在古体诗创作中，你又借鉴了新诗重视意象、强调立意、讲究构思，以及灵活多变、形式多样的优长，使古体诗具有较高的审美价值和独特的思想追求，富于现代化的特点。你希望进一步探索古体诗的发展创新之路、不仅探索旧瓶装新酒的新路——在古体诗中注重表现现代生活，还要探索对旧瓶的更新改造。

《向巫溪》一诗，抓住大宁河和大昌镇的地理历史特点，写出了新时代的豪情，具有很高的美学价值和深厚的文化品位：

城隐巴东路险奇，颠连曲折向巫溪。
大昌必有大宁日，待写惊天动地诗。

你在古诗中注意表现人民的疾苦，表达现代人的思想感情。你在达县火车站看到排队乘客多是外出打工的青壮年农民，不禁感慨多多，你的《民工潮》就深切地表现了民工们外出打工的艰辛和悲苦、乡愁和无奈：

长队向何流，山民面色忧。
挤车悲似豕，负重竟如牛。
好梦飞沿海，务工度九秋。
夜来思故土，谁为解乡愁？

你在《诗路花语》的上篇“细流入海”的题签中说：

小小溪河水，长流总向东。
出山迎海日，巨浪拍长空。

这里面似乎含有你明显的现代寓意：你认为古体诗也是诗歌大海的一个源泉，它总归是要奔腾入海，冲出洪波巨澜的。

你在《格律诗》一诗中还说：

歌有谱音诗有经，诗歌情韵助飞行。
万千受众合心律，同与山河起共鸣。

这两首诗都抒写了你对古体诗歌和歌词创作的热情，表明了你对古体诗歌的重视。

你的古体诗感情纯正，内容健康，意韵丰厚。在艺术上，运用现代语言，不用典故和生僻词语，平易晓畅，清新隽永；讲究平仄、对仗和韵律，音韵优美；风格纯净自然，缠绵悠远。正如你在《诗箴言》中所言——

不赶时髦不逐风，人生真趣在诗中。
性灵品格长吟里，朴质无华见内功。

第十章 诗书合一的艺术追求

一、传统诗词的自我书写

谈到了你的古体诗创作，就不能不谈你的书法艺术和诗书合一的艺术追求。

书法是中华文化的一株奇葩，是中华民族献给世界文化艺术独特而高贵的瑰宝。全世界只有中国把日常运用的文字变成了一种灵动的、有节奏的、抽象化的思维，一种飘逸飞扬、活泼深邃的审美艺术。书法有两个功能：一个是社会的实用功能，一个是艺术的审美功能。而你在近二十年的诗书合一的艺术追求中，把书法的审美功能，充分地发挥出来了。

你在少年时代读过两年私塾，学过写毛笔字，后来也不断学习书法艺术。你主要是研习颜真卿、柳公权、黄庭坚等大师的书法，逐渐形成自己独特的风格。你看到，毛泽东、郭沫若这些诗歌大家和书法大师，经常书写自己的诗歌。毛泽东的很多自书诗词，豪迈潇洒，自成宏图。你也向他们学习，经常用毛笔书写自己的诗歌。20世纪80年代，随着题画、题诗和赠答机会的增加，你更为文朋诗友、为各地景点、为一些企业等题写诗词，把自己的诗词创作用书法艺术直接地展示出来、传播开来。你认为，书法创作离不开借鉴，离不开学习古人，更需要从自己的作品中总结经验。你认为，书法的规律与古典诗词格律有相似之处。古典诗词格律是千百年来无数诗人根据中国语音特点总结出来的规律，如果掌握了这种规律，诗人就可以自如地抒情言志，纵横驰骋于诗坛。书法则是从汉字书写中产生和提炼来的，汉字本身就有一种世界上其他文字所没有的美感，再加上它运用了特殊的物质材料，如纸、笔、墨、印，经千百年无数书法家认真总结其规律和方法，形成一种在全世界独一无二的书法艺术之美。而且，古体诗与传统书法在本质有相通之处，可以说是中国艺术的双璧。因此，身为诗人和书法家的你，在书写自己创作的诗歌时，不但沟通了中国诗词艺术与书法精神之间微妙的、难以言说的联系，借以获得心灵的自由驰骋和高度的精神享受，从中寻求诗书合一的审美愉悦和艺术境界；而且还可以用自己精深的文学修养和书法艺术丰富和提高自身的书法水平和境界；并且能用书法艺术为诗美增色，扩大诗歌的影响和传播效果，甚至让自己的诗歌传之久远！因此，诗人书写自己的古体诗作，是一件很有意义的事情。

1997 年 11 月，中国三峡出版社出版《梁上泉诗词手书选》，收入了你 1947 年至 1997 年五十年所作的古体诗词四百八十七首，以及手书四十七首。你在该书的“作者校后小记”中说：

看完这本《梁上泉诗词手书选》的清样，我仿佛重新从少年时期一步步走到了老年时期，从 1947 年一步步走到了 1997 年，其间刚好跨过了半个世纪。在学诗填词的长途上，留下了一串时稀时密的脚印。新时期以来有些报刊向我索稿，才陆续选发少许，加之近几年对书法的兴趣大增，但又怯于书家们常写的唐诗宋词，便选书拙作学步，聊以自娱，身到兴致之处，也应约题咏涂鸦，有的被刻于碑壁，有的被选出参展，却不敢妄称书法，权当手书习作。

你在《题李雁狂草》一诗中透露了你对传统书法艺术的理解和热爱：

笔底龙蛇走，心中鸿雁飞。
纵情山海阔，狂墨溅千碑。

这首诗借李雁狂草自抒胸臆，表明了你纵情挥洒笔墨，放飞心中鸿雁，抒写胸中豪情，获得精神享受的追求和向往。的确，新时期以来，你凭借少年时代的书法基础，又努力训练，终于练就一手好书法，并以之作为寄情言志的重要的艺术活动和表达方式。你在提笔纵情挥洒之时，也放飞着心中鸿雁，得到了十分愉悦的精神享受。你尤喜书写自己的古体诗词，在信笔挥洒之间，感受古体诗词与传统书法艺术在本质上的相通相连相依相近之处，这给了你诗书合一的艺术效果和审美愉悦。从多年的书写中你深深地感悟到：书法与诗文是中国艺术之瑰宝和双璧，传统书法是一种造型艺术，它以线条组成形状，诉诸人的审美视觉，并以其文字及其语义唤起读者的审美联想，从而为诗文生辉，为诗文添彩。同时，书法家也在书法艺术之中进入心灵自由潇洒的境界。这正如你在《合璧 · 次魏宇平先生赠诗原韵》所曰：

诗书合璧耀江天，引我身心入自然，
每读牵情思广宇，挥毫更欲著新篇。

魏宇平是重庆著名诗人和书法家。你在给他的这首诗中，进一步表达了对诗书合璧的诗意境界的向往和追求。

你的手书强劲有力，既表现了丰富的历史内涵，又呈现出凝重的风格，如《题王维舟将军塑像》就显得豪迈厚重：

将军率万众，千里战旗红。
生死轻小我，朝昏歌大风。
危舟思舵手，游击震川东。
走尽长征路，丰碑耸碧空。

但有的诗词内容则轻松一些，书法也就灵活清爽，诗意显得自由葱茏，如《风雨流韵》：

长风摇万树，豪雨浣千山。
静息听流韵，狂涛吼大川。

你的古体诗语言自然畅达，纯朴真挚，音韵优雅，节奏鲜明。配上行楷书法，更显得高雅活泼，淋漓酣畅。

你自作诗词的书法，首先是赠送文朋诗友。在我60岁生日之际，你为我书写了一副对联，我视为珍宝，至今珍藏着：

山中已少千年树；

世上应多百岁人。

我70岁生日时，在重庆作家协会、四川外国语大学、西南大学育才学院、中国传记文学学会及四川大学重庆校友会为我举办的“郭久麟作品研讨会”上，你莅临会议，手书一首七绝，装裱好后，在会上朗诵此诗，并亲手赠送给我。诗曰：

笔为名人书传记，心崇烈士显银屏。

常生灵感常生意，无尽情思无尽文。

这首诗运用了两个对仗的诗句，巧妙地把我的传记文学创作、影视文学创作和理论研究（《文学创作灵感论》等）囊括无遗，真可谓知音也！两副书法用笔圆浑，点画匀整，气势开阖，墨色华润，富于情韵。

你的诗词手书近年来受到各方欢迎，经常应邀在许多名胜古迹、旅游景点、寺庙楼台留下墨宝。在重庆磁器口、沙坪坝三峡广场、万州太白岩、奉节竹枝词碑林、云阳张飞庙等景点，都有你题写的诗词。

你的手书诗词还应邀在日本、新加坡，以及中国台湾地区、北京、达州等地进行文化交流，成为你晚年生活的一个亮点。

你的古体诗常从眼前景到心中情，诗味无穷。如《致南山诗友》就抓住南山和南山文峰塔的特点和意象，写出了重庆作家的文学追求：

朝夕见南山，晨昏望塔影。

文峰笔一支，同写好风景。

二、独特高雅的书法艺术

对你的书法艺术，李子（何文忠）、林金龙、杨川、苟君等书家做了研究，给予了较高的评价。

你书法艺术的第一个特点是书写自己的诗歌。作为一个诗人，不管是练笔或送人，均是手书自己的诗。诗人臧克家、贺敬之，也都是以书写自己的诗歌为主。

你书法艺术的第二个特点是意在笔先，精于构思。由于是写自己的诗，故在书写之前已深刻理解了自己书写的诗歌的内蕴和特点，即在书写前认真考虑了如何从书法上把握自己诗歌的特点，如何构思、构图，充分地表达诗歌的内涵。比如你的《江河铭》，诗本身就写得豪气干云，大气磅礴，意境悠远，寓意深广，隐含着你一生的艺术追求：

江河万古流，大笔写春秋。
手共旌帆舞，心随日月浮。
宁开艰险道，不羡逍遥游。
意在求深广，海天无尽头。

这首诗的书法你也写得开阔宏放，刚健遒劲，千姿百态，奇趣横生。真正是胸中豪情奔腾，笔下波涛澎湃！似乎每行诗都在奔流，每行书法都在飞腾。“江河”二字连笔书写，犹如江河的奔流不断，“万古”写得古朴庄重，“流”字写得透迤婉转，“舞”字写得充满动态感，饶有情趣。中间两联是全诗重点，你更作了精心布局，书体以平实为主，锋芒毕露而又潇洒刚健。整篇豪放遒劲，气势如虹。

你书法艺术的第三个特点是综合杂糅，自成一体。在多年的书法写作中，你大胆地将楷书、草书、隶书等有机糅合在一起，用笔既显示了北碑的雄毅，又融进了南帖的灵动；而在章法上，既敢于大胆留白，又无虚空之弊病；在用墨上，既有浓墨重彩，又有淡墨轻洒。

你书法艺术的第四个特点是稳健刚劲，敢于创新。你的自书诗词，宛如群星满目，波浪滚滚。如你赴董酒厂参加企业文化联谊活动所写《董酒歌》即是：

不饮董酒不懂酒，饮罢董酒回味久。

我与董公醉春风，酒神诗神伴我走。

前面两个妙句，成了董酒在中央台的广告词，长期为观众传诵。

三、诗书合展

你的书法艺术在当代书坛渐有名气，审美价值亦日益凸显，而且你的书法艺术也有自己独特的风格，就是你的书法只书写自己的诗歌。由是形成你的书法特点：书法的内蕴是你对世界人生的激情吟咏，书法则是诗作内蕴的外在表现，诗书如此和谐，相得益彰，也更富书卷气。因此，你的书法受到群众欢迎，不少文化单位和部门请你去举办诗书展。

1998 年 6 月，在达州地区仙女洞民俗文化村，你与学兄，也是你的妻兄蒲新成教授举办了“乡土诗书画大联展”，观众逾万，盛况空前。

2000 年 12 月，你的故乡为你举办了“梁上泉乡土风诗书展”。

2002 年 1 月，你又在宣汉举行“巴蜀风——梁上泉自作诗词书法展”。

古人云：“书者，抒也。”即是说，书法艺术，乃真情的抒发也。古代留下来的书法精品，无一不是文辞与书法俱佳之作，是心灵与手书两者皆自由舒展、淋漓酣畅的情感凝铸。

杨川先生评价你的书法展说：“仿佛书坛吹来一阵清风，呼唤我们找回日渐式微的书法品格。”“从梁老的书法看，走的是大多文人崇尚的‘帖派’一路，显得雅致清丽，灵动蕴藉。然而许多作品又不乏北碑的大气厚重。”

《五十自寿》写出你决心将人生的秋天当作人生的春天，向着新的高峰冲刺，去登临云外高山的志向：

半暗半明五十年，秋花犹当春花看。
目标在眼应冲刺，方可登临云外山。

这首诗的书法则有何绍基之遗风，浩然大气，奔放不羁，同诗之内涵浑然一体。

《仙女洞》四条屏用笔湿燥自如，云烟满纸，神完气足，流动中又方圆兼备，气势磅礴而又不乏逶迤婉转之灵韵。

《乡趣》楷中融入魏碑笔法，亦庄亦谐，诗中的田园风光、乡土情调跃然纸上。

《金华月夜》采用颇有创意的章法，整幅作品呈现一种似圆非圆形式，同诗中的月光夜色圆融无间。

诗书展还展示了你的多副对联。不少对联文意深邃，书法亦典雅稳重，古朴质拙，意到笔到，寓情寄意，皆达极致。

杨川最后评价说："总之，梁老书法不在于点画的斤斤计较，不在于局部的过分纠缠，而是大处着眼，注重谋篇布局，直抒胸臆，营造意境，形成独特的'诗人书法'。既有军人气质，更具文人情怀。"

2001 年 11 月，你同江碧波等十位重庆艺术家，应日本鸣鸣吟社之邀，出席日本关西鸣鸣吟社第十八回汉诗展。你除了诗书展品还当场写了七绝两首，朗吟以贺：

乘风万里赴东瀛，片片白云片片情。
欲对素笺挥大笔，赋诗作画谢先生。

诗展已开十八回，珠玑满眼竞生辉。
唐风宋韵扶桑播，文字之交口有碑。

2006 年 11 月，你又应邀赴台湾地区进行诗书画艺术交流并环游宝岛。你们向台湾同胞展示了中国当代文人诗歌书法艺术的高度成就。你创作并书写的一幅中堂五律《海燕》，受到很多观众称赞。亲临展室参观的台湾著名文学家钟鼎文先生还约你到这幅诗书合一的作品前合影留念。《海燕》一诗写得气势雄浑，大气磅礴，读者看了，也会像我一样深有感触吧：

碧水过天风，浪涛势更雄。
狂奔三万里，连涌九千峰。
海燕当常事，铁翎如大鹏。
乘风敢破浪，从不叹途穷。

第十一章 歌剧影视创作

你于1957年底一再申请从军委北京公安军政治部文工团转业到重庆市歌舞剧团任编剧，此后就担起了歌剧创作重任。你在几十年时间里，写了十余部歌剧和影视作品，其中许多剧作在全国产生了很大的影响，成为重庆市歌舞剧团的扛鼎之作。因此，你不仅是全国著名的诗人，而且还是全国知名的剧作家。

一、《梁上泉剧作选》

2008年9月，重庆大学出版社出版你的《梁上泉剧作选》，收入歌剧四部，影视文学剧本三部。《梁上泉剧作选》是重庆市艺术创作中心为繁荣重庆艺术创作，而为重庆老艺术家所出的丛书中的一本。时任重庆市文化广播电视局局长在这套丛书总序中说：

当前，文化建设进入了新的战略机遇期。党的“十七大”从“四位一体”的战略高度出发，做出了推动社会主义文化大发展大繁荣、兴起文化建设新高潮的战略部署。市委、市政府明确了力争通过五年的努力，基本建成西部地区的文化高地、与长江上游经济中心相适应的文化中心、城乡统筹发展的文化强市的目标。艺术创作是文化大发展大繁荣的坚实基础，更是文化大发展大繁荣的重要标志。无论是建设文化高地、文化中心，还是文化强市，都必须把繁荣艺术创作作为龙头和基础工作，努力兴起新一轮艺术创作高潮，创作能够反映社会现实、把握时代脉搏、人民群众喜闻乐见的艺术精品，培养勇于开拓创新、有强烈责任心和使命感、一心一意为人民服务的艺术精英，形成文化氛围浓厚、文化硕果累累、文化英才辈出的生动局面。

我们把老艺术家们的成果汇编成册，其意义不仅在于留存这些艺术财富，更重要的是要传承他们的宝贵精神，用以激励我们在艺术的道路上探索奋进。

《梁上泉剧作选》包括歌剧《红云崖》《留得青山在》《大巴山游击队》，儿童音乐剧《狱中石榴花》，现代童话歌舞剧《熊猫咪咪》，音乐神话电影诗《神奇的绿宝石》，音乐风光故事片《媚态观音》等。

二、改编叙事长诗《红云崖》为歌剧

1957年11月，你一再申请从北京转业到时在重庆市的四川人民艺术剧院歌剧团，并任编剧。1958年3月该歌剧团改名重庆市歌舞剧团后，职务照旧。你还带来了在1956年在部队开始写的长篇叙事诗《红云崖》。同年夏中央实验歌剧院到重庆巡回演出，看到你那部原稿，即建议与市歌舞剧团合作改编为大型歌剧，以成为两院团各自的创作剧目。你转业来团本早有改编歌剧之想，一谈即成。在当时“大跃进”热潮中，双方便及时组织以你和倡朋（导演）、姜声涛、苏牧为编剧与舒铁民、曾繁柯、张正平为作曲的创作组，以长诗为基础讨论提纲，然后分场执笔、流水作业到连通剧词，统一曲谱风格，昼夜奋战二十余天即成《红云崖》歌剧的舞台本。舞台本出来后，院团都忙于其他剧目的城乡巡演，仍各自分别抽空隙继续修改加工排练，终于在京渝首演，使根据长诗集体改编的大型歌剧《红云崖》取得初步成功，而且还分别在广州成都等地演出。

1959年5月，长诗在《收获》杂志发表，7月由中国青年出版社出单行本后，你又奉命以这五稿多次重改的歌剧，于1963年夏在《剧本》月刊发表，还引起各地的京、川、汉、越、唐剧等戏曲剧种的移植演出。

综合你们前后几次改编的具体感受，是在这几个方面进行了有效的努力：

一是重新构思，砍掉枝蔓，使线索更单纯，剧情更紧凑，矛盾更尖锐，戏剧性更强。你们把原来长诗分上下两部改为一部，把长诗中刻写红色标语的内容作为背景，改为回忆和虚写，只保留长诗下部的内容，突出老石匠和群众为保护“赤化全川”红色标语所进行的尖锐曲折的斗争，把尖锐的矛盾在短短几十小时内表现出来。这就使剧情更加紧凑，情节更加浓缩，但表现的思想内容却并未减少，反映生活的深度和广度也并未降低。

二是改变一些情节细节。例如，关于叛徒饶小三的死，长诗中是写饶小三在许敬指使下，攀绳上崖威逼罗老松改字，而被罗老松举起开山斧斩断脚下绳使其永化尘埃。你在歌剧中改为：其母大青嫂在眼看饶小三枪杀冬花之后，在愤怒中亲手砍杀叛徒儿子。这一改，不仅更加突出了叛徒给革命事业带来的危害，而且强化了大青嫂大义灭亲的思想光辉。

三是加强浓郁的抒情色彩。雨果曾经说过，戏剧应该向观众展示出两个意境，同时照亮人物的外部和内心，即通过言行表现他们的外部形貌，通过旁白和独白刻画内在心理。在歌剧《红云崖》的改编中，你既运用尖锐紧张的矛盾冲突展示人物的形象和性格，又运用大段大段的独唱，绘声绘色地展示人物内心活动，从而把生活的戏和内心的戏艺术生动地交织在同一场景中。如第五场，在罗老松将“赤化全川”改刻为“赤化全国”之后，被团总许敬开枪打伤，但他坚持继续改染并最后手醮鲜血染红“国”字中间一点，你运用了群众合唱与罗老松独唱的编排，将人物的形象和性格，与人物内心活动，生动地交织在一起，既刻画了人物，又渲染了剧情，既把剧情推向了高潮，更把观众的情绪推向了高潮——

群　众　（在枪声中拥向台口，似要把罗老松接住）老松爷！
（合唱）老松爷啊，你稳稳站！
老松爷啊，你快快染！
巴山推不倒，
巴河斩不断。
红心永不变，
鲜血流不干。

鲜血要染红大巴山，

“赤化全国”当头现！

[合唱中纱幕后灯光渐亮。

[红云崖上,赫然显现出“赤化全国”四字,如巨大的石匾高悬。

[腰系绳索的罗老松，在枪声中继续改染，复又中弹，当其转过身来，胸部血流如注。

这一节通过群众合唱，表现外部环境和罗老松的外在形象；而下面一段，用罗老松的独唱，以展示他的内在情怀：

罗老松　（环视着家乡的山河）

（唱）高高的大巴山，

长长的大巴河，

山上的草木旺，

河里的血泪多。

青山常在水长流，

诉不尽的深情唱不完的歌。

我看见，红旗滚滚卷南北，

红缨闪闪动干戈，

点起千把火，

掀起万丈波，

横扫这个旧世界，

托出一个新中国！

[一声枪响，手中排笔应声落崖，便手蘸鲜血，向“国”字按染，露出一个手印，成为其间的一“点”。

[罗老松俨如一座雕像，在云霞中时隐时现。

［崖下群众，均成剪影，面对观众，凝望不动。

红花开不败，
鲜血来灌溉，
野火烧不尽，
春随雁归来！

而且，你的剧本歌词，经认真推敲，显得更加精练，能深入地表现人物的内心世界，更加富于感情色彩。比如，歌剧在描写罗老松假意答应敌人要去铲字后，语意双关地唱出了对亲人的嘱咐：

红生呵小红生，
眼睛睁一睁，
再给爷爷笑一笑，
再让爷爷亲一亲。
哦喂，哦喂，
我临走说的话，
你会听不会听？

山鹰呵小山鹰，
展翅驾红云，
飞出老窝飞进林，
去会山上大雁群。
哦喂，哦喂，
你领回百鸟来，
我走了也宽心。

你的歌词诗意浓郁，含蓄凝练，具有古典诗词的深厚意境和精美韵味。如冬花在楼上听见罗老松铣钢钻，担心爹爹真要去铲红军标语，焦急万分地唱：

楼下风箱呼呼吹。

楼上冬花心更凉。

楼下钢钻当当响。

楼上冬花痛断肠。……

老人家到底怎样想，

实在费思量。

再把那红军歌儿唱，

看他帮腔不帮腔。

这时，她唱出心里的歌，试探公公：

大雁展翅飞，

飞向千里外，

留得青山在，

年年红花开。

罗老松亦坚定地回应：

红花开不败，

鲜血来灌溉；

野火烧不尽，

春随雁归来！

二人的心在这歌声中呼应了，二人的心也沟通了！

歌剧《红云崖》以革命现实斗争为基础，运用革命浪漫主义的手法，以强烈的抒情色彩，围绕铲除和维护红色标语，展开了惊心动魄的生死搏斗，在尖锐激烈的戏剧冲突中，突出地塑造了罗老松、冬花、大青嫂的鲜明形象。该剧音乐以川北民歌《尖尖山》为基调，吸收川剧高腔和清音的一些特点，还借鉴了西洋歌剧的一些表现手法，显得比较新颖别致。此剧由中央实验歌剧院与重庆歌舞剧团分别在北京和重庆同时首演，受到热烈欢迎。

1963年，为了向新中国成立十五周年献礼，中央实验歌剧院与重庆歌舞团又同时加工复排此剧，并于1964年春组织作者、导演和演员共同深入川北老苏区体验生活，编剧由你和陆棨担任，仍以你为主执笔。该剧除序幕完整保留外，由九场压缩为六场，这样，剧本就更好地体现了题材事件单纯明晰，矛盾尖锐紧凑，时间、地点、人物高度集中，感情强烈奔放的特点。音乐也较1958年版更趋完整统一。1964年秋，中国歌剧舞剧院（即前中央实验歌剧院）于国庆前排出此剧，准备送审。第一天，文化部部长及老红军将领张爱萍、王维舟审查后给予了肯定，决定作为首都国庆献礼剧目之一，谁知第二天晚上，中宣部领导人审查后，却以“不可信，改也难”而搁置起来了！

很快，“文化大革命”开始了。此剧即被当作“为张国焘错误路线树碑立传”的大毒草受到批判。你为此而被捕入狱！

“文化大革命”后，你同舒铁民、曾繁柯合作于1979年再赴川北体验生活，改出《红云崖》文学剧本第十三稿，音乐本第三稿，并于国庆期间，在重庆、成都公演。此稿进一步将情节浓缩为一个晚上，把“护字”“审松”“五更”合为两幕，增加大青嫂大义灭亲和冬花托子一幕。你更加准确地挖掘出主要人物的内心世界，加强感情的浓度和强度，使歌词更加感人，音乐也更加完整，调式调性更加丰富，紧扣戏剧冲突的发展，给人更加强烈的感染力。

该剧演出后，获重庆市1979年专业剧团文艺会演创作奖和演出奖。

1984年，长诗《红云崖》在中华人民共和国成立三十五周年之际，再次由中国青年出版社出版。这时离第一次出版，已有二十五年。

三、《红云崖》改编为电视歌剧

1987年，你同舒铁民、曾繁柯再度合作，将《红云崖》舞台剧改编为同名电视歌剧片（上下集），由重庆歌剧院协助四川电视台和达县地区联合录制。这是我国第一部电视歌剧艺术片，曾在四川、西藏等省市（区）电视台播放。

《红云崖》电视歌剧的拍摄和录制工作，受到了北京有关方面的高度重视。老将军张爱萍、魏传统及中宣部副部长贺敬之同志还专门接待了你们，给了你们巨大的鼓舞和热情的指导。

1987年1月6日下午2时左右，你妻子蒲心玉及重庆歌剧院王成德、段振中在北京请见了川北老红军、原解放军艺术学院院长魏传统同志，向他汇报了重庆歌剧院与四川电视台、中共达县地委三方联合录制革命历史歌剧电视片《红云崖》筹备录制的有关情况。在这之前，1983年和1984年，你们重庆歌舞剧团两次到京演出歌舞剧《火把节》时，魏老两次提出要把他曾题过书名的舞台歌剧《红云崖》搞出来。

这次，魏老在病榻上仔细听取了他们的汇报。魏老说："首先，听到你们三方联合搞这个戏，我很高兴，渴望已久的这个戏，你们开始搞了，是件好事情。我刚从外地走访回京，生病了，十来天未接待客人，你们例外。"

魏老又说："《红云崖》搞出来有很大的教育意义，革命传统教育是必要的；搞一部歌剧片不简单，匆匆忙忙不容易搞好，花的功夫要大一点，歌剧片，花费也较大，回头我跟达县地委商量一下，请多支持。总之，要搞就要搞好！现在有许多电视片，质量不高，没人看。这个戏一定要搞好。"他还叮嘱说："《红云崖》的曲调一定要有川北风格，要民族化，流畅上口。"

1987年1月10日晚8时至9时，张爱萍同志在北京的寓所接见了蒲心玉。陪同的有张爱萍的夫人和参谋。由于张爱萍公事甚忙，傍晚才回到家里，当他得知蒲心玉等待已久，忙要夫人通知厨房给她专门做晚饭。蒲心玉即向他汇报了来意：一是来看望他这位川北的家乡人；二是请他为即将摄制的电视歌剧片《红云崖》题写片名。蒲心玉汇报说：这部歌剧片分上下两集，由四川电视台、重庆市歌剧团和达县地区联合录制，他们都很支持此事。

张爱萍很热情地询问了这部歌剧的演出情况。当蒲心玉汇报剧情时，张爱萍回忆起他和王维舟同志1964年曾审查过此剧，他们都充分肯定过这个戏，也提过一些具体意见，就插话说：是写一位老石匠把"赤化全川"改为"赤化全国"的故事，并表示他很乐意为该片题写片名。张爱萍还问蒲心玉几时离京，如赶不及写好，就写好以后再寄来。回渝不久，你们就收到张爱萍题写的剧名的挂号信。

1987年5月19日晚，你送电视歌剧文学剧本《红云崖》（上下集）给中宣部副部长贺敬之同志。他在家里接谈了近一小时。当你汇报到这部在1958年首演的歌剧至今快三十年，前后修改了十多遍，一开始就得到他和许多领导同志的热情支持，现在将由四川电视台、中共达县地委联合录制，并由原先演出这个戏的重庆市歌剧团大力协助拍摄，张爱萍同志还题写了片名时，敬之同志说，他很高兴，这几个单位今天能把这部基础很好的歌剧搬上屏幕，很不容易。说实话，他对这个戏是有感情的。从剧本到演出，他都仔细看过、谈过，出版的舞台剧本也看到了。你谈到川台在资金有限的情况下还把这部电视歌剧片作为重点片加以支持，达县地区也正在设法解决，他们这样热心于歌剧事业，他相信会搞起来的，也希望能早日投拍。当你谈到在北京请演员演唱时，他们都表示愿为歌剧尽力，不计报酬高低，有的还表示要认真作准备，录出小样，认为可以，再正式录音。敬之同志听了后说，代他向这些同志表示敬意和感谢。当他了解到其他有关情况后说，这个戏题材好，也合乎时宜需要，又是第一部电视歌剧片，拍出来是很有意义的。盼各方能通力合作，把它搞好。你告别时，他一再表示：拍出来我一定要看的。祝成功！

这部全国首部电视歌剧由四川电视台录制，终于在全国一些电视台播出。

2001年，为庆祝中国共产党建党八十周年，重庆人民广播电台将《红云崖》改编录制成广播歌剧，易名《巴山杜鹃红》，在重庆等广播电台播出。

为了写好《红云崖》，从长篇叙事诗到歌剧到电视歌剧，时间竟持续了三十多年之久。其间，你付出了多少甘苦，多少艰辛，多少心血；其间，又有多少难忘的故事和深重的感慨呵！

尽管走过了那么多坎坷曲折的道路，甚至还受到打击、迫害、诬陷，甚至被投进监狱，但是，你却从不灰心，从不泄气，甚至从不埋怨！你总是兢兢业业，勤勤恳恳，任劳任怨，埋头苦干！你反反复复地修改，不厌其烦地修改！你在长诗《红云崖》“再版后记”中是那样冷静地说：

写这部长诗时，我还是二十来岁的青年，如今人到中年，自然感慨颇多，其主要的还是勉励自己：要保持旺盛的创作精力，面对严峻的过去和多彩的现实，为祖国、为人民的美好未来而讴歌！

是的，这就是你——梁上泉先生！不管经历了多少坎坷曲折，始终不计较，不埋怨，不气馁，永远保持着对文学的挚爱，始终保持着旺盛的创作活力，呕心沥血，精心创作，殚精竭虑，反复修改，不断为人民奉献艺术精品！这是值得我们好好学习的！

四、歌剧《大巴山游击队》

你与李鸿文合作的八场歌剧《大巴山游击队》，是以 1935 年春红军撤出川陕苏区时掩护主力强渡嘉陵江受伤的赵宏恩营长和战士组建的游击队在家乡艰苦斗争的史实为素材而创作的。这部歌剧在紧张的时代氛围中展开了尖锐复杂的戏剧冲突，表现了大巴山游击队在老苏区坚持斗争的英勇业绩，并塑造了游击队长赵宏恩，鲜草堂草药师林老泉，林老泉之女雪妹，游击战士、猎人黑虎及其母亲洪大妈等革命者的动人形象。如洪大妈这个普通农妇，虽然着墨不多，却性格鲜明。她用丈夫牺牲时以鲜血染红的血衣缝制游击队队旗这一行动，显示了她一往无前的反抗精神；她为了治好赵队长的枪伤，准备了效果极好但又含有剧毒的草药“搜山虎”来为他包扎伤口时，敌人突然来袭，她忙把队长等人藏入暗室，但草药“搜山虎”还来不及掩藏，被狡猾的吴善堂认出似乎是治疗枪伤的草药，逼她交出窝藏的游击队员，为掩护战友，她不得不把含有剧毒的草药说成是野菜，当着敌人之面一撮撮吃进口中，骗走了敌人，掩护了躲藏的游击队长。在吞咽毒药时，她悲愤地唱道：

手拿搜山虎，

心中暗徘徊，

仇人逼得紧又紧，

不能让游击队遭伤害。

一口毒药吞下去，

一支人马往山上开。

一口毒药吞下去，

一杆红旗就竖起来。

为亲人拼着一死也畅快，

待看巴山红花年年开！

敌人被骗走了，赵宏恩队长等获救出来，洪大妈才强忍着死前的剧痛一件件向赵队长交代：“老赵，这是药；虎儿也交给你了！”最后她从怀里取出藏着的红旗交给孩子们：

（唱）红旗就是穷人的心，
红旗就是穷人的命，
把这旗子交给你们，
要把它插上摩天岭。

赵宏恩　大妈！……（一膝跪地）妈！

（洪大妈含笑长逝。）

众　人　妈呀，妈！娘呀，娘！

（唱）游击队的妈呵游击队的娘，
醒一醒啊望一望，
为什么走得这样忙？
精神比巴山高，
深情比巴河长，

娘呀，妈，妈呀，娘，

革命的心思我们永不忘！

这一场，在紧张的剧情和尖锐的戏剧冲突中，刻画了洪大妈用生命保护红军战士的赤胆忠心和从容就义的牺牲精神，可谓感天动地、撼人心扉！

五、音乐神话电影诗《神奇的绿宝石》

你和宋清涛合作，写了音乐神话电影诗《神奇的绿宝石》。你们多次讨论了剧本结构，再由你写出诗的对白和歌词。

20世纪80年代初，九寨沟还是深藏在深山野岭间的一块未经雕琢的璞玉，一片未开垦的处女地。险恶的地形地貌，崎岖的山径小道，使不少人望而却步。但是，为了写好这个剧，为了向世界宣传这片未经开发的处女地，你硬是凭着对文学事业的无比挚爱，凭着对祖国锦山秀水的深情向往，凭着对新鲜事物的执着追求，冒着山体滑坡和泥石流的风险，冒着车毁人亡的风险，去了九寨沟。也许是你的真情感动了上天，你不但没有遇到灾祸，反而还获得了大自然丰厚的馈赠！仙境般的九寨沟，赐给了你激情澎湃的灵感！你在丰富的想象和幻想之中，写出了这部音乐神话电影诗。电影诗由著名音乐家施光南谱曲，由峨眉电影制片厂拍摄。

在优美的乐曲声中，如诗如画的九寨沟风光展现在眼前：湛蓝的天空，银白的雪峰，墨绿的森林，各色的山花……全都倒映在绿宝石般的大小海子里。在这些优美的镜头中，出现了画外朗诵声：

巴山蜀水，
闪耀着神奇的色彩。
九寨沟呵，
宛如一个童话世界！
这迷人的风光，

到底是怎样得来？

古老的神话，

将把我们引向那遥远的年代……

画面展开：在遥远的古代，这里黄风呼啸，灰沙弥漫，山岭荒芜，山谷干涸。就是在这苦难的岁月中，年轻壮实的达戈小伙同色姆姑娘相爱了。他们不堪忍受这贫困的生活，一起跪地恳请扎伊扎嘎山神给他们指一条生路，怎么能让家乡山清水秀？大山发出洪钟般的声音，叫他们在白马帮助下，到黄龙山去，找到那造林造海的绿宝石。达戈要去黄龙，他母亲在送别时对他讲，九寨沟原是宝地，是龙山王把它毁成一片荒凉，有一年，十八位姑娘结伴到黄龙山去觅取绿宝石，结果被龙山王变成了十八个石人石像。色姆也把脖子上的珊瑚项珠取下挂在达戈脖颈上，并要把每天思念他的泪水装在坛子里。

达戈骑着白马奔驰，在白马帮助下，他战胜了旅途上的毒日、狂涛、老雕和猛虎以及冰雪和激流，到了龙山王的爱女——雪宝公主的房间。他向雪宝姑娘讨要造林造海的绿宝石，“好给我荒旱的家乡，换上绿色的新装！”但是，雪宝姑娘说：“你要的绿宝石是父王的命根，它深藏龙洞我怎能自作主张？请快快换上衣裳，我陪你去觐见父王！”龙山王要达戈先歇息歇息，看看他这块宝地，三天以后再从长计议。雪宝带着达戈，巡视龙山王的宝地，一路上，她热情地微笑，将花环套在达戈脖子上。小多吉拉着达戈，说：“阿哥你真傻，还不如我这个小娃娃，公主明明是爱上了你，你怎么笨得像个大蛤蟆？！”但达戈不为所动，到了五彩梯湖，他面对着十八座石像，顷刻间，见她们又化为了十八个活生生的姑娘，在云雾间向达戈唱起了《望乡曲》。达戈激动不已，将雪宝赠挂在他胸前的花环，抛送给勇敢献身的姑娘们。姑娘们接过花环，跳着跳着便消失在云雾之中……达戈信心倍增，不由得放声唱起《绿宝石之歌》：

吃过母亲的奶，常依母亲怀，

喝过家乡的水，总把家乡爱。

要做忠诚的勇士，
就要能战胜一切灾害，
哎……
神奇的绿宝石呵，
才会变成绿色的群海。

冲不过险关，春天不会来，
顶不住风雪，花儿不会开，
要做坚强的勇士，
就要能战胜一切障碍，
哎……
神奇的绿宝石呵，
才会变成绿色的林海。

达戈急切地："公主啊！快给我绿宝石，我要把这林海和群海，搬到九寨沟去！"但雪宝说："不用焦，不用急，明天听了父王的三个条件，一切都会称心如意！"

第二天，龙山王坐在龙椅上，两旁侍卫手执刀、枪、剑、戟，达戈恭立一旁，静听龙山王提出的条件："第一桩，赛马射箭之中，必须马蹄悬空，支支中靶，箭箭中红。第二桩，比斗野牛之中，必须牛头鞠躬，前蹄下跪，后腿不动。"

达戈这两条都赢了，但龙山王却要为他举行祝贺的酒宴，到时再谈第三个条件。金碧辉煌的宴会厅里，金杯银盏，佳肴美味，俏丽舞女，翩翩起舞。雪宝更盛妆起舞，向达戈表达爱意，被达戈婉谢。达戈要龙山王快提出第三个条件，他好及早赶回乡去。但龙王告诉他："我的女儿，她已爱上了你。如果你不嫌弃，就做公主的东床驸马，我的乘龙快婿！"达戈一听，急忙声言："不，不！婚姻大事我不敢受理，我是来求绿宝石的。"龙山王被其拒绝，恼羞成怒："哼！年轻人。你不要不识抬举！如果你胆敢抗拒我的旨意，不但绿宝石难以得到，你也休想回去！”龙山王见达戈不服，就叫雪宝用遗忘酒迷住达戈的魂，使他忘掉绿宝石，忘掉过去的一切。果然，遗忘酒迷住了达戈的魂！达戈从此忘掉了色姆，忘掉了阿妈，忘掉了九寨沟的乡亲，“沉浸在雪宝的柔情蜜意里，沉醉在梯湖密林中。”

他俩在荷花池畔观赏鸳鸯戏水……

他俩在御花园里荡着秋千……

他俩在草坡上捕猎野兔……

他俩在红柳林戏捉迷藏……

他俩在梯湖边并肩望月……

而九寨沟的色姆，独坐窗口，眼望山月，捧着“泪坛”在流泪。小多吉让白马回九寨沟，把色姆接到黄龙来。色姆向扎伊扎嘎山神呼救，她眼前又现出了扎伊扎嘎山神的慈祥面孔。扎伊扎嘎山神用浑厚的声音向色姆说道：“善良的色姆！不用悲伤，你心爱的达戈，已成了迷途的羔羊。快骑上你的宝马，把你盛眼泪的泪坛带上，只有情人真诚的泪水，才能解除那迷魂的魔障！去吧，我的孩子！……”白马嘶叫了一声，扬起了前蹄，真像长了翅膀一样，腾云驾雾，划动着四肢，向前飞去……就在龙山王为女儿雪宝与达戈举行的婚礼上，新郎新娘喝圣酒，多吉趁着司仪官将羊角杯交与这一对新人之时，迅速地从怀中取出泪坛，换下酒坛，然后故作镇静地在一旁守候。达戈饮了第一杯，似乎感到有种咸津津的苦味，眨巴着双眼。回味着，回味着……耳边隐隐约约传来色姆《切莫忘》的歌声。达戈饮了第二杯，打了个寒噤，久久地凝视着新娘。新娘的面孔在变换，色姆的歌声在继续。达戈饮了第三杯，已逐渐清醒，脑海里回旋着自己《不会忘》的歌声：“不会忘，不会忘，不会忘我心上的姑娘！”在歌声中，出现他与色姆分别上路时互赠项珠戒指的情景，他像着了魔似的，甩掉羊角杯，一把夺下雪宝的项珠，“你不是色姆，不是色姆，你还我项珠，还我项珠！”他在人群中寻找色姆，色姆两眼饱含泪花，叫道：“达戈！”这一对情人，在大庭广众之中，紧紧拥抱在一起！龙山王气疯了狂叫："抓住这两个魔鬼！打入水牢！"在水牢里，戴着脚镣手铐的达戈和色姆互相鼓励着："活着，永远是地上的连根树。死了，要化着天上的双飞鸟。死在一起！……活在一道！"而雪宝却向池边的小径走去，内心激烈地斗争着：她想着："啊！十八位好姐妹哟，都惨死在我父王手里，难道我还要做个帮凶，继续加害前来取宝的儿女？雪宝呵！把嫉妒的烈火快快扑灭吧，去帮助他们多年没能完成的事业，去成全那对真诚相恋的未来夫妻！"于是她冒着风险，到水牢打开了达戈和色姆的锁链，并潜入她父王龙山王卧室，偷出了金钥匙，同达戈一起去盗来了绿宝石。雪宝送达戈和色姆回家乡。侍卫官向龙山王报告达戈和色姆偷去了绿宝石，龙王派马队追赶，抓回色姆，并把她同不肯去追回绿宝石的雪宝关进溶洞。达戈回到九寨沟，把宝袋中的宝石倒出来，让大地出现了迷人的一百零八个海子和苍翠的森林，变成了迷人的童话世界。雪宝和色姆逃出龙山王魔掌，与达戈欣赏着迷人的九寨新风光。龙山王在天空中出现了，他张口喷出烈火，使森林燃烧起来；他又张开大嘴吸气，部分海子竟被他吸干。达戈和色姆率众人扑火，火却越来越大，最后，为了阻止龙山王的罪恶，达戈、色姆、雪宝分别吞食了一颗绿宝石，变成了三座山峰——达戈山、色姆山、雪宝顶，挡住了烈火，而龙山王也在霹雳中化成了一座光秃秃的险山——魔鬼岩。

九寨沟的群众在扎伊扎嘎山神的鼓励下，通过艰苦的劳动，让海子复原了！森林复苏了！重新展现出迷人的风光！

这部音乐神话电影诗以迷人的爱情故事，精彩的神话传说，紧张激烈的矛盾冲突，塑造了达戈、色姆、雪宝的美好形象，展现了善与恶、正义与邪恶的斗争，表现了真诚爱情的伟大力量，歌颂了为大自然、为人类美好生活而英勇奋斗的高尚情操，是一部具有开创意义的优秀剧作。

你在剧本中撰写了十首歌词，由著名作曲家施光南谱曲，组成了《绿宝石叙事套曲》，在全国发行。

六、音乐风光电视剧《媚态观音》

你还写了现代神话电视剧《媚态观音》。

早年，妻随重庆市歌舞剧团到大足演出，特意去看了北山佛湾，观音之多，难以尽数。有日月观音、星月观音、水月观音、滴水观音、白衣观音、袖袍观音、燕袍观音、如意观音、玉印观音、净瓶观音、千手观音等，有的庄严、有的慈祥、有的静穆、有的温娴，有的盘坐莲台、有的跷腿斜踞，真是情态各异，看不胜看。作为演员，自有新的视点，新的感受。蒲心玉当即鼓动你写一部反映大足石刻的电视剧。熊猫儿童艺术剧团成立后，你就准备动笔。你与白路平讨论提纲时，觉得大足石刻遍布全县各地，多达十余处，总数达万躯，要全部看了再写，难以下笔。你们参阅了大足作家陈先学搜集、整理的大足石刻传说中的媚态观音传说，决定以传说和造像作基础，借媚态观音的故事，演绎一部爱情故事。这样写来，编剧进行得还算比较顺利。可是筹集经费就困难了，你和妻子为此付出的艰辛，不亚于苦行化缘。最后还靠万盛一位农民企业家，他原来是民歌作者，因读过你的诗，看过蒲心玉的戏，愿出资与重庆电视台合作。剧组在大足现场和江津四面山，冒着酷暑热浪，终于在 1992 年将《媚态观音》录制完成，并在中央电视台播出。演海棠姑娘的主角经多方寻觅，终在重庆艺术学校找到了蒋勤勤，她年轻端丽，虽是初上荧屏，却演得非常到位，引起影视界的重视，后受邀在好几部影视片中任重要角色。

序幕中，你一开始就以画外音点出重庆大足石刻："中国多石窟，盛名天下闻。大同有云岗，洛阳有龙门，大足石刻美，传说到如今。"

然后才接写在多宝塔的龙岗山，正在发掘埋在地下的石刻雕像——媚态观音。观音像虽已掩埋七八百年，却依然容貌如新，光彩照人。

上集写丁公子路见海棠姑娘漂亮，带家丁强抢。石匠伏小俊打败公子家丁，救出海棠姐妹。海棠与伏小俊在河里的一排跳磴上相遇，海棠害羞心慌，掉入河中，伏小俊将其救起，海棠赠伏小俊海棠花罗帕，伏小俊回赠按海棠模样雕刻的石雕像。

海棠家，丁府的媒婆和伏小俊请的老石匠同时向海棠求婚，海棠毫不犹豫地选择了伏小俊。

下集写海棠与伏小俊新婚不久，丁公子当了龙岗山佛事道场大总管，立即带着家丁到海棠家抢海棠姑娘未果；又跑到四面山抓伏小俊去龙岗山支差——修建佛事道场。伏小俊在佛湾道场思念海棠，欲潜逃回家，被公差逮住，挨一顿毒打，并被戴上脚链。海棠做噩梦，见丈夫浑身伤周身血，决定上龙岗山寻夫。伏小俊戴着脚链开山打石，被垮塌的山岩掩埋，石匠前去抢救。海棠赶到，冲向石岩，只见岩石一角伸出染血的手，手里紧握着她送给他的海棠花罗帕！在画外《血染海棠花》的配唱声中，她眼前闪现出伏小俊把罗帕盖在她头上的情景……在画外歌声中，她捧着染血的罗帕泪如雨下，痛不欲生！她在雷鸣电闪中，呼喊着向岩壁撞去！

一声霹雳，压在伏小俊身上的巨石顿然炸开，伏小俊缓缓苏醒过来，绣花的罗帕飞上云天。伏小俊望见夜空中化身观音菩萨的海棠姑娘正站在云端向他频频招手。这时，男声独唱《血染海棠花》响起来：

苦命的海棠女，
不谢的海棠花！
花有清香人有魂，
香魂附身心上画。
刻呀，刻呀，
善良人就应该得善报，
容颜放光华，
啊！……
但愿天长地久，
一同望云霞！

歌声中，伏小俊在崖上凿打着石坯，咬紧牙关，奋力苦干。

歌声中，伏小俊开凿不停。终于，新的石窟落成。龛上出现了栩栩如生的数珠手观音像。丁总管赶来斥责伏小俊私刻妖媚女子海棠石像,亵渎神灵,要砸烂石像,抓捕伏小俊,石匠们纷纷围护石像和伏小俊。学过武术的海棠妹妹玉兰冲来，将丁总管一剑刺死，扬长而去。

老石匠等担心官府不会善罢甘休，将形如海棠的数珠手观音与伏小俊掩埋在一起。这时，主题歌《东方美女神》唱起来：

西方有维纳斯女神，
东方有媚态观音，
一双数珠的手，
一颗多情的心。
说是人她头有灵光，
说是神又可爱可亲。
只要看她一眼，
就会迷恋终身。
啊！媚态观音，
——美女神！
嗯！美女神，
——媚态观音！

最后是画外音：

不知媚态观音，
是否地下有灵?
杰作掩埋千载，
终于重见光明。
多少新的神话，
正在不断诞生！

《媚态观音》不仅通过生动的民间故事，在荧屏上塑造了清丽、善良的观音形象和正直坚毅的青年石匠的形象，而且运用现代科技，宣传了巴渝民间文化及大足石刻艺术和四面山风光。所以，观《媚态观音》一剧，不但是对艺术作品的欣赏，更是一次赏心悦目的文化旅游。

纵观你的《梁上泉剧作选》，内容上是很丰富的，从革命历史题材到生态保护到神话传说。艺术体裁上也是很丰富、很富于创新性的，许多品种都是第一：第一部电视歌剧；第一部写熊猫的现代童话歌舞剧；第一部大足石刻诗化风光故事片。从歌剧到电视剧，从音乐风光故事片现代童话歌舞剧到儿童音乐剧，你都写出了优秀的作品，为中国电视剧和歌剧艺术、音乐故事片的发展做出了独特的贡献。

第十二章 散文与散文诗

一、散文诗集《献给母亲的石竹花》

1994年，成都出版社出版了你的散文诗集《献给母亲的石竹花》，收入散文诗八十八章，分《黄河母亲》《花的长廊》《谁是野人》《泪的琥珀》四辑。这些散文诗是你从一百二十多首散文诗创作中挑选出来的，是你“突破诗的约束”的成功之作。

这是你在半个多世纪的诗歌创作中，经历的又一次转变和突破：第一次是从古体诗到新体诗的突破，那是1953年前后，你由少年时代写作古体诗到写新体诗；这次则是开始写作散文诗，表现了新的文体意识。你采用这一介乎诗与散文之间的文体，来求得对生活中的自由而随意的情绪和感觉的散文式表达。你的创作实践，增添了散文诗的内涵，提供了一个散文诗文体模式。

当代著名散文诗诗人柯蓝说：

> 比起一般散文来，散文诗的取材，无论是寓意，或是抒情，或者写景，恐怕要严格些。它要求我们从一些细小的动人的生活场景中，提炼出一种诗的意境。

散文诗理想的美学效果是达到诗的表现与散文式的再现的统一，亦即诗的韵味与散文式的语言的结合。你从《公主柳》所引起的汉藏情意的联想，你从《琥珀》所引发的对友谊、对人生痛定思痛的深切感受，都是有着浓郁意象的散文化抒写。你的《鸟魂》写澳大利亚一位女禽类学家罗宾，她爱青海湖的鸟岛，她去世后，人们尊重她的遗愿，把她葬在了青海湖的鸟岛旁：

不要惧怕我，我是鸟之魂。

我名叫罗宾，澳大利亚人。

我远涉重洋，来到青海湖，来到鸟岛。

我不幸死在这陌生的异域。

但我仍然能以鸟为友，以鸟为伍，以鸟为书。

仍然能探究鸟的生活，鸟的习性，鸟的秘密。

仍然能观察鸟的恋情，鸟的孵蛋，鸟的育儿。

仍然能谛听鸟的呼唤，鸟的飞鸣，鸟的合唱。

仍然能随鸟而栖，伴鸟而眠，同鸟而梦。

我一生都在和鸟打交道，感到自己也长上了嘴喙，长上了翅膀，长上了羽毛。

不要以为我真的死了，我的灵魂已随鸟儿高翔碧空，升上天界，我应该是最容易见到上帝的子民。

如果有谁到我的墓前，不要哀悼我的不幸，不要悲叹我的孤独，不要怜悯我的寂寞，不要！只要在查数鸟群时，把我当作它们中的一只，一只斑头雁，一只黑颈鹤，一只鱼鸥，一只天鹅，或任何一只鸟儿就足以自慰了。我有幸埋在这鸟的王国！

1988年8～9月　鸟岛－重庆

这首散文诗写得深刻而又深邃，那样撼人心魄！你是那样聪明地抓住了禽学家的神魂，抓住了她人生最大的追求和爱恋，最高的诗意和诗境，从而舍弃了一切具体的生活内容和人生细节，用五个“仍然”散文化的排比和重叠，突出地表现了禽学家以鸟为生命的博大情怀和敬业精神。

《那一棵棕树》通过一棵平凡而高挑的棕树，寄予了你诚挚的友情和无尽的情思，并提炼出浓浓的诗意：

那一棵棕树，那一棵南方山间的棕树，高挑的身影总潜入我的瞳仁里。

其实，它很普通，仅是千万棵中的一棵。

它很青翠，只是绿海中的一滴。

我从它身边走过，正遇风雨齐来，曾在它的伞盖下躲避多时。雨点打着棕叶，像骤密的琴声，激发着我无尽的情思。

山风吹着棕叶，像热情的低语，向我讲述着山里的故事。

雨停风住，我离它而去，远了远了，还频频回首，望着它挺直的身躯。

别来已久，它又添了一道道年轮，轮印里可曾记下我的思念和情谊？

你的一些散文诗，还注意从生活现象中去提炼其中所蕴含的寓意和哲理。《间歇泉》，一个少见的自然现象，多少人见过，也就一晃即过。可是，你却没有放过它，而是久久地思索着它。终于，你豁然有解，恍然大悟！你突然间从中发掘出人生的感悟、生活的哲理："短暂的间歇，必要的储存，正是为了长久的喷发，舒畅的奔腾。"这是你思索的成果，是你智慧的结晶：

我们想到的泉，看到的泉，总是长流不断。

不断长流，似乎就是泉的概念。

可你知道吗，世间还有一种水的精灵——间歇泉？

它时有时无，时涌时停。

面对这种奇观，我暗自领悟：短暂的间歇，必要的储存，正是为了长久的喷发，舒畅的奔腾。

多少人看过冰雕，看过冰雕的美人，可是，有几个人认真地去思考、探索？可你却别出心裁地去探究、凝神、遐想，而且迁想得妙，神思飞腾——你从冰美人的美在透明，想到了人也应该真诚，人也透明，心也透明。于是，你的《冰美人》写得多好，多真诚，多有思想：

你是冰雕的美人，有美的仪态，美的造型。

过客停步，一望凝神。

万人注目，一见倾心。

我不解：一块寒冰为什么能点燃不灭的热情？

莫不是：你毫无虚饰，只有真诚，人透明，心也透明！

这使我想起有一次我们到三峡采风，船行中，乘客有的打牌，有的聊天。我们却爱在船舷上凝望着江上风帆和四面青山，有朋友来劝你去打牌，凑个角儿，你却婉言谢绝。你对我说：“我们必须抓紧时间多多观察，好好思考，勤奋写作。”《冰美人》不就是你“多多观察，好好思考，勤奋写作”的成果吗？

二、文集《梦之花》

1999年9月，你在作家出版社出版文集《梦之花》，收文一百一十篇。

我在本书自序中说过，你终生痴迷于诗，很少写文章。这部《梦之花》是你在68岁时出版的第一部、也是你唯一一部文集。它从文体上可以分为两类：一类是散文，收入你的童年的回忆《童年的梦》及有关生活与创作的零散回忆和一些书信；另一类是评论，主要是二十多篇序言和几篇诗的评论。从内容上，则可以分为以下四类：

第一，童年的梦：生活与创作的回忆。这中间主要是《童年的梦》和关于几部作品的创作回忆。如你写祖父教你捕鸟捉虫、打猎钓鱼的情节，非常精彩；你讲述恩师李冰如对你的引导和关怀，也十分生动。

第二，不解之缘：收集了二十余篇游记性的散文。《三游九寨沟》《魂游丽江古城》《从香溪到神农架》等写了你对九寨沟、丽江古城及香溪和神农架的游历经过及感受。这些文章写得生动活泼，有文采，是很好的游记。一些作品记载了你游历中的瞬时见闻和感受，有的还富于哲理。如《平淡与珍奇》，写你在北疆天山深处的一座军营中采访时发现一群家鹅中有两只是被指战员饲养温顺了的野天鹅，你由此想到："有时在特定条件下，珍奇会融于平淡，平淡却难掩珍奇。"可是，当地人却对这珍禽就像内地人看惯了家鹅一样，没有半点惊羡。这又使你感到："有时在特定环境里，珍奇会变为平淡，平淡会更为珍奇。"最后，你从天鹅、家鹅和那头上的一点"红"色，受到启示：作为反映生活独特的美，独特的诗意，独特的情感，不仅要善于拨开那平淡的叶，更要善于采摘那珍奇的花。

第三，诗的自白：你写诗、读诗的心得、体会及通信。如《处女作的诞生》《写在脚印上的诗行》《写在歌剧〈红云崖〉重演之际》等文章，既写了《喧腾的高原》《云南的云》《红云崖》的创作经过，突出了你是如何深入生活，又如何从生活中发现和提炼出诗意，对广大的青年作家有很强的启示意义。

第四，扶持诗坛新秀，为中青年诗人写评论、写序言。作为中国知名诗人，特别是巴蜀地区著名诗人，你关心文坛，尊重文坛前辈，更满腔热情地扶持诗坛新秀。重庆和达州都是诗坛重镇，年轻诗人很多，他们都很尊重你，希望得到你的指导和帮助。你也热情地同他们交流，参加他们的交流会，给他们做报告、讲心得、谈体会，同他们交流自己的创作经验。你还为中青年诗人写了不少评论和序言。你在这些序言中，总是热忱地肯定青年诗人的成绩、优点、进步，亲切地同他们交流自己的创作体会和经验，也委婉地指出他们的不足，引导他们更上层楼。

你的较早的一篇诗评是《谈虹影的一组诗》，那是在1987年，虹影还是一个没有一点知名度的业余作者。可是，当她拿着《绿苹果》组诗来向你请教的时候，你却为她写出了最早的评论：

虹影，是近几年才开始正式发表诗歌的女作者，年岁不大，诗龄不短，因她很早就挥笔写诗了，那一本又一本的诗稿上，留下了她从童年时代走向青年时代的心迹和足印。

正如《绿苹果》一诗所表露的那样，"内心的灼热""长久的渴求"，使它"悄然离开枝头""竟忘记了还有苦涩"。苦涩的苹果虽不成熟，但毕竟是果实，终会变得甘甜的，从这几首诗里，不是已散发出淡淡的清香了吗？且听她的《自白》：

我不是男人
但也像树子一样坚韧

我瞧不起软弱
但也像流水一样柔顺

这也许能听见她走向成熟的足音了吧！看这位性格独具的女子，她在大声地呼唤理解，寻求心的靠近；至于《让我们再回到童年》和《好梦》两首，写得更是活泼、单纯、甜美，节奏明快，韵味深长，是好诗，也是好词，哪位作曲家如有相同的看法，不妨一试。这里单抄后者一读便知：

这样的好梦做过一次
就永远难忘
像一朵小花
悄悄地开放

时光的逝去
逝去的时光
仍然甜蜜地想
如果你愿意
就把我当做好梦一样

再回到第一节结束。虽然诗结束了，但诗的余韵犹存。

妙在诗人结尾还说：就把我当作你的好梦吧！言外之意想必是：如果知心知音，也许会好梦成真的。

虹影，1962年生于重庆，现在已成为享誉文坛的著名小说家、诗人，中国女性主义文学的代表作家之一，已出版诗集《鱼……》《沉静的老虎》，长篇小说《上海王》《饥饿的女儿》《K》《孔雀的叫喊》等。之后她还同你有过通信。虹影回重庆举行首发式时，你还应邀去参加了。

她赠送给你她刚出版的书，并且很谦虚地说，她永远是你的学生！是的，她永远也不会忘记你在她成名前对她热心无私的奖掖和支持！

你在给青年诗人写序时，总是从他们的特点出发，进行分析和评析，予以鼓励和支持。你给刘建春的诗集《五彩路》写序，在引用了他的一些诗作之后指出：

作者原在印刷厂工作多年，后来又步入新闻界，使其日益扩大他的生活面。他深于体验，细于观察，勤于思索，不断捕捉诗的灵感，领受诗的甘甜，总是那么执着地发掘生活中固有的美。如《请柬》写道："春天，是五彩缤纷的巨大画展／扑进去，准和你一醉长酣／去呵，我们都去尝尝这美的滋味／飞飘的彩画就是春姑娘送的请柬。"写工业题材的诗，一般很容易被车间生产和厂房的围墙所囿限，建春的诗总算突破了这一点。他用鲜明的形象、恰当的比喻，把印刷工作的劳动成果，与彩色缤纷的春天联系在一起，既赞颂了令人一醉长酣的春天，更讴歌了印刷彩画的女工，让读者受到一种美的感染、爱的熏陶。

当建春从厂门走向广阔的社会，走向祖国的山山水水，他的诗也有了新的飞跃。他写大自然，独辟蹊径，别创新意。他写的《椰树》也颇具特色：

热带的惊雷、烈日
南海的雄风、狂潮
铸就你挺拔的身躯
和男子汉的自信
褶皱粗枯的表皮
袒露坚韧和毅力
亚热带的风情
大东海的沙水
练就你柔软的腰身
和女人的温情

旁出四展的大叶

繁衍新奇与飘逸

实写的是椰树，虚写的是海南儿女，以“绿色的羽箭射穿封闭的圆月”，用“如水的月光润泽开发的土地”。这就是当今椰岛的写意画。

最后，你引用古人诗，启发建春和自己，写诗贵有自己独特的发现，自己独特的感受，从而“走向成熟，走向辉煌，走向丰硕的收获季！”

你为歌词作者王光池的歌词集《日月之恋》作序，深为词坛有这么一位勤奋耕耘、果实累累的业余词家感到振奋。在序言中你赞扬了他自学成才的精神：

1946年他出生于四川巴县，高中毕业于重庆南开中学，本可深造，时遇“文革”，逼得只有投笔从农，上山下乡了。插队落户期间，也曾徘徊失望，幸而后来立志自学，誓做强者。1973年以来，以万难不屈的毅力摸索实践，进厂当了工人、入子弟校任教师和校长，后调沙坪坝区文化馆任文学干部和副馆长，也从未停笔，至今已先后在《歌曲》《词刊》《音乐世界》等报刊发表了近600首词作，在省市以至全国连连获奖，他那“长翅膀的诗”已飞向工厂、农村、军营、学校。他刻苦成才的事迹已载入《中国自学人才荟萃》和《中国音乐家名录》。精选的词集里的作品，可谓多姿多彩，既有“故乡热土”“青春风帆”，也有“风雨人生”“爱的四季”，既有“银屏浪花”，也有“欢乐歌声”。

“诗言志”“诗缘情”，这是我国诗创作的优良传统，今天何尝不可说“词言志”“词缘情”呢？我素来认为诗和词都应以情志交融、情理交融为佳。像《万岁！中国》《在妈妈面前》《平常的女孩》《不是……》等，都熔铸得较好，不但有火热的情感和蓬勃的朝气，还富有深刻的哲理；特别值得一提的是，这人到中年童心未泯的作者，怀着“把生命化为光，化作热，去照亮孩子们眼里的憧憬，去温暖孩子们梦中的童心”的情愫，写出了像《捉迷藏》《狼来了》这类颇有童趣的儿童歌词，是可贵可喜的！

在给张华诗集《没贴邮票的信》写序时，你巧妙地引述了张华的诗，指出与新中国几乎同龄的诗人张华所走过的人生道路：

弯弯曲曲，曲曲弯弯
一条探索的路
连接人生的起点

他做过工，务过农，进过民族学院，当过编辑兼记者，正如他自己所说："飘零之际，却让我将任何图书馆也难装难容的人生大书苦读饱读……之后，下笔如有神助。"

你引述了张华的《祖国，请听我答辩》一诗的片段，高度肯定了张华对祖国、对人民和对诗神的爱心：

我爱上了女神植根的土地——
爱上那广袤的胸脯
爱上那黝黑的肌肤
更爱上那朴实而憨厚的脸
因而，我这个刚刚崛起的东方少年
挺起了山一样的脊梁
挑起了山一般的重担

你在序言中深刻地指出：

是的，在探索的路上，如果对生养自己的土地没有深沉的爱心，对哺育自己的人民没有如火的热诚，也激溅不起灵感的火花，"下笔如有神"也许会变成"下笔如有鬼"了！这样洋洋洒洒六七十行，正好道出了迷恋女神、追随诗神的情怀。

你满腔热情地勉励张华：

他以这种执着的追随和迷恋，写出了这本诗集《没贴上邮票的信》。

作者的足迹踏遍了大西南，视野所及，不只是男女之情，母子之爱，更有时代的姿影，改革的风采。通过多彩生活的方方面面，表达了自己的丰富感受。读者若乘上“生活之舟”，迎着“高原的风”、扬起“希望之帆”，就可以共同探视《生命》《钥匙和孩子》，重温《踢踏的断想》《阿诗玛的梦》，拨通《市长的公开电话》《我前来应聘》……

诗人走在一条宽广的路上，大道通向远方。

从幼稚走向壮实，从生涩走向成熟。这是事物发展的必然规律。因此，我最后还想用作者那首不是序诗的诗句作结：

我向您捧出心灵般鲜亮的葡萄
是的，这果实还有几分生涩
也不是那么浑圆饱满
只因为此刻刚交夏天
然而，火红的夏天既已到来
金色的秋天必不太远

你为饱经沧桑的蔡淑萍女士作的词集《萍水词》所写序言《梦惊边塞 魂绕秦巴》，特别富于感情。

你是在重庆诗词学会的一次年会上认识蔡淑萍女士的。淑萍是四川营山人，家庭出身和父辈的不幸遭遇，逼使她在“文化大革命”动乱的1968年远走新疆，长期压在底层的底层，一直熬到1979年落实政策后，才以工代教当了一名教师。真是忧患出诗人，悲苦炼词家。1982年冬，入奎屯兵团的教育学院进修，在边风词社始学填词。她发表在报刊上的词作你早已读过，你为山城有这么一位女词人而惊喜不已。当她提出要你为她编就的词集写篇序言，你虽犹豫多时，还是写了这篇充满激情的序言。

你对这本词集的开篇《少年游》一词作了重点分析，进而指出了她的边塞词的特点：

《少年游》一词出手不凡，它概述了自己“巴峡咏飞舟”“流年”泣“边雁”的遭际，表达了一个塞上异乡女子情系巴山峨眉，月照乡愁的心境，真切形象地抒发了自己的所历所感。《少年游》给以后的边塞词作定下了一个基调：言情则情漫荒原，怀远则梦飞小窗，思亲则魂绕家山，咏柳则千缕凝碧。

你还分析了她的巴蜀词及秦游词：

两辑巴蜀之作，是淑萍还乡返川的心态记录，“又是巴山夜雨时，客愁秋思一灯知。少当动乱诗书贱，老大承平机会迟。”在边塞大漠度过人生最宝贵的青春时光，发出这种慨叹是可理解的。随着环境的变换，心绪也转添亮色。“廿年旧事休忆，歌啸任舒眉，浩盈天风万里，尽洗胸中块垒，仍然雪霜姿，笑指云天际，应见大鹏飞。”“万里长江排远岫，涛声欲作风雷吼。”这几分婉约又几分豪壮的词风，营造出一种特殊的效果，有如齐白石的写意花果画上一只工笔的蚱蜢蜻蜓一样，虚实相济，相互衬托，显得更加奇妙生动。两辑《秦游词》，大多是对古都遗存的咏叹，对人文景观的吟唱，显得格外深沉。

最后，你提出了用旧的形式表现新的意识，抒发新的情感的观点，与蔡淑萍共勉：

总之，淑萍是真情出真诗，深情写好词。词的共同特点，大都写得典雅清丽，流畅耐读，很少用典，很少题注。尽管在词律上要求比较严谨，但语言自然，有些甚至接近新诗。像《蝶恋花》《鹧鸪天·小春》《浣溪沙·访母校》《木兰花·瓶花》等等，都如新诗一般晓畅明快，并隐蓄了丰富的内涵。今人作古体诗词，是写给今人看的，虽然是套用旧的形式，却要表现新的意识，抒发新的情感。在这一点上，我们都要继续在实践中共同探求，合力提高，与广大诗词作者一起，开一代旧体新风。

你为沈国仁的诗集《都市布谷鸟》写序，首先对他在儿童文学方面的工作给予了肯定：

初识沈君，远在十八年前。那时他正筹办中华人民共和国成立以来重庆的第一张儿童报纸——《红岩少年报》(现已更名《少年先锋报》)，我被邀参加座谈，会上我才面见这位热情似火的青年人。作为儿童文艺的组织者，他任劳任怨地忘我工作，使我甚为钦佩。由于他在儿童文学园地孜孜不倦的多年耕耘，曾受到全国、省、市的各种奖励。

然后，你对他的创作给予了评价：

国仁不但在儿童文艺创作上有所长，成人诗歌也写得流畅自然，锐意求新。最近读了他这本即将出版的诗集《都市布谷鸟》的清样，有些诗就令我惊喜，产生共鸣。一首成功的诗，多是诗人对大千世界的艺术折光。国仁生在重庆，长在山城，对都市有一种独特的感受。且看诗人的集前题记：

在这日益膨胀的钢筋混凝土构筑的现代城堡里，
我愿是一只布谷鸟——
用歌，唱出心中的爱语；
用诗，录下灵魂的布施；
用情，融进生命的赞美。

我反复吟诵，不由怦然心跳。我这个来自大巴山深处的山里人，从小就爱听布谷鸟的啼叫，可我到大都市以后，再也难以听到那如歌如诗的多情之声了，深感一种失落的寂寥。我常把楼群的森林幻想成山野的树林，聆听那叩我心弦的歌音，可是鸣声却是那样飘杳遥远。好在有国仁的布谷鸟叫到了都市，也可稍慰我想吧！

你在写给情系三峡山水的诗人冉晓光的文章中说：

冉晓光即将出版这本诗集《漂泊的落英》之时，嘱我写一点文字。在此之前，我早就闻知这位作者已先后在全国正式出版过《夔门月》《太阳雨》《天涯伊人》《梦之帆》等七部诗集了。令我特别注意的是，在他所有诗作中，写军旅、写山水、写人和事、写情与爱等广泛题材之中，写得最多、最好、最突出、最动情的，要算写他家乡长江三峡的诗。

自古以来，长江三峡都是文人墨客放歌的圣地，李白、杜甫、白居易、刘禹锡、陆游……都在这里留下过千古绝唱。因此，夔州——奉节，至今还被海内外誉为“诗城”。所以，冉晓光自幼生长在这片故乡沃土，汲取了充分的文学养料，继承了血肉相连的历史遗产，焕发了不尽的激情与灵感，才有今日一集集、一本本的诗作问世。诗人心中有情、有爱、有一团火，而三峡，又是取之不尽的创作源泉，这样，你也就不难理解清人的诗句“纵有万杆玲珑笔，难写瞿塘两岸山”了！

你对冉晓光的诗歌艺术做出了精辟分析：

从来写诗，都有触景生情之说。这部诗集中，就能找到不少这类作品。如《圆明园遗址》：

还立在那儿／告诉后人／被大火烧掉的／只是肉体／骨头依然笔直／没少半根／不死的是灵魂。

作者只寥数笔，即写出了中国人的气节，写出了民族的骨气。

想象是文学的翅膀。没有想象，对任何诗人来说都难以想象。作者在广西漓江边写的《九马画山联韵》，想象的翅羽就张开得很有神趣：

九匹马等在那里／谁是骑士／我望断绝壁／想寻找一处／腾越的快意／下次来／我一定带根鞭子。

想象丰富，富有动感，韵味浓酽，耐人咀嚼。

前面说过，冉晓光的三峡诗写得多、写得好、写得有特色。但诗人似乎不满足于此。且看《诗人自白》吧：

骨瘦如柴／碰上　火星儿／一点就燃／唯一没有／耗尽的　几滴血／没有污染。

为诗，熬得骨瘦如柴，一点就燃，可谓“为伊消得人憔悴”了；憔悴的诗人，情系三峡山水，情系中外古今，为其耗尽的几滴血，没有受到污染，就更加可贵了！

在《梦之花》中，还收入了你1992年6月为我的诗集《爱的琴弦》写的序《刚能励志，柔可清心》。在序中，你首先指出我的诗的特点是“刚柔兼有，柔胜于刚”，而这与我的“人生经历、生活情趣和艺术气质密切相关”。接着，你介绍了我的经历：

这位戴着近视眼镜、文质彬彬的副教授，1942年11月生于山城重庆，1965年在四川大学中文系毕业后，就分配在歌乐山下、烈士墓旁的四川外语学院任教，主要从事写作及现当代文学等学科的教学和科研工作，年不过五十，编著颇丰，计有评论、传记、报告文学等十余种出版；还与人合作了电视剧《沉默的情怀》《雕像的诞生》；至于那本洋洋洒洒二十余万字的理论专著《文学创作灵感论》，则是他创作实践和理论研究的结晶。这本诗集，也算是被称为“地球上最美的花朵”——灵感所诱发而结出的果实吧！

你准确地指出了我的诗歌的特点：

编入第一辑的《初恋情》，看来是作者早期的作品，可以说是一些青青的果子，还不成熟，品尝起来尚感酸涩，但饱含痴情的液汁，咽下令人烫心：

禁不住这焦灼的思念，
心里常激起阵阵埋怨；
可想起你平日亲密的情意，
埋怨又化为体谅的温泉。

苦苦地等待恋人，恋人不来，顿生一串疑问，疑问不解，心灵的锁链难开；回想平日情意，又由怨而转爱。爱的曲折回环如此，也够真切的了，也够柔情的了！

姑娘呵！你哪里知道，
送别的那一掬微笑，
该用了多少隐忧来酿成，
该用了多少愁思来发酵！
……
一如那苦根的黄连，
花冠上反挂这甜笑。

——《送别》

情人盼着相会和相会后的分离，心情都是同样复杂的，本来满怀隐忧和愁思，送别时还强作微笑，这微笑之花虽醉人甜蜜，却是经过多次发酵才酿成的。诗人找到一个新奇的譬喻，黄连之根很苦，而开出的小黄花反而显得甜美。

你分析了第二辑《山河颂》的审美意蕴：

随着旅游事业的发展，旅游诗也开始盛行起来。我国山水诗的传统源远流长，具有很高的水平，今人续写这类诗，自然要有新的开拓，才能为人们所欣赏。且听作者的《问大海》：

大海呵！你为何如此苦涩而腥咸，
云飞雾卷，你吞噬了多少眼泪和心酸？
什么时候，欢乐和幸福才能盛满心怀，
你每滴海水，都乳汁般纯净而甘甜？！

显然这首诗具有现代人的思维特点，现代人的忧患意识，希望苦涩的海水变为纯净甘甜的乳汁，这是人们的渴求，也是诗人的热望。

作者走南访北，写下的这些篇章，就是他一路印下的足迹，读者随足迹而前，一如跟导游而往，就能一起领略祖国名山大川的壮美，江河湖海的深沉。有时诗人兴之所至，一花，一草，一虫，一鸟，都能唤起浓郁的诗情。游青城时，坐车途中，“一只蝴蝶穿进晃荡的车窗／轻轻地轻轻地落在我肩上／恍惚中我化作了一朵山茶／一任她采撷蜜汁和芬芳。”（《给蝴蝶》）应该说这只飞入车窗的蝴蝶是幸运的，它未被捕捉，反而有人化作山茶花让它采蜜闻香。这就是诗人的情愫，引发人们对大自然的爱心。

你对末辑《浪花歌》中的《云》较喜欢，你评价说：

云上长树
树上长云
迷离成了一片动荡的美景。

云上耸山
山上喷云
朦胧成一袭美丽的幻影。

云化烟霞
烟霞化云
幻化为一天缥缈的仙境。

好一幅水墨烟云图！用笔脱俗，挥洒自如，流动轻盈，迷蒙淡远，颇得中国山水画的妙趣。

你特别对我最喜欢的、也可说是我的代表作的《我要做擎天大树》一诗作了分析和评价，你说：

《我要做擎天大树》一诗，也别出一格。诗人宣告：

不，我不愿做卑微的小草，
我要做大树高高！

根，扎进大山的怀抱，

叶，歌唱在白云青霄。

任山鹰孔雀作巢，

任日月星辰舞蹈。

烈日下撑一骨信念，

风暴中挺一身自豪。

站立——

树栋梁千柱，

倒下——

铺枕木万条。

这是诗人的自白，也是诗人的豪语。对这样的大树，是会引人昂头仰望的，也会催人奋发向上的。这是一首刚劲之作。

刚柔虽异，各显其能，刚能励志，柔可清心。

你的分析和评价很中肯，实事求是，入木三分，充分显示了你对我的关心和支持！

你还为马来西亚诗人吴天才《献给历史的诗》写序。你首先给我们介绍了他的生平和作品：

吴天才原籍中国福建莆田，1936 年 6 月 20 日生于马来西亚吉隆坡。中学毕业后，负笈新加坡南洋大学，攻读中国语言文学系，后又考获新加坡大学学士和马来西亚大学文学硕士。现为马来西亚大学中文学副教授兼系主任。除讲学外，还经常积极参加国内外多种文化活动，担任国家文化咨询委员会文学组委员、联合国文教组亚洲区中文翻译员、马来西亚翻译与创作协会会长、东方文艺出版社主编等职。1989 年曾应邀访问过我国广州、杭州、北京、上海等地。他研究的门类很广，著译甚丰。先后出版的诗集有《流水行云梦》《灵魂的悲歌》《花之恋》《信奉之星》《心永远向着你》《黎明的星山》《灿烂的星光在微笑》等，译著有《中国黄白术》《中国天文局史》《陆游与炼丹诗》等，共达三十余部。近年北京华侨出版公司出版了他的诗集《土地的呐喊》，四川人民出版社出版的《中国文学家大辞典》收入了他的生平、作品词条。

你特别喜欢他那吟咏故乡、抒发乡情、礼赞土地的篇章：

正如他《序诗》所云："我是土地的儿子／我以质朴的诗篇／吟唱生我育我的／苦难的土地／……／我是土地的儿子／我以粗糙的诗篇／歌颂在暴风雨里／诞生的新土地"。

这些真挚的诗，像南洋吹送来的蕉风椰雨，温情地沐浴着我这颗跳动在巴山蜀水间的赤心。

在诗人的篇什中，故乡虽然是贫瘠的，但赤子对她的恋情却是那么朴实、真切、深厚。对故乡的一条路、一棵树、一道河，都情牵梦绕；对故乡的一片云、一轮月、一封信，都动魄荡魂。因此，当他"像一片飞絮漂泊在陌生的异乡"，觉得"气候变幻无常""人情太冷峻"，最终道出了"归去吧／回到你植根的泥土／哪怕是一方寸的小角／亦是全世界最美好的地方"（《回归》）。

你高度赞扬吴天才以诗人的智慧和良心，从不放松对真理的探求，目光总是审视着世象、时代，总是关注着生活、人生：

"诗与真理／是一对孪生子／他们有一颗炽热的心／他们坦诚相对／……／教人追求生活的真善美／教人实践人生的真谛。"这也许可以作为他诗的宣言吧！像《由爆竹所想的》《扎根·结果》《都市小人物的悲叹》《死在路旁的乞丐》等等都从不同侧面反映了诗人的所见所思所感。他既热切追求生活的真善美，也无情地鞭挞生活的假恶丑，和人民一同爱憎，一同怨怒，自会捕捉到诗的灵感，哪怕一件司空见惯的事物，在作者笔下也表现得甚有特色。请看《垃圾桶》："我大口恒开／把你们剩余的渣滓给我／把你们啃过的骨头给我／把你们悲哀的泪水给我／把你们身上霉臭的东西给我／把人类的黑心肝抛给我／把社会的人渣抛给我／把伤天害理杀千刀抛给我／还有埋没天良的害人精抛给我／我要把他们统统吞噬掉”！

诗人以特有的热诚和大度，特有手法和角度，道出了自己的誓愿，要把世上一切穷苦、一切恶种、一切丑类“统统吞噬掉”，收拾出一个干净的世界！

在序言的最后，你指出：

吴天才的诗启示我们要明辨真伪，顺应前进的潮流，要洞察世界，捧出献给历史的诗。

而且，你与作者都同样坚信：“岁月易逝，历史长青”！

下篇

诗意人生

SHIYI RENSHENG

第十三章 大巴山之子

一、父母的心

1931年6月28日，在四川北部大巴山区的一个深山沟的一间农家小屋里，你出生了。你的出生，给家里增添了无比的欢乐，因为你是父母的第一个儿子，是祖父母的长孙儿。长辈给你取的乳名是中和，大约是受了儒家思想的影响，希望你走和谐、中庸之道。这果然是你一生的立身之道。后来你父亲给你取名梁上全，大约是希望你成为人中之王。长大后，你却不愿当人中之王，而希望成为山中的泉水，于是自己更名为上泉。

你的父亲母亲都是农民。父亲从10岁开始便学会了耕田犁地、做瓦编篼。虽然他没有读什么书，但因为从小跟着他的一个哥哥和幺弟，兄弟俩读书时，他就在一旁编筛子做活，长久听兄弟俩念读背诵，他竟然也能背诵，也能学写了。父亲是本色的农民，不但会种庄稼，还会做手艺。他终年辛苦劳作，里里外外都要操心。父亲的手上，茧巴重茧巴；脚上，裂口挨裂口。最让你心疼的是，在犁冬水田的时候，父亲竟然要用妈妈的针线，把一条条的皲口缝起来，有时还用棉花拌和洋芋泥把皲口填充起来。你心疼地问他："疼不疼？"爸爸总是摇着头说："不疼！不疼！"可是妈妈告诉你们兄妹，说是爸爸因劳累过度，很小的时候就得了痨病，累狠了就会吐血！

你父亲没有抽烟酗酒等不良嗜好，一辈子省吃俭用，从不乱花一分钱。他白天忙完了农活，晚上还要抓紧时间编筛子。赶场天他就担着编好的筛子到市场上去卖。赶场要走很远很远的山路，可是他再苦再累，也舍不得在路上花钱买点东西吃，而是把钱全部带回来作为家用。他对自己、对儿女都十分严格。虽说严格，对孩子却也很有爱心。有一件小事你记得特别清楚：你在读高小时，爸爸带你去赶场。市场热闹得很，你四处张望着，对什么都感兴趣。走过一家店铺，你一下发现了有小皮球卖。这一下刺激了你、吸引了你，你久久站在皮球前，舍不得离开。因为，你很喜欢打球，可是，那时候没有钱买皮球，你只能捡落地的柑子，或者把旧棉絮绑成一团当球玩，但这种球怎么也跳不起来，所以你就希望能买这种能拍能跳的真正的皮球！你一问价钱，天晓得怎么那么高！你再没勇气提出来。当时，爸爸也没多说什么。回到家后，他却一连熬了三个深夜编筛子，直到第四天早上又逢赶场，爸爸带上筛子去卖。回家时，他给你买回了你很想要的皮球！你简直不敢想爸爸会给你买回来这么贵的小皮球！你接过皮球，捧在胸前，望着爸爸那充满血丝的眼睛，久久说不出话来。你在心里想：严父的胸中也有一颗慈爱的心啊！

父亲对你十分严格。他用中华民族的传统美德教育你、引导你，教你如何做一个正直、善良、勤劳、诚恳的人。你小时候，一次到亲戚家里玩，看到亲戚家有个放炮仗的“炮座儿”，生铁铸成，大的炮仗在里边放起来很安全，觉得很好玩，就把它带回家了。父亲发现后，非常生气，狠狠地揍了你一顿，并且要你立刻送还回去，给人家道歉！妈妈为你说情，说小孩子不懂事，喜欢别人的东西就拿回来了，也值不了几个钱，以后改了就是。父亲却坚持要你送回去并赔礼认错，说绝对不能养成拿别人东西的坏习惯，必须坚决改正！从那以后，你再也没有拿过别人一件东西！

作为农村主妇，你母亲生活得更是艰辛。在你的记忆中，母亲从早到晚都在干活。从早忙到晚，一直忙到老，很少有休息时间。白天，她不但要忙农活，还要做饭洗衣喂猪带孩子，早已疲惫不堪。到了晚上，却还要点着桐油灯纺棉花，一直熬到深更半夜！母亲生养了十个孩子，每次临产前她都在干活，产后没有几天，又开始做缝缝补补、洗洗涮涮的家务活了。她一门心思想把孩子拉扯大，但是，那时候农村缺医少药，又请不起医生，其中几个孩子先后都夭折了。你最痛惜的是，有一年春天，你一个妹妹出了麻疹，传染给了弟弟，两个都高烧不止，最后都转为肺炎，两姐弟竟在同一天夭折！母亲受到如此惨痛的打击，没过两天就衰老了许多，头上冒出了许多白发！你的母亲就是这样，咬紧牙关，忍受一切苦辛，走着艰难的人生之路！

父母亲的坚毅顽强、善良朴实、勤俭忠厚的品质，对你有很直接的影响。你终生都没有忘记自己是农民的儿子，终生都发扬着父母亲坚毅顽强、善良朴实、勤俭忠厚的美德。

你终生怀念着父母亲，尤其是母亲。1989年6月，你58岁生日那天，你站在山城高楼的一方窗前，不自觉地忆起了远在大巴山中的母亲，于是写下了深情的《雨思》：

天下着雨，黄昏提前来临，我在山城高楼的一方窗前，怀念我远在大巴山中的母亲。

母亲呵！在五十八年前今天这个时辰，你披着雨丝从田间艰难地走回来，一路阵痛，预告我这个山娃子就要诞生。

当我的第一声啼哭从低矮的黑房屋传出，你就多了一分累赘，多了一分担心，生活的重压使你的脊背过早弯曲，使你的眼角频添皱纹；

当我第一次背上书包上学，你和父亲一直送我到私塾大门，亲自把我交给我那位启蒙先生，我的十几年校园生活，都渗透着你付出的苦辛。

母亲呵！你已是八十高龄，儿子远离，难尽孝道，甚至常忘记你的诞辰，可我的生日你却年年记得，记得那么牢、那么准。其实儿女的生日应免祝福，首先该祝福生身的母亲。

天下着雨，黄昏提前来临，在大巴山中的母亲，透过雨丝，一定又在探寻我窗前这盏小灯。

二、红色根据地

20世纪30年代初期，大巴山曾经是红四方面军的根据地。

1932年10月，在国民党对鄂豫皖根据地发动的第四次围剿中，为保存实力，鄂豫皖中央分局和红四方面军总部率其主力两万余人，撤离鄂豫皖根据地，通过通江北部川陕边界的两河口，进入川北。1933 年 2 月，川陕省委和川陕省苏维埃政府在通江宣告成立。红军向川陕地区扩大根据地，到 1933 年底，已解放了宣汉、达县、万源及城口大部分地区，红四方面军也已发展到五个军八万多人。1935 年春，为策应中央红军北上，红四方面军逐步收缩战线向西转移，并于同年 3 月末渡过嘉陵江，开始了艰难而悲壮的万里长征。

那几年，正是你两三岁、三四岁的时候，你还不懂得在你周围发生的这些重大历史事件。但是，你在这千里巴山的赤色区域长大，亲身感受到了这些巨变。你的一位叔爷和一位堂叔也参加了这支红色队伍，你看见过他们头戴红星帽，身背大刀，和游击队战士们在家中出入。你特别记得有位红军叔叔，他是个号手，还是一个班长。他在村里养伤时，还端过肉汤给你吃。由于洋瓷碗烫手，他还接过去，用嘴吹冷了再端给你喝。离别时，他抱起你，同你和你家人告别。你看到他那缀着红色五角星的帽子，和在他上衣口袋里插着的亮晃晃的铜管铅笔，觉得那支笔好玩，就把笔抽出来拿在手中玩，并舍不得还给他。于是，他就把这支笔当作礼物送给了你。他走了，你的叔爷和堂叔也走了，几天，几月，几年都没有回来。每当你和爸爸想念这个号兵，想念你的叔爷和堂叔时，爸爸就把保存好的这支笔拿出来看看，并叫你不要弄丢了。爸爸把这支铅笔一直保存在箱子里，直到你发蒙读私塾时，他才慎重地把笔交到你手上，并嘱咐你不要搞坏了，更不要搞丢了。

红军走了，却把思念留在了乡亲们的心上。夏天的夜里，和家人坐在院坝乘凉时，你望着天上的星斗，有时候就会想起那个红军叔叔缀着红色五角星的帽子和他留下的铜管铅笔，家人们有时候也会议论起你的叔爷和堂叔。大人们也议论说，一些财主说红军被消灭了，可一些穷人却说红军还会回来的。有时候，老祖母会唱着民歌民谣，指着天上的星星，对你说："你看，天上有白星星，也有红星星，红星星在和白星星打仗呢！红星星把白星星打败了！你看，天上的白星星越来越少，红星星越来越多了！"你细细地看，果然天上的红星星越来越多，也越来越好看了。但父亲有时会说："红军啥都好，就是毁菩萨不好。要不然，菩萨会保佑他们，他们也能站住脚的。”有时，他还带你去寺庙烧香叩头，祈求菩萨保佑红军，让红军早点回来。

有时候，祖母还会教你唱《十把扇子》等怀念红军的歌谣：

一把扇子连连，
正月正溜溜，
我送亲人嘿哟，
当红军啰干哥儿。

后来，你读了高中，在学会写诗之后，你以对红军的思念为题，填写了《忆王孙·杜鹃啼》：

大军远去断归程，
引得杜鹃昼夜鸣。
啼血染红青叶茎，
总不停，
无限江山无限情。

故乡的红色情结，为你日后创作《红云崖》奠定了心理基础，并提供了宝贵的生活素材。

三、跟着爷爷钓鱼打猎

在你童年的记忆中，最有趣的事情是跟着爷爷钓鱼打猎，至今想起来，你心里还是乐滋滋的。

祖父是个钓鱼行家。每到热天，他就头戴草帽，脚穿草鞋，身背笆篓，手拿钓竿，到小溪、到河边去钓鱼。有时候，祖父会带你做伴。每到这时候，你高兴得提起笆篓，兴高采烈地跟着祖父走。什么烈日晒、墨蚊咬，都不在话下了！

有一天，屋前小溪涨水，祖父说现在钓鱼最好。他让你提着笆篓跟着他走。你们到了溪边后，没多久就钓起了三条一斤多的大鲤鱼，你高兴地把它们都装在笆篓里。祖父看见没有蚯蚓了，就去挖蚯蚓，让你盯住钓丝上浮在水面上的浮子，祖父还特别叮咛："如果浮子往下沉，就赶紧喊我，你可不要自己去乱拉钓竿！"

祖父走后，你聚精会神地盯着钓竿上的浮子，却久不见浮子下沉。你耐不住性子，就去玩笆篓中的那三条鱼。这时你心想：什么时候我也能钓起这样的大鱼呢？你突然想到：如果我把鱼重新挂在钩上，再放入溪水中，然后重新把它拉起来，不就算是自己钓到大鱼了嘛！于是，你抓起一条笆篓中的鱼，把鱼钩挂在鲤鱼的背上。你心想：它游起来会有趣得多。你把鱼放入水中，它竟像一条小牛似的在水中疯狂地乱游乱窜，你简直就抓不稳钓鱼竿！你一下子被吓得手足无措！幸好祖父及时赶到。他看到鱼儿拉着钓竿在跑，以为是钓到了大鱼，惊喜地接过钓竿，说："嗨！你为啥不早叫我！看这阵仗，怕是一条大家伙！"他一面说，一面顺着鱼的游动方向放着钓丝，好不容易才把鱼儿拉出水面！他惊奇不已地说："噫，怎么钓钩钩着鱼的背呢？这还是生平头回见哩！"你见祖父的样子，忍不住要笑，但又不敢说实话。祖父叫你提来笆篓，装鱼进去时，发现原来钓了三条，现在再加一条，怎么仍然只有三条呢？他这才发现问题，用疑惑的眼光瞪着你："怎么回事？"你见隐瞒不住了，这才把事情的原委告诉了他。他听后，又好气又好笑："哼！你再捣鬼，看我不捶你才怪！……要是你真想学钓鱼，我就教你吧！"

于是，祖父就真正开始教你钓鱼了！在学习钓鱼的过程中，你尝到了很多的乐趣。最有趣的还是关于一只团鱼的故事。团鱼，人们又叫它甲鱼，学名鳖，俗称王八。其实它并不是鱼，而是一种两栖类爬行动物，很有营养。但是，你们家乡的人都把它当作神灵，钓着它一般不吃，要用铁丝在甲壳边缘结个环扣作为记号，再去"放生"。你家不远处的一个潭——洞潭岸边的石头上就刻有"养生潭"三个大字，它像一道禁令，谁也不准在这里打鱼毒鱼，垂钓却是允许的。这个又深又大的黑水潭，自然就是鱼类的天堂了。这里三面都是陡岩，岩下横着一个大石洞，洞里还供着龙王爷，为这潭增加了神秘的气氛。加之岩边藤萝高挂，岩口瀑布飞泻，水气在阳光下闪着虹影，这里简直就成了名副其实的水帘洞。你曾写过一首五言律诗来称赞其壮美：

石嘴泻飞瀑，奔雷入涧中。

云烟千古在，风雨四时同。

深水潜神鳖，长藤挂彩虹。

山川何壮美，浩气荡心胸。

你这首诗中所说的神鳖，就是指潭中那只筛子般大的团鱼了。据看见过它的人说，它的甲壳上长满了泛红的青苔。它一浮出水面，就预示着一场暴雨的来临，这也许就是你家乡的人们把它视若神灵的主要原因。

有一天，祖父带你去潭边钓鱼，没有钓到青波石黄牯（当地一种有名的鱼），倒是钓起一只菜碗大的团鱼，而且甲壳边还带着放生的铁环。你发现这个记号但没给祖父讲，只想拿回去蒸来吃，不管它显灵不显灵。你心想：放进我的肚子里当然比放回水潭里现实得多呵！于是你赶紧把这个大团鱼提回家。当你正要伤生之时，被祖父发现它是别人放生的，就硬要你马上提回去放了。你很不乐意地沿溪向洞潭走去，由于你穿的短裤，又无防备，这王八大约为了逃生，或是为了报仇，竟然一口咬住你的大腿，你使劲打它，它有甲壳的保护，脑袋就拼命往里缩，缩得越凶，咬得越紧，痛得越狠。你听老人们说过，团鱼咬人，不听见雷响是不会松口的。但此刻正是大晴天，谁能呼唤雷电呢？你忍痛直往溪边跑，跑着，跑着，到了溪边就往水里一跳，团鱼以为是你告饶，放它走了，一入水就不记旧恶，松口而去。但它不知道，铁环绳套还操在你的手里呢！你出水后又把它拉出水来，愤然提回家去，走进厨房就往锅里一扔，倒上水，再用竹篾编的锅盖紧紧扣住，然后就在灶孔里烧起火来。它在锅里乱抓一气，抓得铁锅滋滋作响。祖父走进来，见你偷煮神鱼，就骂你“眼前不积德，将来有报应”；你生气地说：“让它先遭了报应，再谈今后吧！”在对嘴之中，你估计团鱼已经煮熟，便揭开竹锅盖往墙壁上一挂，再看蒸气腾腾的开水锅里，却没有了团鱼的影子。这下可把你们全家人都弄糊涂了。

它到哪里去了呢？锅既不漏，又扣得严严实实的，难道它真显灵啦！这件事引起了全家的议论和对你的责备，你父亲还向这不翼而飞的神鱼烧了三炷香哩。你带着疑问过了一夜，第二天煮好早饭，揭开锅盖一看，蒸熟了的团鱼却乖乖地爬在饭上。再查看竹锅盖的蔑夹缝里，还死死地卡着团鱼的四只爪子！原来在它垂死挣扎时，用爪子抓住了锅盖，在墙壁上显了一夜"神通"！

你祖父热天钓鱼，冬天打猎。他是家乡远近闻名的好猎手。祖父经常教你如何根据竹鸡闹林的声音判断它们在哪儿，通过细辨麂子的叫声确定它们的远近。有时，他在山边路口发现野兽的蹄印，就会叫你跟他一起，帮他吆喝着猎犬去把猎物从山林间驱赶出来，由他击毙，然后带回家一起享用。你经常把打着的猎物的皮毛送给弟妹和村里的伙伴：打着锦鸡，你就要来五颜六色的羽毛，送给妹妹做帽子上的装饰；打着野鸡，你又要来长长的羽尾翎，送给弟弟玩耍；打着公麂子，你要犄角，打着母麂子，你要蹄子，然后把它们拿去送给村里的小伙伴。

你很想当个小猎手，像祖父那样扛起猎枪去练练手艺，显显威风。但是，祖父害怕你惹祸，坚决拒绝了你。于是你就用竹子做枪，装上火药铁砂去打鸟。但是，竹枪容易爆裂，很不安全。然后你又缠着祖父，让他教你学打枪，祖父只好给你讲了一些打枪的要领和打猎的诀窍。

但是，真正让你懂得打猎的诀窍和祖父的猎人本色，却是一次同野猪的惊险搏斗。在一次打猎过程中，祖父一枪打中了两只并排奔跑的野猪，小的一只当场倒地死亡，可大的一只却只受了点轻伤，像一只老虎一样，非常凶猛地向你们扑过来！你吓得慌忙爬到一棵树上。但那野猪冲上来，几口就把树干啃缺了半边！你吓得连呼爷爷救命！祖父急忙赶上前来救你，那野猪见祖父来了，丢开你，转身迎向祖父。祖父一边装弹药，一边紧急招架。可是，糟糕！祖父不慎，一下把枪口戳到了土坎上，泥巴把枪口塞满了，无法装进火药，更无法再打枪了！他只得拿没有子弹的枪杆同野猪搏斗。祖父几次都差点被野猪扑倒，并且浑身沾满了野猪的血。你在树上看得胆战心惊！你知道，祖父是为了救你才赶来同野猪搏斗的！祖父英勇机智地同野猪周旋，最后把它引向悬崖边，用枪头猛然一捅，把野猪捅下悬崖摔死了！

你从树上梭下来，抱着祖父的大腿，问他："爷爷，你害怕不？"

爷爷看着山岩下面野猪的尸体，自豪地说："怕什么！你怕不怕它都要咬你！你只要沉住气，就能想出办法来对付它！"

祖父同野猪的搏斗，不但让你见识到了祖父的英雄豪气和聪明机智，还使你认识到：人是万物之灵，有勇有谋，任何凶恶狡猾的野兽都会被我们收拾掉的！

四、与花鸟虫鱼为伴

大巴山风景优美，你的家乡北山更是秀丽迷人。你家四面都是山林，林木郁郁苍苍。你家门旁边还有一口井，用不完的水从井里漫出来，蜿蜒曲折，流入小溪。小溪叮叮咚咚，穿过葱郁幽深的竹林，穿过两座石桥，泻入深深的洞滩。洞滩的水又流入长滩河，盘旋十几里，流入巴河。

你的挚友蒲新成在他晚年的回忆录《渠江水碧蜀山青》中曾绘声绘色地描述过他到你家的见闻，这一节的小标题就是《北山风光美不胜收》：

等到放了暑假，就再也坐不住了。梁上泉邀请我和李先生及何联祥到他的家里去玩。于是，"四友"天未亮便向着有一百二十华里之遥的北山进发。一路上经过双龙、李家、金石等乡场，过了沙嘴河，还要再走八里才到上泉的"桂影山庄"。这时，天色已近黄昏，当过了一个有着瀑布的洞滩后不久，便遥遥望见山麓那边一片浓绿树丛中深藏着一片农家房舍，可那时已是"山朦胧，树朦胧，疏星点点缀夜空"了。上泉大声"吆喝"起来，山谷间立即送来回声。通过这种"无线电"联系，那里知道来了客人，马上做起了准备，待我们刚一走到，便端上了甜甜的、热腾腾的醪糟荷包蛋。我们正走得又渴又饿，这碗醪糟荷包蛋来得真是恰到好处。从朦胧的暮色中，可以看出这是一个拥有好几家木板瓦房的农舍群落。房后有茂密的松柏，房子两侧都有大片竹子。院子前面是一片好大的打谷场，场子的前面，亭亭玉立着那株享有盛誉的桂树……不多一会儿就喊“请吃晚饭”，一张大八仙桌上已经摆满了色彩鲜艳、香味浓郁的饭菜。上泉的祖父是一位打猎和钓鱼的能手，桌上就有他猎得的野味——麂子肉和山鸡肉。上泉的祖母和母亲性格开朗热情，席间不停地为我们敬菜。上泉的父亲则憨厚朴实，不苟言笑。……

次日天刚亮，我就被一阵嘹亮清脆的鸟声从梦中唤醒。屋子外面，正有一股带着山野清香气味的清风扑面而来。我忍耐不住，立即跳下床来。我转到屋后的灶房去舀水，又有了新发现，只见从崖间流下一股哗哗的山泉，用剖开的楠竹引下来，一直通到水缸边，叮叮咚咚流满了水缸。早饭后，我们才走到门外地坝边上来仔细观赏这“桂影山庄”的景色：屋前有一道小溪，由西向东流去，在不远处同另一条小溪汇合，然后流到一座大石崖，从顶上直泻而下，倾入一个巨大的深潭，便形成了有名的洞潭奇景。我们乘着正浓的游兴，去拜访那早已慕名的洞潭。顺着小溪走不到三里远，便能听到那哗哗水声。至一巨岩旁，我们侧身傍崖手拂藤萝，在水雾蒙蒙中进入一个巨大石穴，此即“洞”滩与“洞”潭之“洞”矣。洞宽有二三丈，长约五六丈，呈一半月形，高可丈余，穴口悬垂藤萝形若珠帘帐。洞内有座神像，入口处更砌有石墙作门。溪水自洞顶奔腾而下，直泻潭中，飞瀑流泉，轰然雷鸣，洞内水雾弥漫，冰凉透骨。出洞后便能俯观绿水碧波，沸腾喷涌。潭圆如瓮，径可五丈，深不可测。曾有巨鳖出水，背生苔毛，其寿不下百岁。……又一日，闻有青云寨景甚奇，遂往游。至一大山顶上，甚平坦，四围团团如城，但已荒颓，别无他物，仅剩一寨门，门上唯有“青云寨”三字而已。再远观层层梯田，密布如织，从山麓直达山巅。不知经多少年，多少代人的精雕细刻，创造出了眼前如此雄伟壮丽的大地艺术。这些既平凡又伟大的山野农民，那种不辞艰辛、顽强而执着的精神，实在值得我们敬佩和学习。

这优美的小山村哺育了你，你也无比热爱这小山村，热爱故乡的花鸟鱼虫。你喜欢屋前屋后的桂花和果树，还喜欢山间的兰草，喜欢兰花的淡淡的清香。于是，一到春天，你就漫山遍野寻找兰草，把它们挖回家去，在院子的四边栽种起来，把这座住着你们梁姓四户人家的三合院装扮得如同美丽的花圃。

每天拂晓，当雄鸡高唱，带动百鸟齐鸣时，你就被鸟鸣声唤醒，开始倾听那百鸟的合奏。这些鸟唱得那样美丽动人，它们就是你最早的音乐老师呀！你想象着：金画眉唱得最好听，它唱得婉转清脆绰约多情；相思鸟长得最可爱，它有着血红的喙，金红的胸脯，淡绿色的羽毛，淡黄色的爪子，体态小巧轻盈。白天，你同小伙伴一起，看着那美丽迷人的小鸟，你真想把它们捉起来喂养。可是，怎么捉住它们呢？刚开始时，你在林边用木棍撑着筛子，木棍上拴着绳子，筛子下洒些米，逗引鸟儿来吃；等鸟儿进去后，你们躲在远处一拉绳子，就可以扣住鸟儿。但是，你埋伏了很久，金画眉和相思鸟都不来，只捉住了一些麻雀。为了捉住你喜欢的小鸟，你开动脑筋，在相思鸟经常活动的灌木丛旁边，挖一条小槽，并在槽上扣一片瓦，瓦下面用一根绳子拴上木棍，等鸟儿来了拉绳。谁知那鸟儿学精了，怕有埋伏，都不进槽。于是，你又同小伙伴一起，改用三根木棍搭成的十字架来撑起瓦片，再在架子下放一些米。鸟儿见没有人，也没有绳子，就大胆地闯进槽中去吃米。等它不自觉地撞到了三根棍子中的一根时，瓦片就盖下来，鸟儿就再也逃不掉了！你把捕来的美丽小鸟喂养在笼子里，让它们天天同你做伴。有时候，你还把它们送给你的小伙伴。

小时候，你的生活是那样多彩多姿。在春夏之交，你和小朋友最爱去掏鸟蛋。你发现，鸟儿各有各的习性，也各有各的筑巢地点。有的鸟儿做窝在悬崖缝穴，掏鸟蛋就得要有猴子一样的爬山的本领；有的鸟儿把窝做在树枝垭上，掏鸟蛋就得要有猫儿一样的爬树的本领；有的鸟儿把窝做在茅草丛中，掏鸟蛋就得要有不怕荆棘刺痛的韧劲。记得有一次，你在藤萝丛中去抓鸟蛋时，却一把抓住了正在偷吃鸟蛋的毒蛇！当时吓得你赶紧撒手，逃之夭夭！

南瓜花开的时候，你又在晚上去捉蝈蝈了。蝈蝈又叫纺织娘，它的警觉性很高。所以捉它的时候，你不照灯，完全凭着你那敏锐的耳朵来寻找和确定它的方位。然后，你轻迈脚步，在找准了它的位置后，便轻捷地伸出手，捉住它那振动着的响翅，把它装进用高粱秆做成的小小的房子里，再摘些带着露水的南瓜花喂它。这些不知疲倦的音乐家，就为你演奏起金属般美妙的乐音，送你进入甜美的梦乡。

五、文化熏陶

你出生在川北大巴山农村，幼儿时的文化教育主要来自民间文学、民间文化。

大巴山是民歌的沃土，乡民们很喜欢民间歌谣。在你儿时的记忆中，乡民们几乎什么时候都有歌，四季劳作、婚丧娶嫁、飞禽走兽、山水草木，都可以编成歌。而大量的情歌，更是传唱不已，如《郎在屋后学鸟叫》：

郎在屋后学鸟叫，
妹在屋里把手招。
娘问女儿干啥子？
纺纱累了伸懒腰。

你的祖母也很会唱歌。她虽然大字不识一个，可是却有讲不完的民间故事，唱不完的民歌民谣。你从小就听她唱了很多的民歌、童谣。比如《金银花》：

金银花，十二朵，
大姨妈，来接我，
猪打柴，狗烧火，
猫儿煮饭——笑死我。

再如《大月亮，细月亮》：

大月亮，细月亮，
哥哥起来学篾匠，
嫂嫂起来补衣裳，
婆婆起来蒸糯米，
娃儿闻到糯米香，
打起锣鼓接姑娘。

有的童谣内容到此为止，而有的还跟着续下了《姑娘回娘屋》的内容：

姑娘回门刚进房，
忙着下地栽高粱。
高粱不结籽，点荞子；
荞子不开花，点冬瓜；
冬瓜不长毛，栽红苕；
红苕不牵藤，
急死娘屋一家人！

祖母教你念的这些民歌民谣，可以说就是你的学前启蒙教育。

在这些传唱的民间歌谣中，还有川陕边老区留下来的一些红色歌谣。你在《祖母的画像》一诗中就写道："她教会我很多儿歌，讲给我很多的传说，她使我第一次知道了红军。"直到现在，你都还记得当时流传的一些歌谣：

其一

大山小山山连山，
巴山来了徐向前。
红旗飘飘映山红，
革命火焰燃川陕！

其二

一九三三年，

红军到川边。

建立新政府，

工农掌政权。

豪绅齐打倒，

农民分了田。

齐心搞生产，

日子比蜜甜。

你耳濡目染，所以有意无意之间，这些歌谣都给了你文化思想的哺育。

六、小学生活

你母亲共生了十个孩子，可是因为缺医少药，因为贫困，你的三个弟妹夭折了，只留下了你们五男二女。你是男孩中的老大，在教育上得到了特殊的优惠。父母在你八岁时，送你进了私塾。

你记得，是父母亲自把你送到私塾门口，并亲自把你交到私塾先生手上。你记得，私塾先生坐在太师椅上，显得十分威严。他教了你们两年《三字经》《百家姓》《千家诗》《龙文鞭引》和《四书》。他每天教学生念书、背书，然后让学生写字背书。学生背不出，他用竹板打屁股；学生写错了字，他用戒尺打手心。你看到父母那么困难都花钱粮送你读书，姐姐因为是女孩，父母都没让她上学，所以你学习特别用功。读书、写字、背书，你都很认真、很努力，所以从来没有尝过“斑竹笋子炒肉”的滋味。

两年后，村子里办起了保国民学校，你就转到该校读初小三年级，一直读到初小毕业。初小毕业后，你报考乡上中心学校的高小，并且考了第一名。中心学校离家很远，所以你必须住校。家里只好把米省下来，让你带到学校去搭伙。星期天回家，你看到家里人都是吃粗粮，很少有米下锅，你心里实在过意不去！有一个星期天你没有回家，你竟同另外一个穷学生进行了一整天的“饥饿比赛”，硬是一天不吃饭，饿了只喝几碗冷水，竟然顶过去了。

贫穷使人思变，理想催人奋进。两年后，你说服了家长，让他们同意你进城报名。那天早上，你同几个要好的同学约好，一起走到县城。你们翻过一山又一山，穿过一个乡场又一个乡场，一口气走了一百二十里的山路。到县城后，你们照了相，报了名，住进了栈房。考生很多，住满了大大小小的栈房。同去的同学有点心虚，说：“全县的考生都来了，只招那么点学生，我们考得上吗？”

你想起祖父与野猪搏斗的事，心里毫不害怕，并勇敢地鼓励他们说：“怕什么！既然来了，就好好考，争取考上！”

果然，你报考了两个学校，两个学校都把你录取了！

七、中学时期

1945 年，抗日战争的最后一年。这年的春天，学校开学了。父母亲向亲友借了谷米和钱，让你进城读初中。你先选的是私立通川中学。这个学校有不少流亡教师，这些老师在日寇的铁蹄驱赶下，离别故乡，颠沛流离，来到这人生地不熟的小城，靠教书度日，精神上苦闷，生活上也艰难。但他们大多学识渊博，教学热诚，对你帮助很大。在本地教师中，也有一些杰出人物，如当时教国文的就有创造社的老作家段可情。他早年留学俄国、德国，发表过不少诗文，你在心里暗暗钦慕着他。

由于通川中学是私立学校，收费较高，家里承受不起。一年半以后，就让你转入了县立达县中学。达县中学建在金华坝上、龙爪潭边，山环水绕，风景优美。翠屏山上有座戛云亭，是唐代著名诗人元稹被贬到这里做通州司马时主持修建的。元稹经常来这一带漫步吟咏。元稹是河南洛阳人，贬谪通州司马长达四年之久。他在通州为民请命，惩治贪官，开荒造田，兴办学校，弘扬文化，政绩不凡。他到通州第二年就娶了能诗通文的裴淑为继室。元稹与白居易关系很好，诗的追求和风格很接近，都提倡现实主义诗风，表现当时的社会问题和民间疾苦。他们二人彼此唱和，相互呼应，在晚唐的新乐府运动中起到了先锋模范作用。白居易以《新乐府》五十首和《长恨歌》《琵琶行》等诗永垂不朽；元稹则以《连昌宫词》和《织妇词》等诗扬名天下。白居易被贬为江州司马时，元稹为之吟出了极为感人的诗篇《闻乐天授江州司马》：

残灯无焰影幢幢，此夕闻君谪九江。

垂死病中惊坐起，暗风吹雨入寒窗。

而白居易听说元稹的《竹枝词》凄凉哀婉，为时人传唱，也写诗吟咏：

江畔谁人唱竹枝？前声断咽后声迟。

怪来词苦由调苦，多是通州司马诗。

传说因为元稹是元月初九离开通州，通州百姓扶老携幼，结队送行，许多人竟登上他亲自主持修建的戛云亭遥遥送别。千百年来，通州百姓为感念他，竟形成了一年一度的“元九登高节”，全城百姓登高望远，寄托情怀。

你在通川读书，受到元稹的诗风的熏陶，并以他为骄傲，也经常怀念他。后来，你春节还乡，也总是在登高节去通州，看故乡那万人空巷、登高怀远的盛况，领略思古悟今的幽思：

其一

达州原是古通州，山自清清水自流。

元九登高怀元九，诗魂长伴凤凰游。

其二

元九登高涌万家，一家就是一盘花。

团团围坐野餐乐，追恋诗人感物华。

你转学到县立中学后，结识了同班同学蒲新成。他是全校有名的高才生，不但主科成绩多为一百分，而且美术、音乐都很优秀。同他的友谊，贯穿了你的一生。当时，县立中学的音乐老师王抒情非常热情，给了你和蒲新成很大的帮助，给你们留下了很深的印象。蒲新成对王抒情老师非常热爱，在晚年写的回忆录《渠江水碧蜀山青》一书中，对他做了十分精彩的描写：

一向沉闷宁静的达县，因为突然好像从天而降似地出来一位名叫王抒情的音乐教师，被他掀起的音乐旋风搅得天翻地覆，倒海翻江。这又是一位教师中的怪杰，他的能量之巨大，对音乐教育追求之执着，实在令人惊叹叫绝。他一身几乎囊括了达城所有中学的音乐课——县立达中、县立达师、县立达女中、省立达中。每个学校都有十几二十个教学班。王先生上音乐课极其严格认真。他不分年级高低，一律从识唱五线谱开始。那些从边远山区来的学生，有的连简谱都不会，学起五线谱来之困难就可想而知了。他每节课都像开大会似的集合着几个年级的若干个班在大礼堂上大课。每人都发有他亲手刻印的视唱乐谱，伴着风琴他先教唱两三遍，随后便每人紧张地练习起来，其虔诚认真的程度，竟大大超过了背诵唐诗宋词和《古文观止》。因为下一次上课他要一个一个抽查，许多学生生怕在堂上出丑，他骂起人来极其厉害，同学们竟像面临期末考试那样紧张，甚至有半夜起来“开夜车”读乐谱的。

王老师的第二个成绩是组织起一个“笛鼓队”和一个“合唱队”：

三十个人的合唱队，唱起同样一首《义勇军进行曲》或《长城谣》或《游击军歌》，却雄伟庄严多了，既凝聚了群体的豪壮，又明确地感觉到个人力量的存在和分量。严格的旋律和节奏，构成了极其浑厚雄壮的和谐之美。那是单薄的个人力量所绝对达不到的。王先生的音乐教育就像在达县五个中学这片荒土中进行着辛勤的耕耘。

王老师的第三个成绩是组织别开生面的“唱片欣赏晚会”：

这种欣赏晚会是他音乐教学的创举，也是他音乐教学内容的精华。每两周举行一次的欣赏晚会要花费他巨大的心血和劳力，却又是全体学生包括许多老师最盼望而又热烈快乐的时光。晚会都在星期六晚上举行。达师、达中由于地利之便都是两校合并轮流在两校礼堂举办。到时学生们都特别自觉地整队按顺序入场。每人放下自带的小凳子，规规矩矩地排成方阵坐好。尤其是达中的男生，不管原来有多么调皮，因有达师校的女生在场，更是格外的谨慎小心，生怕出错，秩序之好连每周星期一早上的“总理纪念周”也望尘莫及。王先生有一架旧的“哥伦比亚”留声机，虽是靠手摇发动，却音色优美音量宏大。更宝贵的是花了他全部心血珍藏起来的几百张各种唱片，有歌曲、乐曲和戏曲三大类。歌曲有独唱、合唱，乐曲也有独奏与合奏。大多是名人名曲，记得我们先后欣赏过郎毓秀、喻宜宣、蔡绍序、赵元任等独唱的《玫瑰三愿》《追寻》《嘉陵江上》《夜半歌声》《叫我如何不想她》……也听过梅兰芳、程砚秋、马连良唱的《霸王别姬》《凤还巢》《四郎探母》《空城计》等。凡是歌曲戏曲，王老师都将唱词用大字写在大张白纸上，在亮堂堂的煤气灯光下，让我们能看得清楚，听得明白。先生的良苦用心，换来了全体师生的赏心悦目和真诚感叹。

王先生的第四个成绩是发动了一场自做二胡和演奏二胡的“学生运动”：

琴柱可用贵重的红木、楠木，也可用柏木甚至松木，而最理想的则是枇杷树；蛇皮难找，但可用做箱子剩下的山羊皮边角料代替。王先生又编印了一本《二胡练习曲》，从拉空弦到刘天华的十大名曲，由浅入深，非常适用。简易二胡几乎武装了全校所有学生。

当时，你才从山村来到县城，对音乐接触甚少，更谈不上什么兴趣。

是王老师的音乐教育，把县城的学校，也把你推上了抗日救亡的歌咏活动之中。那时候，王老师教学生们唱《流亡三部曲》《义勇军进行曲》《黄河大合唱》《游击队歌》。于是，这些洋溢着革命热情的时代旋律在大巴山下、州河两岸响起，振奋了很多学生的心灵，也振奋了你的心。国民党发动内战后，他又教大家唱《山那边呀好地方》《古怪歌》《苦命的苗家》等歌曲，让反内战的野火，从校园燃遍城乡……

王老师不但给了你精神上的鼓舞和思想上的教育，还给了你音乐的熏陶，让你爱上了音乐。这为你今后的诗歌创作，尤其是歌词创作打下了很好的基础。

在王老师掀起的自做二胡的活动中，你和同学蒲新成也加入了学习二胡的队伍。但是，要学二胡，首先得有二胡，而二胡很贵，要花好几十块钱。你们家都穷，买不起，只有想法自己动手做。好在教劳作课的李贤俊老师答应帮助你们。老师说，要做二胡，首先要准备材料。竹筒好找，马尾也可在马尾巴上去扯。可是，做琴柱琴轴，要用木质坚实而又细腻的枇杷树，还有琴蒙要用蛇皮做，这两样却难倒了你。好在，你在一次偶然的机会中找到了蛇皮：有一天，你看到一个巫师带着徒弟，背着法器到一家地主大院去跳神。你看到他们在秧田边捉了一条黄鳝偷偷放进一棵桐子树的树洞里，大约是准备晚上来抓“活鬼”的吧。你就想晚上去看个究竟。晚上你们去了，只见巫师和他徒弟在大院里敲锣打鼓，又唱又跳。到了下半夜，巫师脱掉上衣，打着赤膊，戴上龙神爷的面具，拿起司刀令牌，就向那藏着黄鳝的桐树走去。地主和一大群人举着香烛火把，一齐跟在后面，要看他怎么抓“鬼”！到了桐树下，巫师念过咒语之后，就伸手到树洞里去抓鬼了。你在旁边看看乐了：他要抓的可不就是今放进去的黄鳝吗？谁知，巫师突然紧张地把手伸出来了！原来他抓出来的不是他早已放好的黄鳝，而是一条又粗又大的菜花蛇！蛇嘴里还露出半截黄鳝呢！看的人吓得大声惊叫，巫师也吓得浑身打战。只见这菜花蛇很快缠上了他的臂膀和颈项。他慌忙壮起胆子，死死抓住蛇头，同时就索要赏钱。最后，徒弟用司刀砍去了蛇头，才算解围收场。这条蛇既是妖魔，当然要埋掉。于是，你就偷偷去把它挖出来，剥下蛇皮，绷伸晾干，做了二胡的蒙皮。然后，你们又去找枇杷树。你们打听到二十里外的罐子寨上有一棵大枇杷树，你俩找了个星期天，带着锯子上路了。李老师以为你俩是去旅游，也一同去了。到了罐子寨，扣开山门，只见这寨子有一个中年女尼住在庵里，那一株枝叶茂密的在山下就已经侦察到的枇杷树似乎就在庵后向你们招手。你和李老师就去跟女尼姑摆谈，而蒲新成则偷偷溜进尼姑庵后院去锯那棵大树的旁枝，旁枝又长又直，锯回去后，教劳作课的老师指导你们做好了二胡。你俩参加了王老师组织的二胡演奏。二胡不但漂亮，音色也很优美。你高兴地在琴柱上刻下了两句诗：

二弦留古调
一曲访知音

但是，这位你终生都爱戴的王抒情老师却在生前乃至死后都受到不公正的待遇。先是追查他的历史问题留下了疑案，后又被打成右派分子，弄去劳教，于1960年不幸去世。这让你感到深深的悲惜和永远的怀念。你一直想为王老师竖一块墓碑，却不知道他的墓在哪里。可是你却知道：王老师已经葬在你和万千学生的心中了。你和你的那些受过他的教育和感染的学生，都是他的墓碑，永远地铭记着王老师的不朽的情怀和高尚的情操！1996年1月24日，你在旅途上写了一首《哀音乐教育家王抒情》的诗：

每回母校忆师恩，音乐课中意纵横。
吹拉唱弹勤教范，悲欢喜怒赖抒情。
频将歌曲刺时弊，常以言行育后生。
可叹双帽头上扣，含冤魂断憾难平。

八、恩师李冰如

写你的青少年时代，不能不重点谈谈你的恩师李冰如先生。

李冰如先生又名李清，外号“了我一生”。他本是学农的，当过县农业推广所主任。因不爱逢迎，便辞职任教。他也是川北有一定名气的诗人。从1918年起，他就开始古体诗词的创作，以后也写白话诗，几十年坚持不懈，印行过新诗集《春风底鼓吹》《抒情集选》和古体诗集《腐草》等。他一生的志趣就是要做一个“平民化的诗人”。

你于1946年下学期从通川中学转到县立达中，首先读到的就是他写的一首五言绝句：

红水绿汀上，遥看白鹭双。
忽惊人影至，飞扑过渠江。

你觉得这首诗景美如画，画面、色彩、动态、韵律，都让你痴迷。后来又读到他刻在凤凰山崖上的诗：“诗思龙潭水，情怀凤岭云；淡远幽深处，苍苔没屐痕。”觉得他的诗思如龙潭之水，深幽清澄，情怀如凤岭之云，淡远迷离，就很想向他学习请教。碰巧他又是你们班的级任导师。他重才爱才识才，对你倾心指导，不仅热情指导你写诗作文，还在经济上支持你，给你介绍了一两个初中班的学生作文的批改工作，减轻你家庭的经济压力。从此，你与文学艺术结下了不解之缘。你成为著名诗人，他对你有着直接的、重要的影响。

你对李老师非常热爱和尊敬，也很了解。你知道，他从1918年起到1976年，写了近百卷上万首诗稿，不但有古体诗，也有新体诗。他非常看重自己写的诗。你还了解到，李老师曾经与张端绪（张爱萍）、魏传统等乡友一起当过达县第五高小的教师，李老师还资助过李中权等学生。后来，张端绪、魏传统、李中权都参加红军，成了我党我军的高级将领。李老师思想进步，富于正义感，也参加了地下党的外围组织活动。

李老师从你的作文中发现了你的写作才能，便决定给予你扶植和培养。当时你们班上还有一个与你要好的同学蒲新成，他是个高才生，各科都是全优，又爱好文学美术音乐。李老师就抽空给你们两人讲授唐诗宋词和写作知识，并借一些世界文学名著给你们阅读，这大大激发了你对文学的兴趣和写诗的热情。李老师还教你们写古体诗词，给你讲授古典诗词的韵律和规则，并指导你写诗填词。你得到老师的青睐和重视，写作热情也空前高涨。你像写日记那样，坚持每天写诗写散文。你看到教室外有株木芙蓉，为了练笔，你竟把这株树由发叶、长苞，一直写到开花、落叶。然后，你又把校园里的花花草草，几乎写了个遍。

李老师对你们练习着写的这些散文和新旧诗歌，总是不厌其烦地进行批改。他发现你们眼界不广，题材狭窄，思路不开，近乎无病呻吟，就指导你们写自己熟悉的东西，写自己真有所感的东西。于是，你开始拓展自己的眼界和思想，注意从山区农村生活中汲取题材，发现诗意。

风雨交加的一天，你在学校穿着厚厚的衣服，却依然觉得寒冷，你不禁想起家乡的贫苦农民，此时此刻，他们中竟有人还穿着单衣单裤，他们该怎么办呢？你的思绪掠过现实的风雨，飞到了故乡，飞到了故乡贫寒的农民身边，你不觉吟成了悲悯的《秋雨杂感》三篇：

一

连天风雨不胜寒，摧得园中草木残。
遥忆北山穷谷里，贫农个个尚衣单！

二

寒风萧飒雨凄凄，遥和无边战马嘶。
愁杀征夫惊远梦，泪痕多应在秋闺。

三

连日荒园值雨秋，美人蕉下不胜愁。
青年多为红妆惜，对景难逢花月幽。

第一首运用联想手法，从校园的寒风苦雨想到北山穷谷贫农尚衣单，表达了对北山贫农的同情；第二首感时伤事，写出了寒风萧瑟，战马嘶鸣，人民在内战之中的愁苦，寄慨良深；第三首用象征手法，表达你对帮助蒋军内战的美帝国主义的不满。

又一个秋天的晚上，你听见纺织娘在校园鸣叫，不觉想起在家乡时，经常听见纺织娘躲藏在瓜叶之间鸣唱，声如织机之声，你不禁联想到家乡那些投梭织布的妇女。她们白天耕耘劳作，煮饭喂猪，操持家务，已经疲惫不堪，晚上还要自织土布，直至半夜。于是，你吟出了借物喻人的《纺织娘》：

凄凄纺织娘，绿叶作家乡。

独自抛梭久，深闺苦夜长。

谁怜卿寂寞，只有我情伤。

月落三更后，也应下织床。

1948 年底的一天，刚刚下了课，李冰如老师突然高兴地拿来一本上海出版的《现代农民》杂志给你看。你打开一看，竟意外地发现上面印有以你的笔名梁白云发表的《秋雨杂感》三篇和《纺织娘》等几首诗。你不觉喜出望外！同时也感到十分吃惊。因为你从未向校外的刊物寄过什么稿件！你不解地问李老师，李老师告诉你说，是他给你抄了寄去的。他还告诉你，因为他原来是学农的，又是中国农业协进会会员，看你写的这一组反映农村生活和农民疾苦的诗，觉得还不错，显示了你对平民化诗风的追求，便给会刊推荐了这组诗。

以后，李冰如又联合你同蒲新成主办了一张壁报，以松竹梅岁寒三友自喻，起名《三友》诗刊，专发表师生的作品。李老师任主编，负责选稿，蒲新成设计刊头、插图，你负责编排、抄写。壁报很快就办起来，张贴在学校的廊道上。连出几期，都引起师生注目观赏。有一期还被评为全校壁报的冠军。但由于有反对内战和影射当局的内容，被国民党特务查封。你们又创办了《秋星》壁报，继续发表为劳苦大众疾呼的诗歌和文章，不久，也被教“公民”的国民党特务夜间撕毁，以示警告。

李冰如把你和蒲新成当作知己，经常和你们一起到郊外旅游，在大自然中寻觅诗意，捕捉灵感。有时，他还同蒲新成一起到你家做客，并像古代的诗人那样一起做联句诗。1949 年冬，李冰如到你家，你们二人围炉取暖，李先生提议以围炉为题联句，组成了一首联句诗：

身暖心犹暖（师），人亲火更亲（生）。

伐来山上木（生），添作炉中薪（师）。

釜底抽还进（师），炉边笑且颦（生）。

无穷家国事（生），都向眼前陈（师）。

在县立中学，你利用蒲新成兼任学校图书馆管理员的便利，悄悄借阅了不少被国民党查封的进步书刊，如介绍列宁、斯大林、毛泽东的文章，艾思奇的《大众哲学》、高尔基的《母》（后来翻译成《母亲》）、肖洛霍夫的《静静的顿河》《铁流》《保卫察里津》等。这些作品不仅提高了你的文学修养，而且对你世界观、人生观、文艺观的形成和人生之路的选择，无疑也起到了潜移默化的作用。你终生感念李冰如老师。还在读书时，你就写了《诗师影》一诗，赞扬恩师：

澄翠楼中勤写诗　无穷爱恨在浓眉

任它风雨疯狂甚　叶落花开自有期

在李老师去世后，你协助他女儿、女婿编辑了《李冰如诗选》和《李冰如诗文书信选》，并为之撰写了前言《诗思不尽今昔情》，还请乡友张爱萍将军题写了书名，以纪念老师的百岁冥诞。

第十四章 故乡情怀

一、大巴山情结

没回家乡先问一千声好，
走近家乡再道一千声早，
生我养我的大巴山呵，
你思念的儿子回来了！

喝一口家乡水止心跳，
唱一曲家乡歌抿嘴笑，
望一望家乡人亲又亲，
说一说家乡话变了调。

南方转战到北方，
从北到南又还乡，
爹娘不识孩儿面，
孩儿依旧识爹娘……

人在长高火焰在升高，
谁知比当年高多少？
亲爹亲娘别再比量了，
我长得同你们想的一般高！

你写于1956年11月11日的这首《还乡行》，集中地、浓缩地表现了你对故乡的深情！

的确，在当代诗人中，你的故乡情是比较突出而强烈的。

你出生在偏远、贫困的大巴山一个地道的农民家里，那儿地处大巴山腹地，属于川陕革命根据地。你从小受到农村文化和红色文化的熏陶，终生难忘。在读中学时，遇到了王抒情、李冰如这样的好老师，给了你音乐和文学的陶冶和引导，使你走上了文学的道路，这更加深了你的故乡情结。你参军后，多在西南边疆地区深入生活，以后又留在重庆从事文学创作，经常回到大巴山探望父老乡亲，这更强化了你的故乡情结，即身远离了故乡，而情却长系故乡。于是，你不断用文学创作来歌唱故乡，表达对故乡的思念和祝愿。

二、剪不断的恋情

你对故乡、对大巴山的父老乡亲一往情深，简直到了深入骨髓的境地！你牢记自己的根，不忘生命之本，情系故乡山水，心系人民冷暖。因此，你的诗中洋溢着浓厚的故乡情。

你离开故乡六十多年，可是却时时思念着故乡，怀念着故乡的生活。《雾中州河》就倾诉了你深挚的故乡情：

故乡的母亲河，
常在雾中扬波，
难望见你的水光，
只闻浪声的诉说。
诉说，诉说，
诉说些什么？

河水在向前流淌，
情思在向后回溯，
同学少年曾学泳，
旧梦还漂绕漩涡。

漩涡，漩涡，
漩来往事真多！
隐隐约约的河岸，
迷迷蒙蒙的水波，
我仍看得清你，
你可还认识我？
州河的雾呵，
雾中的州河！

你是怀着多么浓烈的感情来表达你对故乡的怀念之情啊！你真诚的情感赋予州河以光彩，你精美的构思赋予州河以韵味。全诗以州河为线索和灵魂，写得柔肠百结，细腻入微。

你还以古体诗的体裁，用顶针的手法，来倾诉你对故乡和故乡亲人的朝思暮想和情牵梦绕：

思君不闭窗，窗前尽月光。
月光照我梦，我梦绕山乡。

正是对故乡的爱使你以故乡为荣，并一心为故乡争光。你在1994年3月回故乡达县到地委宣传部和《达川晚报》同杜泽九、陈官煊等同志交谈时就表达了这种感情：“大巴山是个好地方，你看群峰挺立，绿水奔流，有起伏、有变化、有棱有角、有立体感，使人百看不厌。大巴山是个山海，清泉叮咚，鸟儿欢唱，本身就是诗，就是画。灵感易发，我看与山川自然、生活环境有关系。平原地区平面一览无余，显然不容易引发人的形象思维，这是一。二是受悠久历史文化传统的影响，达州这个地方历史上的文人学士不少，如唐甄以及被贬通州的唐代大诗人元稹等。我的恩师李冰如先生也是个了不起的诗人，写诗万余首。现在中年人中也有好大一批，如画家罗中立的《父亲》即是在达县画出名的。三是近十多年来的一批巴山新秀。他们互相激励、互相影响，比如达师专 77 级那一批学生，带着在大巴山生活的体验到学校，然后互相打气，勤奋上进，后生可畏。著名老作家韦君宜说：‘全国有两个地方出作家，一个新疆石河子，一个四川大巴山。’新疆石河子那个杨牧，还是大巴山渠县人。巴山出人才这个问题，还真有研究头呢！”

你说：“在我胸中，大巴山是座英雄的山、神圣的山、富有的山。谁看不起这座山，谁侮辱这座山，那是无知，是浅薄。”

你还说：“百鸟啼唱，山灵水美，大巴山是一座‘富矿’，是我的生活基地和创作灵感取之不竭的源泉。”

你正是怀着对故乡的敬重、热爱、向往之情，回故乡，钻山沟，爬山路，挤大车，睡通铺，竭忠尽智、呕心沥血来歌唱你的故乡和故乡的人民！

初步统计一下，你写大巴山的作品，仅以抒情诗计，从《寄在巴山蜀水间》到《大巴山月》再到《六弦琴》《不老草》，从数量上说，你歌唱故乡的诗歌就有几百首之多！而从题材内容上说，则从昔日的战斗到今天的建设改革，从苏区的老红军到村庄的小学生，从山川风雷到花草虫鱼。从文学样式上说，从短诗到长诗，从抒情诗到叙事诗(《红云崖》《祖母的画像》)，从新体诗到古体诗，从歌剧（《红云崖》《大巴山游击队》）到电视剧（《留得青山在》），你都写到了！

你在《诗路花语》的自序《回乡之唱》中写道：

我走路，走诗歌之路，
我回乡，回诗歌之乡。
乡土是养育我的土地，
山花也迎我开放，
微笑着向我耳语，
无声却倍感情长。
问我为什么满含热泪，
因山是亲爹，水是亲娘……

这首诗用了那么多宝贵的意象：路、故乡、土地、山水等，生动地传达了你对故乡的赤子之心，情爱之深。

1995 年 3 月，你回到故乡，大巴山的一草一木，通南巴一带悲壮的革命战争历史，一齐纷至沓来，你竟然一口气写了六行体《回乡组诗》十四首！举其中一首《稻之花》为例：

当水稻扬花的时候，
父亲爱带我田边转悠。
嚼着阳光像嚼着谷粒，
预品着收获的丰厚。
汗珠将结成饱满的稻穗，
我已感到新米饭的可口。

这首诗以朴实无华的笔触，写出了童年的回忆和对父亲的忆念。

《岸边》则在对幼年情味的沉沉回想中，表达了你对童年生活的回味：

岸边的青草映绿溪水，
水中的鲤鱼摆着红尾，
我躺在溪畔似睡非睡，
沉沉回想幼年的情味，
又像和牧童赤裸学泳，
惹得夕阳也迟迟不坠。

《归之忆》更写出了你对家乡刻骨铭心的思念：

儿时的小蝌蚪已长大，
长大成青蛙了，
在秧田里齐声鼓噪，
平添村夜的热闹；

儿时的乳燕已飞去，
飞去留下旧巢，
归来的不知是几代了，
呢喃着远游的寂寥；

儿时的杏花已凋谢，
凋谢后青梅尚小，
招引我童年的梦魂，
在枝丫绿叶间穿绕；

儿时的野蔷薇已蓬生，
蓬生成为网罩，
我潜入其中就出不来了，
亦如那红嘴的相思鸟。

《三轮明月》借用李白“举杯邀明月”的意境和甘肃酒泉产的夜光杯，以独特的构思，写出了你对故乡的怀念：

天上月明明，
水中月亮亮，
夜光杯里更晶莹，
中秋伴我饮月光，
莫道老家远，
一醉可还乡！

至于长诗，你写了《祖母的画像》《火云鸟》等，戏剧、歌诗剧你创作了《红云崖》《大巴山游击队》等。

正如重庆文联前主席陆棨所说：“你对她（指大巴山）怀有一种兄弟姐妹般的感情。这也许就是你能在大巴山里写出许多亲切感人的诗来的‘秘密’吧！”

满腔热情地歌颂家乡的山水草木，表现故乡的变化和发展，歌颂故乡的革命传统和故乡人民的精神，是你故乡情结的重要内容。

在歌颂故乡革命传统的诗歌中，最主要的是长诗《红云崖》。《大巴山游击队》也是歌颂家乡游击队战士的剧本。

在歌颂故乡的人民的优良传统和美好品质的诗歌中，《祖母的画像》可算是杰出的代表。

而歌颂家乡的山水，歌唱家乡的人民，歌唱家乡的变化，是你诗歌的重要内容。

在《大巴山之窗》一诗中，你以奇特的、气势磅礴的联想——把打通大巴山的六公里长的铁路隧道比作大巴山之窗，歌颂了故乡的大建设、大发展：

大巴山哪，横空起伏，
冬春堆着雪，夏秋堆着雾，
挡住了南来的风，
遮断了北移的雨。
是谁？是谁这样英武，
从中开凿了一个窗户。

从中开了一个窗户，
六公里，就是这山墙的厚度。
看列车来来往往，
像飞鸟进进出出，
听巴河汉水的涛声交响，
长歌千里襄渝路。

你在《深山少年》《访老农》和《给打工妹》中分别写了家乡的少年、老农和打工妹，表达了你对家乡亲人的关切：

深山少年

深山少年，家穷不知愁，
放学归来割草又放牛，
哼着山歌慢慢往回走，
采来刺果当作乒乓球。
到晚上温习功课也不久，
为的是多给家里省灯油。

访老农

脚踏泥泞走访山农，
农人何事忧心忡忡？
常说芒种要忙忙种，
披着蓑衣戴着斗篷。
人和牛总苦耕不停，
都还在斜风细雨中！

给打工妹

沿海能见到你们的面影，
西部能听到你们的乡音，
不是女儿也胜似女儿，
改变命运都勤劳自尊。
山野的花朵最明丽，
乡女的心灵最真纯！

《蛙鼓》则以象征的手法，表现了你对家乡人民的祝愿：祝愿他们在“振奋的旋律”和“激越的音符”中早日“把险情征服”，迎来故乡的繁荣：

哪来这么大的乐队，
演奏着《十面埋伏》，
在池塘、水渠、秧田，
腾起春潮般的蛙鼓。

鼓声此起彼落，
震荡着群山深谷。
油桐花也降下伞兵，
投入隐蔽待发的队伍。

多么振奋的旋律，
多么激越的音符，
给搏战者鼓乐助威，
把险情一一征服！

三、为第二故乡——重庆放歌

你是大巴山人，在大巴山的怀抱中长大。但你从 20 岁就在重庆工作，只有 1955 年 5 月才调北京军委公安军文工团任创作员。至 1957 年 11 月，你申请到重庆市歌舞剧团任编剧；1963 年春，你夫人蒲心玉也调入重庆市歌舞剧团当演员，后又兼任代理书记；你三个孩子都出生在重庆。你在重庆生活、写作了六十多年，所以，重庆是你的第二故乡，你也是重庆的知名诗人、词家、剧作家。

你对重庆很有感情，写了大量诗歌来歌唱它、颂扬它。你歌唱流经重庆的长江、嘉陵江、乌江，你歌唱大三峡、小三峡，歌唱重庆的南山、缙云山，你歌唱重庆的桥梁隧道和高楼大厦，你歌唱重庆的工厂农村、部队学校，你更歌唱重庆男人的剽悍义气、女人的如花似玉。

《窗含长江》通过一个特殊的视角，书写了你对重庆的热爱，对大江的依恋：

一方小窗，
隐没在楼群里，
可巧有个山垭似的缝隙，
露出长江短短的几尺。
短短的几尺，
已足堪珍视，
能辨水色的变化，
水位的涨落，
远方的信息。
虽不见它从哪儿流来，
向哪儿流去，
但西部高原的雪山，
东部深幽的大海，
都与我两肩左右相倚，
江流拍胸而过，
穿越万里……

你写的重庆的《老引水员》，是多么豪爽、英武，令人肃然起敬，令人赞不绝口：

旱烟一杆不离手，
浓茶一杯权当酒，
见面成朋友，
无话不出口——
我们这号人，
啥子都没有，
满眼挂着水线，
满脑装着石头，

就是做梦梦见的，
也在跟水石搏斗。
水有水的性格，
不时凶过猛兽，
猛兽要变为坐骑，
先把它脾气摸透；
石有石的布阵，
拦住前后左右，
目光要射穿江底，
须记它一个不漏……

——说着船已入三峡，
峡顶齐天风浪陡，
白发就是定向针，
千曲百拐如飞走！

你把更多的激情，献给了在改革开放中大展宏图的新重庆。

重庆是座山城，又是一座江城，桥梁建设十分重要。重庆嘉陵江的黄花园大桥通过大隧道与石板坡长江大桥直线相连，将重庆两江三岸三区连为一体，大大改善了重庆的交通状况。大桥通车之际，你同全市人民一样兴高采烈。作为诗人，你激情难抑，灵感喷发，兴奋地写下了《题黄花园大桥》一诗：

新桥跨浪走长龙，龙入山城穿地宫。
遥接两江三口岸，连通水陆上云空。

你还为大小三峡写了很多的诗，并热情地歌唱重庆新的造山运动。这些，我在本书的另外一些章节中做了论述，这里就从略了。

第十五章 爱情婚姻家庭

一、冲破包办婚姻

写到你的爱情婚姻，不能不提到你少年时代那段包办婚姻的人生苦戏。

你家在农村，那里自古就有封建式“娶大婆娘”的风俗。“娶大婆娘”的目的，是为家中白白地增加一个劳动力，而且能早生贵子。古人不是常说：早栽秧子早挞谷，早生儿子早享福嘛！还在你读小学时，家里就给你同一个从未见过面的女子订了婚。女方叫刘谷英，一字不识，但是一个不多言多语的农家女，比你大五岁多，身强体壮，显然是个好劳力。你上初中一年级时，才14岁，但对方已经近20岁了。在那个年代，20岁的姑娘已经早该出嫁了。所以，女方家催促你们家早办喜事！父亲也没对你说明原因，就硬叫你向学校请假回家。你到家后，父母就逼你马上同这个女人结婚。如果你不答应，家里就要你停学回家种庄稼！你是个听话、孝顺的好孩子，情窦未开，混沌迷蒙，哪懂什么结婚拜堂，更不敢反抗父母，只有任凭父母为你操办这桩婚事。女方的家与你的家仅隔着一条大山梁，虽然不远，可要相会，却要先上山再下山，得花半天的时间！你被打扮成新郎的模样，穿着新衣，戴上礼帽，胸前挂着红花，坐上滑竿去迎亲。吹鼓手吹吹打打，在前引导，族中的兄嫂弟媳跟随着花轿迎回新娘，闹闹嚷嚷地忙活了一整天。到晚上进得洞房，盖头揭下，你简直吓了一大跳。只见新娘比你高出了一大头，让你又惊又怕，哪里谈得上什么感情！过了两三天，假期未满，你就迫不及待地回到了学校。此后，总是尽量找借口不回家。但是，暑假寒假，你总得回家呀！只要你一回去，父母就会叫你好好善待媳妇，女方也总是百般温柔地服侍你。就这样，三年以后，你和她还是有了一个儿子，取名国辛。可是，你心灵深处的痛苦却是愈来愈重。因为你是一个汲取了新思潮、新观念，追求进步的知识青年。尤其是在学校读了巴金的小说《家》以后，更觉得自己的婚姻和觉民的悲剧无异。你极力想摆脱这场不幸婚姻的桎梏！就是在这样一种心态下，你才在达县解放后立即报名参军，不给家里一字音讯就远走他乡。这样的婚姻注定是难以维系的，后来你终于通过法律手续和刘谷英离了婚。

你离婚后，同蒲心玉自由恋爱结婚。当知道你曾育有一子，蒲心玉虽然也有些遗憾，但她毕竟理解：这都是旧时代封建包办婚姻的陋习造成的。她对你说，她既然爱你，你那时在部队难于关照孩子，她就应尽一分力量养教他。因此，她非常大度地请她母亲去你家把国辛带回蒲家抚养。从蒲家所在的达县县城到你家北山乡乡下，要走一百二十多里的山路。蒲母硬是拼着一双小脚，去来两次，共步行四百八十多里山路，才把国辛带回城里一起生活，并把他的户口办到城里。

蒲母将国辛接到县城后，把他从幼儿抚养到成人：送他上学读书，直到初中毕业。有几次，国辛生病，蒲母把他背到医院看病，几天几夜守着他，特别是有次患了伤寒重症，十分危险，全家都感责任重大，真是费尽了心血！困难时期，蒲心玉怕国辛饿着，将给主要演员的特供拿回家度灾年，有时还让他到文工团一起吃饭。国辛中学毕业后，蒲心玉又利用自己在达县的人际关系，介绍国辛当了工人。后来，国辛考进了县文化馆，后又调入县文化局，长期从事文化工作，直到退休。

二、挚友蒲新成

写到你同蒲心玉的爱情，不能不首先谈谈蒲新成。蒲新成是你中学的同学，后来又成了你的妻兄。这双重关系，使你们成为终生挚友。

蒲新成原名蒲心诚，从小聪颖过人，才华横溢。对自己的家乡，蒲新成在回忆录《渠江水碧蜀山青》中曾作过生动的描写：

曲曲弯弯的州河，冲破了崇山峻岭的阻拦，从大巴山深处奔腾而出。来到凤凰山下，减缓了步伐，绕了一个大弯，圈出一片背山面水的平川，接着又反向弯了一个大弯，造出个土地肥美的半岛，然后悠然自得地向南倾泻而去。一座川东北的名城雄踞在这片背山面水的平川之上，她就是著名的达州，又名达县、达川，也是旧绥定府所在地。

城里有一条偏僻的小街，名叫院棚街，街上曾有科举时代举行考试的考场。街上除了有一座宏大的文昌宫以外，还有一座小小的龙王庙，庙门的左侧，有一间小小的木板房。这间小小的木板房，就是我降生的地方。

显然，这座小小的木板房，既是蒲新成出生之地，也是蒲心玉降生的地方。而院棚倒是孩子们玩耍的好地方。在院棚的大院门口，有两株高大茂盛的黄桷树，每年夏天，伸出浓郁的绿叶，遮天盖地，凉爽极了。大院最后一层，则有两株高大的桑树，每年春天，桑葚成熟之时，孩子们爬上树去，饱餐一顿桑葚，吃得满嘴都糊满了紫红色的果汁。前院东西两边还各有一株老芙蓉树，秋季开满繁花，非常好看。特别是东边那株芙蓉，妩媚地斜依在东厢房的屋檐上，蒲心玉会同哥哥及其他小伙伴一起，从树干上爬到厢房的屋顶上玩，远眺城外的山，近看城郊的街道和农田，放飞心灵的梦想……

蒲心玉的祖父是一位坚强刚毅的男子汉。年轻时曾率领十多个工匠，到陕南商洛一带闯荡，成为名噪一方的梳篦行家。后来回到达县，开了有名的“蒲兴发梳篦店”，以其信誉高、产品质量好和价格实惠迎来门庭若市的繁荣景象。但蒲心玉的父亲当了团练局的司号兵后，被莫须有的罪名关进监狱，家道就逐渐衰落。这时候，蒲心玉的母亲又给她生了个小妹。而这时，军阀刘存厚的秘书官王某的亲戚雍家太太也生了个小少爷却没有奶水正急着找奶妈，就连劝带逼地把蒲心玉的母亲拉去给雍家做奶妈，硬把蒲家小妹送到天主堂的“弃婴堂”里。母亲忍住悲痛向雍家求情，为父亲开脱，使父亲得以出狱。以后，母亲一心关照少爷，得到雍家信任，雍家又答应把蒲家老小接到成都，以免奶妈思亲分心。日久，靠吃蒲母奶水长大的雍家少爷却生了恶疾，最终夭折，蒲家依附雍家的纽带突然断裂。雍家就拿了一笔微薄的路费，让蒲家人回到达县。又经过几年，蒲新成进入了达县县立中学，成为学校著名优等生，受到李冰如老师的特别关爱。初二的时候，你也由私立通川中学转学到达县县立中学。蒲新成在回忆录中是这样介绍你的：

正当1946年我处在初中二年级、校园生活空前活跃的兴奋心境中，仿佛上苍刻意要成人之美促成一段美好夙缘似的，一位新同学从达城里的私立通川中学转到了我的班上。他英俊潇洒、朴实大方、想象丰富、文思敏捷，一来就被李先生的慧眼所赏识，经常被叫到澄翠楼来一同赏词论诗、读书习文。他就是后来《三友》壁报社中笔名“白云”的梁上泉。他家在百二十华里远的北山场乡下，丰富清新的农村生活充满了田园雅趣和泥土芳香。李先生经常在澄翠楼上给我们两人“开小灶”，讲解平仄音韵等格律知识，又给我们选讲了李白的《月下独酌》《将进酒》《蜀道难》和杜甫的“三吏”“三别”、《闻官军收河南河北》及白居易的《琵琶行》《长恨歌》等名篇。我们读得多了，却更加喜爱“长短句”——词。在众多的词作中，又特别欣赏以苏轼和辛弃疾为代表的“豪放派”。对秦观、柳永等“婉约派”则不甚感佩。但对李后主的词是篇篇喜爱，因为不管哪一首，无不情真意切，脍炙人口。……我们成天沉迷在诗词里，互相唱和，共同推敲，兴味甚浓。时有佳作，也同喜同乐。梁上泉还曾有《秋雨杂感》数首，情意真切感人。

正是因为你们两人同受李冰如老师器重，你们三人结成了“三友”：

李先生最喜欢接近大自然，几乎每个星期天都要约我们两个一起去游山玩水，足迹几乎踏遍了周围的每一座大小山头，并访问了田野间的一些农户。这是他引导我们去接触和体验农村生活的一种方法。他曾说：“写诗作文都要从实际生活中去体验和感受，要有感而发，不可无病呻吟，凭空虚构。”我从而体会到不仅写诗作文，画画和拉琴也是一样，需要从自然和社会现实中去体验和领悟，才能表达出一定的感情，而不致流于空泛无物或虚假造作。李先生诗思如泉，每天都喷涌而出，新作不断。我们也尽力写出一篇一篇习作。不久，澄翠楼中的墙壁上就贴满了诗稿，每篇都被李先生加上许多圈圈点点。被诗稿贴得密密麻麻的墙上显得热闹非凡。有一天，那位风趣幽默的音乐教师王抒情先生到澄翠楼来，看到这满墙诗稿，笑道："我也送你们一首打油诗：'墙上尽是诗，为何墙不倒？背面也有诗，所以撑住了。'"大家听了不禁笑作一团。自从校园里刮起二胡旋风，我和上泉也一同被卷了进去。李先生居然也为我们的悠扬琴声所感动，还不断写出新诗来。于是，澄翠楼上更加热闹起来，书声、琴声、歌吟声不断，飞绕校园。这也是"文心""诗心"与"琴心"凝结成的不解之缘。

后来，你邀请李老师和蒲新成、何联祥到你们家玩。蒲新成也邀请你到他们家玩。就这样，你认识了蒲心玉。

三、与蒲心玉相识

蒲心玉生于1933年9月。出生不久，母亲被雍家带去成都给他们当奶妈，后来雍家又把蒲家老小接去成都，给蒲父安排了一个工作。雍家主人和太太知书达理，心慈面善。雍家老太太虽然天天拜佛念经，但是为人却相当刻薄。蒲心玉小小年纪，就得每天洒水扫地，跑腿打杂，还要每天送小姐到学校念书。夏天要给老太太打扇，蒲心玉困极打起瞌睡来，她竟用长长的指甲掐她的肉！这使蒲心玉在以后演《白毛女》时，对喜儿被黄世仁母亲折磨感同身受。老太太要蒲心玉兄妹给她家洒扫庭除，要求十分苛刻：抹每件家具都要做到"一尘不染"，老式的红木雕花桌椅的每个小洞，都必须用小指头裹着抹布伸进去擦干净；痰盂和尿壶，要洗刷得觉察不到丝毫异味。蒲心玉和哥哥早晚总是非常周到细致地做事，使老太太挑不出半点差错。这样，他们每天就有较多时间自由支配，有时还可以到附近的戏院去看川戏。

原来，在雍家旁边，有三家戏院，他们兄妹俩都可以混进去白看戏。这三个戏院都有名角：悦来茶园有周慕莲和萧楷成，春熙大舞台和“三益公”则有天籁、翠侠这对明星搭档。这些演员，实力自然比达县川剧团高出许多，唱做念打都是一流的。特别是唱腔之高亢、嘹亮、圆润、婉转，更是炉火纯青，使得两兄妹听得如痴如醉，走在路上还边走边学边跟着哼唱，甚至在梦中还念念有词，果真是“余音绕梁，三日不绝”。回到家中，兄妹俩还要自己演戏：蒲心玉把床当作舞台演出，蒲新成则拉二胡伴奏。

为什么蒲心玉从小喜欢戏剧，后来每场演出都那么成功？为什么蒲新成后来音乐感那么好？这跟他们小时候就那么执着于去看川戏，受到那么多川剧名角的薰陶和潜移默化是分不开的！

在成都的又一件喜事是，在最后一两年蒲心玉兄妹俩都上学了。这简直是他俩做梦都在想的事！让蒲新成去上学是因为见他聪明伶俐，让蒲心玉去则是因为每天要陪二小姐上学，要给她背书包、提饭盒，可以旁听。

可是，好景不长。1939 年，年方 7 岁、吃蒲母奶长大的雍家少爷患病夭折。蒲家依附雍家的唯一纽带突然中断，这种情境下，蒲家不得不离开雍家。蒲心玉的祖父早已辞别雍家独自漂泊去了，父亲也已先去重庆谋生。剩下祖母、母亲和兄妹二人，老小一路，长途慢行。雍家给的那点路费沿途吃住花销，日渐用尽，好不容易才回到了达县，回到了原来破败的老家。

过了不少苦日子后，突然，蒲家又时来运转。原来，四川省银行在达县设办事处，招蒲心玉父亲为“行警”，每月有了十几元工资，家境竟好起来。这时候，家里又添了一个妹妹，蒲心玉就不得不背着妹妹去上学了！她读的是教会学校——崇德小学。上课时，就把妹妹用长长的背条系在教室外面地坝的大树干上，让她自己一个人玩耍。小妹很乖，一个人在地上玩耍瓦块或看蚂蚁搬家，就可以度过半天。

1943 年，达县的一部分戏剧名流，以崇德小学为基地，成立了一个业余的“孩子剧团”。由于蒲心玉从小热爱艺术，又经常自我练习，就被老师选入了孩子剧团。蒲心玉进了孩子剧团，简直是如鱼得水！她训练刻苦认真，又有戏剧天赋。孩子剧团排演郭沫若的历史剧《棠棣之花》时，老师让她饰演女主角聂莹，她竟然一举轰动全城。连她唱的“春桃一片花如海，千树万树迎风开”插曲，也一时满城传唱！不久，她又在《孔雀胆》中饰演阿盖公主，在《桃花扇》中饰演小翠等角色。蒲心玉演出时的专注、深情，更赢得不少观众的掌声和眼泪！这些成功的演出，使蒲心玉很快从戏剧界中脱颖而出，成为达县戏剧界年龄最小的知名演员！

蒲心玉的少年成才有两方面的原因：首先，她有良好的艺术才华和对艺术的挚爱，以及在成都听川剧的薰陶。其次，则是得力于达县的良好的艺术环境，得力于当时达县著名人士的帮助和培养，其中崇德小学的校长蒋安富起了极大的支持和组织作用，而达县著名导演贾之惠、况余烋和著名演员单全玉小姐及她的父亲单济和，都对蒲心玉非常支持和关心。

1946年，蒲心玉小学毕业了。同年底，她竟被老师和熟人带到重庆报考陶行知创办的育才学校。考上之后才知道，育才学校要迁往上海。学校很看重她的戏剧才华，劝她随着学校去上海。但是，蒲心玉担心上海是个繁华之地，去了适应不了，或者堕落了，就没有去。她只得去考个初中，去读了城外乡下的南凤中学，学生可以自己煮饭。在那儿读了两学期以后，找人补习又考上了省立渝女师音乐科，上学不收费。半年后，蒲心玉寒假回家，令她意想不到的是，刚走近家门，就听见悲怆的哀哭声。她惊惧地走进家门，只见一家人围成一圈，全都在悲伤地哭泣！她挤进去一看，顿时惊恐万分：只见爸爸直挺挺地躺在地上，妈妈正趴在他身上放声痛哭！她也忍不住扑在爸爸身上，放声大哭起来！后来她才听说：因为高利贷债主年终凶狠地逼债，爸爸上吊自杀了！爸爸的惨死让蒲心玉更认清了财主的本性。新中国成立后，蒲心玉演《白毛女》，总是非常投入，特别是演到地主婆虐待喜儿时，就会情不自禁地想到爸爸自杀时的凄凉惨景，因此，演出效果特别好。

父亲去世，蒲心玉再也没有钱去重庆和读渝女师了，就转在本地读达县师范学校。该校从来爱好话剧，蒲心玉去那年就参加了《孔雀胆》的排演，饰演阿盖公主。

达县师范学校与达县县立中学是一墙之隔，离蒲新成家也近。蒲新成经常邀请你到他们家玩，你很快就熟识了蒲心玉这个小妹妹。蒲心玉身材苗条，秀丽端庄，热情爽快，能歌善舞，给你留下了深刻的印象。蒲心玉也早就听哥哥讲你学习努力，写诗作文全校有名。

你认识蒲心玉以后，常为蒲心玉补习功课，天真纯朴的蒲心玉总是亲亲热热地称你为梁兄、梁哥哥。你也从心眼里喜欢这个乖巧灵秀、多才多艺的小妹妹。凡是蒲心玉演出，你就会同蒲新成一起，到墙那边，去为她的演出鼓掌捧场。

四、两地情，一地书

1949 年 11 月，达县刚解放，蒲新成与蒲心玉都参了军。但在部队开拔到湖北孝感时，蒲心玉考虑到家里老人和小妹没人照顾，又回家了。1950 年 1 月，蒲心玉到县文工队工作。你继续在合并后的达中读高三年级。

这时候，蒲心玉在艺术上崭露锋芒。她不仅演歌剧、歌舞剧、话剧，还能唱京剧、川剧，尤其是演《白毛女》特别出色，成为县文工团的台柱子，被人们称为“巴山一枝花”。1950 年底，你被川北军区文工团招作文艺兵，你们俩才分开。你离开达县时，蒲心玉送了你一个小小的、精致的笔记本。你用它记下了你走上革命道路的最初的日记。分别后，你同蒲心玉开始书信往来。

在彭斯远教授为你编辑的《八方来鸿》一书中，收入了蒲心玉致你的 44 帧书信。本来，你致蒲心玉的信当更多，可惜，在“文化大革命”初期，为避免造反派抓住这些书信做文章，你们俩一起含着眼泪把这些书信烧毁了！惜哉！现在，只留下了“两地情、一地书”了！为写好你的传记，我只有以你们对我的讲述，加上这些书信为线索，把你们恋爱的经历表现出来，把你们的美好爱情展现出来。她给你的信很多都落名“芷汀”。这是为什么呢？你告诉我，这是她读渝女师音乐专修科时的别名，她当时十分崇拜京剧名演员童芷苓和音乐家贺绿汀，所以取名“芷汀”。

你告诉我，你参军走后，你们部队又几次到达县来招收新人，他们都想招蒲心玉，但达县剧团觉得蒲心玉是台柱子，不愿放她，所以每次部队来招生，剧团都把她藏起来，或把她调出去演出，不让招生的同志与她见面。所以，蒲心玉未能去到你们部队。但她十分希望能到重庆报考学校或文工团。

1951年5月14日，她给你来信，希望你给她打听一下学校和文工团的消息，以便她来渝投考：

上泉同志：

你的来信早收到，因工作的忙碌，没马上给你来信，你不会见怪吧？妈妈、二祖母、四妹都好，希别挂念！你工作忙吗？希望你多多加油，我们在这里等你工作胜利的消息！参军的新成最近都没信来，不知是啥原因？现在你的工作多好啊！前次我没跟你们一道走，现在我真后悔死了，不过我想在下年五六月的时候，向县政府请假也出来读书，或找工作，我们现在是由县府开支一切，希望你在那里多多给我打听一下学校和文工团的消息，以后我来渝投考，你说对吗？望你看在哥哥同学的份上，在学习方面多多地帮助我，我决定接受，希望你时常来信，以免我们望念！忙忙的给你写了这些，有空时，我想把我工作的情形详细告诉你。

祝你工作顺利

1952年2月27日，蒲心玉写信给你：

上泉同志：

先向你拜年吧！我刚回家就接到了你的信，我是多么高兴呀！

好几个月都没给你去信，是因为你到了贵州，我也刚从通、南、巴回来，这点你知道后，一定不会见怪的。昨天接到哥哥由湛江来的信，另有照片和五十元钱。在这两年中，我先后给他去过四封信，还有照片两张，因他随志愿军赴朝了，退回来了两封，不知那几封是否收到！

泉哥：我们文工队全体同志只有三十几位，要做九个县的宣传演出，工作是忙得很。我们慰问军队演出大小歌剧是一百多场，以《白毛女》《刘胡兰》等剧为主，春节演出了《光荣灯》《母亲的心》等小剧。现在正加紧准备三八节活动的婚姻法宣传，这些重要的工作，也许你们比我们早知道。同志，为了把旧社会残留的封建余留彻底消灭，为了要把祖国建设得更美好，才能使我们每个男女老少在学习、工作上和生产上跟上时代，给经济大建设打下良好的基础，你说对吗？

再告诉你，我的妈妈，也是你的妈妈，她已经当上军属模范了，我们都应该向她学习，赶上老模范。

马上排戏了，希望多来信，寄照片一张，你欢喜吗？

这封信，蒲心玉还是称你“同志”。她们演出非常紧张，但思想非常先进，人也非常单纯。

1953年2月27日，蒲心玉给你去信，倾诉她心中的苦恼：

上泉：

最近你的情绪一定不太好，而我呢，也觉得有些苦恼。在我们互相的心里总觉得有个疙瘩没解开似的。前次给你的信可能在你思想上多多少少都有些刺激。上泉，原谅我，那是我的感情一时冲动，一口气写了那些叫人难受的话。记得你对我这么说过：希望我在精神上给你鼓励。是的，我不应该给你头上一瓢冷水，给你的帮助实在是做得太差。但另一方面呢，唉！我确实不好处理呀！现在我打开窗子说亮话。我们之间已经……写到这里，我心里实在跳个不停，脸也开始发烧，手也发抖。但为了要解决这个遗留问题，我应拿出最大的勇气写下去，对与不对的地方我们可以合理合法合适地去处理。由于以前的关系不同，我对你完全是一种敬爱，像爱我自己的哥哥一样，后来没想到有这么一天，发展到爱慕之心。当然啰！人都有感情的，不然的话哪会有今天呢？！我们不应该让这些事来阻碍我们的思想，因为还有我们的工作，还有我们的理想……为恋爱这些事，我在达县这个环境碰上不少，已经够伤脑筋了，可我更不希望你再给我找麻烦，使我更加为难……

泉：你想一想我们后来没有正面交换过意见，你对我还是皮毛上的一些了解，到了将来有那么一天处在一起的话，万一合不来，那时会给我们带来多大的痛苦啊！……当然我还相信可能不会，因为我们的工作和理想都是一个目标，不会三心二意的，但困难的也就是你，唉！不说了，现在我心里实在很乱！再写下去，我会哭起来的……

这封信已经明确地表达了她对你的感情。

五、情定山城

1954 年 11 月 12 日，蒲心玉给你去信，表明由于她是著名演员，所以追求她的人很多。尤其是何联祥是蒲新成的好朋友，同蒲心玉又有多年友谊与交往，他苦苦追求蒲心玉，让蒲心玉十分不安。这封信中，蒲心玉给你明确表明，她拒绝了何联祥的追求，而决定选择你！因为她觉得，你能在政治上、文化上、业务理论上帮助她、鼓励她。

上泉：

怎么来信总带火药味呢？我看了你的信后，的确有些气愤。诚然，每个人都有他的个性和主张，我是喜欢这种人的，但蛮横不讲理的人，这不算倔强（这不是指的你）。亲爱的同志，别火，要是你知道我的真实情况，你会，不！也许会同情我的。这次联祥来万县我们碰上了，但他万分痛苦地离开了万县。其原因我不写了，看看这封信你就知道。总之，我给他的结论是，为了完成我的理想，就是我心目中的艺术事业（绝不是艺术中的自己），所以我现在，需要有一个能在政治上、文化上、业务理论上帮助我、鼓励我的人。何况爱情只能献给一个人呢。因为这是个宝贵的东西，当时他也没什么话可说。说老实话，我内心还是难受的，他是个知识分子，是哥哥和你的好同学，又是新中国成立前后亲密的战友，我该怎么来对他呢？要使他口服心服，那是困难的，不过为了使他今后不痛苦，我觉得给他说的话是负责的，当然，他可能会一时难受，想不通，今后他是会愉快的，觉得我对他是诚实的，他一旦觉悟，应该想得通，只要一方不同意，勉强结合，就会使生活苦恼，你说对吗？今天午觉给你写了这封信太简单了，本来要说的还多呢，以后再详谈吧，我的好同志！今天晚上我队演《六号门》，半月的光景就会回去了。另外，我前次给你谈到那些想到渝来学习的事，至少我是个好心，而不是野心啦！现在条件不够，就慢慢地来加强自学，我接受你的意见！这是我新的剧照，给你吧！

1954年11月，你随西南军区慰问康藏筑路部队文工团，从重庆到成都集中，恰巧住进了巴金故园。在巴金生活多年的古旧的深宅大院中，你看着那一所所小院，一间间房屋，一个个天井，一株株树木，一件件家具，不觉思绪飞腾：高老太爷，觉新、觉民、觉慧，以及瑞珏、梅表姐、鸣凤……一个个独具特色的生动形象晃动在自己眼前。你从他们的爱情婚姻想到了你同蒲心玉多年的交往。在你心中，蒲心玉是那样光彩照人，有着美好的人格人品和高度的艺术修养，又同你有着共同的追求和爱好，她简直就是你心目中的嫦娥，想象中的仙女！但是，你俩通信这么久，却始终以兄妹相称，从未越雷池一步。你一直想写信表达你对她的爱，却又怕因为自己的唐突而破坏了你们那亲密无间的感情。但是，长久憋在心里也不行啊！所以，怎么给她表达爱意呢？你想了很久，终于想出了一个方法。你没有直接表达你的情感，而用了迂回曲折的方法：你在信中深情地回顾了你与蒲氏兄妹的真挚情感，然后，你告诉蒲心玉，你多年来一直深爱着一位贤淑美丽、温柔善良、多才多艺的好姑娘，她有天仙般的容貌，银铃般的歌喉，你深感与这位姑娘的差距太大，而从不敢向她表露自己对她的爱。随后，你请蒲心玉从妹妹的角度，帮哥哥拿拿主意，让她告诉你应当怎样向这位姑娘表白自己的感情。这封信写得字字含情，句句珠玑。而且你还在巴金故居的花园中，照了两张照片：一张身披军用大衣，一手叉腰，一手拿着一本普希金的诗集；另一张面对菊花，做出一副既英姿飒爽又潇洒浪漫的样子。在面对菊花那张照片的背面，你写下了“菊花说……”

就在你即将奔赴康藏高原的前一天，你大着胆子将恋爱信和这两张照片一起投入了邮筒。

在奔赴拉萨的路上，你始终惴惴不安地猜想着这封信会有怎样的结果？三个月后，你风尘仆仆地从拉萨回到重庆下半城凤凰台部队驻地，第一件事就是迫不及待地去取你这三个月来的信件！取到信件的那一刻，连日奔波的劳累和多日的猜测焦虑一扫而光。因为你看到了厚厚的一大沓信，那信封上娟秀的字体，正是你日思夜想的蒲心玉的信啊！拿到信，你从她最上面的一封信、也即最后的来信看起。读着这封信，好像一缕温暖的春风吹进了你的心田，一缕阳光照亮了你的心扉！她在1955年1月6日给你写信说：

亲爱的同志、文艺战线的战友！

我是怀着爱心、激动、兴奋的心情来回给你这封信的啊！

亲爱的同志，您知道我现在特别快活！因为终于收读了您的信，简短而非常亲切、诚挚的信，应该这样！简单告诉你，我现在的工作和生活情况。我在这段时间里不仅读了《舞台艺术》《演员创造论》《向苏军红旗歌舞团学习》等书外，还重读了文艺小说《牛牤》。在生活方面饮食正常，身体尚好。关于我您不用担心，尤其是现在工作很好，我也不为自己担心，因我想，我们应该把这种纯真的情谊变成一种力量——推动自己同样也能推动您一同上进。我希望您，我是多么地希望您的成功啊！我相信您的聪慧和毅力，因此我特别喜欢您信中的几句，那豪放但不是自夸的话，您说这次参加进藏慰问团，我一定要争取入团，我愿意与您共勉！好，不写了，在渝见面详细谈吧！我队要在1955年2月18日来渝……

看完信，你知道她2月18日要来渝演出！啊，也许今天她还在大众游艺园演出吧！你赶紧看后面的时间，离她回去的日子已经不远了。你慌忙赶到了大众游艺园，一眼就看到了正在舞台上演出的心上人，你的心这才“咚”的一声落到了实处。演出结束，你们终于见面了。众目睽睽之下，你大胆地用目光迎着身着戏装的蒲心玉。蒲心玉也甜甜地看着你，羞怯地笑了！这一个笑，让你深深地陶醉了——这甜蜜的微笑，不就是她给你的最明确、最鲜明的答复么？那一刻，你是如此真切地感受到了爱情的幸福和甜蜜了！你们在蒲心玉与会计同住的小屋里（会计知趣地避开了），没有拥抱，没有接吻，没有一句热烈的情话，甚至不敢握一下对方的手，只是正襟危坐，让狂喜的眼泪在心中悄然漫涌，让胆怯而又热烈的目光传递心中的爱意。傍晚，你要归队了。你依依不舍地离去，蒲心玉坚持要送你回凤凰台驻地。此刻，山城重庆晚霞如血，犹如你俩激荡的感情！这晚霞映照着你年轻英俊的身材，也照映着你意中人那俏丽迷人的脸庞。你觉得满街的行人仿佛都在看着她，使你感到了分外得意，同时也让你感到紧张，因为部队有严格的纪律，必须年满28岁或担任正营级干部五年以上的军人，才可以结婚，而你离这两条相距甚远，所以你们的恋爱还必须保密。你悄悄对蒲心玉说：“可别肩挨肩地走，被人看见了会有麻烦！”听到你的告诫，蒲心玉只好退了退，不即不离地跟在你身后，把你深情款款地送到了凤凰台。你回头示意蒲心玉就此止步，独自向设有门卫的驻地门口走去。跨进院门，你装着随意地回头看了蒲心玉一眼，蒲心玉远远地向你招了招手，似乎想把无尽的恋情，都融进这挥手之中！

蒲心玉很快就回达县了。但是，你们的爱情关系确定了。1955年4月10日，蒲心玉给你的信就改称“亲爱的”了！

亲爱的泉：

读了你6号的来信，使我多么高兴，同时也万分满意，是万分的，请注意这“万分”两个字。

叫我写什么呢？……首先我要向你说，既然我答应爱你了，那么，我将永远地爱你，我将永远地把你当成一个同志，一个终身事业的同志看待，永远的！我说了我会永远地爱你，首先我是需要你在政治上来帮助，在文化上、演员修养上尽你的力量来丰富我。一段单个木头即使在火炉里也会熄掉，但是两段在一起，即使在田野也会燃烧起来。有这样一句话，我们这两块木头既然合在一起，要你燃，我就必须燃起来。

哎！扯远了，我还没谈我们分别的情景，我不知道怎样来用这支笔写出那一颗又痛又热的心……你想，一个女孩子和她几年不见面的情人在意想不到的地方见了面，可是我们在渝见面的日子，算起来没有二十四个钟头吧？可就急急忙忙地分开了，而且你们文工团从重庆集中到北京整编，比以前分离得更远、更远……我内心是有说不出的难受，当时我很想使劲握紧你的手不放，但又怕引起你的不安。思想上却又好像有一个什么东西催我俩似的，快呀！快呀！时间到了，别难过！这是暂时的！我知道，这确是暂时的，为了革命工作的需要，为了我们前途更光亮更幸福，所以应该把我们苦痛的心变为火热的心！……好好去为祖国服务，虽然人分别了，但爱情和心没有分别，我们奋斗的目标仍是一致的，所以要在我们自己的工作岗位上努力刻苦钻研，甚至于组织把你或我分调到另外的工作岗位上去，我们也要开放出不同颜色的鲜花，结出不同的成果，放射出不同的光芒。

放心吧泉！我有了你，我现在会少许多麻烦。我会等你，只要你没忘掉我，我会等你十年、二十年，何况不会那么长的时间。以后要是谁还要向我求爱的话，我就会这样骄傲地告诉他：谢谢你的好意，我是已经有爱人的姑娘啦！他是一位很好的文艺工作者，现在在祖国的心脏、毛主席的身边工作着，不久的那一天他就会是我们人民的优秀工作者，或成为作家……这样，那些人就再也不敢向我提起这事了，你说是吗？哎呀！一写就拉不回了，因为我想得太多，不是用这几张纸就写得完的……

给你亲亲

你的玉

蒲心玉表现了多么纯洁的爱情观、事业观，真令人敬佩不已！你找到了真正是志同道合的好伴侣，这是你一辈子的福气！

1955 年 5 月 4 日，蒲心玉又来信了：

我的泉：

接到你的信，我高兴极了，本来到家后就该马上给你回信，但由于忙“五四”要演出的新节目，还要学习呀、汇报演出呀。工作是十分紧张的，这样就延到今天才给你回信，我想在这种情况下你是不会生气的。现在我简单地报告我这两月的工作和情况。我不隐瞒你说，我这两月的工作基本不错，也并不是说我就满足于我现有的成绩，而主要是我已做了工作，而且做了不少的工作。这次在渝学习后，我在很多方面都有很大的提高和收获。现在我在工作方面由不懂到懂，由不会到会，这就是进步。我还没总结，待完成我队全部任务总结后再报告给你，好吗？……正如我以前向你说过的，要成为一个人民演员是不容易的，纵然有过人的艺术天才和惊人的表演能力还不够，而必须要同时有优良的品质和高贵的演员道德才行！

至于我们的事，我回家的头一天就告诉了妈妈。她，你猜怎么？她喜欢得嘴都合不上啦！是完全同意，完全同意！！！而且哥哥那儿，我是在长寿和垫江早就去信了，但没回信，我给他说得很明白，还希望他给联祥去信……也许哥哥已经给他信了，从现在起他不会再来找麻烦了吧？这样我就再说一遍，我既然爱上一个人，就不会再爱上第二个人。同时从今后，我将不断地检查我爱你的观点是庸俗的还是高尚的呢？是同志式的还是感情冲动？我希望你也是这样来检查自己，我们互相才会很快地进步和了解，那么，我们的现在和将来才不会有矛盾……

你的心玉忙草

蒲心玉对演员的工作有多么重视、有多么深入的认识，对自己的爱情有多么高尚的要求！

1955年7月27日，蒲心玉给你去信，倾诉了看到你的诗在《人民文学》发表后的兴奋和感受：

亲爱的泉：

我是本月24号就到了渝，来的目的前次已告诉了你，当然不光是治鼻窦炎，贫血也很厉害。上级看到我身体太不好了，在我队经济条件非常困难的情况下，为了关心我把我送到重庆来养病，我十分感动。光说不行，只有在今后工作中来加劲儿，不叫苦，多干工作就行啦。我的泉，我今天去挂了号，明天才检查，不知几时住院，以后再告你，在渝可能有半月之久。说心里话，我在这个情况下，思想是不愉快的。你会了解，当一个病人她会想起多少事情。我一没事，就把你给我的照片和诗拿出来看看。说起诗，我倒记起来了本月《人民文学》七月号你的《喧腾的高原》发表了。当同志们看了，他们一直赞美你的作品，他们说，“不错！登在《人民文学》上就是了不起的作品”。你的诗写得很生活，词句也很干净，同志们最喜欢《家乡的声音》，而我呢？都喜欢。不过话又说回来，一个作品不是十全十美的，可惜我是个外行，给你提不出来什么意见，你不会生气吧？说老实话，我的泉，我读了你的诗，我是受了强烈的感动，我是含着感激而惭愧的热泪来细读你的诗的，尤其是《邮车从远方开来》，我明白那首诗的意思和目的，你不光是写一个农村姑娘与战士的爱情。是的，作者不是写自己，而是要写广大人民的英雄模范事迹。我在猜想那首诗是写的谁，也有点像是别人那些真诚的爱情，但也像我们之间为一个理想而斗争的爱情，你说对吗？亲爱的，我在想，假若有那么一天，嗯！一定有那么一天！一定！我不会把你忘记！我要是看见了邮车开来了，也像见到了春天那么快活。我希望你永远地战斗下去。当有那一天，你坐在小桌上写作的时候，我一定坐到你的身边陪伴着你。哪怕是到深夜，我都不会感到一点困倦，因为我亲爱的多写一个字，人们在劳动中，就将得到多么大的鼓舞。加油吧！只要我们能刻苦钻研，能掌握社会主义现实主义的创作方法，深入生活，认识生活，来改造我们的思想，这样才能更好地为人民服务。我比你差得太远，我真抱愧，怎么办呢？不怕！我会赶上来！我有不依靠男人生活的优点，我相信我能进步，不落人后，当然也需要你更多的教育和帮助。

1955年12月14日，蒲心玉给你去信，谈她对结婚问题的想法：

最爱的泉：

今天4点钟我队就要离开渠县城到各乡村去演出，五十天后才能回达县。昨晚9点钟又接到你给我的信，本来现在工作很忙，但下乡后更没时间给你写信，所以只好抽出几分钟的时间来回你的信。

你所提的结婚问题，我就把我现在的想法告诉你吧。当你提出来时，我心里的确还没想到。当然啰，这是我们必须要完成的任务，就应该要去完成。不过在目前来说，考虑的还不是主要问题。在我们之间来说工作上和艺术修养上都非常非常年轻，跟不上时代的需要，尤其是我，各方面都很差。我是想去北京，谁说不想去北京？但想到我自己，我有啥条件到北京？到了北京我又能干啥？而且文工队现在也需要我。再说句心里话吧，我总觉得一个女孩子一结了婚，好像什么都完了，丈夫哇，孩子呀，家庭哪，很容易陷在家务事里去，干起工作来总是拖上拖下的。你别笑我，这是我的思想顾虑。不过你提出的时间倒基本上同意，1957年或是1958年结婚，行吗？最好是1958年，同意吗？

你说你的工作可能在公安军文工团，这是太好没有了，但希你加把劲，努力地干下去，这是党和领导对你的信任，决不要骄傲或者放松了自己。另外，我很希望你明年在六七八月份能回家看看，当然我更想看看你。也想和你一块儿去看看你的家，也就是我的家，可以吗？你可以写信叫妈妈他们到我家来玩吗？

你的心玉忙草

你看，蒲心玉有多么强烈的事业心！她怕结婚后生了孩子，拖累她的工作，甚至于要将婚期拖到1958年以后。

1956年2月25日，蒲心玉给你去信：

亲爱的，我最亲爱的！

昨天24号，早上9点钟出发，翻过了达县最高的山“铁山”，一共八十几里路，只走了五个小时就平安到达。进城一看啦，家家都张灯结彩，锣鼓鞭炮连天，真是热闹非凡啰！……这次下农村演出我队一共走了一个县，三十几个乡场，百多里路，一百零五天演出一百二十四场……每次演出者都受到广大观众几次鼓掌欢迎，当时我们嗓子都唱痛了，但情绪总是饱满愉快！我记得是去年8月9号，在当地区委就收到北京中央人民广播电台转播我们前次在渝录音的《客店回答》《红花花》《采茶歌》，那时你离开了北京，可能也没听到。

今天虽然放假，但为了赶排春节上演的节目，所以开了几个钟头的准备会。从明天起又要忙起来了，现在我们正赶排《秋收以前》《刘海砍礁》。说实话我最怕休息了，休息时我就会马上想起你来，尤其是在外面，我身边又没你多的照片，只好把你给我的信拿出来，瞧一瞧，或呆呆坐上一会。当我工作的时候，你在干什么呢？也许同样在忙，或者也是在思念我？唉！是呀，有啥法呢？你不是说工作时是最美丽的吗？我就把这些令人伤感的思想寄托到学习和工作上去，你是怎样处理的？你说说……

蒲心玉热爱工作，下乡后走了一个县，三十几个乡场，六百多里路，一百零五天演出了一百二十四场，嗓子都唱痛了，但情绪总是饱满愉快！但是她最怕休息，一休息就会马上想起你来！其情其爱，真是感人肺腑！

1956年2月27日，才过两天，蒲心玉又写信给你，报告两件大喜事：

泉，亲爱的同志！

告诉你两件大喜事：第一，今天我已经是一个光荣的青年团员了；第二，省委批准出席到北京来参加全国第一届话剧会演，我是来学习，两个同志一路，今天就出发，希你能等我，你欢迎吗？

见面再谈！

你的玉忙于邮局草

1956年6月11日，蒲心玉给你写信，创造了一句名言："爱情就是力量！"

泉，我的亲人：

来重庆已有十来天了，每天演出是够紧张的，由于工作忙的原因，所以没怎么想你，但没哪一天不看看你给我的照片，每天亲亲那个小淘气，心里有说不出的安慰和愉快！

上次给你的那信，我已说得很清楚，我之所以同意你的要求，也完全是为了今后的工作、前途和我的业务着想，需要解决这个问题，明年春节一定等着你！

我们每天上演两场戏，礼拜日还得演午场，在渝可能住三个来月之久。

这是在京田华同志和我们演过《白毛女》的主角三位同志的合影，给你一张。

爱情就是力量！祝你早日入党！

你的心

20世纪50年代流行一句话"知识就是力量"，可蒲心玉却套用这句话，创造了一句名言："爱情就是力量！"的确，纯洁高尚的爱情是人生前进的力量！善哉此言！

1956年6月29日，蒲心玉在接到你的《康藏高原组诗》之后，向你表示热烈祝贺。

泉！我最亲爱的人：

你的《康藏高原组诗》本月26号我才看到，首先我祝贺你的成功！你的劳动也给我带来了荣誉，同志们一致赞扬了你的作品，也以一种羡慕的眼光瞧着我。某些同志在恋爱上犯了错误，向我说道：“你真幸福，我应向你们学习，看齐！”泉，我真惭愧，你在那样紧迫的时间还写出比较丰富动人的作品，我才确实要向你学习呢！

我的泉，最后希望我能刚到达县就接到你的信！

吻吻我，战斗在边疆的文艺兵！

你的玉

1956年8月21日，蒲心玉写信给你，祝贺你获得“青年诗人”这一光荣称号，并希望你“为我们未来幸福和新家庭增添光彩”。

我最心爱的泉：

首先应该向你祝贺！祝贺你“青年诗人”这一光荣的称号，这是人们给你的荣誉，也是我们大家的一件喜事。我深信你不会辜负人们对你还抱着的更大的希望。我还得要谢谢你送给我的新书《喧腾的高原》。这一珍贵的礼品，我每天早上都朗诵着它，作为我的业务学习，可惜我现在没什么好的礼物来转送给你，你不会感到失望吧？

近来，你的《三过鹧鸪山》《跨过十万大山》《篝火，燃烧吧》《山泉流过的地方》等诗都一一发表了。你的诗，好些同志都很喜欢，7月号《文艺学习》上面有肖黎对你《喧腾的高原》做的评论，看见了吗？我觉得他对你的诗的确从内心表示喜悦和赞美，也是给了你很大的鼓励。在这种情况下决不要自满，更希望你能争取为第6届国际青年联欢节贡献出你自己的一分力量，也为我们未来幸福和新家庭增添光彩。

还告诉你，我们从8月20号起正式改为专区文工团。我分在歌剧队，不过现在人很少，还是什么都得搞，要在明年6月份才能分队上演。你能为我们写点新作品吗？

在8月12日晚上12点钟，全体女同志回到宿舍不约而同谈论起你的诗，当然找我开玩笑这是经常的事。她们要我写信问你8月12号夜12点钟你在干什么，叫你回答。你在睡觉呢，在写东西呢，还是在想我？你那天夜里耳朵发烧吗？这倒是一件有趣的事儿。

紧握你的双手，吻你一千次！

六、喜圆幸福梦

不久，你所在的部队改编为军委公安军，不几天你们团也被调到北京。整编后你被调入公安军文工团从事专业文艺创作。你们的爱情之树，也在鸿雁传书的过程中茁壮成长。这期间，你的创作也取得了丰硕的成果，你在全国性的大刊物上发表了大量诗歌，还出版了处女作《喧腾的高原》。1956年春，蒲心玉到北京观摩演出，专程到玉泉山下的部队驻地看望你。那一天大雪纷纷扬扬，她穿着一件枣红色的棉袄，在冰天雪地里坐了一段路的马车。下车后又赶了老长一段路，才到了队部。可谁知不巧，你早到上海公安军舰艇部队出海体验生活去了，可能就这几天回来。那时，部队授军衔后，你们的恋爱关系也合法合理了。部队首长看到她失望的样子，马上给你挂了一个电话。远在上海的你听见蒲心玉到了北京，高兴极了，忙回答说你们体验生活已经期满，马上就可以回到北京。第三天，你便赶回了北京。与蒲心玉住前门朝阳旅馆同一间寝室的是川剧名角胡漱芳，看见蒲心玉的男朋友来了，马上找借口离开，让你们俩待在屋子里谈了两个钟头。你看到胡漱芳离开屋子，就暗下决心，今天一定要鼓足勇气吻一下蒲心玉。可是，你想想容易，真要实施起来却鼓不起这胆儿。直到马上要离开了，你才感到机不可失，忙将蒲心玉搂进怀里，在她的额头上猛地亲了一口。由于动作既笨拙又猛烈，头上的大棉帽被碰落到地下，伸手捡起来时，帽子里还冒着缕缕热气，这可见你在行动之时是多么的紧张！

这以后，蒲心玉给你的信就热烈多了。

1956年5月，你去云南边疆体验生活。11月返京时，你先回了一趟达县。在县文工团领导和朋友们的热心撮合下，你和蒲心玉终于决定结婚。你先给部队发电报提出了申请。部队领导回电同意后，你们才开始操办两人的喜事。你们的婚礼既隆重又简单。蒲心玉那天晚上还要在大礼堂参加赈灾义演，当晚由她主演的压台节目是古装川剧《思凡》，她一个人演唱了四十分钟。演完后妆犹未卸，“尼姑”便要同她热爱的解放军干部结婚了。当时在达县，甚至整个专区，蒲心玉的知名度大大地高于你。观众知道明星蒲心玉当晚要结婚的消息后，演出结束了都不愿离开，上千观众全成了贺喜的客人。你俩除买了两大箩筐糖果、一床湘绣龙凤被面外，其他用品全是演出用的道具。连临时的新房也是一间放道具的小房间。墙上只贴有热心的女同志剪的鸳鸯托双“囍”字，小桌上放着做道具用的心形镜子，十分显眼。夜半，客人散去，你立即对着窗前的满月写了《情结》一诗，送给蒲心玉，她非常喜欢：

这样的夜，
圆圆的月，
万点灯火明明灭灭。

心形的镜，
照着我俩，
是再也解不开的情结。

情结难解，
情丝不绝，
要一同编织美丽的事业。

让夜更芬芳，
让月更皎洁，
装扮出一个迷人的世界！

1956年11月17日新婚夜于达县急就

新婚之夜还发生了意外的火灾。你们睡到凌晨两三点钟，突然听到外面有人高喊：“着火啦！着火啦！天主堂巷子着火啦！大家快来救火呀！……”接着便是一阵阵紧急的铜锣声。你和蒲心玉不约而同地坐起来，穿上外衣，一个拿起脸盆，一个提起做道具的白铁桶，直往火光闪动的小巷跑去。大家泼水的泼水，洒沙的洒沙，最后终于把大火扑灭了。文工团的同志发现你们俩也来了，都开玩笑说：“梁兄和英台的美梦，被这场大火给惊破了，赶快回新房去再圆幸福梦吧。”

新婚不几天，你就同蒲心玉冒着大雪，翻山越岭，步行一天半的时间到你老家北山乡洞滩村梁家院子拜见家人。你的父亲、母亲、祖父、祖母和乡亲们都异常高兴地来见你们这对新婚夫妇，见那多才多艺、誉满大巴山的新媳妇！你俩在家中停留了两天。你将感受写成了《致一位女演员》一诗。第三天，蒲心玉陪同你即将出嫁的妹妹梁上菊一路步行返回达县，帮妹妹买好各种结婚用品后，又准备马上去开江等县演出。你则一个人留在北山乡间进行采访，多日后才孤身回县，再从万县登轮船经武汉回到北京。

由此，你们开始了聚少离多的夫妻生活。

回到北京不久，《人民文学》以《寄在巴山蜀水间》为组诗标题，刊发了你的《还乡行》《三峡放歌》等十三首诗，不久又刊发了组诗《南方的边境》。

七、聚少离多恩爱深

你到北京不久，即接到蒲心玉在1956年11月29日寄给你的信。她在信中表达了对你的强烈而痛苦的思念！但是，她是一位革命者，“只有用革命的英雄主义克服这种恋情”。她说：

我的心！我的血！

你使我想得心真疼哟！你若是在我身边的话，我非揍你不可！我想不见得你就好受吧！天哪！我们新婚几天就匆匆分别，这日子真难受，我看只有用革命的英雄主义克服才行！你团郭绍法同志给你来信了，说得很详细，尤其对我俩的事谈得较多，也替我们想了很多办法，你这位战友对人忠恳，热情地关心着我们，正如那位华森同志一样，真是你的好朋友，代我谢谢他！

1956年12月2日，蒲心玉又写信给你：

亲爱的，我心里真烦啦！

外面总老唱什么“你的心连着我的心，我的心挂在你心上……”唱得我心里真乱！唉！我真后悔不该那么早就离开你回达县城，当我回到团里，同志们都感到奇怪，以为我1号都不一定回队，而且今天到开江，要3号才上演，我想要是我29号离开你回来都刚赶上我担任的节目，也不会一心挂念。亲爱的！我们俩的爱的确爱得苦，离开四天但比四年还难受啊！咱们再过几天就离得更远更远啰！我每天总是想你想得两眼发呆，半小时不说一句话。当工作时，也就好多了！这些日子我常读你刚到家时给我的那首小诗——《给心》：“我的爱哟，我们爱得真苦！苦里带着甜蜜，甜蜜里感到痛楚……一年三百六十五天，天天不能相见……一条纽带拉着两颗孤独的心，不知何年何月才能团圆……”亲爱的，这首诗写得太真实了，这就是我们的心声啊！爱情本来就是最幸福的一件事，可我们的幸福总带着痛楚。新婚不久就分别，这日子我简直不敢想象。不过我不太喜欢你诗中的最后两行：“只要我们爱得坚定真纯，时间会把它拉得近而又紧！”前面都很好，我总感后面有点勉强，有点概念化，自己来安慰自己，所以当我读的时候，我就只读到“一条纽带拉着两颗孤独的心……”就完了，不再念最后两行，也才合乎人情味，你觉得呢？

爱哟！你好久都没见过我哪！

你的玉

夜一点

我之所以把婚后蒲心玉给你的信引了几首，主要是她写得太真实，太有感情了！你们新婚才几天，就匆匆分别。她才离开你几天，却真正是度日如年，日子真难受！她那样强烈地思念着你，那样铭心刻骨地思念着你！你们的爱情真是美好而又幸福！

1957 年，为了爱情，为了离蒲心玉近一点，你放弃了在北京工作的机会，申请从北京转业到重庆的四川人民艺术剧院歌剧团担任编剧。当时，你任中央军委公安军文工团创作员，并正式授衔排级创作员。你们担任过保卫中南海的工作。你还进过中南海，见到毛主席。那是 1957 年，公安军文工团政委李文带队进中南海歌舞厅。你拿着一册刚刚出版的、连毛边都没裁的、刊登着毛主席十八首诗词的《诗刊》，激动地读着毛主席的诗词。你看到，毛主席、朱老总、周总理、刘少奇等党和国家领导人都来了。一会儿，毛主席坐在舞池边休息，刘少奇的不大的儿子要毛主席讲故事，王光美赶忙过去叫儿子不要打扰了毛主席，把儿子牵走了。你乘机走到毛主席身边，轻声问毛主席："万方乐奏有于阗"中的"乐奏"该怎么读音呢？毛主席说：乐要读音乐的乐！你又问："于阗"是什么意思？毛主席回答说：于阗是新疆出玉石的地方嘛！正说着，团政委李文做手势示意你不要多问，你也知道不能耽误毛主席太多时间，就在向毛主席鞠躬致谢之后，即刻退回到乐池边坐下。

当时，你在北京工作很受重视。如果留在北京，今后的发展前途肯定非常好！但是，为了便于回到大西南深入生活，也为了与蒲心玉的爱情，为了能同蒲心玉在一起，你宁愿放弃在北京工作的优越条件，调回重庆。

不久，你向组织上提出了请调重庆的申请，军委公安军文工团不同意。你是软缠硬磨，终于在 1957 年 11 月转业到四川人民艺术剧院担任编剧。

1958 年 3 月，四川人民艺术剧院的歌剧团改名为重庆市歌舞剧团，你仍然担任编剧。可是蒲心玉调动的事却拖了又拖，重庆方面要调蒲心玉来，达县方面说她是台柱子，离不开。你甚至愿意下放到达县，可是重庆又不放你。两边拉锯，难以解决。不过，这种两地分居的日子，倒使你写出了大量优秀的爱情诗篇。1960 年 2 月 23 日，你出外采访回到重庆，可是，蒲心玉却在达县北山各地巡回演出。于是，你写下了《寄怀》一诗，以精致的对仗和严格的韵律，来抒写心中的怀念，表达对贤妻外出演出居无定所，信难投寄的无奈：

君去北山更念君，时当风雪忆新婚。

僻乡往昔同行处，梯路至今留屐痕。

一日分离一日远，每宵思念每宵深。

音书无定难投寄，遥望朝云逐暮云。

你在《思君》一诗中咏叹道：

思君不闭窗，窗前尽月光。

月光照我梦，我梦绕山乡。

你思念爱人，相思的梦从窗口飞出去，在月光下飞回家乡。诗歌采用顶针手法，层层递进，回环往复，意境悠深隽永，情意真挚悠远，颇有唐诗韵味。

你还在《别情》中写道：

岁岁有佳节，思亲伤久别。

恋情深似海，爱意坚如铁。

叶落又花开，南辕复北辙。

何时共小窗，同望一轮月。

这首诗从杜甫的“何当倚虚幌，双照泪痕干”中翻出了新意，不但抒发了“恋情深似海”的情意，更表达了“爱意坚如铁”的豪情，很有那个时代的气息。

等呀等，等呀等，好不容易等到 1963 年春，蒲心玉才调到重庆市歌舞剧团任演员队副队长。你们虽然调到了一个单位，但是，你经常到西南边疆及全国各地采访，蒲心玉又经常到各地演出，仍然是终年难得一聚。人们说你们是“结婚三十年，分离二十载”。

1984 年 12 月，你写《美梦》一诗，以倾诉你对爱情的美梦的追求：

你有你的隐痛，

我有我的隐痛，

痛苦总会消融，
冰河在春风里解冻。

你有你的美梦，
我有我的美梦，
梦中夜夜相逢，
欢乐在心潮里涌动。

1985年，你去福州采访。在旅途中，你思念着蒲心玉。你总觉得她的眼睛在看着你，你走不出她的眼光；你总觉得她的心在牵挂着你，你走不出她的心房。于是，你很快写出了情诗《给妻子》寄给她！

我去边疆，
我去很远的边疆，
但我走不出你相片的镜框；

我去海洋，
我去广阔的海洋，
但我驰不出你博大的心房；

我去天上，
我去高高的天上，
但我走不出你探照的目光。

2002年，你同蒲心玉游四川大竹县庙坝古镇。你夫人在万年台前触景生情，悄然垂泪。原来，当年蒲心玉曾多次到此巡演。她主演的《刘三姐》是那样光彩夺目，而今却垂垂老矣！抚今追昔，你禁不住吟出《万年台前》，抒发了你对妻子的爱恋：

同观古镇万年台，老伴一旁泪满怀。
忆昔曾演刘三姐，可叹青春不再来！

第十六章 熊猫儿童艺术剧团

一、“服务孩子，拥抱未来”

1988年，蒲心玉从重庆歌剧院退休了。她同你一样，是闲不住的人。风风火火地忙碌了大半生，突然闲下来，感到很不习惯。她还很想再做点什么事，发挥余热。你也很支持她，和她商量，退休了干什么好？开始想搞电视剧，但是觉得那个太花钱，而你们又没有资本。怎么办呢？

一天，你们到街上散步，看到剧团附近的大街上，到处都是电子游戏厅，很多孩子在里面打游戏。你们一下想到：搞个儿童剧团，给孩子们提供优秀的精神产品，把他们从游戏中解放出来！再说，全国几座大城市北京、上海、广州等都有儿童剧团，而重庆甚至于西部却没有一个儿童剧团！并且你们办儿童剧团有条件：蒲心玉小时候就是德崇小学儿童剧团的主要演员，对儿童演出有些经验。你们同宋清涛、白路平、王一尘等几位刚刚退休的、志同道合的老艺术家一起磋商，大家都同意自筹经费创办一个儿童剧团，以“服务孩子，拥抱未来”为宗旨。你提出剧团就叫“熊猫儿童艺术剧团”，大家都觉得很好，一致通过！你们说干就干，风风火火地干起来！你们不计报酬，任劳任怨。你们自己培训演员，借演员，租借灯光器材，租借服装道具，租借演出场地。你们四处奔走，八方求援。你们还经常慷慨解囊，拿出自己的存款充作公用；演出时，老艺术家与孩子们一起紧张排练，摸爬滚打！就这样，重庆市第一个儿童剧团——熊猫儿童剧团于1989年“六一”国际儿童节隆重成立了！

剧团成立了，要演出节目呀！演什么节目呢？你们先请老戏剧家宋清涛改编了《卖火柴的小女孩》，你撰写全部歌词，又请歌剧院的专家谱曲，舞美人员画景片，请歌舞团演员饰演卖火柴的小女孩，而群众演员，则由蒲心玉找了剧团演员的子女和街道的小孩子来培训。《卖火柴的小女孩》在儿童节上演，受到了群众的热烈欢迎。但是，不少人也关心地提出，总不能老演别人的节目，得有自己创作的剧目。创作什么好呢？有人建议："既然叫熊猫剧团，那就写个熊猫剧吧！"这个任务自然落在你的身上。演出需要一批小演员，大家要蒲心玉负责培训。为了培养小演员，蒲心玉又创办了儿童歌舞培训班，招收闲在家中或正在读书的小孩学习音乐、舞蹈、朗诵、表演等。

二、《熊猫咪咪》大获成功

1991 年，川西北汶川卧龙熊猫保护区的竹子开花干枯，熊猫缺少粮食，需要抢救。你和白路平决定为熊猫儿童剧团写一个保护熊猫、保护生态环境的儿童歌舞剧。你当文艺兵时就去过卧龙山区，为了创作好这部戏，你再次去卧龙自然保护区和熊猫馆去充实生活，深入了解熊猫的相关资料。在 1991 年 4 月、6 月、7 月，分别写出一稿、二稿、三稿，1992 年、1993 年、1994 年，分别写出四稿、五稿、六稿。经过艰苦地采访，精心地构思，认真地写作，反复地修改，你写出了一部别具特色的现代童话歌舞剧——《熊猫咪咪》。

剧本由神话中的洛桑女神、世界动物保护协会的专家、偷猎者以及那拟人化的动物世界中的熊猫、金丝猴、梅花鹿、盘羊、蓝马鸡等，组成了一个神奇的童话世界。在这个神话的世界里，依然有着正与邪、美与丑、善与恶的殊死斗争！这部在欢快愉悦的氛围中赋予严肃而深刻的主题的戏，于 1993 年在成都国际熊猫节中上演，引起了强烈反响，为保护国宝大熊猫和促进人与大自然的和谐相处，献上了一曲优美的赞歌！

这个剧有如下几个特点。

首先，这个剧思想深刻，立足高远。面对着人类所处的生态文明灾难，如自然环境被破坏，人类生存环境受到威胁，生态平衡被打破，你旗帜鲜明地提出了保护大熊猫、保护自然环境、保护人类生态平衡的主题，表现了人类的忧患意识。这是一个有着现代思维的戏剧，有着世界思维的戏剧，有着超前思维的戏剧。保护生态环境，保护生态平衡，是人类共同面临的严峻课题。因为我们只有一个地球，地球的生态环境的优劣关系着人类的生存，关系着人类的未来。而且，你还把这个保护人类生态环境的意识直接写进儿童戏剧之中，用它来培育青少年的灵魂，教育青少年认识和理解这个重要问题，并且你还把保护珍稀动物同追求真善美与批判假恶丑的主题融合起来，充分体现了作家作为人类灵魂工程师的思想修养和艺术品位。应该说，你和剧组同志的艰辛没有白费，你们确实是做了功德无量的好事，做了非常伟大的工作！

其次，这个剧体现了你宏大的艺术视野和开阔的审美胸怀。为了体现保护大熊猫、保护自然环境、保护生态平衡这一世界性的课题、全人类的事业、全球性的工作，你大胆地在戏剧中加进了日本救护熊猫访华团兽医师和世界野生生物基金会专家沙博士之子等。这就从宏观上说明保护大熊猫、保护生态平衡，不仅是四川人民的事，也不仅是中国人民的事，还是整个人类、整个世界共同关注的事。这就扩大了剧本的艺术视野，提升了剧本的思想容量，也更有利于给少年儿童观众以国际的视野和面向世界的教育。

其三，这个剧本很符合少年儿童的心理和欣赏习惯，你在序幕中融进了洛桑女神的传说，写洛桑姑娘为保护猫熊而牺牲生命，化为四姑娘山。这不仅赋予戏剧浪漫主义的氛围和美丽动人的色彩，而且洛桑姑娘也成为传说中的神女的现代化身。剧中，你还艺术性地说明了传说中熊猫奇妙的花纹的由来：

故事像我们羌族一样古老，
流传在四姑娘山下家喻户晓，
猫熊为把洛桑女神哀悼，
苦涩的泪水把眼圈都浸黑了。
黑毛皮背心再也不忍脱掉，
雪白的猫熊从此变成了黑白花的熊猫。

洛桑女神和无数个洛桑姑娘，
一起卫护着珍禽异兽直到今朝。

你还在戏中把那么多的动物都拟人化，如金钱豹的弃恶从善等。这大大丰富了戏剧的童话色彩，让儿童喜闻乐见，看得非常高兴。你这都是从儿童特点出发的。

其四，全剧构思新颖、单纯、清晰。从神话传说开始，以偷猎和保护大熊猫为主线，构筑全剧，显得集中而紧凑。

其五，这个剧本的文学部分同歌舞音乐非常和谐。歌词生动活泼，富于诗意而又朗朗上口，尤其是你创作的主题曲有古典诗词的韵味，意境优美，语言凝练朴实：

熊猫咪咪，
咪咪熊猫，
长住山林多奇妙。
圆圆的脸，
雪白的毛，
常给我们添欢笑。

熊猫咪咪，
咪咪熊猫，
生活快乐又美好。
友谊的使者，
世界的珍宝，
莫让灾祸伤害了！

写好剧本后，需要请许多人排演，你们请来老中青和少年儿童一起演出，让少年儿童“自我游戏，自我教育”。演员热情高涨。一个小演员只有五六岁，在演出中受了伤，你们让她休息，她却恳请妈妈一定要她参加演出！一级设计师王一尘患了白内障，视力微弱，画画困难，但他坚持画设计草图，并且精益求精，反复修改，前后画了一百多张设计图，硬是把四姑娘山的巍峨壮丽、熊猫栖息地的原始风貌，生动地展现在舞台上，为演出创造了逼真的效果，受到观众的称赞。扮演偷猎者王彪的一级演员吴笑平年过古稀，他的戏很重，还要摸爬滚打，但他不辞艰辛，坚持克服一切困难，精心演好了这个角色！饰演女主角的女演员陈凌是业余演员，又是新手，她苦练舞蹈动作，摔得伤痕累累，却毫不气馁，精心演好了自己的戏！

经过长时间准备和艰苦的努力，终于排好了这部大戏。但是，戏要演出了，却面临经费上的严重困难！熊猫儿童剧团是你们自己创办的，重庆歌剧院领导看到你们排演认真，组织有序，成绩突出，便把你们拉进了他们的管辖范围之内，给了一些器材上的支持，但仍然只是把你们演出的场次计入他们的演出场次，把你们演出的成绩算作他们的荣誉，并没有拨给你们另外的经费。你们的主要支出都要靠你们自己解决！为了筹措经费，你们除向领导机关、文化部门争取支持外，还不得不向企业寻求赞助。蒲心玉同当时饮料界的名牌企业天府可乐领导较熟，请他们赞助了两千多元钱。你硬是冒着酷热，亲自去取款！你们连一千元、五百元的赞助费也收，为的就是早日演出！你也不得不放下架子，放下面子，亲自去请求企业支持！最后，在演出时，一张节目单上，你们竟感谢了二十六个单位。

功夫不负有心人！你们的艰辛努力，终于获得了回报。

四川省林业厅听说你们这个戏很好，资助三千元，请你们到卧龙熊猫基地去演出。你们乘着两辆大客车，载着七十多人去，因为一个小演员至少得有一个家长陪同，所以去的人特别多。你们的演出受到卧龙地区群众的热烈欢迎，孩子们看了更是高兴！他们说，从来没有剧团到深山来为他们演出过！但是，从卧龙回成都，却遇到了地质灾害。从卧龙到映秀（就是 2008 年发生特大地震的地方）的路上，山上冲下来的泥石流阻断了公路，汽车开不过去，但后面的汽车又阻断了退路。交通部门正派人抢修。当天，你们只有在公路上住宿。你们让家长带着孩子们住在车上，其余的人则到居民家去借宿。大家到处去买水果，又买土豆、四季豆，到居民家煮来吃，好歹混过了一天。第二天，你们不能再等了！只得把所有人从车上撤下来，让汽车乘没有泥石流的时候，从挖土机刚刚疏通的狭窄的公路上闯过塌方地带。你们则拖儿带女，从一个个山坡上翻过去，再上车。几十里远的路，你们竟走了两天。第二天很晚才赶到映秀，招待所已经住满了人，只能煮几盆面条给你们吃，住处则要你们自己找。你们好不容易找到一所学校，借他们的教室，把桌子拼起来睡觉，临时凑合了一夜。从映秀出发不久，又遇到好几处塌方，隔几公里又有一处道路被阻断，汽车过不了。你们只好留下汽车（让司机之后把车开回），大人拖着孩子，从泥泞里爬过，到前面路段搭乘拖拉机走一段。遇到汽车不通的的路，再搭乘拖拉机走一段。拖拉机在坑坑洼洼的烂路上行走，颠簸得厉害，你们让小孩坐在中间，大人们则在四周保护着孩子们！就这样，走走停停，直到晚上才到都江堰。四川省林业厅厅长专门来接待你们。剧团的几十个大人孩子，全都哭了！

1993 年 9 月，成都国际熊猫节又邀请熊猫儿童剧团带《熊猫咪咪》剧目赴成都表演。你们在成都锦江剧场和一些学校一起演出，一共演出了十一场。成都各大报都刊登了演出的消息和评论。熊猫节还为熊猫儿童剧团颁发金灿灿的“母子熊猫”奖品。

1994 年 11 月底，重庆歌剧院熊猫儿童剧团接到国家文化部社文司、全国少年儿童文化艺术委员会和中国儿童戏剧研究会的邀请函，请你们 12 月初到北京演出《熊猫咪咪》。这无疑是对你和蒲心玉以及熊猫儿童剧团的全体演职人员的最大肯定和鼓励。听到这个消息，大家都兴奋不已！可是，这个好消息同时也把巨大的难题摆在了你们夫妇面前——赴京演出的全部费用都必须自己筹集，几十个演职人员赴京演出的几十万元费用，怎么解决？！

一接到演出通知，你和蒲心玉在精心排练节目的同时，就开始积极筹备资金。你们首先找到了重庆市有关领导。他们在审查了演出剧目之后，非常感动，叫立即排出来！你立即提出了经费问题。市领导关心地问：“进京演出需要多少钱？”你们是业余剧团，只能精打细算，就只报了二十五万元。不久，市里批文下来了，答应解决一部分，其余部分由你们自己解决。你们不得不四处“化缘”。说到这里，你感慨地对我说："对我来说，剧本容易编，'编钱'却太难了！"为了剧团能上京演出，让北京的小朋友早日看到这出剧，你一个大诗人，竟不得不同蒲心玉、剧团团长四处求援。你多次往返成渝，甚至跑回家乡达县，恳请企业资助你们剧团。为了"化缘"，你不顾盛夏高温、冬日严寒，路上还舍不得"打的"。到了北京之后，你们不得不住地下室。但是，全体演职人员都情绪高昂，全力以赴！

1994年12月6日、7日，《熊猫咪咪》在首都人民剧场演出。首都各剧团的专家及文艺界相关领导都来了。首都的孩子们更是兴奋地来了！

序幕徐徐升起，四川熊猫自然保护区的美丽风光一一展现在孩子们的眼前——那神秘的峰峦，那壮丽的雪山，那幽幽的竹林，那潺潺的清泉……一会儿，在青山绿水之间，憨态可掬的熊猫出现了，可爱的金丝猴、梅花鹿、盘羊、蓝马鸡等出现了。美妙的音乐和欢快的歌舞起来了……

就在这美丽动人的童话空间中，孩子们看到了动人的、扣人心弦的艺术情节：白马藏族小姑娘、自然保护区巡山员洛桑与山林中的群兽百鸟为友，得到了熊猫家族的热爱。她与羌族老猎手苏瓦青爷爷、日本救护熊猫访华团的兽医中野梅子女士及世界野生生物基金会专家之子戴维等共同爱护和保护着野生动物，尤其是保护着人们喜爱的、国宝一样的熊猫。他们同偷猎者王彪、朗珠等进行了殊死的搏斗，引得孩子们强烈地共鸣，他们看得如痴如醉！当偷猎者骗小熊猫宝宝钻进口袋的危险时分，台下的孩子们竟齐声高呼："不要进去，不要进去！"当洛桑质问偷猎者"王彪在哪儿？"时，孩子们竟都指着王彪藏身之地喊道："在那儿！在那儿！"观众们简直忘情地进入了剧情之中，都来同心保卫熊猫了！

在戏剧舞台很不景气的时候，在儿童剧十分匮乏的情况下，你们的《熊猫咪咪》一炮打响，给孩子们献上了一份珍贵的精神礼物，给戏剧界带来了保护熊猫、保护生态环境、保护人类家园的正能量。而且你们还是完全自发、自费、自动搞起来的。这给戏剧界同仁和文化界领导以很大的震动！文化部给你们颁发了奖状、奖旗。奖旗上写着：

“托起明天的太阳”。文艺界、戏剧界的有关单位和专家学者写了很多关于这次演出的报道和评论。《中国教育报》于1995年3月30日发表冯华《多为孩子提供精神食粮》的文章，谈“熊猫剧团现象”引发的思考，文章说：

不久前，一出反映保护人类自然环境的童话歌舞剧《熊猫眯眯》在北京人民剧场上演，吸引了京城的孩子们。这支来自熊猫故乡——巴蜀地区的重庆熊猫儿童艺术剧团，由老、中、青、少、幼五代同台组成的业余演员队伍，更是引起了首都教育文化界的热忱关注，有关人士欣喜地称之为“熊猫剧团现象”。蒲心玉团长对记者说，“娃娃要有自己的戏看，不能老让武打片、电子游戏占领阵地。”熊猫儿童剧团无疑给孩子们带来了精神食粮，它填补了重庆市几十年无儿童剧团的空白。目前，我国西南地区只有他们一家“民办公助”性质的儿童艺术剧团。建团至今，该团一直受到重庆市领导的支持和肯定，并被授予“重庆十佳关心少先队社会工作者”称号。

12月8日，北京有关部门专门召开了研讨会。许多专家学者发表了热情洋溢的讲话，对《熊猫咪咪》和你们熊猫儿童剧团给予了高度评价。全国少年儿童文化艺术委员会副主任罗英说：

昨天我们非常高兴地看了重庆熊猫儿童艺术剧团的演出。老、中、青、少、幼五代同台，演出一台具有世界意义的保护熊猫这样一个题材的儿童剧，这台戏在我们首都剧场出现，是一件非常可喜的事，应该说是一个新鲜事物。有的同志握着孩子们的手都快掉泪了。娃娃们太可爱了，演得也好。参加演出的老艺术家们不仅是好演员，也是孩子们的好老师，培养了下一代的“接班人”。

中国儿童艺术剧院副院长、评论家李庆成说：

这剧本看后我觉得写得很好。把保护珍奇动物和对真善美的追求与假丑恶的批判这个主题结合得非常好。它具有歌剧和儿童剧的特色。结构单纯、清晰，不太复杂，不费猜疑。词是诗人写的，剧本当然更漂亮。这个剧本很好，很成功。演出是老、中、青、少、幼五代同台。在我们中国戏剧里是很值得崇敬的，也应该写进咱们的中国戏剧史。

三、《狱中石榴花》

《狱中石榴花》（原名《小萝卜头望着我》）是你和蒋永康为迎接中华人民共和国成立五十华诞而献给全国少年儿童的一部感人至深的儿童音乐剧。

1999 年 10 月，是中华人民共和国成立五十周年国庆。你和蒲心玉商量重庆熊猫儿童剧团用一个什么儿童剧来庆祝。作为重庆的作家和艺术家，你们想到了重庆解放前夕的白公馆，想到了白公馆的石榴树，想到了小萝卜头！于是，你和蒋永康取材小萝卜头的事迹，经过艺术加工，合作创作了儿童音乐剧《狱中石榴花》。

在音乐剧《狱中石榴花》中，你将剧情集中在重庆解放前夕，以小萝卜头和狱中小难友关心、浇灌、呵护石榴树及被残忍杀害的故事，突出展示以小萝卜头为代表的少年主人公们对光明、自由的渴望。

小萝卜头是重庆人民熟知的名字。他是中国最年轻的烈士。他同江姐、许云峰、成然、华子良、罗世文、车耀先等红岩英雄一样，由重庆走向全国，教育和影响了一代又一代中国人。1941 年，特务逮捕了宋绮云、徐林侠夫妇连同他们才出生不久的小儿子宋振中（即小萝卜头）。他们先后在息烽和白公馆黑牢关了 8 年，于 1949 年 9 月被秘密杀害于歌乐山下。你为了让现代儿童永远记住并更加喜欢小萝卜头，真可谓煞费苦心。全剧以小萝卜头、也被杀害于监狱的爱国将领杨虎城的小女儿杨拯国、一位女政治犯的 12 岁的女儿李碧玫，以及杨拯国的奶妈郭妈为主要人物，以今娃和老奶奶的对话为线索，以时空交错和今昔交叉对比的手法，运用了今天与过去的双重视点，以白公馆黑牢高墙旁那棵有名的石榴树为线索，以国民党特务屠杀烈士（包括小萝卜头及杨拯国、郭妈等）为高潮，表现了小萝卜头的活泼可爱、忠诚顽强，塑造了普通而又伟大的老百姓——郭妈的形象。郭妈原是杨虎城将军的女儿杨拯国的奶妈，出于对杨虎城一家的旧情和对杨虎城小女儿杨拯国的挚爱，在杨将军被捕抓进监狱时，她竟然放弃了回家与丈夫儿子团圆的生的机会，坚决地、义无反顾地跟随他们走进监狱，辗转各地，照顾杨虎城夫妇。她还用她善良的秉性和慈母的爱心，关照着狱中的几个小孩。最后，刽子手宣布大屠杀，她在重伤之时，还把全部母爱倾泻出来，竭尽全力安慰孩子们："你们是好孩子；你们的爸爸妈妈也是最好最好的人，好人是不该死的，好人是不会死的……"然后，她又愤怒地谴责道："狠心的刽子手啊，你们连孩子都不放过呀！连几岁的娃娃都不放过呀……"这交织着强烈的爱和恨的、发自肺腑的呼声，能不令人有所感、有所悟吗？我们的心灵能不被这普通劳动妇女的人格魅力所震撼吗？！

你在构思时运用了石榴花这个形象，赋予其象征意义，象征着善良的生命和理想的信念。你还以主题歌词《小小石榴树》充分展示了全剧的深刻的意蕴。两段歌词前后映照，内蕴丰厚，形式新颖，凝聚着你对祖国和人民的深情，凝聚着你对孩子们的深情。这歌声在观众心中回荡，在孩子们心中共鸣。这歌声，将伴着孩子们走过漫长的一生！

在艺术上，你运用了梦幻的手法，让小萝卜头在做梦时与魔鹰搏斗，避免了只写监狱生活的沉闷。在音乐上，既有悲愤的音乐，也有欢快的音乐，更有双人舞、三人舞等热烈的集体舞。严肃的主题通过各种艺术手法来表现，新鲜活泼，生动感人。

《狱中石榴花》在重庆演出时，取得了很大的成功。

《狱中石榴花》是你在艺术上的可贵的创新，也是当代儿童音乐剧的可喜的收获。

你们的熊猫儿童剧团不光演出时，还办了十多届培训班，培训了上千名儿童小演员。

你们为重庆儿童艺术的发展，做出了很大的贡献。你们还为纪念宋庆龄搞了专门的歌舞演出。

蒲心玉还参加了重庆电视台百集情景剧《街坊邻居》的拍摄。她扮演街道干部周幺婶，受到观众好评。

后来，“非典”来了，一时间禁止集会演出。你们不能演出和培训了。而这时，你们也真正累了！你们年纪大了，身体差了，更重要的是这剧团办起来太累了！蒲心玉感慨万分地说，文化部授予我们奖旗上写着“托起明天的太阳”。可是，我们托不起了，剧团只好停办了！

剧团虽然停办了，但是，你们为儿童文艺事业呕心沥血、无私奉献的精神，你们为重庆儿童所做的贡献，为重庆少儿艺术所做的贡献，将永远留在我们心中，也将永远留在山城的文化史上！

第十七章 亲情深重

一、梁钢到空政歌剧团

1960年10月，你和蒲心玉喜得贵子，取名叫梁钢。这是你们爱情的结晶。梁钢继承了你们的优长，长得英俊、帅气，自然成了你们的心肝宝贝！从小，儿子在歌舞剧团院子中长大，你们又给他创造了得天独厚的艺术天地，让他从小跟着歌舞剧团的专家学习声乐和乐器，所以，他不仅小提琴拉得非常出色，声乐也非常棒，是非常难得的男中音。

1978年7月，四川音乐学院在重庆招收新生。梁钢以优秀的成绩考取四川音乐学院。他报考的是弦乐系，却被声乐系教授选去了。9月14日，梁钢到了成都四川音乐学院，你们把他托付给了川音的声乐教授钱维道先生。

这时，你正在西昌深入生活并进行采访，忽得电报要你马上飞赴北京参加全国诗歌座谈会，会后即赴青海、甘肃油田采访。谁知梁钢考进音乐学院去报到的那天，却在音乐学院出了大事！蒲心玉担心影响你的采访，不敢立即告诉你，独自承担了全部痛苦。她知道你采访后要赶回北京同中国歌剧院的作曲家舒铁民一起听取领导和专家对《红云崖》的意见，就写信给舒铁民，请他在认为合适的时候把信转给你。她在这封信中给你讲述了事情的经过：

9月15日，梁钢去成都四川音乐学院报了到，就同另一位同学上街玩耍。两人一高兴，就在宁夏街拍手唱《花儿为什么这样红》。对面来了两个二十来岁的女青年很不愉快，另一男同学错把对方一女娃当成自己的同学，就招手叫："嘿！你们到哪里去？"女方反问："招什么招？"梁钢二人与女方大吵起来了，并骂了几句，女方拖住不放。这时来一男"群专"，女方便大喊："这两个家伙在唱黄色歌曲，耍流氓作风！"梁钢二人才知女方是留城守四川剧场的女民兵，后来女方把他们拉到派出所,派出所见两个男娃娃态度不好,就拘留教育十天。9月17号，"川音"就以三月试用时期不合格为由做出退学处理决定，我们单位一点儿也不知道。我又于20日去自贡出差，处理金干的12岁儿子被误伤致死的事件，24日返回重庆，才知道梁钢发生的事情。25日曾繁柯送我去成都一同办理梁钢退学之事。文艺界知上泉去西昌采访未归，我又在悲痛之中，大家帮了不少忙，无法挽回，只好将梁钢接回重庆。重庆市招办本想写一书面意见，望留校三月察看，但省招办已经退回来了，只好下级服从上级。事情本身性质并不那样严重，由于态度不好就拘留十天，学院处理过重，将来我想向有关上级机关反映，对这事很多同志都为梁钢不平。

为此事，我身体实在受不了，回到重庆马上又要上演《白卷先生》。一位同志见我身体不好，好心给我药吃，让我能好好睡觉。哪知药拿错了，错拿了有毒性的"来苏水"，服下后肚里难受极了，当夜幸运地被就近的医院急救过来，要不然就险些见不到我们的舒大哥和梁兄了！梁兄！你说我悲痛不悲痛啊！

遇上此事，上级和同志们都建议我急电叫你回来，但我一直不愿通知你。我想：你随团采访机会难得，想这次写出好作品来，所以我们一直不忍心叫你回来。加之你采访返京后，文化部领导要给你谈《红云崖》剧本的事。这之前都不便告诉你的，以免你分心。只好委托舒兄看情况在适当时候再告诉你，不然我又怕你回到重庆，感到突然，心理上受不了。我想舒兄他会处理好的。

我身体已大有好转，放心！望你也冷静处理此事，身体要紧！

紧握你的手！

心玉贴着你的心！

梁钢受到了极大的委屈和冤屈：仅仅因为兴奋地在街道上唱了一首爱情歌曲，就被群专队、派出所抓去拘留，并被四川音乐学院解除学籍遣返回家，心情当然非常郁闷！这是“文化大革命”余风对他的伤害。你赶回家后，勉励梁钢把挫折当动力，继续努力自学，争取新的机会。就在梁钢回家自学不久，空政歌剧团学员班到四川招收文艺兵。几位招生老师在四川音乐学院听说了梁钢的遭遇，都深表同情，更听说他是很有潜力的男中音，便赶到重庆对梁钢进行了严格的考察和考试。觉得确实非常优秀，就决定录取。梁钢很快就进了空政歌剧团学员班，穿上了渴慕已久的军装！梁钢启程前，你和蒲心玉谆谆嘱咐，要他好好学习。你又托空政歌剧团创作组的好友、著名歌词作家阎肃和工人话剧团团长郭绍法（木生）帮助他、关照他。

梁钢到空政歌剧团后，十分努力。他在 1979 年 2 月 12 日给你和母亲的信中，汇报了学习的情况：

亲爱的爸爸妈妈：

你们好！上星期我们全团看了广州“邓咏女中音的音乐会”，唱得非常好，还看了很多参考电影。我一天主要是学表演，晚上看蚊香，锻炼我的眼睛，星期四就要汇报了，我打算唱《三套车》和《嘎达梅林》，朗诵带表演《鸟儿问答》。现在我们都在积极地准备。

我们一天练功很苦，我买了一袋麦乳精练功后吃，还买了洗脸盆和洗衣粉等日用品。这个月六元钱可能不会发了，如果需要钱，就请你们汇来。我们的伙食的确不错，一个月十六元多的伙食费，主要菜都非常好吃。

我在这里一般都说普通话了，因为不准我们说四川话。我们经常开舞会，还非去不可，真笑人，我一点都跳不来，阎肃伯伯教了我很久，我才能跳快三步和一些慢一点的了。虽然我们很忙，平常不准出门，但大家非常团结，上午练功和练唱，下午两点进行入伍教育和台词课，晚上学表演和乐理，回来还要练眼神。平常根本没有习惯坐着玩一下，只是中午吃了饭到两点之间的时候都想做点什么，现在就写信吧。前天星期日，我到郭绍法伯伯那里去玩了一上午，他带我到天安门和故宫去照了相，下午到张凤翎阿姨那里吃饭，七点钟我就回来了。今后，相片我打算寄回。我们都写了决心书，我还写了一首打油诗，贴在墙报上面，还有几个学员也写了自由诗要贴。我上次信上写的错别字，请你们写信时顺便提一下。我们三个都是高中生，有一个比我好一点，那个还要差一些，只有抓紧时间尽可能往前学。

祝全家快乐！身体健康！

梁芒、梁果欢欢乐乐！

钢儿于2月12日中午

收到他的信后，你立刻回信给梁钢：

钢儿：

我们一家都等着你从北京的来信。今天终于收到了，全家都非常高兴，一些叔叔孃孃也很关心。

现在门上已贴上“光荣军属”的喜报，外婆还参加了街道的拥军优属会，受到宴会招待。

这都是“一人参军，全家光荣”，望你要特别珍惜这个荣誉，不能给它抹黑。

你来信表的决心，我们都相信你能办到，两个弟弟都说要向解放军哥哥学习，一定好好用功，将来参军。

钱老师那里我已去信说你去空政了。其他的你要集中精力，埋头苦干，学上两三年，看结果。梁钢硬要炼成一块钢！！！

对任何老师都要尊重，切记不要背后说短道长。对同学要友爱团结，特别是一个屋子里的同学，更要互相体谅、谦让。

你普通话很差，要平常坚持说，并好好向别人学习，从广播中学习，这是你的重要业务课之一。再就是要放开大胆地学表演，这也是你的薄弱环节。

我们一家都好。有什么困难、想法，就来信。以后每半月一定要来信一封，写信也是学习文化。祝你不断进步！

妈妈、爸爸写

1979年2月19日　重庆

以后，你还给梁钢去了几封信，字字句句，都凝聚着父母亲的深情。

1980年10月，梁钢20岁生日。你又给他写信，谆谆嘱咐他好好学习，争取留在北京工作：

钢儿：

10月7日，是你满20岁的生日。今天是国庆放假，赶着写这封信给你。但愿你能在生日前收到。

爸爸是最近几天才从甘孜藏族自治州体验生活回来，回来看到你的全部来信（有一部分妈妈已寄给我看了），特别你谈到毕业后的一些想法，使我不能不早回你信！

从你这几个月来看，在业务上长进比较大，主要是老师的教育和自己的刻苦取得的。这一点我们大家都很高兴。但另一方面，我们也怕你思想上摇摇摆摆。因为一般到部队的人，先很想穿上军装，当上解放军感到光荣，久而久之，就觉得部队纪律严格，生活枯燥，不如地方自由，甚至想转业、复员。说实话，这是一种不成熟的表现。千万不要由于你思家，而听信“好心人”的什么“劝告”，千万不要把“拉后腿”的话当成关心。搞不好，会后悔一辈子的！

你20岁了！20岁时，我也当了文艺战士了，能写点东西，全靠部队的培养教育，我希望你能继续留在部队工作，并常在北京活动，这对你对我们都好！我们去看望你的机会也多一些！

你信中说今年底就要毕业，原先不是说要学三年吗？怎么提前毕业了呢？这样，你更要抓紧学习各个方面的东西、文化和业务等等，因为就要正式参加工作了，不努力，是赶不上工作需要的！现寄上你要的《汉语成语辞典》《成语故事》和《小学语文基础训练》（你就要从“小学语文”学起），还有爸爸最近出版的诗集《在那遥远的地方》，并寄去一个笔记本，作为生日的礼物。

我们全家都好！芒芒果果学习也抓得紧，一切放心！

父母字

1980 年 10 月 1 日 上午于重庆

1981 年 3 月 31 日，你同蒲心玉还寄了一封信给梁钢，要他“记住我们所谈的话，扎根团里，争取早日入团”。至于学习问题，你则让他抓紧联系一下，好再找杨老师上课。

谁知，5 月初，梁钢却出了大事情。

二、“魂断运河月”

1981 年 5 月 6 日晚 9 时许，你在万源采访时任县财政局局长的老乡张学诗和曾被划为右派、饱经风霜、后担任县水泥厂副书记的吴惕成。尚未采访完毕，突然接到夫人蒲心玉的长途电话，说儿子梁钢昨天在北京外出一天一夜未归，空政歌舞团电问他是否回渝。蒲心玉担心出现意外。你慌忙赶回万源县招待所，并于次日乘襄渝快车，在烦乱的心绪中，赶回重庆。即使在这样心烦意乱、焦虑重重的情况下，你还是在火车上读完了《野生的爱尔莎》一书！晚 9 时许抵达重庆菜园坝火车站，下车后，你遍寻火车站，却不见蒲心玉来接，这使你感到十分意外！你走出站台，却见重庆市歌舞团和歌剧团领导一脸悲戚，前来接你！你一看这情况，就知道事情不妙，出了大事了！果然，剧团领导沉痛地告诉你：空政文工团来了电话，他们已于 6 日下午发现你儿子梁钢的遗体。钢儿已于 5 月 4 日溺水身亡！

听了这个消息，你虽然已有一些预感，但还是不敢相信这突然的噩耗！你只觉一时间天旋地转，天昏地暗，欲哭无声，欲哭无泪！你在歌舞剧团领导的陪伴下回到家中，只见蒲心玉早已哭得瘫坐在地。你不由得抱住妻子痛哭流涕！

啊，为什么不幸的事情都落在钢儿头上？！钢儿啊，你生在1960年灾荒之年，跟着大人一起忍饥挨饿，苦度生涯；“文化大革命”中，你看着父母被关被斗，饱受屈辱；上学时又遇到停课闹革命，天天搞运动，没有读什么书；好不容易让你学音乐，考上了音乐学院，却在报到之时，被误抓拘留，被除掉入学资格！现在经过艰苦努力刚刚从空政歌剧团学员队毕业，正要大展宏图，谁想你竟然又落水早逝！……

夜半，你刚要在痛楚中入睡，突然蒲心玉在床上大声喊着：“钢儿，你回来了！钢儿，你回来了！”你惊喜地起来开门，却只有刺骨的冷风灌进屋内！你这才知道是蒲心玉在梦中看见钢儿回来了，穿着蓝布衣服，披着绿色军衣……你们两人痛定思痛，又一次抱头哭泣！

早上，梁芒一醒来就问：“哥哥呢？我的哥哥呢？”当他知道哥哥再也不能回来了时，忍不住一个人掩面痛哭，泪湿枕头。他号哭着说：“我没有哥哥了！我没有哥哥了！”

是啊！弟弟没有哥哥了！你们没有钢儿了！外婆也没有大外孙了！可她老人家还不知道，你也不敢让她老人家知道啊！她真以为钢儿是生病住院，还叫你到北京时带上酸咸菜给他解寒暖胃呢！

8日上午，你乘三叉戟飞机飞抵首都机场。空政歌舞团领导及在京友人派了三部小车来接你，住进了大雅宝空军司令部招待所。平日到京，你都感到振奋，可今天到京，你的心却像那窗外风景：黄沙扑面，一片茫然……

部队首长向你详细介绍了情况。原来，钢儿前几个月都尚未分配工作，自觉有劲使不上；加之入团之事也还没有解决，精神负担很重。想找人谈心，可同事们忙，也没有谈成，心头更增不快。5月3日晚上，他在寝室一口气连夜给你们写了七封信，都未写完。半夜2点，还有同室学员看见他未睡，4点钟时，看见他解开衣服纽扣，以为他要睡了，谁知早上醒来一看，他已不在室内……

领导分析，他是在五四青年节一心考虑自己的工作和入团问题，以至不吃不睡，引起一时的精神恍惚。在4日凌晨走出后门，沿运河去南沙沟朋友家，路上不慎跌入河中，溺水身亡！遗体找到后，腹内无水，身上无伤，鼻孔呛血，手上的山城表停在5时58分上。

你在沉痛之中，写下了一首吊唁诗：

在五四青年节那天，
死去了一个青年，
像那被误伤的天鹅，
沉落在京西玉渊潭！……
像一场梦，
做了二十年，
要真是梦，
这时间仍是很长很长，
要不是梦，
这人生又太短太短！
假如他能复活，
我愿呀我愿，
愿将我余下的生命，
把他替换！……

你和空政的同志们将钢儿的骨灰盒存放在老山骨灰堂。你看到他那小小的骨灰盒，痛惜不已！你含着眼泪，将一首古体诗，题在了骨灰盒的遗照背后：

魂断运河月，泪飞亲友血。
怎知黑发儿，难度青年节。
岸上柳依依，心中风烈烈。
千山响杜鹃，痛惜回音绝！

1989年5月4日，是梁钢的忌日，梁芒写了《追念》一诗，表达对兄长的无尽怀念：

一片粲然明亮的叶子掉了
在不该有雨的季节
一颗初露清辉的星儿坠了
在并不很深的寒夜

本有几十个美丽的生日
等着你欢乐地度过
偏有二十年无情的风波
淹没了你青春的歌

本有朵朵带露的玫瑰
等着你微笑地采摘
偏有阵阵不测的风雨
迫使它过早地枯萎

一条河，从此有涌不尽的浪
一双眼，也就有流不完的泪
一双手，常有解不开的死结
一颗心，总为另一颗心破碎

三、梁芒、梁果的诗和画

梁钢去世之后，你和蒲心玉把全部的爱寄托在了梁芒和梁果身上！

梁芒、梁果生于1968年11月30日。同很多艺术家的孩子一样，有着父母的文学艺术基因，又从小在文艺团体的大院中长大，受到文艺环境的熏陶和感染，自小热爱文学，爱好文艺。他们中间，出现了一批继承父辈文艺事业的杰出人才。比如，雷振邦的女儿、汪峰的儿子、田震的后代等等。而梁芒、梁果，无疑是其中的佼佼者。

梁芒与梁果自然不知道你和蒲心玉为他们承担的历史重负，更不知道他们出生时的情况。1968年，正是“文化大革命”高潮之时，全国停工、停产、停课，一片混乱。而你更是受到了猛烈的冲击。当你听见他俩出世的啼哭声，你还写了一首《卜算子》，表达了你当时的心境，希望他们不要再干文艺工作，能当个忘我劳动的工人农民就好了！

然而，梁芒、梁果从小就受到剧院的音乐艺术教育和启蒙。自幼，他们就在大院里看《白毛女》《刘三姐》《洪湖赤卫队》，看自己母亲的表演，觉得很有吸引力，很有意思，也很光彩。于是，他俩小时候很投入地去看表演，并帮着大人拉幕布、打灯光、打火枪，自然地就受到了艺术的熏陶。这些小时候的不自觉的学习和熏陶，为梁芒今后从事诗歌和音乐剧的写作，打下了很好的基础。梁芒对我说：“重庆歌舞剧团这个大院，给了我类似童话世界般的精神梦幻，给了我许多美妙的回忆。而父亲和母亲，不仅给了我生命，还给了我幸福的童年！爸爸妈妈在我和弟弟还很小的时候，就让我们俩学艺术。让我学小提琴、钢琴；让梁果学美术、学画画。爸爸还教我背唐诗，背宋词，教读一些短小的新诗。我们两兄弟都是语文、作文、美术、音乐好，而数学不好。高中以后基本上就放弃了数理化。”

梁芒的第一首诗是同弟弟梁果一起去两路口跳伞塔时写的。梁果看到跳伞塔，很高兴，就拿起画笔画起来，而梁芒则去鼓励一个小姑娘跳伞，他把鼓励的话编成了一首诗：

小妹妹，别害怕，
系好降落伞，
升上跳伞塔，
只要跨出第一步，
蓝蓝天空下，
就会开银花。

——《第一次跳伞》

几天后，你在找东西时，突然发现梁芒写在作业本上的这几句话。你从中发现了诗意，高兴地对梁芒说："儿子，这是你写的诗吗？"梁芒说："我就是写我想的，算是诗吗？"你鼓励他说："是啊，改一改，就是一首好诗啊！"梁芒的第一首诗就这样诞生了！

又一次，你在他的作业本背面看到这样几句分行的文字：我每晚倚窗外望／总是这样暗暗地想／如果放学回家就复习功课／期末考试的成绩一定很棒／我每天都这样想呵／但每天都玩得难以收场／直到后悔的时候／已坐在了考场上！你以为这是他从哪里抄来的儿童诗，一问才知是他自已随意写下的。你对他说："有真情实感，这就是诗呵！"

为了鼓励他写诗，你把他的诗稍作修改，寄到报纸、杂志上发表。这对梁芒的鼓励和激励很大！他更加喜欢读诗，更喜欢写诗了。他经常在课堂上写诗。望着窗外的一棵树、一只鸟，他都能展开诗的联想，一首诗很快就写出来了！

为了丰富他们的阅历，你经常带梁芒、梁果到重庆各地玩，到家乡去亲近乡亲，长大以后更带他们到全国各地旅游。有一次，你带他们到鹅岭公园看重庆的夜景。登上览胜楼，梁芒看见天上的星海与地上的灯海相映成趣，心里展开了丰富的想象和联想：这灯海和星海都这么好，我是上天舍不得地，下地又舍不得天！于是，他在想象中，写出了《灯海和星海》——

天上一片星海，
地上一片灯海，
我站在两海之间，
不知上去还是下来。

下来吧，怎么舍得下来，
星海是那样可爱；
上去吧，怎么舍得上去，
灯海是这样多彩。

只好让两眼分工，
一个望灯海，一个望星海。
两个海都在我眼里
汇合成一个童话世界。

这首诗写得自然纯粹、天真烂漫，在对比和烘托中，把山城夜景的美丽迷人艺术地展现出来了。后来，著名音乐家施光南读到《灯海和星海》，感到非常兴奋！反复阅读后，他为这首诗谱了曲。这恐怕是梁芒创造的第一个奇迹：一个十三四岁的中学生的诗，竟然让一位著名音乐家谱成了曲，并收入了这位音乐家的歌曲集之中！不但施光南，还有著名音乐家生茂也为梁芒的《少年骑手》一诗谱过曲。他的一些诗还被翻译到美国、日本等。

1985 年 6 月，新蕾出版社出版 16 岁的梁芒同江南、平洋三位学生的诗集《灯海和星海》。著名儿童文学作家严文井为这套《小花朵》丛书的小读者题词曰：

希望你们这些祖国的‘小树木’，在长辈的心血浇灌下，迅速生长，早日成材，结出硕果。

1987 年 3 月，四川少年儿童出版社出版了梁芒的诗集《风筝与鸽子》。你受出版社的编辑同志委托，为诗集撰写了序言：

梁芒写诗，纯属偶然。原想让他课余学习声乐，因做歌剧演员的妈妈可以教他。他执意不肯，还反问她，将来变声成个鸭青嗓子怎么办。事后只好由我给他讲授一些唐诗宋词，指导他读一些新诗选本。升入初中后，他有段时间放学回家把书包一丢，就踢足球去了，做作业时已筋疲力尽。结果期末考试成绩大降。这对他刺激很大。不久我在他的作业本背面看到这样几句分行的文字：“我每晚倚窗外望，总是这样暗暗地想／如果放学回家就复习功课／期末考试的成绩一定很棒

//我每天都这样想呵/但每天都玩得难以收场/直到后悔的时候/我已坐在了考场上！”我以为这是他从哪里抄来的儿童诗，一问才知是他自己随意写下的。我说，有真情实感，这就是诗呵！他不太相信地向我傻笑着。直至被儿童刊物发表后，他才信以为真。继后陆陆续续写了《我和弟弟》《春游》《花瓣》《少年骑手》等几十首习作，并被收进天津新蕾出版社出的三人合集《灯海和星海》中。有些作为歌词，被著名作曲家施光南、生茂等同志谱曲发表，有些诗还被日本、美国翻译介绍。梁果为《第一次跳伞》这首诗配的画，参加了省里的少年儿童画展；《观日蚀》等画，还选去参加了在日本神奈川举行的国际画展。这些诗和画，都带着童年的天真，稚气的想象。

你在序中还写出了你为培养儿子，每个寒暑假都带他们回故乡或者到呼伦贝尔草原，到大兴安岭森林，到镜泊湖、松花湖，饱览北方的山色湖光。

选入这本集子里的诗，大多是十三岁至十五六岁时的习作，概括起来，有童年、故乡，学校、森林、草原、大海等方面的题材，涉猎的范围还是比较广的。因我趁暑假寒假总要带他深入到我家乡大巴山农村，同山乡的孩子们一起打柴放牛，听祖母和乡亲追忆过去的岁月。每次他总是带着依依惜别之情离开那里……他作为一个农民儿子的儿子，对山乡亲人怀着这样真挚的感情，我自然感到欣慰。我认为轻视生活，轻视劳动人民是与诗无缘的！他还到过童话世界九寨沟，写了《镜湖》等诗；还从祖国的西南远去祖国的东北，“从南方唱到北方”，在内蒙古的呼伦贝尔草原和中苏边界度过了难忘的晨昏；在大兴安岭的森林，在鄂温克猎民营地度过了奇妙的夜晚；在丹顶鹤的故乡放眼百里苇塘，在镜泊湖，松花湖饱览北方的山色湖光；在蔚蓝色的大海迎送着夜月朝阳……但不管走到哪里，总忘不了生养自己的山城，就像飘飞的风筝，总带着那条长长的线，就像放飞的鸽子，总离不开自己的窝巢。嘉陵江的沙岸，沙坪公园里红卫兵的墓碑，都寄托着他绵绵的情思。

应该说，梁芒、梁果是幸运的，有你和蒲心玉这样的好爸爸、好妈妈！你们不仅给了他们文学艺术的基因，给了他们一个文学艺术的环境和氛围，还从小就从文学艺术方面培养他们，并敏锐而及时地发现了他们这方面的才华——你第一次发现梁芒的诗，第一次发现梁果的绘画才能，就是靠的你诗的修养、文化的修养！你及时引导、诱发他们发挥这方面的特长和才华，带他们到家乡的田野上去同乡亲们一起生活，去认识父老乡亲，带他们到大山、森林、草原、海洋，让他们去亲吻、去拥抱祖国的山山水水，广泛接触社会，了解世界，写出作品。在作品写出后，你又及时将他们的作品修改提高，推荐发表，推荐出版！而梁芒、梁果又那么懂事，那么理解你们的心思和心愿，并那样努力地沿着你们指引的正确的道路上走！这样，他们的成才，也就是顺理成章，自然天成了！

你看，梁芒的《我是小树》，不就用象征的手法，写出了这种幸福的情感嘛：

在那大森林的深处

我是一棵幼小的树

在那大森林的怀抱

我是一棵幸福的树

花儿在身边开

蝴蝶在身边舞

我爱闻彩色的芳香

我爱雨后的小蘑菇

我比树木多两只眼睛

大自然是我爱看的书

小溪在弹着琴
啄木鸟在敲着鼓
我爱那美丽的飞龙鸟
我爱那欢跳的小金鹿
为了看那整个大森林
要长成很高很高的乔木

在那大森林的深处
我是一棵幼小的树
在那大森林的怀抱
我是一棵幸福的树

是的，梁芒是一棵幸福的幼小的树，在父母亲的怀抱里，在祖国的怀抱中,幸福成长。他的诗,抒写着他对生活的爱,抒写着他纯洁的情。

《风筝与鸽子》这部诗集中的近一百幅题花，都是梁果画的。这些题花，巧妙地配合着梁芒诗的意蕴和风格，画得简洁、活泼，赋予的童趣引人遐想，也丰富了诗的意境。《丹顶鹤》一诗配的那三只仙鹤，画得那样飘逸传神。《告别大海》中用一片墨色代表大海，一个小孩穿着游泳裤，面朝大海，挥动着手臂，十几只海鸥，人字形飞上蓝天……这幅画以简洁而洗练的笔触，把诗的意蕴形象地传达出来，令人遐想。梁果为哥哥的诗集，付出了多少辛劳，倾注了多少深情哪！看着这些题花，再看他这二十多年来创作的那些优秀的平面设计，我感到，梁果的身上，也遗传着你的基因，显露出诗与画的交融，画与诗的光彩。

四、《花期恋情》

1993年，四川大学出版社出版梁芒的第三本诗集——《花期恋情》。曾经在你年轻时第一个站出来写文章把你拥上诗坛的著名诗人沙鸥，在三十多年后再次著文推荐你的儿子梁芒的这部诗集。其实，沙鸥早在1987年就写了文章评价梁芒的诗集《风筝与鸽子》。他在那篇文章中高度肯定了梁芒的诗“常有精巧的构思和完整和谐的布局，语言也是清新的、生动的、有表现力的，而且还有着真率的特色。”在《花期恋情》的“序”中，沙鸥指出：《花期恋情》还保持着《风筝与鸽子》的上述优点，“他的真率的特色也没有失去，只是随着年龄的增长和阅历的加多……他眼中的世界增加了一些过去没有的颜色，他的心里也多了一些我们可以称之为深沉的东西。”

《花期恋情》真率地表现了梁芒从少年到青年的心态，抒发了他年轻的恋情以及从少年到青年转折时期的丰富复杂的思想感受。《微妙的十七岁》就写出了诗人的恋情，既富于幻想，又充满了激情：

一首充满幻想的诗
一曲活跃轻飘的歌
一棵提早开放的杂花树
一个半生半熟的橄榄果

也许那遥远门窗已经打开
也许那儿装着另一个世界
我放出追寻的心
沿着我目光的双轨
驰向那没有界线的天
啊！微妙的十七岁……

这个年龄，微妙的年龄
自应有十七岁的光焰
要以瞳仁里的青春之火
每天，每天
把朝霞点燃
把太阳点燃

《秋的渐进》似乎也在表现着情的渐进、人生的渐进：

似一双无泪而又多愁的眼
似一条无形而又可触的线
秋色由浅到深
一切如真如幻
心灵的窗呵时开时关

目光是地平线
确定着太阳的近与远
感情是奔马
衡量着色彩的浓与淡

我这成熟的浆果
从树上掉到了地面
我虽是圆圆的
但滚动的却是曲线

秋呵，渐深渐浓的秋
秋漫大地，秋连远天

这首诗充分体现了诗的对比的美，感情显得真诚而深远，诗意浓郁舒展，音韵优美和谐。

《花期恋情》还表现了梁芒对故乡和故乡人民的热爱，对故乡传统的珍惜。如《老山沟》抒写了对家乡的土地的深挚朴实的爱：

一口井倾洒过多少辈的血泪
一棵树遮挡过多少年的风雨
一道屋檐迎回过多少归来的燕子
一间土房留下过多少苦难的记忆

家乡的老山沟呵老山沟
山大沟深难望见日落月起
讲不完泥土里长出来的故事
唱不尽小溪里流出来的歌曲

卷起我的裤腿脱下我的衣
赶上我的老水牛扶着我的犁
不再埋怨等待现在就做起
滚滚热汗要浇灌出丰收的果实

家乡的老山沟呵老山沟
怕苦怕累就不是你的好儿女
顶起这片天踩着这片地
新太阳要靠我们共同来举起

《花期恋情》写大海的诗特别精彩，特别的真率自然，特别的深情邈远。如《写海》：

我一到海滨，
就对它天然地爱恋，
爱它就想游泳。
游泳后就躺在沙滩，
看它把浪花开了又开，
看它把海鸥放飞蓝天。

这样的诗句的确非常天然、自然、纯朴、坦率，几乎是毫无修饰、毫无做作、毫不费力地把少年率真的心灵和盘托出！

梁芒创造的更大的奇迹是他在初中时写的诗《看海的日子》，竟被选入了当时的高中《语文》教材第四册：

海在我的记忆中
已满周岁了
去年这时候
是我第一次看海的日子

我曾对视着海
海也对视着我
我对海沉默了很久
海对我喧闹了很久
似乎很早就有约会
约会在清凉的初秋

我把期盼退潮成沙滩
让海看清我的一切
海把它的热情推涌上沙滩
让我拥有它的一切
海说些什么
我想些什么
海风为我们翻译

海有巨大的浪涛
我有巨大的胸襟
让它撞击吧
海的欢歌
让它嬉戏吧
海的玩笑

去年这时候
是我第一次看海的日子

海在我的记忆中

已满周岁了

诗歌写出了梁芒面对大海产生的好奇、欣喜的心情，展现了少年儿童美妙的幻想和巨大的胸襟，显得意境阔大、情采生动、生意盎然。高中教材编写组同志看到，立即把它选入了当时编写的高中教材之中，而他竟然还是一个初中学生。这不能不说是又一个奇迹！

《花期恋情》真率而艺术地把他的从少年到青年的心路历程、他的花期恋情、他的丰富的心态都表现了出来，抒写了出来，显示了小诗人的才华和气质。

五、成为著名音乐人

梁芒进入高中以后，接触流行歌曲，接触邓丽君的歌，自己也喜欢唱歌，于是逐渐爱上了歌词写作，写了一些歌词。

高中毕业以后，可能是因为偏科严重，梁芒、梁果都没有报考大学。你并没有指责他们，而是让他们在生活中去奔，去闯，去实践，去锻炼，去提高，在奋斗中成才。

高中毕业后，梁芒帮人开过台球馆，发行过图书，还学过演唱。1988年，梁芒20岁时，参军了！他到了13军37师，驻云南麻利坡。他担任了一线宣传队员，弹吉他、唱歌，也写歌词。他似乎走着你年轻时走过的道路：到部队基层搞创作，到边防、到阵地上、到边卡上为战士演出。他到过许多边防哨卡。他上了最高、最边远、最艰苦、最危险的哨卡。以后又转到成都军区战旗文学工团，搞创作，搞演出。六年的边防部队的创作演出活动，让梁芒积累了丰富的生活体验，并开始写表现部队生活的诗歌和歌词。

六年后，梁芒转业到四川省歌舞院。

1999年，梁芒辞职，到北京当北漂。梁芒先到一个唱片公司——新星培育公司，与葛优、那英、孙楠在一起工作。以后又出来，自己开公司单干。但总是围绕音乐来做，总是以创作歌词为主。十多年下来，已取得了令人瞩目的成绩。

2004年的中央电视台春节联欢晚会上，他为赵薇和阿杜合唱的歌曲《温暖》写词。

他成了中国乐坛最具实力的歌手孙楠的“御用”词作者，为他创作了《飞在海洋》《今生乐园》《让梦冬眠》《爱都一样》等歌曲。

他为孙楠创作的《拯救》一度被众人传唱：

灯火辉煌的街头
突然袭来了一阵寒流
遥远的温柔
解不了的近愁
是否在随波逐流
夜深人静的时候
我就潜伏在你的伤口
梦是氢气球
向天外飞走
最后都化作乌有
一个人在梦游
像奔跑的犀牛
不到最后不罢休
爱若需要厮守
恨更需要自由
爱与恨纠缠不休
我拿什么拯救
当爱覆水难收
谁能把谁保佑
心愿为谁等待
我拿什么拯救
情能见血封喉

谁能把谁保佑

能让爱永不朽

他为那英创作了《身不由己》《我只喜欢你》。

他还为孙国庆创作了《不再沉默》《热血》《因为所以》等歌曲。

他更成为著名导演、编剧冯小刚电影曲的歌词作者。由他作词的电影《集结号》主题歌《兄弟》传遍神州——

兄弟你在哪里

天空又飘起了雨

我要你像黎明一样出现在我眼里

兄弟你在哪里

听不见你的呼吸

只感觉我在哭泣

泪像血一样在滴

我一个人独自在继续

走在伤痛里闭着眼回忆

岁月锋利那是最最致命的武器

谁也无法把曾经都抹去

还有什么比死亡更容易

还有什么比倒下更有力

没有火炬，我只有勇敢点燃我自己

还有什么比死亡更恐惧

还有什么比子弹更无敌

没有躲避，是因为我们永远在一起

用牺牲，证明我们没放弃

从未分离，每个夜晚都是同样的梦呓

自言自语，来世还要做兄弟

后来，冯小刚又请梁芒为其电影《唐山大地震》写主题词。梁芒曾参加过大地震的抢救工作，对这部电影感同身受，很快写出了歌词《23秒，32年》。冯小刚看后很满意，此词经李健谱曲，随着电影《唐山大地震》的播出，传遍全国：

如果没那么长的夜
此刻怎会这么痛
二十三秒三十二年
让一生失眠

眼角有鱼尾的图案
时间压弯了躯干
二十三秒三十二年
月就没有圆

被风吹乱的蜡烛
顶着火焰流泪哭
当挖开记忆那一层土
就像经历没有麻醉的手术

耳朵塞满了孤独
我听不见幸福
别再用冷漠对待麻木
我还有温度

如果没那么长的夜
此刻怎会这么痛
二十三秒三十二年
月就没有圆

被风吹乱的蜡烛

顶着火焰流泪哭

当挖开记忆那一层土

就像经历没有麻醉的手术

耳朵塞满了孤独

我听不见幸福

别再用冷漠对待麻木

我还有温度

二十三秒三十二年的雾

我呼唤日出

这些年，梁芒还为冯小刚的《非诚勿扰》主题歌量身作词，为湖南卫视热播的电视剧《丑女无敌》中两首主题歌《大多数》和《无敌第一》作词。他还为《情定爱琴海》《末代皇妃》《黑冰》《红粉世家》等知名电视剧撰写主题歌或片尾曲歌词。

2013 年中央电视台春节联欢晚会上梁芒创作的歌词《春暖花开》，由那英演唱，很快传遍全国：

如果你渴求一滴水

我愿意倾其一片海

如果你要摘一片红叶

我给你整个枫林和云彩

如果你要一个微笑

我敞开火热的胸怀

如果你需要有人同行

我陪你走到未来

春暖花开

这是我的世界

每次怒放

都是心中喷发的爱

风儿吹来

是我和天空的对白

其实幸福

一直与我们同在

我的世界

春暖花开

2014年春节联欢晚会上，梁芒竟然一个人奉献了两首歌词。一首是《答案》，表现了爱情的复杂、神秘、微妙、甜蜜、痛苦；另一首是《我的中国梦》，写得那样朴实、亲切、自然：

80平米的小窝

有个温柔的好老婆

孩子能顺利上大学

毕业就有好工作

每天上下班很畅通

没有早晚交通高峰

遛着狗户外运动

一片透明天空

人们的关系很友善

陌生人点头都是笑脸

养老生病不差钱

有政府来买单

这就是我的中国梦
它很小也很普通
我不求变成龙和凤
我只想活在幸福中

这就是我的中国梦
它很简单也容易懂
踮起脚尖就能摸到
不是悬在半空中

为了我的中国梦
我马上就去行动
明天还要抓紧努力
幸福才能揽入怀中

我活得越快乐
我就越爱我的祖国
我们一起向前冲
冲冲冲！我的中国梦

2014年5月，《文艺报》报道："中国梦"主题歌曲创作推广组委会选出"中国梦"主题新歌二十首，其中就有梁芒的这首歌词。的确，这首歌唱出了老百姓的心声，表现了老百姓真实的心态和美好的愿望。

六、音乐剧《妈妈，再爱我一次》

2013年4月的一天，你打电话来，邀请我到重庆大剧院去看音乐剧《妈妈，再爱我一次》。你说，这是你儿子梁芒作词的音乐剧。我一听，就高兴地去了。你在重庆大剧院门口迎接我，蒲心玉来了，梁芒和他的爱人也来了。重庆文艺界的一些朋友也来了。《妈妈，再爱我一次》

阵营十分强大：出品人为曾庆荣等，总顾问龚学平，艺术顾问曾庆淮，艺术总监李盾、周汉标，导演周可，编剧刘云，梁芒作词。我真为你和梁芒感到高兴！能够在这么一个大剧中担任词作者，是很不简单的。因为音乐剧的主要内容就是歌词，就是歌诗！一部大型音乐剧的主要内容，就是几十首连贯的歌词！

大幕打开了，在强烈的电子音乐和炫目的画面中，音乐剧徐徐展开：

年轻的妈妈用她的舞蹈才华和良苦用心，带着自己的患有轻度自闭症的儿子小强，以优美的舞姿赢得了雷鸣般的掌声，在电视台举办的舞蹈比赛中获得了好成绩。但就在这时，一位不速之客——小强的从未谋面的奶奶来到妈妈面前，强行带走了小强！小强在专横的所谓“爱护”之中堕落了，沉溺于享乐、烟酒与爱情之中。他的奶奶却在知道他患病以后，把他放弃了！小强不得已回到妈妈身边，妈妈从此再不让小强离开自己！妈妈竭尽全力培养孩子，直到他大学毕业。但是，小强毕业后，竟要妈妈送他同自己暗恋的女孩一起到法国学习！妈妈实在无力满足小强，一时也借不到那么多钱。小强却强硬索要，与母亲发生争吵，失去理智的小强竟在愤怒之中将手中的刀刺进妈妈的胸膛！小强成了世人唾弃的杀人犯，妈妈也成了社会非议和指责的最悲情的、最失败的母亲！妈妈饱受着咎由自取、溺爱无度、教子无方的责难和谴责！但是，妈妈却没有放弃！她本能地、义无反顾地向这个残酷地伤害过自己的儿子伸出了援手！她孤独地承受着来自整个世界的指责，四处奔走哀告。终于，法庭依照医疗鉴定和妈妈的请求，给了小强从轻判罚。

出狱之时，天天在狱中渴望妈妈原谅的小强看到了前来迎接自己的妈妈！被他深深伤害过的妈妈竟然原谅了他，宽恕了他，接纳了他！他痛哭着扑进慈母的怀抱，高唱着“妈妈，再爱我一次” ……

大幕落下了，可是，我还沉浸在精彩的剧情之中，还沉浸在深深的震撼之中！是的，这部音乐剧太令人震撼和感动了！奶奶的自私、专制与溺爱，小强的任性、偏执与迷狂，妈妈的善良、坚韧与慈爱，都让人久久难忘，并且不断激起人们内心的感情的波澜。而歌词的生动细腻、抒情言志，都非常符合剧情要求，又能表达作者的主观感受和内心激情。梁芒告诉我，这个剧，他们还要修改打磨，进一步提高！

我衷心祝愿本剧成功，更希望梁芒在音乐剧的创造上更上层楼！

七、孪生兄弟情意深

2013年春节期间，你为我安排采访梁芒、梁果这对双胞胎。他俩都谈到了他们的相同与相异。

梁芒告诉我说：“我和弟弟是双胞胎，感觉明显的是一个人分成了两半，分成了左右两部分，像人的左右脑一样。我的大脑，感知、感性特强，写诗，写文章，特擅长；而弟弟则是理性极强，制作、动手能力强，绘画、设计、装修非常在行，操作电脑、驾驶汽车的能力也特别强。我们对一个问题总爱从不同方式出发去思考，最后交汇在一起。”

梁芒、梁果都很乐观、善良，这点像你。他们俩都说，像爸爸！

梁芒、梁果小时候见到乞丐，都热心帮助。

对于小时候的保姆，梁芒始终依恋、关心并尽力帮助她。他第一次得稿酬，就给保姆做了一套衣服。老人老了，他把她送到敬老院，经常去看望她，带去各种礼物，给她请医生，还经常给她钱用。老人逢人就说：“梁芒待我比亲生儿子还好！”

梁芒、梁果都很喜欢旅游，喜欢漂流，喜欢冒险。他们多次自驾到云南、西藏、内蒙古等边疆地区旅游。他们也常常带上你和蒲心玉去旅游，以尽他们的孝心。他俩对我说：“以前是爸爸妈妈带我们去玩，现在是我们带爸爸妈妈去玩了。两位老人同我们一起坐车外出旅游，是越坐越来劲，越坐越新鲜！”

梁果兴趣广泛，多才多艺。他绘画很有天分，小时候的画就参加了国际、国内大展，获得过金奖。他给梁芒的诗集画的插画，给你的诗集画的插画，都非常出色！他对美术装饰、家装设计制作也很在行，自己开办了装饰公司，搞得很兴旺！

梁芒、梁果很有孝心。他们两兄弟似乎是精诚合作，一个更多从艺术事业上创造出丰硕的成果，从精神上安慰你们；一个则更多从生活上照顾你们、关照你们。

有这样一对好儿子，你们是幸福的！

第十八章 高山流水

一、为恩师编诗集

古人云：一日为师，终身为父。这句名言充分表达了中华传统对老师的敬重。你一生重情重义，对老师更是敬重。特别是对帮助你成才的李冰如老师，你更是终生敬佩。而为他编辑出版《李冰如诗选》，则表达了你对老师的感激和谢意。

你的老师李冰如，生于1897年，字清，学名李恩文，笔名了我一生，四川达县关镇人。先生自幼家贫，勤奋好学，尤好诗文，每有感触，即挥笔成篇。你告诉我，李先生从1918年开始写诗，新诗、古诗皆擅长，尤好古诗词。到他1976年逝世时，已写诗上万首，留下诗稿九十八册。除编印出版古体诗集《腐草》和新体诗《抒情集选》《春风底鼓吹》外，其余大部分都未出版。他在1970年写的一首绝句中，对后代留下了遗嘱：

谁人能践生前约，我自长存死后心，
百册旧诗新柜贮，莫教鼠咬蛀虫侵！

每每读到这首诗，你都有未能全践先生生前之约的感愧！1997年11月24日是先生百岁诞辰。在这之前，李先生的子女李万霜、李万霞、刘既明找到你，希望你能协助他们编辑出版《李冰如诗选》，以为纪念。你慨然答应了，因为这正是你多年的心愿！你知道，先生的上万首、近百集诗稿，虽然由女儿、女婿、孙子完好无损地保存至今，但是，作品是给人看的，如果长久地保存在柜子里，不能走向读者，那也只是消极的保存。只有把它们编选付印出版，才能实现先生的心愿。

你以先生生前编的伤感、哀悼、悲愤、题咏、风景、赠答、励志、嘉勉、闲适、冥想十集诗稿作为重要参考，先把三十八首新体诗按人生、世相、感时篇编为第一辑，并将古体诗依其分类及写作时间归并为四部分，再将伤感、哀悼、悲愤编为第二辑，将题咏、风景、名胜编为第三辑，将赠答、励志、嘉勉编为第四辑，将闲适、咏物、冥想编为第五辑。

在第一辑中，你选了《知了》作为代序，是很有眼光的。《知了》作为一首咏物诗，抓住知了苦吟的同时抒写了诗人以知了为象征，为人生为时代讴歌不息的心声：

从昼吟到夜，
从夏吟到秋，
蝉呀，蝉呀，
我问你吟到几时休？

你是求友吗，
同声相应不？
你是求偶吗，
唱和相随否？

蝉呀，长吟吧！
宇宙内的一切安患，
都要被你吟遍；
宇宙内的一切苦乐，
都要被你吟交。
你要吟到世界末日，
工作才能终了。

你吟倦了，
传给你子；

子吟倦了，

又传给你孙。

一代一代地传下去，

继续不停地吟！……

你把《春风底鼓吹》选为他的代表作，也很准确。这首诗写出了先生对人生的认识、对社会的感悟、对宇宙间新陈代谢的规律的象征性表达，很富于哲理：

新叶长满了树梢，

旧叶才辞下了故枝，

可巧在春风中，

你常绿的树儿如此！

你常绿的树儿真是多么幸福，

安得地上草木尽都如你常绿！

人世纵有死的悲哀也不悲哀呀，

能见自己的生命在春风中继续。

哦！旧的未去新的早已到来，

正为有春风之力存在，

亦如革命变换在无形之中，

新陈代谢的规律在推动着世界！

先生作的新诗学的是郭沫若，激情澎湃，想象丰富，题材广泛，读来令人感奋，具有较高的审美价值。如《我诗的不美》，就以格律诗的形式，以鲜明独特而又对比突出的两组意象表达了他的审美追求：

你所见的是美人头上的金钗，

我所见的是忙人脚下的草鞋，

你我两个观点根本不同，
说我诗的不美，这也勿怪。

你想在美人头上摄取异彩，
伴随她度过享乐的现在；
我要在忙人鞋底看出花朵，
印在前进途中灿烂地开！

先生的古体诗写得更多、更好。你选了先生的古体诗七百九十五题九百二十五首。

确如你所说，先生之诗思如龙潭之流水，随物赋形，清澄幽远；先生之情怀如凤岭之云，凌空飞舞，幻化无穷。他的《登雷峰山》即景抒情，何其豪迈潇洒：

独立雷峰啸一声，群魔裂胆世人惊。
乘风好借天威力，扫净长空日月明。

先生早年与张爱萍、魏传统等乡友一起在达县第五高小任教时，就曾资助过穷困学生李中权及张元昌等人。后来，张爱萍、魏传统及李中权等成为我党、我军高级将领，张元昌成为革命烈士，你在诗选中选了先生的这方面的诗歌，以展示先生的人格和品行。如他写于1927年的《题赠张爱萍君》，就写得清新而深情：

萍水相逢笑有缘，不知流浪到何年？
浮槎遥指天河近，彼岸同登大自然。

《寄中权》则写得气势豪迈、壮志凌云：

一

翘首北天望入云，领空日日绕机群；
运筹帷幄志高远，肩并海军与陆军。

二

小照犹存弱少年，只今壮健骨钢坚；
长征二万五千里，草地雪山忆昔天。

你为先生编出诗集后，还为诗集写出了深情的“序言”。在序言中，你叙述了先生的生平和他的诗歌创作，分析品评了先生的新诗和古体诗的思想艺术成就，回忆了你同先生的情谊、先生对你的培养和帮助，以及先生的高尚人品：

这位终身贫苦的寒士，对人对友对学生，总是那么忠恳热忱。早年与张爱萍、魏传统乡友一起在达县第五高小任教时，就曾资助过穷困学生李中权等人。张元昌烈士生前因家贫辍学，先生也解囊相助使他能升读中学。最为动人的是他与革命青年唐伯壮同学的生死交谊。唐在绝命词《狱中月夜感怀》中所写的“此歌更贻谁？健者酸翁大诗伯”，大诗伯指的就是先生。先生冒着危险，终将这首气壮山河的遗稿保存下来交给了文史部门，而且还一直关照着烈士的遗孤。就以我为例，像我这个出生在大巴山偏远农村的山娃子，如果不是得到他在文化上的哺育、经济上的扶持，是断难走上文学之路的！

你在序言的末尾深情地说：

先生去了，我仿佛还能听到他在林莽间的长啸；先生去了，我仿佛还能听到他激流般的狂歌。最后，就用他的《书愤》一诗作结吧！

长啸惊林莽，狂歌泻激流。
古今情不尽，天地总悠悠！

四年后，你又继续协助李冰如先生之子女编选并在中国三峡出版社出版《李冰如诗文书信选》。此选本由张爱萍将军题写书名，收入诗歌五百九十七题七百二十四首，文四十六篇，书信数十封。文中有《欢迎郭沫若先生回国》《〈三友诗刊〉发刊词》《记北山梁生白云》等，书信中有李冰如致郭沫若、张爱萍、张元昌、李中权、蒲新成、何联祥和你的书信，具有较高的审美意蕴，更有珍贵的文史价值。你自始至终怀着对老师的深厚情感，参与选编、校订等繁杂工作，累病了输液也要坚持继续工作，使李先生的子女深为感动！

二、恩师沙鸥

说到你的知音挚友，沙鸥应该是很重要的一位。沙鸥是中国著名诗人、著名诗评家、编辑，也是你的诗歌的发现者、评论者、推荐者。1956 年，你才发表二十多首诗，已经在全国享有盛名的、中央文学讲习所的专家沙鸥先生就在我国最权威的文学期刊《人民文学》第二期上发表了一篇长达一万四千多字的长篇论文，高水平、高质量而又是高度热情地论述了你的诗，这就把你一下子从初出茅庐的新作者推向了全国！这是沙鸥的慧眼识真金，也是时代对你的宠爱。应该说，沙鸥对你有知遇之恩！

他的那篇论文《成长中的青年诗人——一谈梁上泉的诗》就倾注了他的热诚、心血和智慧。他对你的诗歌做了高屋建瓴的、深入细致的美学分析，并给予了高度的评价！半个多世纪过去了，再读此文，依然能感觉到他的美学水平之高和扶植青年诗人的殷殷深情，并感受到中华人民共和国成立初期文坛的美好与和谐。

他在论文的第一部分分析了你的诗歌的思想内容：

当我一提到梁上泉的诗，便想到了那种朴素、动人、充满边疆生活的色彩和明快的民歌调子。

梁上泉是 1955 年才出现的青年诗人。

一年来，他发表了许多诗，我读到的就有二十多首。每当我读到他的新作品时，都感到欢喜和激动，许多优美的诗使我长久不能忘怀。青年诗人是有着多么美好的起点呵！我一次又一次地得来的深刻的印象，使我感到青年诗人是带着他新鲜的风格走进我们的文学队伍的。

藏族人民的幸福生活及我筑路部队的英勇的劳动，是他主要歌颂的主题。诗人把握了这样的主题，说明诗人抓住了生活中的主要的方面。像《姑娘是藏族卫生员》《牦牛队的姑娘》《山谷的一夜》《高原牧笛》《“金桥”，通车了》《登布达拉宫》《地上的银河》《这里夜夜平安》《阿妈的吻》等诗，都是直接取材自藏族人民的生活，歌颂藏族人民的美好生活。这些诗的共同的特色是有民族的地方的色彩。

我们看见这样一些表现康藏筑路部队的好诗：《播种者》《里程碑》《征服山》《雪地炊烟》《家乡的声音》《邮车从远方来》《谒张福林墓园》《孩子陪伴着我》。青年诗人在这些诗中，细致地描写了英雄部队英勇顽强的劳动，描写了在长征时就来过高原的将军，描写了普通的可爱的战士，描写了战士的爱情，描写了战士的艰苦生活以及对藏族人民的无限关怀。

在论文的第二部分，沙鸥进一步指出：

我喜爱梁上泉的诗，还由于他不但满怀热情地歌颂了生活，而且他还多方面地反映了藏族人民及战士们的感情，对人物的内心世界和精神面貌作了探索。

在《姑娘是藏族卫生员》中……这一对藏族青年男女在简短的对话中，表现了多么真挚、又是多么丰富的感情，还感到这一对藏族青年的性格上的特点，感到了这对青年男女真实的形象。

在论文的第三部分，沙鸥还指出你在艺术概括上所取得的成功：

诗是离不开生活的，但抄录生活并不能成为诗。这就要求诗人善于作艺术的概括，善于用艺术形象的语言来表现。

先来看看《高原牧笛》吧。筑路部队修建了公路，因而使高原的兄弟民族的生活改变了，这是无边无际的。如果把大大小小的事情都写进去，只会流于琐碎、分散；如什么都不写进去，只说高原生活改变了，再在这一点用几个比喻之类的字眼，还是免不了成为概念的游戏。……

诗人必须去探求技巧，必须善于作艺术的概括。

梁上泉在《高原牧笛》中表现这个主题出色的地方，就在于选择了笛声这个主要的东西。笛声是与牧人的生活发生密切联系的，笛声是很能说明牧人的心情的，而笛声又是筑路部队在高原经常听见的。这样，通过笛声的不同，诗人概括了不同的生活境遇。诗人选用的笛声，也包含了象征的成分。我感到这首诗有革命的浪漫主义的色彩。

在《阿妈的吻》中，年轻诗人对生活所作的艺术概括，在技巧上所达到的成就，比起《高原牧笛》来就更高了。青年诗人在大量的去看病的藏胞中，选择了一个"阿妈"。诗人通过对"阿妈"默默地噙着泪花走进医院的描写，首先揭开了这个人物深刻的内心世界，出色地表现了这个人物的精神面貌。这里就艺术地概括了藏民对共产党所建立的医院的深厚的感情，还有着整个生活都在开始发生着变化的内容。正因为是这样，"阿妈"的眼里不能不"含着泪花"了。诗人紧接着在第二段的描写中，写"阿妈"向医院走来了，而且"吻着怀里的娃娃"，"吻着"这形象就真实地表现了"阿妈"对医院的信任，表现了对孩子生于这样一个美好的时代所产生的幸福的感触。这种幸福之感在"阿妈"的"以往的孩子""没有一个长大"的回忆中强化了，浓烈了。"笑脸"出现就变成了善良的、勤劳的藏族人民对新的生活的来自心灵深处的满足。这种情绪的发展，就成为这首诗最后一段对祖国的颂歌。

当然，沙鸥在最后也指出了你诗歌中的一些缺点，主要是由于"创作力比较旺盛，很容易对一些感受不深的东西也急于描写。这样，就出现了一些比较浮泛的作品。这是应该引起注意的"。

这篇论文的发表，影响很大。当年 3 月，你就出席了首届全国青年文学创作会议，并被推选为诗歌组召集人之一。当年 5 月，你的处女作《喧腾的高原》出版。当年 9 月，你加入了中国作家协会，进入了创作的高峰期！

不幸的是，沙鸥先生却在1957年被错划为右派，历经了苦难的岁月后才平了反。但是，他依旧关注着你和你的诗。1987年4月，他又写了一篇近万字的长篇评论，来论述你新时期的诗，并为这篇评论取了一个响亮的名字——《长跑者的脚印——评梁上泉的诗》：

从1976年以来，梁上泉出版了八本诗集、一本电影诗和一本歌剧。……

梁上泉在诗歌创作上，如一个长跑者，从20世纪50年代起跑以来，虽由于“四人帮”肆虐的大劫难而中断过，但十多年来，他从不懈怠，跋山涉水，勤奋命笔，在诗的跑道上，给我们留下了这么多的脚印。我们追寻这些脚印，研究这些脚印，把这些脚印放在我国当代新诗发展的跑道上来考察，探求诗人的深浅得失，应该是有益的。

沙鸥首先论述了你的诗歌既紧贴生活又超越生活的特点：

生活是诗歌创作的唯一源泉。梁上泉是很看重生活的。他深知生活对他的创作的重要意义。十多年来，他不辞辛苦，在全国走了许多地方。他的每一本诗集都留下了他跋涉奔波的足迹。诗人力求使他的诗植根于广阔的生活之中。

但是，生活并不等于诗。

从生活到诗，有一个如何对待、如何处理的问题，这不仅关系着一首诗质量的高低，也区分着诗歌创作方法上的派别。我们主张在诗歌创作上，既来源于生活，又要超越生活。我们先以梁上泉的《雪莲》和《牧归》为例。这两首诗都是既写了生活，又超越了生活。超越生活是说诗人作为主体，对于生活这个客体不是被动的、照相似的复制；超越生活是说作为主体的诗人，对于生活客体的能动把握。

一、形象的集中性与鲜明性。在《雪莲》中，梁上泉以雪莲烘托了草原新村的帐篷和机剪站成堆的羊毛；在《牧归》中，以回圈的牛羊、归来的牧犬、升高的炊烟、夜色中的灯火等等，描绘了草原的暮色，都展现了形象的集中与鲜明。两首诗的构图都是和谐的、完整的，单一却丰满，纷繁却协调。这不仅仅是剪裁的问题，更重要的还是诗人从草原的整体背景上来把握这两首诗的形象。

二、时间的久远性。对一首诗来说，唯独美是永存的。政治、思想……都得通过诗美去实现、去完成。一首诗在读者心中生命力的久远，取决于这首诗是否有久远的审美价值。《雪莲》的明快之美，《牧归》的沉郁之美，应该说都具有时间的久远性。这种美的取得，只能是在超越生活的前提下，注入诗人美学思想的结果。

三、覆盖面的广阔性。我们从《雪莲》中会联想到草原的新气象，会联想到祖国的新气象；从《牧归》中会联想到草原纯朴的牧人的生活情趣，会联想到一切默默地奉献着自己的劳动者的生活情趣。这是说两首诗都给人以联想，给读者提供了想象与思索的空间。这两首诗的覆盖面大大超越了题材本身。

四、诗的抒情性。抒情诗的本质就是抒情。在《雪莲》中，诗人抒发了对草原新气象的惊喜之情；在《牧归》中，诗人抒发了对黄昏美景的愉悦之情。这些感情纯属诗人主体所有，是诗人在构思和表现时所渗透、所注入而与形象相融合，或直接向读者倾吐的。由此可见，诗源于生活，又得超越生活，即如一鸟的两翅，缺一都不能起飞。……梁上泉十几年来写出的好诗，或较好的诗，就诗与生活的关系而言，皆得力于超越生活。这种情况，在新近出版的诗集《多姿·多彩·多情》中，更为明显。

沙鸥在高度评价你的诗歌的优长时，也指出了你在诗歌创作中应注意的问题：

梁上泉有一部分紧贴生活的诗，写得太实、太具体，这就在不同程度上失去了诗味。

对于如何解决这个问题，沙鸥提出了自己的观点：

诗人应该有他自己的哲学，有他自己的现代意识，有他自己思索的空间，有他自己坚守不放的个性阵地。梁上泉也应该如此。梁上泉在诗歌创作上应该自成一个独特的世界；对待任何想写的题材，都要从深处挖掘主题，就是“歌颂”也应如此。要得到新的、深刻的主题，诗人就得思考，对人生、对社会、对时代、对历史思考。

其次，沙鸥论述了你对传统的继承与发扬：

梁上泉是忠于传统的诗人。早在20世纪50年代，他就形成了朴实的、带着谣曲韵味的风格。这十几年来，他依然保持着他固有的风格，走着他自己的创作道路。20世纪80年代以来，诗坛空前热闹，写诗的群体如雨后春笋，各种主义挂旗放炮，否定诗的传统的呼声，也此起彼落。谁提传统似乎谁就保守。而梁上泉还是走他自己的创作道路。梁上泉的创作道路，就是遵循现实主义的创作方法，吸收中国古典诗歌和民歌中，包括语言、形式、表现方法在内的某些成分，坚持深入生活、反映生活的创作道路。这条创作道路理所当然地也应得到肯定和尊重。我们在这里讨论的，仅仅是梁上泉的诗受中国诗歌传统的影响而形成的风格的几个方面。

一、他近年的诗的形式多样化。形式对诗来说，其审美意义在于它是内容的存在方式，因而有特别的重要性。在梁上泉1986年出版的诗集《多姿·多彩·多情》中，诗的句式节段就多种多样，这表明梁上泉在形式上做着多样的探索。为了提高诗的质量，这种探索是有益的。

二、他近年有些诗的表现方法丰富了。在诗的表现方法上求新、创新，是诗美的需要，是所有诗人不懈的追求。梁上泉在这方面的努力，也是有收获的。如《明月出天山》：

那年我到祁连，／长留难忘的梦幻，／无论我离开多远，／总见那白雪灿灿。／／今天我到天山，／梦幻重新浮现，／无论我向北向南，

／都有那明月做伴。／白雪皎如明月，／月色雪光融一片，／明月洁如白雪，／雪光月色两相恋。／／我爱披雪戴月，／歌行翰海绿原，／追寻着诗的踪迹，／踩下足印串串……

在这首诗中，诗人避开了他惯用的对天山景物的直接描写，着重渲染了雪光月色，让读者通过想象去接近天山。这是把对形象的直观描绘，变为以抒发情绪和点染气氛为主。

三、他近年有些诗的诗意浓了。诗意是诗的审美价值的集中表现。一切好诗都是有诗意的。如《荷花湖上》，全诗八行：

青青的芦苇，／环绕大湖的一端，／引种的江浙菱藕，／带来了水乡的秋天。／架起独木小舟，／采菱采香莲，／穿行塞外荷叶间，／再不用梦飞江南。

这是一幅画，绿色的主色调描绘了清新秀美的江南风情。诗人将赞颂塞外建设的主题，完全融入画面之中。这首诗是很有诗意的。

从以上三个方面简略的叙述，我们可以看出梁上泉在他原来的基础上发展了。他的诗，五七言的基础没有变，押韵没有变，朴实的带着谣曲韵味的基调没有变；但是，诗的形式多样了，表现方法也丰富了，有些诗的诗意更浓。这说明在诗歌创作上继承传统，不可回避地有一个发展传统的问题。

再次，沙鸥还从审美的高度论述了你发现美与创造美的成功。他热诚地指出：

诗中的美是诗人根据生活的美，运用写诗的一切手段，在自己的美学观念和审美趣味的引导下创造出来的。只有依靠诗的美来唤起读者的美感，才能使读者在诗美的感悟中接受诗中的政治、思想和感情。可见，在生活中发现美，在写作中创造美，是任何诗人都必须遵循的规律。梁上泉自己创作的好诗，是在生活中发现美、在写作中创造美的明证，自然也具有审美价值。我们以两首八行体的短诗为例：

晨光投射到座座阳台，/带来太阳最先的抚爱。//花醒来了，人也醒来。/人如朝花，笑脸自开。//土屋里住了二三十载，/搬了新楼，顿觉宽怀。//伸臂做一个深呼吸吧，/让肺叶里的花香常在。

——《阳台》

火把，火把，热情在闪光，/遮没了星星，暗淡了月亮。//整个大小凉山都沉默了，/到处飘散着花香酒香。//在那撑开的阳伞后面，/隐藏着人影双双，//但愿夜色更加苍茫，/雄鸡也莫呼唤早起的太阳！

——《醉》

从《阳台》中，不难看出在诗人广阔的视野里，阳光、花开是被他发现的美的客体。诗人正是发现了阳光与花开之美，才在《阳台》这首诗中创造了美。由于这首诗的主题寓于形象与情绪之中，欣赏者所接受的，大大超越了这首诗的基本主题，会想到一个时代的改变，想到人生、社会，想到许多许多。显然，这是因为它给了读者广阔的思维空间。《醉》也如此。作为客观存在的美，被诗人发现的是火把，是花香酒香，是伞后隐藏着的双双情侣。这些确是欢乐节日的美。感受到了这种美，才能在《醉》中创造诗的美，进而给人以美感。

沙鸥不仅为你的诗写评论，还关心你儿子梁芒的创作。1993年炎夏，他在山城火炉般的炎热中主编了一套包括梁芒诗集《花期恋情》在内的十二本《南山风诗丛》，还为梁芒的《花期恋情》写了序。因此，你对沙鸥十分尊敬，一直把他当作自己的老师！

1994年12月，沙鸥病逝，你写了《最后的留影——怀沙鸥》纪念他：

忘不了1994年12月5日这天下午，我独自来到您在京养病的寓所。您一见我，想站起来，差点拉脱了输液的吊针。使我意外的是刚刮过的脸虽显得清瘦，却仍有“上午精神”，使我对您这位与肝癌作顽强斗争已达一年半之久的老师感到由衷的尊敬。

问到病情，您只说：不行了，反正谁也违抗不了自然规律，去就去吧！您说得轻松，我听之沉重。记得1993年的炎夏，您刚主编完一套十二本的《南山风诗丛》，一连三个月审改诗稿，又忙印刷出版等事，就如您过去编《新诗歌》《大众诗歌》和《诗刊》那样，简直不知疲倦，直到感觉肝区疼痛才去检查。确诊是肝癌后，您仍是那么镇定，还说没什么，会打胜这一仗，创下奇迹的！只是还有些没能办完，特别是刚编完我儿子梁芒的诗稿《花期恋情》，想写篇序言，年轻人的作品需要关注，也的确有许多话要说。我劝道：您还是赴京好好养病吧，别记挂这些事。事过一两个月，我收到您儿子方晴的来信，信里就装着您为梁芒诗集写的序言。告知这篇一千多字的文章是您在病榻上口述，由他记录整理，再经您修订成稿的。我当时读着两眼便模糊了，这也许是您一生写的最后一篇序言了吧！

关照有志青年，关心诗歌新人，这是贯串您一生的善行。记得20世纪50年代中期，我陆续在《西南文艺》《解放军文艺》《人民文学》等刊物，发表了几个反映高原藏区军民生活的组诗。与我从无交往的您，竟写了一篇《成长中的青年诗人》的万字评论最先发表在《人民文学》杂志上，这对我这个从大山沟里走进文坛的青年作者来说，该是多么大的鼓舞呵！……

1987年春，您为《当代文坛》写了一篇《长跑者的脚印》的万字长文，谈我新时期的诗创作。您下了很大的功夫才写成初稿。待放几天后，您又完全推翻，另起炉灶，伏在山城蜗居进行重写。……

这次在京的会面，您很少提到病，谈的是诗艺、谈的是创作。您指着在病中编定的诗集《寻人记》样书说：这是自认为最满意的一本诗作。可惜最想完成的一本诗论，恐怕来不及了！我建议您口述录音，可由方晴帮您整理成书。您点头连连称是，似乎就要马上开始。……临别时您一下沉默了，紧握住我的手久久不放，眼里闪着泪光，我只是尽快离开，免得我的泪水当面流淌出来。在黄昏的东城街巷里，走着，无言地走着，心里吟出一首五言律诗：

京城探弱体，病已入膏肓。

叙旧犹欢悦，谈诗更话长。

告辞知永别，含笑暗悲凉。

绝唱《寻人记》，灵思应久翔！

三、感念巴老

2005年10月18日晨，得知巴老逝世的消息，你即时写了两首七绝，书成中堂两幅，分别寄给了上海的巴金纪念馆和成都的巴金文学院，以表感念之情：

一

百岁巴金文等身，读来著译俱倾心；

谆谆遗教讲真话，意欲写书先做人。

二

少时迷读家春秋，引我反封争自由；

现代情牵文学馆，工程不朽业长留。

你还在上初中时，就读了巴金的名著《家》，引起了强烈的共鸣。书中觉慧这个年轻人的形象，更成了你心中的偶像。你读高中三年级时，川北军区文工团派人到达县招收学员，看中了你主编的墙报《新星》和你在上面发的诗文，要招你去搞文艺工作。你很想去，但马上就要毕业考试了，又怕家人不会放你远行，就有些犹豫。这时，你想到了觉慧毅然离家远走的行为，就下决心奔向川北军区穿上了军装，成了一名文艺新兵。

后来，在1954年，你参加了西南军区组建的一支慰问康（川）藏公路筑路部队的小分队。在经过成都时，你就驻扎在巴金故园。这座老家虽没有小说里写的那么大，但真的有一个不大的花园。住在那儿，你浮想联翩，如果巴金不冲出封建家族到上海和巴黎去，他的人生恐怕就会大不一样了。这使你想到，人在关键时刻迈出的那一步，往往可以改变一个人的一生。你当初若不参军，也许如家人所望，就在狭小的山沟里度过大半辈子。想到这些，你不禁对巴金的名著《家》更生感悟，也进一步看到了优秀文学作品的教育作用和认识意义。于是，你情及草木，穿上准备远赴康藏的毛皮军大衣，在藤萝架下，在菊花圃中，各留影一两张珍贵的照片，一直保存至今。

最难忘是1962年10月，你跟随货船体验海员生活。到上海小住了几天后，便到市里的文化会堂去会文朋诗友，并有幸见到了崇慕已久的巴金先生，当时川籍歌唱家蔡绍序和诗人闻捷等都在场。你被介绍给巴金时，他握住你的手说：噢，四川老乡，写了不少的诗呵！你那首写川陕老革命根据地的叙事长诗叫什么？你说：《红云崖》。他说：我记得寄来才一个星期，靳以同志就签发在我们《收获》杂志上了，好像是和闻捷那首《动荡的年代》发在同一期吧？你说：是的。你还告诉他，不久前，编辑部还把发排了的原稿用挂号信寄还给你了，这还是你第一次遇上寄回作者原稿的事哩！他说：长篇原稿用后寄还作者保存下来，是珍贵的资料呵！这不长的交谈令你十分感动。直到后来他建议并出资修建中国现代文学馆时，你才领悟到这是他的一贯精神！他对中国文学的建树，对中国作家的关爱，总怀着一片赤诚之心。

你在2015年11月16日写的《感念巴老》一文最后说：

巴老活了一百零一岁，但他永远不老！

巴老虽然离我们而去，但他的著作和灵思将与世长存！

四、随曹禺大师访朝

1985年3月，你参加了戏剧大师曹禺同志率领的中国文联代表团访问朝鲜。

那一年，你刚出版了诗集《高原，花的海》。到了北京，见到了你十分景仰的戏剧大师曹禺，就忙把诗集送他，请他指正。他一见到你，就亲切地说：“哦，梁上泉，你是歌剧《红云崖》的作者。《红云崖》写得好！”

你忙说：“还有很多缺点，请您多多指正。”

曹禺很关切地问："你是哪一年参加剧协的？"

你红着脸说："我还没有参加中国剧协，不够资格吧？"

曹禺惊讶地说："那是怎么回事？我介绍你参加！"

在朝鲜访问时，你们一起上金刚山。金刚山山高坡陡，曹禺上不去，就同夫人、著名京剧演员李玉茹在山腰的亭子里休息，等你们。他拿出你送他的《高原，花的海》，就在那儿认真地读起来。你们爬山回来后，曹禺诚恳地说："你这本诗集很有特点！"

李玉茹说："他很喜欢你的诗，读着读着，还画了许多道道哩。"

她把诗集递给你，你接过一翻，果然上面不少篇页上有曹禺大师画的记号。你心里十分感激！

李玉茹告诉你，她年轻时是文工团演员，曾经到朝鲜慰问过志愿军战士。她们那时候非常艰苦，但陪伴她的朝鲜女战士却拿了一个苹果硬塞在她的被子里，这使她非常感动——那时，苹果是非常珍贵的呀！那时候，她们为战士们演出，嗓子哑了，都要尽情地演，尽力地唱！

你听李玉茹谈了这个故事，十分感动，就写了《多情的苹果》一诗送给她指正——

我看着那幅木刻：
《刚刚摘下的苹果》。
我唱着那首老歌：
《刚刚摘下的苹果》。
现在我天天吃着它，
又想起那只苹果。

我随着赴朝慰问团，
巡回演出在坑道山窝，
远处传来炮声，
近处燃着战火。
每当我打开背包，

总发现有个苹果，
圆润如少女的脸，
鲜红似赤心一颗。

苹果我天天揣着，
哪怕嗓眼冒火，
依然有甜脆的歌声，
再不怕寒冷饥渴。
这友谊的果实，
我一直在细细咀嚼，
咀嚼了几十年，
那回味永难忘却……

1985年3月29日　平壤

后来，在联欢演出中，李玉茹声情并茂地朗读了这首诗。台下的许多观众听得都流下了眼泪。几个女演员还感动地同她热烈拥抱！

不久，慰问团回到元山市。你同曹禺在一个软卧车厢。一路上，你们摆谈得很多。你想到要离开大师了，就拿出一个本子，请曹禺给你签名，题几句话。曹禺拿起笔来，想了想，就写下了下面这段话：

上泉同志：
您是我最敬爱的诗人之一，
您的诗来自天上，
来自人间，
来自您心灵的最深处……
我一面读，
一面流下欢喜的眼泪。
我感谢您！

曹禺于朝鲜江原道元山市

读着这几句题词，你深感曹禺大师对你的关怀和爱护！

你随同曹禺在朝鲜的国土上访问，深切感受到了战争给人民带来的灾难，也感受到了朝鲜人民对和平、统一、发展、繁荣的渴望和梦想。

五、追怀施光南

著名作曲家施光南出生于抗战时期的重庆，他对重庆特别有感情。他为你谱写过不少曲子，所以你们有很深的感情。

你同施光南初次相见，还是在1975年。那时山东京剧团约请你同他们的创作人员合作一部土改戏，并修改《红云岗》。你当时对他的大名还不大熟悉，但得知他就是《打起手鼓唱起歌》一曲的作者，便一下子与这位黑黑的大个子攀谈上了，而且相处得很融洽。在合作过程中，你为他对民族、民间音乐的熟悉程度感到十分惊奇。问其缘由，他说过去父亲患病常陪伴于侧，给他摇留声机放戏曲唱片，久而久之就能背唱京戏、梆子戏、汉剧、越剧、沪剧等的大段唱段，并对各种流派有所了解。施光南曾帮助饰演红嫂的张春秋改为程派风格，使其塑造的人物更加深沉，唱腔更加动听。在拍成电影后，大家看了都感到惊讶和喜悦，说张春秋变得更有味了。

施光南有深厚的重庆情结。1984年5月底，施光南在走访云南边境后，特意绕道山城接他母亲钟复光回北京。你专程去南山欢迎他们。见面后，白发如雪的钟妈妈对你说，她是江津人，当年她曾和光南的父亲施复亮，在陪都重庆从事抗日救亡工作，生活异常艰难。1940年8月22日，在南山生下了他。取父姓母名和南山各一字，因而叫施光南。施光南对你说："我还是半个重庆人哩！"他出生时，正是日寇飞机狂轰滥炸重庆之时。一颗炸弹，落在那座红十字会医院不远处，很危险的。

你开玩笑说："要是那颗炸弹落得离你再近一点，也就没有你那几百首好歌了！"听得他母亲也在一旁笑了："是呀！算他命大，当时房角垮塌，灰尘都扑满了小床……"

后来，施光南又回重庆时，同你在南山公园盛开的樱花树下，在新落成的花神雕像前合影留念，并商定写首《山城的花冠》的歌曲。

你很快写出了歌词：

春天伴我到南山，
南山花儿朵朵鲜。
山茶刚刚露笑脸，
海棠樱花又争妍。
白兰吐芬芳，
兰花香满园。
要问什么最耀眼，
遍地盛开红杜鹃。

春天伴我到南山，
南山谁不久流连。
育花人在花边转，
赏花人在花中看。
唱花花解语，
绘花花更艳。
花前照一张五彩相，
永把春色留人间。

南山，南山，
花神的宫殿；
南山，南山，
山城的花冠。

此曲他酝酿了许久，写了一稿又一稿。他曾在电话中，把两种完全不同风格的曲谱哼唱给你听，让你选。你偏爱那首带民歌风味的，他却认为有四川清音味道的比较新鲜，特别是“哈哈腔”，有带川味的“花腔”特色。你俩在电话中讨论了半个多小时，最后还是他把你说服了。后来录唱出来一听，大家都较满意。那“南山，南山／花神的宫殿／南山，南山／山城的花冠”的优美旋律，完全把人带入了他那难忘的出生地。

你和施光南还合作了《采忙忙》和《蝴蝶从台湾岛飞来》等歌曲。《蝴蝶从台湾岛飞来》是你在观看了台湾的蝴蝶展览之后，抓住蝴蝶的意象，来表现两岸人民渴盼交流统一的心愿。

后来，你为峨眉制片厂写音乐神话故事片《神奇的绿宝石》，又请他写音乐。他对你们的文学剧本提出了许多好的建议，使这部有十多首歌曲的反映九寨沟、黄龙的风光神话故事片，更加丰富多彩。此片需先期录音，时间很紧，他仍坚持到川西北藏族地区走访采风，还带着你十三岁的孩子梁芒一同前往，趁暑假让他接触生活。施光南看了梁芒的习作《灯海和星海》一诗后，还抄去谱了曲。一路上，他不仅关心梁芒的创作，还父亲般地关照他的生活起居。他从藏族地区走访采风回来后，怀着饱满的激情，接连为你写的这部《神奇的绿宝石》谱写了十多首优美的歌曲。电影播出后，他又将这些歌曲制成同一片名的叙事套曲盒带发行。

出于对山城的热爱，施光南还计划同你合作写一部歌颂山城重庆的电视风光音乐片，就以《山城的花冠》作为第一首。另几首歌词，你早就写好了。由于他一年比一年忙，不是在完成芭蕾舞剧《白蛇传》的音乐，就是在筹备武汉的作品演唱会，不是去广州主持歌剧《伤逝》的录音，就是赶写歌剧《屈原》的配器，时间总是安排不过来。你也曾请他在北京挤时间写，他说有些景点没有亲自去过，如扬名中外的钓鱼城，不身临其境，很难感受它的雄姿壮影。虽然重庆电视台还专门录了一些竹琴、清音、民歌等有关音乐资料寄给他，他也未能贸然动笔。他那严肃的创作态度，令你十分感动。

1990年春，你到京参加人代会期间，你们匆匆见了一面。不久，施光南就因脑溢血突发，溘然长辞了！你在悲痛之中，写了《金曲绕心曲》一文追念他：

光南呵，你出生于重庆南山，才生活了49个年头！你走得太早了，走得太急了，走得太突然了呵！山城盼着你的归来，南山盼着你的归来，我盼着你的归来！那首《山城的花冠》还一直未和听众相晤，与观众见面，它成了你的遗曲，成了你留给生养你的山城永恒的纪念了！

光南呵！你就这样匆匆地去了，永远离我而去。我凭窗面对南山，耳听杜鹃长鸣和广播里传来你的歌曲，我急急吟诵出这首诗，电报发出，以表深切的怀念：

英年惊早逝，含泪望南山。
山荡摇篮影，城连亲血缘。
同行访战迹，合作谱新篇。
金曲绕心曲，哽声唱《屈原》

后来，重庆在南山修建了"施光南音乐广场"。你又赋诗一首，以作纪念：

一

他诞生在这个地方，
他寻访过这个地方，
他歌赞过这个地方，
现在成了音乐广场。
一曲《山城的花冠》，
寿比南山还要久长！

二

这座广场建在南山，
以纪念诞生在此的光南；
这座广场一望无边，
谁能测量出有多大多宽？
金曲使万千心地相连，
广场已铺展到朗阔的人间。

2000 年 9 月 30 日　重庆

六、悼士心

士心，原名刘志，天津人。著名弓弦乐教授刘明源之子。总政歌舞团创作员，国家一级作曲家。1984年至1987年在中央音乐学院作曲系学习，师从苏夏教授。他创作的著名歌曲有《说句心里话》《你会爱上他》《我们是黄河泰山》等。他还用委婉动听、优美抒情的民歌风格曲调为《峨眉酒家》和《小白杨》等词谱曲，由阎维文同志唱响全国。正在士心大展宏图之际，却因身患肺癌，不幸于1993年去世，年仅38岁。当年，人民音乐出版社出版《说句心里话——士心歌曲选》，选他所作歌曲一百零八首，以为纪念。

得知士心去世的消息，你很悲痛，特写诗悼念：

歌词月报编辑同志：

士心虽先后为我写的《小白杨》《峨眉酒家》等词谱曲并由阎维文同志唱响，但我与他直接接触却只有一次。记得我在参加七届全国人代会期间，去北京音乐厅听音乐会，因他要参与乐队演奏，事先打电话约我在剧场晤面，并要我给他带几首新词。开演前，他到观众席与我见面，我们一见如故。他从我抄去的歌词中选了好几首，然后就热烈地握手而去。此后就只经常听他写的新歌，却再没见过面。当听到他英年早逝的消息，我是很痛惜的。前几年与我合作过十多首歌曲的施光南不到50岁便永远离开了人间，而今这位很有才华的作曲家还不到40岁又匆匆永别，怎不令人悲痛！故我写了一首悼诗，以纪念我们的合作。现书写寄上：

士心有志惜早亡，演奏飞声曲远扬，

合作遍传歌两首：《峨眉酒家》《小白杨》。

即颂

春祺

梁上泉

七、与阎维文的友情

由于写歌词之故，你结识了不少作曲家，也结识了不少歌唱家。其中，与阎维文的友谊，就深深地珍藏在你心中。

阎维文是山西平遥人，1957年生，总政歌舞团男高音一级歌唱家，中国音乐家协会理事，享受正军级待遇。他的歌字正腔圆、圆润自如、深情内敛、收放自如、大气磅礴、风情万种，有“全军男一号”“台柱子”之称。

你创作的《峨眉酒家》，经士心谱曲后，由阎维文演唱。1988年，你到北京开会，阎维文知道后，亲自将你接到他家中，商定以《峨眉酒家》参加当年全国第三届青年歌手大赛。当时，他妻子卧病在床，阎维文还亲自下厨做饭招待你！原来，阎维文见妻子病重，提出放弃青歌赛，以便全力照顾妻子；妻子却非常支持阎维文的事业，执意要他参加青歌赛，甚至说阎维文如果不参加青歌赛，她就拒绝入院治病。阎维文怀着悲壮的感情参加了青歌赛，一炮走红，获得民族唱法金奖，并很快出版了《峨眉酒家》的盒带。由是，你与阎维文开始结下深厚的情谊。

你的《小白杨》由士心谱曲后，随着阎维文甜美的嗓音而传遍大江南北，并被全军定为军旅推广歌曲之一。你与阎维文从此结下不解之缘。以后，阎维文每到一地演出，总是把《小白杨》唱上一遍。一次，阎维文到巴中市参加巴人艺术节表演，适逢你也被作为特邀嘉宾出席盛会。阎维文在台上深情地演唱了《小白杨》。主持人从台下人给他的条子上知道你就在现场，兴奋地向阎维文和台下观众热情介绍道：“《小白杨》的词作者、著名诗人梁上泉老师就在现场！”阎维文兴奋地在几万人的现场向你招手致意，并走下台来，向你表示热烈感谢，并说：“没有这首《小白杨》，就没有我受观众欢迎的今天！”他还将观众送给他的几大簇鲜花恭恭敬敬地献给你。你接过鲜花，非常谦虚地向全场观众高声说道：“应该感谢为老区做出巨大贡献的乡亲们！”并把鲜花投送给全场观众。刹那间，全场观众欢声雷动！

业界人士说阎维文是个很完美的人。你也很赞同这个评价。你非常珍视同阎维文纯洁而美好的友谊。2000年8月28日，你给阎维文去信：

维文同志：

近好！这些年来，你几到重庆，都无缘见面，未能接待你，甚憾！至今我还记得初到你家时，亲手做饭招待我，后又将《峨眉酒家》的盒带寄我，深感你是个情艺双馨的真正歌唱家。我全家都向你致敬。

由于与我合作的施光南、士心等都英年早逝，像折了词作家的翅膀，所以我写歌词少了，写了也因作曲、演唱等问题，难以推出，时感苦闷。

今年在开发西部的声浪中，我又写了《西部之恋》和《我的西部我的家》两首歌词，抒发了我这个老兵对西部的感受，想寄你看看，能否找作曲家谱出试试？并想听到你的意见。

《小白杨》一歌已由西南师范大学音乐学院的教授编入全国高等师范院校音乐教材，由人民音乐出版社出版，已用多年，顺告。

匆匆即祝全家安宁幸福！

2007年9月18日，你又写了《致阎维文——〈峨眉酒家〉〈小白杨〉首唱者》一诗：

谁将歌曲播全军，诗酒维文传好音。
树阅年轮人不老，绿装伴我也青春。

八、与陆棨的诗话通信

你与陆棨都是重庆著名诗人、剧作家。陆棨1931年1月生于北京，在成都长大。其祖父是成都著名中医，巴金长篇小说《家》中所写的为觉新祖父看病的老中医，就是以陆棨祖父为原型的。陆棨曾在重庆大学化工系读书，后为西南青年艺术工作队队员、西南军区文化部文艺科干事、西南青年文工团、重庆文工团团员，“文化大革命”后担任重庆市文联主席。他先后创作了二十部歌剧，出版了诗集《灯的河》《重返杨柳村》《西部之声》《陆棨诗选》《陆棨短诗选》等。2011年12月15日，召开了陆棨从艺六十周年座谈会。陆棨还被评选为德艺双馨的艺术家。我非常喜欢陆棨的诗，尤其是他的《重返杨柳村》，许多诗我都能背诵。

你同陆棨交往甚多，交流也很深入。你们二人长期在重庆市歌舞剧团担任编剧，经常一起讨论创作，也经常一起深入生活。你同他在20世纪60年代初关于深入生活的两封信，很能反映当时那个年代作家们在深入生活方面所做的努力和当时的困惑。

信是陆棨于1962年10月在大巴山中给你发出的。他首先以诗一般的语言提出了他创作上的困惑：

上泉：

接到你出发去长江前寄来的信，想象你在此时，一定是倚着船舷，面对着一江金浪、两岸青山，目不暇接、浮想联翩了吧！在你的笔下，该又涌出了多少巫峡激流般的诗句？在你那红皮的手册上，该又构起了多少长江大桥似的篇章？

大巴山里现在正是秋雨连绵的季节。陡涨的山水，又像去年那样把我困在南江小城里，窗外高墙似的山脊隐藏在浓云里，耳边南江河的涛声昼夜不息，我真是处在“一天云浪里，万面鼓声中”了。风雨中的大巴山向我展示出了它蕴藏的全部威力，我想提笔写诗了。可是提起笔落不下去，脑子里出现了很多关于写诗的烦恼的问题，想要跟你谈谈，我急切得来不及等待那“何当共剪西窗烛，却话巴山夜雨时”了，先在这秋雨时节的大巴山里给你写一封信吧！

你知道，这次再进大巴山，我还是颇有一点“雄心壮志”，想写几首好诗出来的，并且，的确也有不少眼见的和听来的事件场景，使我深深地激动过。但当我提起笔来，笔却忽然变得非常腻滞了。有的感受根本写不出来；有时有了一个较新的构思，却找不到新的词句，写了几句就写不下去了；有的虽然勉强成篇，写完了一看，也总有点“似曾相识”的感觉。于是，我苦恼了。

唉！要是现在你也在大巴山里，我们能共同把这个问题扯清楚，该有多好呵！

陆棨由读你的诗想到了你为什么写大巴山写得又多又好，而他却写得那么困难。

你写得真多！从《寄在巴山蜀水间》起，到《大巴山月》止，恐怕要以“百首”为单位来计算了吧，何况你最近又写了不少哩！你哪里找来的这么多题材，哪里产生的这么丰富的情感呢？是你脑子里藏着一个什么写诗的“秘密”吧？到今天，当我在写诗的苦恼中再读你这些我从前认为略嫌纤巧的小诗，却给了我新的启发。我发觉这些诗篇里蕴藏着一种极其浓烈的乡土深情。真的，你在诗里，对大巴山的一草一木都饱含着一股赤子的爱心。这难道仅仅是一个写诗的手法和风格问题吗？当然不是！我觉得，我之所以再写不好大巴山的诗，因为我还没有和大巴山人同呼吸、共命运的感情，我是去“写”大巴山的，而不是去“建设”大巴山的。我这才明白，我要写好大巴山，我还必须取得一个“大巴山人”的资格。

作为一个优秀诗人、你的好朋友，陆棨先生真的是既谦虚，又诚恳，而且对你的成功给予了很高的评价，对你成功的原因做了深刻而独到的分析。于是，一个新的、更加扎实地深入生活的打算在陆棨的心里产生了：

窗外，雨渐渐地停了，群峰从云雾里又透出了一线线晶莹的翠色，赶着在雨后去抢耕冬水田的社员们上山了。斗笠下，雪亮的犁铧也反射着雨后的阳光。我能像他们那样专心一意、满怀信心地用诗笔来耕耘大巴山么？能啊，能啊，耳边南江河的涛声在为我敲着战鼓哩！是呵，耕耘得不深不厚，怎么能期待结出丰硕的果实呢？我有了一个不算新的打算，把这次的任务完成了后，明年春天，我还要进大巴山来。可是我不打算每次来都换一个新鲜地方了。我打算到那里去长住一段时间，最好能在那里的生产和生活里有自己的一分责任，能分尝他们的甘苦，直到我能像你写大巴山这样，一触即发，左右逢源，在一草一木上，都能有切肤的感触，发掘出诗意来。你等着接受一个大巴山里的新同乡吧！

握手！

陆棨

1962年10月大巴山里

接到陆棨这封信后，你很受感动，也很受启发，回了下面这封信：

棨兄：

当我东下长江之时，你已北去巴山；当我来到巴山，你又返回重庆了。多少话想当面畅谈一番，可又不能，现在也只能借助纸笔，寄语巴河流水，与你再来个“千里谈诗”了！

你在信里谈到许多有关生活与创作中的问题，也是我这几年遇到的。实践过程中，不怕有苦恼，只怕不思索，过一关，上一山，像我们同登大巴山一样，爬到一个山头，总会开朗一些，再登上去，又会有无数的青峰高耸在前！从你去年出版的《灯的河》看来，正是沿着石梯大路，拾级而上，步步登高的。目前暂时出现笔尖腻滞的情况，我想你将会以新的诗作冲开它！

生活的深度和广度，两者如何结合更好，是我们过去常谈的话题。思想上虽然比较明确，应该在深的基础上求广，由点到面，但一遇到具体问题，又心神不定。如在一个地方住久了，反而容易感到“吸干写尽”似的，常为题材重复、构思雷同、语言贫乏所苦。一首首看，不太觉得，一旦汇集成册，就突出了。于是想出去走走，换换基地。这样，有时也真能写出一些新鲜的作品。但久而久之，原先那种情况又出现了。

探究其原因，各有各的不同。

你想再去北京，看看大海，登登雪山，何尝不可。你我都有五六年没出川了。前次我下长江，去来“跟水”一月，确实感到舒畅，眼界开阔了，但写起诗来，总觉得不够深厚。有些其他的感受，倒使我思索起深广的问题来。

船到上海港，我夜登外滩，在高楼大厦间漫步，抬头望见月亮，不知怎么，总觉自己是置身于大巴山的深沟溪峡之间，黄浦江、苏州河，也似南江巴河微动着银波；满城灯光，也化为满天繁星，在头上闪烁，仿佛放声一呼，就可叫出万里外的你来，因为那太像我们去年夜间同行的景象了！以后我想，为啥不会联想到别处，而总是联想到川北的山水川北的夜，很自然地找出它们的近似之处呢？恐怕是以山里人的眼光来看上海城的缘故。若是以这个感受写出一首诗来，那应该主要归之于我在巴山的生活积累。作为我自己，“行路”的目的，倒不在于写出多少诗来，而是在丰富见闻，打开视野。

有同志说：读书、行路、调查研究和深入生活相结合，则无往而不利。这对我很有启发。只有见多识广才易左右逢源，但源，总是像打井一样，非深挖不可，想东一铲西一锄地乱挖，是很难找到活水的。我虽每年都到川北老根据地去，但都不够深入，了解人物则更差。我很同意你到外边走走以后，还是“到一个地方住一段时间，最好能在那里的生产和生活里有自己的一分责任，能分尝他们的甘苦”。这个想法，也是我早就有的，因为我们还年轻，需要有多方面的锻炼和长远的打算，不然，怎么能写出反映时代精神、具有战斗性的诗篇呢？

我的同行，我的战友！

祝你在新的一年，获得新的丰收！

梁上泉

1963 年 1 月 4 日于川北

你们两位都坚持现实主义创作道路，主张深入生活，从生活中汲取创作的灵感和素材。在这封信中，陆棨对你创作的敏感给予了很高的评价，同时，提出了较为长期地深入一个地方并承担一定的工作、作为生活中的一员的主张。这个主张，理所当然地得到了你的赞同，实际上这也是你早就有的想法和做法。这两封信，表达了广大文艺工作者深入生活写出优秀作品的共同思想，在今天对我们年轻的文学艺术工作者仍然具有一定的启示意义。

九、彭斯远编选你的资料集

彭斯远是你的诗友，是你的评论家、研究家，同时也是我多年的老朋友。彭斯远是成都人，高中毕业后，因深受你和雁翼等人诗歌影响而狂热地爱上了文学，于1958年考进了南充师院中文系。毕业后分配到重庆师范大学中文系任教。“文化大革命”中，我俩曾分别由川外和重师派遣到重庆巴县举办的中学教师培训班上课，在一个寝室里住了三个月（培训班第一期）。第二期开学前，我主动要求跟随学校前往孟塘五七干校劳动，就同他分手了。1971年，雁翼来渝组织重庆业余作者编辑《红岩村颂》，重庆日报推荐了我。我随即向雁翼推荐了彭斯远，我们共同参与了《红岩村颂》的编辑工作。以后几十年，我俩始终保持着友好的关系。

彭斯远长期从事儿童文学研究，主要作品有《儿童文学散论》《重庆儿童文学史》《异彩纷呈的多元格局》《童年文学与智力开发》《叶君健评传》等。

彭斯远对你非常尊重，对你的诗歌也很热爱。新时期以来，他撰写了多篇学术论文来评价你的诗歌：1981年1月撰写《清新明快平易隽永——读诗集〈在那遥远的地方〉》，1982年2月撰写《从长诗到歌剧》，1993年5月撰写《自然的透视——梁上泉诗歌新论》，1999年8月撰写《梁上泉诗歌论》，2000年11月又写了《再评梁上泉》，1993年10月撰写《喜看〈熊猫咪咪〉》，2004年撰写《写不完的童年梦幻——梁上泉儿童新论》。此外，彭斯远还在《重庆日报》上发表过《关于梁上泉答记者问》。

彭斯远更重要的工作是编辑了《长跑者的脚印》《透视梁上泉》和《八方来鸿——致梁上泉书》三部资料集。

《长跑者的脚印》于1993年12月由四川大学出版社出版。彭斯远在序言中说：

梁上泉是一位勤奋而风格独特的诗人。

他从20世纪50年代到现在，共出版诗集二十三部，他的诗不仅受到读者欢迎，也得到诗评家的首肯。自沙鸥在1956年的《人民文学》杂志发表论梁上泉的长篇论文始，几乎每年都有一些谈梁诗的重要文论在全国各地的文学报刊发表。但奇怪的是，至今却没有一本论梁专著出版。这不能不说是文学界的一件憾事。

也许正是出于对此种情况的不甚满意，我便试着将历年来搜集到的关于梁上泉的资料加以梳理辑撰，于是很快编成了这本小书。

概而言之，本书内容可分为三部分。其一为诗人、评论家论梁上泉和梁上泉的诗。按文章发表时序排列，由此可大略窥见学界对梁诗的认识发展进程。国内一些写过论梁文章的有影响的评论家，大体已涵盖在其中了。

其二为梁上泉诗踪年谱。这是对已成集的梁诗写作时、地的系统考察。从中既可窥见诗人行踪，亦可看出诗人获得和捕捉灵感的某些契机，为我们进一步研究诗人创作，提供入门的向导。

其三为梁上泉著述总览和某些书、报、刊所载梁上泉专访与评介的存目。

2009年7月，彭斯远在《长跑者的脚印》的基础上，在你的支持和帮助下，收集整理了关于你的几乎全部的评论、品析、采访、报道以及轶闻趣事等文章，经过反复考虑斟酌，分类排列，编为学术论文、精短品评、采访纪实、轶闻趣事等四辑，书末并附梁上泉创作年谱。全书共约五十七万字，取名《透视梁上泉》，由中国作家出版社出版。

彭斯远在该书序言《梁公是个需要解读的谜》中说：

快80岁的重庆著名诗人梁上泉，在我国当代文坛是一个值得认真解读和透视的谜。

虽然中国是一个以《诗经》开启源远流长民族文学源头的文明礼仪之邦，但是，到目前为止，诗的生存困境已让人感到格外的困惑。在全国绝大多数报纸杂志萎缩得不成样子的文学副刊上，诗歌的影子已很少见到。出版社每年所出书籍中，关于诗的选题，已少到几乎被人忘却的地步。再说，即使出版了诗集，集市上也往往卖不掉。出版社亏本，诗人难于养活自己，谁还写诗、谁还出诗、谁还读诗呢？这就是当今我国诗坛的现状。

然而，已经创作了半个多世纪，新旧体诗写了几千首的梁公，却至今仍在写诗、读诗、出诗，他永远都在为诗而苦苦奋斗，永远都在为诗而劳碌奔波。这难道不是一个值得解开的谜团吗？

当然，在梁公身上还有许多其他的谜也同样值得去认真解读……

总之，梁公是一个由既矛盾又和谐，既单一又多元的复杂艺术因子有机组合而成的诗谜。通过对它的解读和透视，或许有助于我们去把握和认知我国当代色彩缤纷的诗歌创作的一个侧面，倘如是，编著者所费的一番苦心，也就得到了最大的回报。

这本书全面地搜集了你的研究资料，选入文章多达一百多篇，作者多达一百余人，发表时间前后达五十五年之久，全书六百页，近六十万字，可以称得上是厚重之作！这是宝贵的文学财富、丰厚的历史积淀，对于了解你和你的作品、人品，了解你的文学艺术成就，具有很重要的作用。

2012年，彭斯远又编选出《八方来鸿——致梁上泉书》。这是《透视梁上泉》一书的续篇，专门收录文朋诗友写给你的信函。彭斯远在该书序言中详细阐述了书信的作用，并介绍了这本书信集的内容和价值：

书信，在我国民间原本是一种非常重要的通信工具，当然也是一种极其宝贵的文化载体……

其实，收在《八方来鸿——致梁上泉书》中的许多致梁上泉的信函，有不少也是可以当作读者对诗人的认识和品评来解读的。

首先，作为出版社或刊物等文艺团体给梁上泉的信件，就包含着对梁上泉诗作的中肯批评与诚挚鼓励。

其次，文学前辈和同辈知名作家的书信，同样表现了他们对梁上泉的热情鼓励与支持。

在重庆和全国各地，不少理论工作者和大学文学教授，也是利用书信往来而参与品评和解读梁上泉作品的一支重要力量。

基于书信对于男女情爱的巨大负荷和承载，《八方来鸿——致梁上泉书》也选载了梁上泉夫人蒲心玉女士在她与梁上泉恋爱和婚后生活中写给梁公的四十余封书信。如果仔细研读这些信件，想来对于解读上泉的不少吟咏爱情的篇什，也是大有好处的。而且，由此连类而及，还进一步选进了梁公的儿子和蒲心玉女士的哥哥给梁公的信函，这对进一步认识和了解梁公及其献身艺术创作有参考价值。

总之，书信作为文化的积淀和传承，其历史意义的确不可低估。

《八方来鸿——致梁上泉书》的确有很高的史料价值和文学价值，对了解你，了解你的人生道路和创作成就，都有很大的帮助。特别是蒲心玉写给你的几十封情书，写得那样情深意挚，真令人感动！而从中流露出的纯真的感情、忠诚的心意、对革命的忠诚、对事业的执着，更令人敬佩。要是你给她的书信也全部保留，那对照起来阅读，该是多好的两地书啊！可惜“文革”中，你担心引火烧身，流着热泪，把你从妻子那儿要回的信全部烧了。这成了你终身的痛！“反思极左今尤痛，两地书成一地书。”

十、与赵心宪的交谊

诗评家赵心宪是重庆教育学院（现重庆第二师范学院）教师。他研究你的诗歌创作历程的《诗美创造的过程描述》是他的第一部学术专著。后来，他又出版了《文化转型与中国新诗》《沙鸥的诗论与创作研究》《七月派的早期分流》等理论专著，并评为教授。他在《诗美创造的过程描述》的后记中说："专题研究梁上泉诗歌的话题，是三年前市文联一次学术讨论会上偶然提起的，半年后重庆市教委批准作为重点社科课题立项，研究工作算正式启动。当时已明确如下想法：（一）课题完成的方式分两步，先按理论构想发表系列论文，然后在此基础上形成一本全面、系统研究梁上泉诗歌的学术专著；（二）在全面掌握资料的基础之上，尽可能参考新时期诗论研究的最新成果，较有理论深度地深入浅出地解读梁上泉诗歌风格的历史形成与发展，所谓'诗美创造的过程描述'。"

1992年12月23日，他写信给你说：

看了部分有关您老新时期创作、文艺活动的资料，感触颇多。对艺术的追求，您老相当执着，令人感动。我给学生上课讲的内容是当代学术方面的情况，从吕进先生的诗说到北大谢冕先生的诗史，到华东师大钱谷融先生的作品选，对梁老师的诗都是很看重的。例如诗的风格问题，吕进先生将其与您老通信的内容作为重要的研究新诗风格的资料，收入他的辉煌大作《中国现代诗学》之中；艺术评选极严的钱先生在《中国现代文学作品选》中将您老的诗作《月亮里的声音》收入；谢先生对您老的艺术技巧则恭维不已。这些当代文学界的名家不是说空话的，您老的艺术观及实践很值得从头开始认真整理，当然这需要相当的时间和精力做仔细的资料阅读工作。很希望始终得到您老的鼎力相助。敖忠老师的正教授职称已被省职办批准，这是很令人欣慰的事，但他的事情很多，忙得很。

1993年12月1日，赵心宪又写信给你说：

我一直在研读有关您老的资料，收集这方面的资料，希望在全面占有资料的基础上形成对您老的比较全面的看法。有些材料，到现在为止，只能说是得到了若干宝贵线索，还得花相应的时间和精力实现，这当然要您老大力支持了。我以重金邮购了潘老师他们编撰的《汇编》本，作为私人藏书，目的就在于更深入研究您老的早期文化活动及诗歌实践。关于《梁上泉的诗歌创作生涯》（暂名）一书的出版问题，西南师大出版社已给了我有关表格，同意列入明年的计划。这本书确实是我对您老诗歌创作的全面评价。从诗观形成、创作发展到风格的变迁都要论及，总之是从很广阔的文化视野中论及您老诗歌活动的历史与现实意义的，与别人的“断代”局部研究不一样，也完全不同于回忆录。

1994年3月12日，赵心宪再次写信给你，谈他准备写关于你的诗歌的第一篇论文：

关于您老的创作生平的系列论文，其实正构成一部评论的框架。

下周开始写关于您老早期的古体诗词的第一篇论文。希望随时得到您的指导。

你对他的研究工作给予了大力支持。你不仅给他全部著作，还给他看了你的许多日记、笔记。赵心宪在各级组织和你的大力支持下，从1994年3月正式动笔，到1995年7月杀青，经过一年多的艰苦努力，《诗美创造的过程描述》于1995年6月在成都出版社出版，2003年12月由中国文联出版社再印新版。

《诗美创造的过程描述》一共分十二章，以专题的方式，较全面也较深入地论述了你几十年的诗歌创作。

第一章　童年经验的文化选择。主要论述：北山乡村文化、达县城市文化及“平民化诗人”李冰如对你的影响与你的文化定型。

第二章　早年诗词民族文化传统的继承。主要论述：一、山水审美：传统艺术文化精神的感悟；二、社会意识表现：传统诗歌现实主义文化精神的继承；三、短小抒情诗：传统诗歌文化艺术形式的实践。

第三章　俗化雅化，雅化俗化。主要论述：一、早年与民间文艺的关系；二、军旅七年前期曲艺创作及其影响；三、民歌的学习收集与新诗形式的运用。

第四章　成名期新诗的民俗积累。主要论述：一、成名作《阿妈的吻》与民俗；二、诗集《喧腾的高原》与民俗积累；三、诗集《云南的云》等作品的民俗积累。

第五章　叙事诗艺术结构形式的嬗变。主要论述你早期、成名期、成熟期的叙事诗的影响、成就及其代表作。

第六章　《红云崖》文类规范走向清醒的构型过程。

第七章　实践的文体意识。

第八章　剧诗、剧诗的现代型与传统型。

第九童　儿童诗：浅语的艺术。

第十章　现代格律诗实验。主要论述《六弦琴》六行体现代格律诗格律结构的实验。

第十一章　新中国成立后的传统诗词创作片谈。

第十二章　音乐文学创作的民间影响。

该书对你的童年及青年时期的生活经历和所受的文化熏染，以及你的新诗、古体诗词、散文诗、剧诗等创作的成就及你对民族文化传统的继承和发展创新均予以了全面论述。

十一、与赵太国的诗歌情缘

1978 年 4 月 9 日，你到川北老苏区南江县的红军院，进一个老红军家采访。这个家庭，夫妻都是老红军。而你去他们家采访时，恰好他们的儿子赵太国刚从巴丹吉林大漠边关探亲归来。赵太国读中学时最崇拜你，见到你如同见到了天上的星星，高兴得久久握住你的手，不知说什么好！赵太国的姐姐告诉你说："我弟弟太国最喜欢你的诗了。上高中时，从头到尾一字不漏地抄完了你的两本诗集《山泉集》《红云崖》，当兵后带到部队去了。"你听了惊喜不已，愣愣地注视着赵太国好一阵子，说："小赵，我真没想到你有这么大的毅力，抄了我的两本诗集。你晓得吗，这是你对我的最高奖赏，比我自己出一本诗集都高兴。今后我出了诗集，一定送一本给你。"

赵太国拿出一个笔记本，请你给他签名，颇有几分追星族的味道。更巧的是，这一天，红二方面军的老红军李正良正好来赵太国家串门，而赵太国父亲是红一方面军的，母亲是红四方面军的，"三个方面军"就这样"会师了"。这个场面，这千古难逢的历史巧遇，点燃了你灵感的火花，你竟当场吟诗一首：

一个革命家庭／两个方面军／井冈山的男子／大巴山的女子／征途上联姻／／男子是红军／女子是红军／生死与共／永结同心／／一位二方面军的战友／来探访这对友人／"三军"共饮一杯酒／欢庆新的会师／再作新的长征

赵太国看了这首诗，非常喜爱，觉得它朴素自然，激情充沛，言简旨远，宛如山间流淌的清泉淙淙有声，清澈透明，沁人肺腑。他只过目一遍，就牢牢记住了。

二十年后，赵太国把这难忘的一幕写入了散文《老屋》里，发表在《西北军事文学》1999 年第四期上。你看了这篇散文，很高兴，就托《西北军事文学》编辑马萧萧给赵太国转去了一封信和你手写的《新的会师》一诗的条幅。

赵太国看了你给他的信和你送给他的飘逸苍劲的书法，大感意外和惊喜。他没想到，二十二年后，他的一篇《老屋》，竟鬼使神差地把他和他崇拜的诗人梁上泉又牵扯到了一起。他高兴地给你写了回信。

一个多月后，你给赵太国寄去新出版的文集《梦之花》。

大约过了五个月，赵太国给你写了回信：

去年7月下旬，我就收到了您寄来的文集《梦之花》。从夏至秋，从秋至冬，这本文集就天天摆在我的枕边，伴我入梦，化梦为花。我用红笔在您的书中的字里行间划满了杠杠，对您写的诗文爱不释手。同时，也更多地了解了您的过去，您曲折艰辛的创作历程和纯正高尚的人品。可以说，您的诗像圣洁的生命之泉浇灌了我人生最初的文学幼苗。我中学时代手抄您的两本诗集的经历，就是一次受益终身的清泉洗心。戎马西北边关之时，由您作词的军旅歌曲《小白杨》，唱响了九州军营，唱红了华夏大地，至今仍传唱不衰。这株神奇而活力无限的小白杨，在我们军人的心中已长成了参天大树，每个枝头似乎都悬坠着沉甸甸的果实。

我最喜欢的，还是您的长诗《红云崖》和《山泉集》中的诗作。可以说，在我的心目中，您就是一位为歌颂红军和川北苏区父老而下凡的诗仙。我觉得，您编入《山泉集》中的《阿妈的吻》《月亮里的声音》，还有您的《小白杨》，堪称新中国诗歌宝库中的神品，至少一千年后还会有强大的生命力，一千年后还会有真正能懂诗的人欣赏。仅凭这一点，您就不愧为我国的著名诗人和一级作家。我这样说，至少有四条理由：其一，创作有泉。您长期以川北老区为诗歌创作的“根据地”，20世纪五六十年代，在南江采风期间，您还多次吃住在我姨妈唐成英的家里，老区一待就是几个月。您像鱼儿一样潜入生活的河流中，从中汲取了取之不尽的创作源泉。其二，“小”中有“大”。您所写不是小我，而是祖国和人民。其三，感情有根。您的诗歌之根深深地扎入了生活的土壤之中，扎入了平凡百姓的情感之中。其四，精神有魂。您的诗弘扬的是民族之魂。用您的话说，作为诗人，您最钟情的并不是诗神，您是在用您的生命“钟情生活，钟情人民，钟情时代”。我想诗神是会钟情您这样痴迷的诗人的。半个世纪过去了，为什么您仍是我国诗坛上的一棵常青树，为什么您创作的激情仍然像山泉那样喷涌？我想，我是找到答案了。

我期待着在新的世纪里，看到您更多更好的、笑傲九州的新作横空出世！

2002年，你给赵太国寄去《梁上泉诗选》。他反复地读着这些诗，激动不已。二十多年来，他总觉得梁上泉的诗和歌曲《小白杨》，一直像大巴山上的清泉一样滋润着他的生命，激励着他守卫祖国的西北边关。因此，从2002年9月开始，他再次抄录《梁上泉诗选》，直到2003年2月抄完。2003年的端午节，他给你寄去了这本手抄本，并给你写了一封信：

梁老师：

近好！

我收到您去年寄来的《梁上泉诗选》，爱不释手，枕边桌前，不离左右，朝翻暮吟，乐在其中。我于去年9月23日动笔手抄这本诗选，戎马倥偬，时断时续，终于于今年2月19日抄完，装了厚厚两大本……三十年过去了，至今仍吟唱您的诗歌，手抄您的诗集，仍不减当年激情。也许是您诗歌仍未随着岁月的流逝而减弱生命力的缘故吧！一首好的诗歌，一部美的诗集，可以影响一个人的一生，甚至抵得上学校里最好的老师。因为美的诗歌与诗集是人生精神意义上的天使，它的影响是渗透生命与灵魂的一泓清泉，永远都有饮之不竭的精神力量。今天是端午节，是诗人的节日，亦是我国唯一为诗人设立的节日。三十年过去了，您仍然是我心目中最优秀的诗人之一，是大巴山优秀的儿子！如果我没记错的话，农历5月13日是您72岁生日，我在异乡，无物表达心意，只有手抄的《梁上泉诗选》，寄此抄本以庆佳辰，仅仅寸心，不胜惶惶……唯愿健康，多吟佳作。

2004年，赵太国转业了，他又给你去了一封信：

梁老师，新推出的《白水斋吟稿》已收。喜捧珍函，如饮杜康甘泉，使人如痴如醉，觉得自己见到的不是您的诗集，而是棵郁郁葱葱的常青树，一簇蓬蓬勃勃的不老草，一眼叮叮咚咚的智慧泉……没想到2003年您竟一口气出了《不老草》和《白水斋吟稿》两本诗集，可喜可贺。

《白水斋吟稿》如一泓清泉，无味而至味，无色而至色，是真正意义上的大家之作、纯净之诗。尤其是读了您写故乡南江的《光雾山》《山与人》《龙架烟云》《仙女石》等诗作，给人一种又回故乡入仙境、盈怀阳光生暖春的感觉，备感亲切，如沐春晖。您诗集里凸现着我故乡南江的一山一水、一草一木，是情是爱，是诗是画，是缪斯之歌。可谓字字有血肉，行行见魂魄。我认为您拥有“青春笔”的根本原因有三：赤子之心不泯。您的诗对大巴山和祖国大地都跳动着一颗赤子之心，其诗其人早已融入“山川草木，可以默数”的境界。您常走出书斋，行吟九州，足迹所至，诗花盛开；四面青山来眼底，千家忧乐到心头。此其一也。探索之步不止。几十年来您一直在诗歌的群峰上探索，与时俱进，推陈出新，诗中既融进古典诗词辞赋的韵律的范式，又融入了现代山歌民谣的流畅和野趣，形成了自己朴实无华、流畅灵动的诗风。此其二也。您不跟风追尘，不为权贵所用，亦不为金钱所迷，一身正气，八面威风，站立潮头，岿然不动，诗如其人，人如其诗，心与人民相随，身与祖国相融，步与时代并进，此其三也。

我相信梁老师的青春之笔还会写出更新更美的诗歌，写出无愧于时代与人民的大作……

这两封信对你的诗歌创作给予了发自内心的热情赞扬，并对你成功的原因和你能终生拥有“青春笔”的根本原因，做了很深刻的、真切的总结和阐述。看得出来，他确实是用一生的激情来爱你的诗的！

他代表了很多的读者的心声，这是值得你骄傲和自豪的！人们常说："金杯银杯奖杯，不如读者的口碑。"你的诗受到那么多读者的热爱，有那么多首流传在民间，这也是值得你骄傲和自豪的。

十二、与苗长江的诗歌交往

我从小喜欢读诗、写诗。而且，如同我在文学上的爱好的多样性一样，我对诗歌的各类体裁、各种流派、各种风格也都比较喜爱。我喜欢古典诗词、民歌民谣、也热爱中国新诗；我爱读中国诗，也喜欢外国诗；我喜欢五四运动以来的传统新诗，也喜欢九叶诗派、七月诗派及朦胧诗。前两年，我在同深圳文联前主席兼书记张俊彪共同主编《大中华二十世纪文学史》时还写了一篇二十多万字的《中国二十世纪诗歌史》。在阅读、了解那么多诗人的诗作之后，我发现一个现象，就是当代中国新诗诗人中，你的诗歌在民间流传的广度和深度，是非常突出的，不说是第一，也可以说是第一流的。这是什么原因呢？我想，首先是因为你的题材是广大读者喜爱的边疆山水和边疆军民的风物风情爱情。其次，则是你的诗继承了中国古典诗歌和民歌民谣的传统，简洁凝练、明白晓畅、音韵美妙，广大读者易读易懂、易记易背，作曲家爱为之谱曲。所以你的诗在读者中，尤其是在巴山蜀水及西部地区的读者中，传播很广。下面，我想通过苗长江对你诗歌几十年的挚爱的例子，进一步说明：真正的好诗永远会受到读者的热爱，不会被人民忘记；真正的诗人永远会受到读者的热爱和尊重！

苗长江是渠县人、成都钢铁厂厂长。他写了《巴山明月长相随——钟爱梁上泉诗歌四十年》一文，详细叙述了他四十年来钟情于你的诗歌的感人情景。文中说：

诗仙李白有诗："我在巴东三峡时，西望明月忆峨眉。峨眉月出照千里，与人万里长相随。"每当忆起我对著名的巴山诗人梁上泉先生诗歌创作四十年不改的钟爱情缘，我就会油然联想到太白的诗。不论我走到哪儿，上泉先生的诗意都如明月随身，伴随着我，使我充分感受到人生的美好与艺术的圣境，从而不失一颗赤子之心。

记得最初接触梁上泉的诗是在1963年。那时我在家乡渠县岩丰中学读初中，校园的图书馆阅览室悬挂着一幅书法，上面录着梁上泉《高高的红岩》那首新诗。本是无意间接触，但初读之下，眼前清新一亮。那通俗活泼、婉转晓畅、诗意盎然的抒情方式，令我感到颇与我们川东北的乡土民歌相似，而梁上泉的诗在乡土气息间，更有时代新意的升华，句子也每节首尾连接回环，这就给我留下难忘的印象。

学校毕业后，我一直在成都钢铁厂任职。1991年，我带队到大巴山南江县，对竹铁矿、水巴门铁矿和红山铁矿进行考察。在与县委、人大、政府、政协四大班子的领导共进晚餐时，赵县长用当地米仓特曲招待我们一行，我提出："我背一首诗，唱一首歌，你得喝一杯。"他们都表赞成。约半个小时，我口诵如流，赵县长则手不停盏，到后来不胜酒力，只得请人代喝了。当晚几乎是一口气背了三十多首梁上泉的诗，南江县的同志也就喝了三十来杯。好诗佐美酒，气氛十分融洽，为互相之间的合作缩短了距离，至今我们企业与南江县和各矿山的友谊也处于良好状态。

苗长江一口气背诵你的几十首诗，在南江被传为美谈。南江县县文化馆馆长于之艾听说后，不禁啧啧称奇。他把这事告诉了省作协秘书长王敦贤，王敦贤也甚为高兴，专门到位于青白江区的成钢厂看望苗长江。又过了半年，你到成都出差，王敦贤又陪你去到成钢厂看望苗长江。苗长江激动地上前握着你的手，借用李白的话说："生不愿封万户侯，但愿一识韩荆州。"晚餐席上，苗长江再次背诵了你的几十首诗作并述及他热爱你的诗的往事。你听了十分感动，连连说："真是人生得一知己足矣！"当晚你们交谈到深夜。你即兴赋五律一首赠送苗长江："神交三十载，初会更情长。叙旧无昏晓，背诗赌酒浆。谢君严检测，为我再加钢。难得一知己，心留青白江。"

苗长江在文章最后说：

此后，我与上泉成为忘年之交，多有兴会，必享诗趣，如坐春风。先生言传身教，洪眸大颡，豪迈风度，如同人生风景线上的一棵不老青松，令我获益良多。我在企业文化建设工作中，在很多场合谈及文艺，就几乎言必称梁公。我的身边周围，多年来自然而然地聚集了一批梁诗爱好者，我们或电驰同好，或诗会朋聚。高诵梁上泉代表作，感觉整个身心都沉浸在一种美好的享受与追求中，尤有战士情怀，丝毫不觉人生易老、光阴荏逝。

2000 年 7 月，他再次来到成钢，又书赠七言绝句给我和成钢人：

清白人怀青白江，江流入海人成钢；

钢花也似江花美，美化世间齐耀光！

2003 年 5 月上旬于成都

你同苗长江的诗歌交往，说明你的诗歌在巴山蜀水群众中的巨大影响！

十三、山城接待金斯堡

作为重庆著名诗人和重庆作家协会副主席，你经常参与一些文化活动及文化方面的外事活动。在重庆接待美国“垮掉的一代”的著名诗人艾伦·金斯堡，就是其中的一项活动。

1984 年 11 月 8 日下午 3 时，一架从广州飞来的民航班机在白市驿机场着陆了。旅客中走来一位浓发长须的高个子外国人，他就是美国“垮掉的一代”的著名诗人艾伦·金斯堡。你和重庆著名翻译家、重庆大学教授杜承南受中国作家协会之托，一起到机场迎候他。因他是在无人陪同的情况下独自飞来山城的客人，你同杜承南自是当然的主人了。在进城的汽车上，他向你俩谈到这次山城之行。他说：这次非常幸运能被邀访问中国，不然，他自己是出不起这笔昂贵的旅费的，更无缘到这座山城来。其他的美国作家在访问广州后都已回国，可他一再请求要来重庆，然后乘船游览三峡。他对扬子江实在太神往了。

车到人民宾馆前，他一见人民大礼堂这座天坛式的建筑如此宏伟壮观，连声赞叹。但随即又面带难色地问："这笔住宿费由谁出？"

你说："你是我们的嘉宾，全部费用中国作家协会包了。"他这才放心地走入预先定下的套间。你不禁想到，看来，天下写诗的人大都比较穷困，尽管诗情澎湃，但钱包却不像诗情那样饱满。

放下行李，已经过了下午4点，你俩只好带他上街去，一边观览市容，一边寻找吃的。这位诗人，对大马路、大商店似乎不感兴趣。他家在纽约，高楼大厦见得多，何况足迹遍布大半个世界。你们原来是准备带他进大点儿的餐馆，看来他不太称意，于是就专走小街小巷，找小店小吃，这一下他乐了。吃起山城小汤圆时，他跷起大拇指连说顶好顶好。出门见到"王鸭子"时，他竟要买一只鸭腿举着和你俩一起拍照。人们以好奇的目光，围观着这位不拘小节的外宾，脸上都带着善意的笑，把摊子都遮挡住了，本是来当顾客的人也都变成了看客。

接着你们去逛大阳沟菜市场。他看着满台的蔬菜问东问西，凡是没见过的，他都要闻一闻、尝一尝，并在笔记本上记下名称、特点，像个植物学家似的，甚至还问到销售价格。你想，他既然有这样的雅兴，索性再让他尝尝过桥抄手吧。他熟练地运用筷子，夹着北方叫作馄饨的抄手蘸另一个碗里的佐料。他天真地笑着说："这就算过了一道桥，真有意思！我在北京，住的是高级宾馆，吃的是名贵大菜，没品尝到这小店小吃的特殊风味。"

吃完后，他不无遗憾地说："在北京待了那么多天，除了座谈、宴会而外，我没能直接接触过普通群众，也没能到哪位作家的家里去过……"

你想你家就在附近不远，于是你就邀请他到你家坐坐！你告诉他，你家住在高楼第八层，没有电梯，上去就像爬一座山。他笑了，说，峨眉山也上得去的。

果然，这位58岁的诗人腿脚甚健，一口气也不歇地登上了八楼。你妻子同两个上学的孩子，正在客厅准备看电视，她为这不期而至的外国客人沏上了茶。诗人一闻香味就判定这是茉莉花茶。待他知道你爱人是演员时，更高兴了，他说："我和你的诗人丈夫是同行，我和你也是同行，因为我过去拍过几部电影，还自己作词、作曲，自己演唱，灌过几张唱片哩！”

梁芒、梁果兴奋地提出：“那就给我们唱支你写的歌吧！”他也不推辞，径自哼唱起来。杜承南是北京大学俄语系的高才生，在学校时学的俄语，在工作中又自学了英语，以至英语俄语都非常棒。他用非常流利的口语即席翻译了这首名为《这里的黄昏多么迷人》的歌词大意：

山野的黄昏，
鸟儿都已飞进了树林。
孩子，快回家吧，
妈妈在把你等。
孩子说，妈妈别急，
让我多玩一会儿吧，
看这黄昏多么迷人……

他那柔和的中音、优美的曲调，把你的两个孩子都迷住了，边听边忙着录音。也许是在高楼上觅到了知音，更使他歌兴大发，他唱了一支又一支，直到预定去看长江大桥和山城夜景的时间到了，诗人自弹自唱的演奏会才宣告结束。

车到长江大桥，你们先让他看桥头新竖起来的象征春、夏、秋、冬的人体巨型雕塑，可是他的两眼却在探视大桥的下面，并且像孩子般地向桥头栏杆跑去，望着夜色笼罩下的长江。灯影摇摇，波光闪闪，江水静静的流着，好像生怕打扰诗人的沉思。他默默地看了好久才自语般地说：“扬子江呀扬子江，我从念小学就久仰你的大名，直到今天才看到你呵！……”他提出多停留一会儿，让他再好好看看夜色里的江流。他边看边感慨地说：“我曾想象过，在纽约城的夜半，能听到姑苏城外寒山寺的钟声；今夜我在扬子江畔的山城，也能听到密西西比河的涛声了……”

听着他饱含诗意的语言，你不禁也诗情荡漾。你在内心里说道：诗人呵，大洋彼岸来的诗人！刚才品尝过桥抄手时，你觉得很有意味；

走过长江大桥时，你投以深情的目光；其实，一座中美文化交流的长桥，早架在你心海之上了！

你看表上的时针已指到9点了，想到他乘了两个小时的飞机，到重庆又一刻未停，是不是就回宾馆休息，不看山城灯海了。他一再申言不累，执意要去。主随客意，你们陪客人登上了鹅岭公园那座新建的七层塔楼。你和杜承南也是第一次夜间登临。从这上楼台观望，的确比枇杷山公园看得更宽更全，怪不得这时游人还往来穿梭其间。诗人每上一层，都要凭栏看看，登上最高层时，他被壮丽辉煌的灯海吸引住了：长江、嘉陵江汇合于朝天门，形成一座灯的半岛；两江四岸的灯火铸成的长桥，横挂眼底；一些流星般的车灯船灯，互相交织；天边的隐隐星斗与地面的灿灿灯光连成一片，实难分出天上人间。

他感动地说："我漫游过许多国家，虽然有的城市霓虹灯光怪陆离、辉煌耀眼，但都比不上你们山城的灯火壮阔柔美。这江、这城、这灯，将永远珍藏在我心中，我一定要好好写写。"

下得楼来，见公园里还有菊花展览。他尚有余兴，一一细看。灯光下展露出的千姿万态，金风中飘散出的素芳清芬，把这位诗人陶醉了！他又是笔记，又是摄影，像要把整个山城的美景都随身带走。

回到住地，虽已近12点了，他却毫无倦意，还要同你俩摆"龙门阵"。你问他："'垮掉的一代'这个称谓是怎么来的？"他不以为然地说："是人们这么叫出来的。他们这么叫也没关系，我们可以如你们说的那样：'化腐朽为神奇'，说明我们这一代并不是垮掉了的。"

你听后想，像他这样一位在美国当代文学史上都有记述的诗人，又是"垮掉的一代"的代表人物，自然会有不少欣赏者的。

他坐在床上给你俩谈诗时，总盘腿打坐，不变一下姿势，形如佛教参禅。这使你想起他诗中那些佛学禅宗。你问他："你是在学面壁十年的达摩呀？"

他立即纠正说："不，达摩不是面壁十年，而是九年。我虽没那么久，我在印度待了三年，也曾坚持坐禅三个月哩。"

这位结过婚的禅宗信徒，对东方文化是颇有一些研究的。你与杜承南同他道了晚安离开他的房间时，他才正式开始他一直坚持的禅功。

第二天早上，你怕他睡得太晚，凌晨5时起不了床。可是你去叫他时，他早已收拾停当，又在他的笔记本上记着什么了。驱车到朝天门码头，送他上了船。你和承南与他依依握别，他与你俩紧紧拥抱。他一再说："再见，我的同行！感谢你们热情款待，使我在重庆过得十分愉快，也过得很有意义。真舍不得离开你们，舍不得离开你们美丽的山城呵！……"

你也深情地说："离开我们美丽的山城，会有可爱的长江伴随你，开不败的浪花伴随你乘船东去，伴随你观览三峡……"

十四、与画家交友

古人讲：诗画同源，书画同源。诗人与画家、书法家很容易成为知心朋友。你是诗人，又是书法家，就更爱同画家、书法家交往，并结成知心朋友。

你同著名雕塑家伍明万教授就有深厚的友谊。

每当你走进四川美术学院陈列馆时，你都会被大门前那座名为《生命》的玻璃钢镀铜雕塑深深地吸引，久久驻足。它像芽瓣、花蕊、果实，又像三者组合成的少女或母亲。那充满张力的萌动感，给人以青春向上的活力。

看着这尊雕塑你就会想起你的好朋友、在我国享有盛誉的雕塑家伍明万教授。这位不畏艰辛的耕耘者，顽强地经营着他所酷爱的艺术园地，把自己的生命都灌注在金、石、土、木里去了，使那些没有生命的物体，成为有生命的形体。

伍明万给你讲过，他是阆中人，对他来说，艺术之路，是从嘉陵江边起步的。他在江边生，江边长，游泳其间，那清清的江水像从他的血管流过，给了他生命的力量。伍明万7岁丧父，8岁就开始挑起生活重担，拾过炭花，学过石匠，当过煮茧童工，这些都锻炼了他的毅力。年少时，他在劳苦奔波中损伤了双腿，发炎化脓，腐烂的伤口大如碗口。因无钱治疗，他只好每天到江水里冲洗，奔腾的江水冲掉那些腐肉，洗去那些血污，使他的双腿生肌合口，救了他赖以生存的双脚。他曾眼泪花花地对你说：走到哪里，都忘不了这条母亲河！他不但爱这条江，也爱这江上的人。他自幼就爱一个人到江边，看那些船夫扳桡划桨，有时还帮他们拉纤，一起哼着号子，脚踏卵石手扒沙，摇肝摆肺朝前拉。当船上险滩后，就满怀欣慰地看那江边的采石工，特别是那抡开山大锤的力士，在震撼人心的虎吼声中那重重的一击，这使他感到一种征服的伟力。他的大学毕业创作，就是以开山石工为题材的《劳动的歌》。其实，这雕塑里也渗着嘉陵江的浪花、船夫们的汗雨，附注着一切劳动者的精魂。

伍明万还告诉你：小时候，在食不果腹、衣不蔽体的境况下，他竟然兴致勃勃地用废旧的盆钵栽种了几丛兰草。一有空闲，就细心地培育着他们。花苞终于张开了，喷发出缕缕清香，他对着这个小小的童话世界，忘记了白天的疲劳和人间的不幸，感到了生命的稚嫩、生命的可爱。这种不自觉的感受，到后来发展成为自觉的创作动机，这就是《生命》最早的成因之一。而《生命》创作的近因，则是他的雪山草地之行。那时山巅白雪皑皑，原野牧草枯黄。牧人把那些毫无生气的衰草放火烧去，化为催生的养分，过一段时间，焦黑的草滩就萌发出微小的新芽。他凝视着那些生意盎然的绿色，就像当年望着新开的兰花那样使他心灵震颤。于是，他雕塑出了《生命》。今天，面对着《生命》，面对着《生命》的塑造者，你也才真正懂得了他，理解了他：他是通过《生命》这座雕塑，揭示一切生命的萌芽情态，给人以美，给人以爱，给人以力，给人以无尽的启迪。

这位雕塑家的成功之路，是用自己顽强持续的劳动开凿出来的。别看他个头并不壮实，却是雕塑界少有的"石匠"，从打毛坯到细磨，他都要亲自动手，并认为这样才能依材巧取，自得其趣。在凿刻反映维族老人生活的《节日》这座红花岗石雕时，他授课之余就拿起工具，去掉那些多余的东西。坚硬的花岗石经常把手臂都震得麻木，他还搏战不息。由于石料有一立方米那么大，只能露天加工。平日要上课，只有暑假的时间比较集中，他差不多天天顶着如火的骄阳，顽强地工作着。铁锤与钢钻交响，石渣同火花迸溅，就这样千锤万钻地敲打了一年多，方才完成这个雕塑。

之后，因为意大利卡拉拉大理石雕工艺学院要求一位石雕家去学习，他刚好具备这个条件，于是被派赴意大利学习深造。在意大利一年的时间里，他游览了大小二十多座城市，对罗马、文艺复兴、现代雕塑，都做了广泛的考察，这使他视野大开。

由于他对中外雕刻做过深入探究，他的作品既有深厚的传统素养，也有浓烈的现代情感，博大精深，厚重弥坚。像《生命在于运动》《钻》等，在内容和形式上都相当统一和谐。他对抽象性艺术自有他新的追求。他在形式探索上不拘一格，在变化多端中不失个性风貌。这正是他在艺术上走向成熟的标志。

他的作品，题材广泛，内涵丰富，形式多样，体现出他充沛的创造力和革新精神。现在，祖国的南北东西都有他劳动的成果，国外也有收藏。有人看了他多姿多彩的个人雕塑展览后，惊叹道："他简直是电，简直是电呵！……"在你心目中，伍明万是电！他以电的速度工作着；他以电的热情探求着；他以电的目光透视着人间，透视着生命竞旺的艺术世界！

在你看来，伍明万的执着多情，还表现在他对待友情和爱情上。他从事雕塑至今，总忘不了那第一把雕塑刀。20世纪50年代初，他在部队文工团搞美术工作，见一位身着棉军装的女同志，在纯熟地雕塑着一尊高大的列宁像。这位杭州艺专毕业的小个子大姐，成了他心目中敬仰的大艺术家，他常向她请教一些有关雕塑方面的问题，她见他十分好学，就十分热诚地教这位新来的小兄弟，还把她自己用了多年的雕塑刀送给了他。他异常珍视这件赠品，带着它考入了西南美术专科学校雕塑系，之后又考入了中央美术学院雕塑研究生班，直到1979年他被派赴意大利的卡拉拉大理石雕工艺学院学习时，他也没忘记把它装进行李袋中。

伍明万深爱自己的故乡阆中。那里还有他前辈留下来的故居，现在是农业部门在使用。他希望把自己创作的作品捐赠给故乡，放入旧居长期展览。你听后觉得他的想法很好，就主动担任了搭桥人，多次给南充市文联领导、作家魏继新去信去电，多次同阆中领导商谈，终于使伍明万实现了夙愿！

2014年4月，我们重庆人文科技学院文学院的老师去阆中旅游，果然在一处景点看到了伍明万的雕塑作品。当地居民告诉我，伍明万把他主要的雕塑作品都送回了故乡！

你同画家丁立镇的友谊则是通过相互的作品开始的。一次，你们一起参加四川东北几个县的书画联展。你们应邀写诗作画。他虽是山东人，可是对巴山蜀水却满怀热爱之情，在现场画了一幅泼墨三峡山水图，非常出色。看着那波涌浪卷的画面，你仿佛又走进了多次游览的长江三峡之中，灵感顿时被激发起来！你立即在画面空白处题了一首诗：

朝霞冉冉雾蒙蒙，飞绕巫山十二峰。
我弄轻舟穿峡过，喜看神女步云空。

之后，你们又结伴同游大洪湖。这是一座大型的人造湖。登上高处俯览，只见浩渺烟波之中，小岛耸峙，渔船穿梭，风光壮丽迷人。他连连扣动相机快门，高兴地说："我要把迷人的风景带回四川美术学院，你先题一首诗吧！我好回去作画。"你诗情敏捷，当即口占一首五绝：

遥望大洪河，渔船小似梭。
蓝天浮百岛，风韵此间多。

从大洪湖回重庆后，他不仅画了大洪湖的画，还专门为你作了一幅飘逸传神的《李白吟月图》送给你！你当然知道他送你这幅画的深厚含义，所以非常珍惜这幅画，立即把它挂在客厅，你仿佛天天都能听到伟大诗人的吟啸，夜夜都能浴着明月的清辉。

你还为画家马丁、曾令富、武辉夏、周仁辉、李文书、尼玛泽仁等题诗。1996年，成都军区同四川美协等单位举办重走长征路的活动，西南师范大学（现西南大学）美术学院副教授、中年画家谢良平因病殉职于高原之上，你写了《征途画魂》一诗悼念这位年仅47岁的画家：

作画颂长征，雪山草地行。
高原身不适，急病意难停。
继业命相许，突亡画未成。
对君空白稿，泪雨飞展厅。

你还曾写诗悼念版画家王叠泉等，展现了你对诗书画艺术的执着追求和与画家、书法家的深厚情谊。

十五、结缘北戴河

中国作家协会在北戴河有个创作之家，每年的七、八、九月份，都要组织几批全国各地的会员到这里来度假。此地依山面海，夏日海风吹拂，气候清凉宜人，海滩沙平浪软，格调十分幽雅，环境舒适惬意，确乃避暑之胜地。

2000 年 9 月，你同夫人带着侄孙蒲磊，赴北戴河休假。在短短几天时间里，你结识了好几位朋友，而且事后居然有两位作家先后写作发表文章记述同你的交往，由此可见你在作家中的影响力和你的人格魅力。

唐先田先生著文说，他见到你时，你已过 70 高龄了，但腰板挺直，步履矫捷，说话声如洪钟，思维十分敏捷，正如你在一首《自寿词》中写的那样："心态仍如旧，未有老龄忧。"他见你兴致极好，几次同你接触，无话不谈。他在学生时代就读过你的长诗《红云崖》和诗集《山泉集》。这些诗，曾经如同春风一样，给他带去许多美好的遐想和生命的乐趣。他至今还记得那首《雨后》中的那些美妙诗句："骤雨迈着长长的脚步／走过了边疆的青山翠谷／什么是它留下的脚印／就是那树叶上挂着的水珠。"他知道，你在 20 世纪 50 年代初当过七年文艺兵，至今对部队仍很有感情，还常到前沿哨所边关去。你一到部队，有的战士就背诵你的诗。有的诗你自己都记不怎么清楚了，但战士们记得，而且背诵得很有情味。他认为，你的诗之所以能影响许多读者，能打动许多人，是因为你的诗充满民歌风，清新真切，具有浓郁的生活情趣。

唐先生说，你们在北戴河的第一次活动是游览联峰山公园。公园内古木葱茏高大，浓荫蔽日，给人以原始森林之感，里面还有曹操碣石题诗的遗址和鸟类的表演场所，十分引人入胜。那天，你和蒲心玉带着侄孙蒲磊（小名狗狗）一道游园，一到园内，小蒲磊便跑得不见踪影，你们十分着急，到处寻找。你更是跑上跑下，拉开嗓门，用双手团住嘴高呼“狗狗”，森林里激荡着悠长的回声，你后来自嘲说是“梁上泉作梁上吼”。可是任你怎么千呼万唤，狗狗却怎么也不见出来。大家便给你出主意，请求公园内执勤的武警战士帮助寻找。当他们向武警战士介绍梁先生说，这位便是写《小白杨》歌词的诗人梁上泉先生，武警战士一听，立刻对面前的你肃然起敬。《小白杨》早已传遍全军，是战士们最爱唱的一支歌，如今歌词作者便在眼前，他们怎么能不肃然起敬呢？于是他们一边哼唱着《小白杨》的旋律，一边开动对讲机，漫山遍野地寻找狗狗。其实狗狗就在鸟语林内，正入神地看南非鹦鹉表演“叼钱”技巧呢。武警战士一见到他，便不由分说地将他抱起来送上摩托车，一下子“飞”至你们夫妇面前。虽说只有几十分钟不见，你还是一下子将狗狗揽入怀里，眼圈都有些发红，同行的人都暗暗称赞你老先生虽已年逾古稀，但还是不乏诗人的炽热情怀！过两天就是“八一”建军节，为了庆祝建军节，也为了感谢武警战士，你还亲手用毛笔书写了自作诗，送至他们所在的河北武警中队并向他们表示节日的祝贺和慰问。大家知道你的书法很有造诣，曾在大巴山区开过个人诗书展，所以接到你的手书，武警官兵十分高兴，将之视为最珍贵的礼物！你此举很快通过媒体迅速传遍了北戴河，成为军民鱼水情的一段佳话。

唐先生说，你俩在一起谈得最多的还是诗。你对他说，人类社会不能没有诗，但诗要做到喜闻乐见，并不容易，必须追求真、情、新、深、精、音，你认为这是诗的“六字真言”。你还对他展望说，传统诗词在全国各地有不少作者，有一股兴起之势，这些诗词创作者也很有可能成为诗界的一支重要力量。

唐先生最后说：和梁先生在一起的那些日子，我如同时时都在阅读美好的诗章，实在令人难忘。

另一位作家崔波先生也写了文章记录与你的相逢。

7月，曾在北戴河和梁先生一家相处了一周。昨日，我将梁上泉先生为我手书的条幅挂起，慢慢欣赏，品味先生书法的功力和诗的神韵："大笔书江海，推波亦助澜。长风胸内起，天地更舒宽。"看着，脑海里就自然泛起7月的往事。

到北戴河的第一天，就见到了梁上泉先生。他当时正坐在创作之家院子里的大核桃树下，一把雪白的沙滩椅，一袭深色的体恤，很安详地摇着纸扇。和他傍依着的是他的夫人，清瘦的面孔，透着庄重。他的夫人蒲心玉是重庆歌剧院的著名演员，在全国播得很火的一部电视剧里，她扮演了一位热心的街道干部。我们在老龙头游览的时候，几位游客认出了她，显出几分兴奋，围着要她签名。这让我此后一见梁上泉夫人，就在她脑后平添了光环。我的夫人王维过去也出演过电视剧，现在当了地方电视台一个综艺节目的制片人，她和蒲心玉女士自然有共同语言。说起拍电视剧，蒲心玉连连摇头，便叙起拍摄中的艰辛：大热天拍戏，由于是同期声，还不能开空调吹风扇。她和另一个上了年纪的演员热得累病了，还坚持拍摄，下来连饭也吃不下。正说到兴致，梁上泉先生摇着纸扇笑眯眯地说，你看她说得苦，坚定不移地要金盆洗手；可是真有好戏可以接，她准会舍生忘死。

他们带着一个名叫蒲磊的9岁孩子。后来，幺儿便和我成了好朋友。每天吃过饭，就拉着我到创作之家院里的健身器材上玩，非常认真地监督我做完十个俯卧撑，少一个也不行，因为这是事先定了的数目，少了就要刮鼻梁……

在北戴河的几天里，我和梁上泉先生常常在一起摆"龙门阵"……最近，梁上泉先生还寄来了几首诗词，其中一首《雨景》道："大雨幽燕落，烟笼北戴河。浪淘沙更净，海浴戏天波。"我不是评论家，也不可能在这短文里谈论梁上泉先生的诗。可我觉得，他的几首诗词都蕴涵着博大的精神。

在北戴河与梁上泉一家的相处，时日短暂却意味悠远。现在，我突然觉得，似乎是很久以前就认识了他们。想起在北戴河临走时，幺儿抱着我依依不舍，眼中分明含着泪花的样子，至今我还心头一热。看来，我和梁上泉一家真的有了缘分。缘分不一定非是长久交往的积累，有时候，心灵协和的沟通在电光石火中也会产生。我在这遥远的地方祝福梁上泉和他的家人。

十六、与山城“棒棒军”的交往

你从山村走出来，始终保持着平民本色，与群众打成一片，也很尊重普通百姓。你对进城务工的“棒棒军”农民工，对留守儿童，都很牵挂。你还写过《行道树》等诗作，表达对他们的同情和怜爱。你同一个山城“棒棒军”的交往，就很有戏剧性。后经重庆作家罗学蓬写成文章，感动了很多人。

1992 年 3 月，在北京开完第七届全国人代会后，你因要校《梁上泉诗选》清样，需去成都，便托人将你的行李带回重庆。专机于当晚飞返重庆。次日上午，即打电话通知梁夫人蒲心玉到市文联去取行李。

蒲心玉赶到市文联，取得行李，出门去喊了一个“棒棒”。“棒棒”将行李挑上，便随她出门而去。市文联在两路口体育馆旁边，那时你的家则住解放碑市歌剧院宿舍楼里，回家需乘好几站公共汽车。而那个年代重庆乘公共汽车非常之拥挤，车到站后尚未停稳，众男女便呼啸着一拥而上。蒲心玉被汹涌的人流挟裹着，好不容易从前门挤上了车，“棒棒”却因挑着行李行动不便，让人掀来推去，挤不上车。蒲心玉急了，一眼望见后面车门的人好像少一点，便向着窗外大叫：“‘棒棒’，快点，快从后面车门上车！”

“棒棒”听见她的呼喊，一颠一颠地挑着行李往后面车门跑去。少顷，车门强行关上，汽车在喧嚣的人浪中艰难地驶离了车站。蒲心玉因担心着“棒棒”是否挤上了车而一直心神不定，但她又无法挤到后门去看。到解放碑下车一看，令她担心的事情果然发生了——“棒棒”连同行李已经无影无踪！蒲心玉只好匆匆赶回了市文联。文联书记一听说行李挑跑了，显得比她还着急，连声道：“遭了！听说，这次人大会上发给每一位代表一份有关三峡工程的内部材料汇编，如果材料流到社会上，后果不堪设想！”

蒲心玉一听，吓得全身冰凉！“这下我怎么办呐？要帮我想想办法呀？”

书记比梁夫人镇静，马上说：“这可半点也耽误不得的，必须马上请警方立即追回资料。”

蒲心玉早已乱了方寸，她马上出门，匆匆向附近的两路口派出所奔去。派出所的警察一听是全国人大代表刚刚从北京带回的有关资料遗失，自然极为重视，马上向局里汇报，公安局马上立案，随即用现代化的通信手段，通知各方协同作战。报完案，蒲心玉才返回市文联。

谁知，就在市文联大门口，却有一个年轻小伙子挑着行李一头大汗地进来了。问他找谁，小伙子却说：“我也不知道找哪个，我只晓得这东西是从这院子里挑出去的。挑到两路口汽车站，主人挤上车走了，我挑着东西没能挤上车。我只好在车站等，等了好几趟车才挤了上去。我在解放碑终点站等了好几趟车也没见到主人，我没办法了，只好又挤车把东西挑回到这个大院子里。哦，雇我的人是个女同志。”

蒲心玉走到市文联门口，一下就看见了这个“棒棒”，顿时大叫道：“就是他！就是他挑走行李的！”众人一拥而出，向着“棒棒”追去，这情景着实把小伙子吓坏了。蒲心玉当时也真是着急，冲着“棒棒”就是一声埋怨：“你把东西给我挑到哪里去了，惹出这么大麻烦！”问询后方知，这个小伙子叫徐承龙，居然是个活雷锋！

事情过后，蒲心玉回到家里，始终觉得感情上欠了这个小伙子什么。尤其是因为当时心里着急，情绪冲动，吵了他几句，后悔得不得了。这天晚上，你从成都赶回来，听说了这件事，也感动得不得了，当然也很内疚。第二天就同蒲心玉一路出去找这个“棒棒”。你们跑了好多的路，总算找到了几个丰都来的“棒棒”。通过这几个“棒棒”，先找到了那个小伙子的叔叔，最后才找到他本人，得知他叫徐承龙。你诚恳地请小徐和他叔叔第二天中午到家里吃午饭。小徐开始不好意思，你和蒲心玉一再邀请，他叔叔也劝他，他才答应下来。你怕他找不到去市歌剧院的路，还给他画了一张路线图揣着。

第二天，一同吃过午饭，你和蒲心玉就把准备好的礼物——一个大瓷盅、一条大毛巾、一件衬衣送给他，还补了小徐二十元力钱。你对小徐说："这个大英属瓷盅子，你拿去蒸饭喝水，不容易打烂；毛巾拿去揩汗洗澡；这件衬衣，拿去换一换，你这衣裳领口都已经破了。"

你一说完，小徐就哭了，说："梁叔叔，自小时，我读过你的诗歌，就崇拜你得很。你今天能请我这种谁都瞧不起的下力汉到家里吃顿饭，我就感谢你得很了，哪儿还能要你的东西！"

临走之前，你还语重心长地对小徐说："我们希望你这样一个有知识、有文化的年轻农民，不要一辈子在城里当苦力，永远过那样的苦日子。希望你用你在学校学到的文化知识，学会一门养家糊口的手艺。"

小徐含着热泪地对你表示，他以前学过两年木匠，没能出师，他回去后要从头开始学好这门手艺。过了不久，小徐又来到歌剧团，与你们夫妇告别，说他听了你们的劝告，决定回老家去了，今天是专门来和你们告别的。你和蒲心玉留他吃了饭，蒲心玉还找了十来件七八成新的衣裤装了一大包送给他。吃饭时听小徐说他在丰都老家有一个女朋友，蒲心玉又特地找出一段衣料，送给小徐的对象。你又拿出一本自己刚出版的诗集送给他，还在扉页上题了一句赠言：诚实，比黄金更宝贵！

徐承龙回去后，果真重新干起了小木匠，始而去昆明，继而到温州。在此期间，他和你们依然保持着书信往来。他在信上说："我真希望有一天我们四川也能像沿海一样富起来，我能够在自己的家乡扬眉吐气地干活！"

十七、诗书酒与对联

你写的新诗、古体诗都非常好，又擅长书法，到各地采风、旅游、开会，大家经常请你吟诗题字，你都乐意，这为大家创造了很好的氛围和环境，也使生活别具情趣。

1988 年，你受贵州遵义市鸭溪窖酒厂邀请去做客。期间，主人请你题写对联。你略加思考，信笔将王维的名句“明月松间照，清泉石上流”各改一字，即成饶有兴味的“明月杯间照，清泉舌上流”，受到与会者的称赞。

在参观了董酒厂后，你又书赠古绝一首。其中“不饮董酒不懂酒，饮罢董酒回味久”两句，在中央电视台播出的广告中被无偿引用，成了广告词中的名句。

1994年10月，在成都钢铁厂宾馆里，你与众多朋友品酒谈诗。座中人有的谈读你的诗歌的感受，有的谈你的诗对自己的影响，有的还即席背诵你的诗作《山中有雾》《雪山的雪》等。

美酒佳肴，唤起了大家的诗情。主持人、成都钢铁厂办公室王主任提议说：“今日兴会雅集，不可没有新作，既然今天所饮之酒是剑南春，而在下又是剑南春产地绵竹县人，因此请梁君以剑南春为题作诗一首，好不好？”

此议一出，便得到大家赞同。

“好！容我三思。”你此刻雅兴勃发，吟诵了《酒歌剑南春》一诗，曰：

青青绵竹浴唐风，名酒千年韵味浓；
只为玉妃泉水碧，剑南春色在杯中。

第二天一早，你还将这首诗亲笔写出，送给剑南春的绵竹老乡。你高兴地对他说：“以酒为题的诗我写得少，这一首将要收进我的选集中。”

你的古典文学功底深厚，诗词对联都手到擒来，出口成章。许多名胜古迹，都留下了你的对联。重庆磁器口就留下了你撰文的五副对联。我母亲的娘家就在磁器口，我外祖父还当过磁器口的镇长，我小时候在磁器口度过，所以对你写的对联特别感兴趣。镌刻在凤凰门和金碧门的两副对联，更唤起我强烈的共鸣：

古色古香　古镇风光今少有；
老街老店　老城缩影此间留。

一江留碧　两谷比幽　三山竞秀

历史街区美称小重庆；

百业俱兴　千舟齐发　万商聚奇

人文风物光耀归陪都。

你还经常和文坛诗友对对联。重庆文联前书记老谭就曾同你对过两次对联。

1994年，成渝高速公路重庆段管理处邀约你和文艺人士举办书画活动。途经上桥时，你突然灵机一动，抛出一句“人到上桥问桥上桥下”作上联，向同伴们征求下联。满车人骚动一阵，竟然全都对不上。到达管理处，主人送给每人一套介绍成渝高速公路的文字图片资料，老谭乘兴翻着看。忽然看见走马站名，诗心若有所动，立即对你说：“有了，对上了。”你问他怎么对的，他一边指着文字图片给你看，一边说，我对的是“车过走马看马走马停”。你说：“还可以”。老谭自己心里也明白，“桥上桥下”的“上”和“下”是方位词，用马走马停的“走”“停”两个动词，相对是有一点隔，但也还说得过去。

次年夏天，诗人孙静轩自成都来重庆，重庆作协主席黄济人在“好朋友”酒楼设了个饭局，你和老谭等都出席作陪。席上，你又抛出一句“好朋友在好朋友招待好朋友”作上联，向在座者征求下联，直至席终谁都未能对出来。几天以后，老谭外出散步，看见电子大厦旁有家“大富豪”酒楼。他心头一振，立即对出“大富豪进大富豪显摆大富豪”。后来他与你再度相见时，他对你说了这个下联，你高兴地笑了。

你撰过回文诗。你的书房就写有一幅，从左到右念与从右到左念是一样的：

我若仙居仙若我；

人如神至神如人。

十八、“追诗族”的盛会

2003年9月29日上午，一个秋雨霏霏的日子，成都东郊龙泉驿博瑞花园里一片欢腾，大朵大朵的菊花冒雨开放，似乎在欢迎远道而来的贵宾。

这一天，由你的乡友和酷爱你的诗歌的企业家苗长江、四川大学文学院张放教授和西南民族大学曾明教授等自发筹办了“梁上泉先生诗歌创作五十五周年纪念会”。中国著名诗人雁翼发来贺诗：“诗化了的人，人化了的诗，不惧冷风狂，独立朝天香。”四川著名诗人梁平、张新泉发来贺词。

在文学低迷、诗坛萧条的时刻，在很多人拜倒在金钱脚下、影星大款红极一时的时刻，居然有一群人，而且其中还有一部分是青春可人的时尚少女，在成都自办诗会研讨你的诗歌，向你致以诗歌的敬礼。

上泉诗兄，你能不激动吗！

纪念会是由张放先生主持的。这位已经是硕士生导师的学者很谦虚地说自己是梁老师的学生和诗歌爱好者，说自己是吸吮着梁上泉的诗歌养料长大的。他对梁上泉的诗特别喜爱，为此他将梁诗作为自己的研究对象，并已发表了多篇论文。就在不久前，他才发表了新作《一个时代的热恋——论梁上泉先生与他的诗》。文章首先分析：“为什么梁上泉的时代已经远去，甚至于此后受到某些方面的轻视，然而梁上泉的时代讴歌却还依然那么清新动人，宛如处子，让人记忆犹新，乐于提及，让诵习当代文学史者不可旁绕。这只有一种解释，即诗歌的魅力与天才诗人那经久不息的影响！”接着，他又将你的《月亮里的声音》与白居易洒满月光的《琵琶行》相比较，说“你的这首《月亮里的声音》不能不说是饶有古风。虽然她焕然一新的内容形式与往古已不可同日而语，但诗里那种晓畅明白、婉转深致，以及抒写的精彩与韵味，的确是遥相呼应、古今媲美的两篇华章。现实与幻想的奇妙结合，表达着诗人广阔的胸怀与细腻的触觉。我们更愿意相信这是诗人傲世天才，与脚踏实地热情由衷的赞美与祝愿。”随后他论述道：

诗人在生活中，更在他的诗意中。在生活中，他以平易近人、蔼蔼长者的风度融入人群，难以辨别。而在诗意中，他却以绝不平庸、登高一呼的矫矫才子的才情享受人生，享受风景，并享受他自己旷世的诗艺。他内心深知，他的诗歌其实与时流大不一样，因为他恍如大巴山的一个老雕石工匠，用心良苦，身怀“绝艺”——

搜尽巴山的奇峰，
才刻得一座青山；
望断巴河的流水，
才刻得一条河川。

这看是艺术规律的感悟，其实也婉转地表达着诗人在特定年代心细如发的机敏与最大限度发挥才情的智慧。

梁上泉先生的才艺与其说来自辛勤、体察，不如说更来自读万卷书、行万里路，有如夸父逐日般的赤诚追求与牺牲精神。他的青春，他的一生，绝大多数时候是在边疆高原与山川人文间驻扎与徜徉经历过来的。认识他的人，鲜明的印象即其解放牌的衣服与胶鞋：他曾经是一名战士，他给自己的定位似乎就是一位永远的行旅诗人。

梁上泉先生是属于浪漫主义诗人一路。在意境上，他将理想与现实相熔炼，寄意于幻想的未来，有些与“未来派”吻合。在艺术手法上，他选择民歌民谣与古典诗词的聪灵隽永与回肠荡气，擅以精练短句铸造大气魄的描绘抒情。像他佳作中为人传诵不绝的“月亮，月亮，／挂在大巴山上；／山上，山上，／多少眼睛张望！”“天色没有山色青，／山色没有水色深，／水色泛起一抹银，／中流划来放筏人。／／人在筏上筏在天，／天上白云连炊烟，／烟云随着江风远，／远处吼着九节滩。”“船泊九江，江水茫茫，／灯光辉映着月光。／再不闻浔阳琵琶，／荻花间倾诉悲怆；／望不见庐山飞瀑，／云雾里泻诗千行。……”隽丽工稳，婀娜多姿，咫尺千里，更有唐诗妙趣。浑然天成，信手拾来，又仿佛乡间艺人歌唱，自有野味十足。梁上泉先生还以歌词成名，如唱红全国的《茶山新歌》《小白杨》等，想亦得自其诗歌风格的可诵、可咏与可曲。这方面，不能不令人想到清新的晚唐绝句与柔情的宋词。回忆笔者接受梁先生辅导，尚在少年时代，读其书，想见其为人。梁老师真的来到了我们家乡——阿坝州汶川威州古镇。先生登堂上课，演讲如诗如画。先生游访名山，矍铄有如太白浩然。吾与少长，追随左右，到了古战场城头，俯瞰新城，先生交臂流云，灵感忽至，似在酝酿新作，下山路上，竟朗诵出《行香子·汶川吟》——

三山竞秀，二水争流，夹岸街正起新楼。笑问何处？古城威州。看九顶花，茂汶果，百里沟。

羌笛悠悠，藏舞柔柔，姜维城泯却冤仇。飞桥紧扣，众手相勾，迎寨寨红，岭岭翠，片片秋。

梁上泉先生的诗，是一个时代的热恋，甚至是一个时代的风景。他憧憬美好，创造美好，追求美好。踏着铿锵音韵，至善至美、快乐地走入广大读者的心田。他的作品感动了几代人，并将继续打动纯真读者的心灵。缘由无它，只在于：艺术之树常青。正如音乐家海顿生前所说最后一句话：“凡海顿所到之处，绝不会有不幸的事情发生。”梁上泉先生走到哪里，即将他的彩笔描向哪里，将发诸心田的美好与快乐祝福带给人间，予人充分的精神享受与心灵的升华。这样的艺术家怎能不得到人间永久的尊爱！

张放最后说，这个纪念会已筹备了半年之久，自始至终完全是“民办”，不以任何部门、任何学会的名义举行，这才是最真诚的。在介绍到会者时，张放将到会者担任的所有社会职务一律免去，他说：“说某某是什么职务，会亵渎了诗人。”四川知名作家诗人胡笳、焉家发、王敦贤等依次发言，应邀从重庆专门赶去的万龙生、蒲健夫、赵心宪等也依次发言，祝贺你创作五十五周年，并对你的诗歌做了很好的评价。你的夫人、著名演员蒲心玉女士还即兴为大家演唱了家乡的巴山民歌，引来满堂喝彩。

最引人注目的是你的年轻的崇拜者的心声倾吐。一位时尚帅哥听说《小白杨》的词作者梁上泉在这里，自告奋勇地上前来手握话筒高歌了一曲《小白杨》，声腔高亢激越，很有阎维文的风韵。一曲歌罢，这位帅哥深深地向你鞠躬致敬，表示能见到心仪已久的《小白杨》的词作者，感到非常荣幸。另一位美貌可人的女歌手则演唱了你早年的作品《茶山新歌》，真个是珠圆玉润，余音绕梁。

四川大学的一位女同学饶丹说：我读过梁上泉老师的不少诗歌，用四个字来评价就是“本色不改”。他的诗保持了很纯朴的感情，能使人积极向上，不像现在一些诗歌很颓废。第一次见到他时，感觉特别亲切，像慈祥的爷爷。作为一个文明古国，越发展越要弘扬诗教，梁上泉老师的诗对年轻一代仍然有意义。

四川大学何琴英同学说：我久闻梁上泉老师的大名，他是大家。今天见到他，的确有一种诗人风范。他以及他所代表的一代人，情感圣洁而高尚，是民族文化的宝贵财富。他的诗都是真情流露，唯其如此，才是真正的诗人，才能打动人、震撼人。美好的、真实的和高尚的情感不会受时空的限制，更不会中断。当代青年人的情感迷失，就是因为精神食粮缺少、贫血。梁上泉老师的人生追求、人格魅力，我们当代青年非常需要。我们要扎根自己的大地，再寻找大地之外的阳光雨露。也许我不可能像他那样成名成家，但我应该像他那样把传承民族文化的责任承担起来。

四川大学许妍同学说：见到梁上泉老师便想到歌德的话，“生命之树常青”。和他面对面时，就能感觉到他的气质和他的平易近人。梁老师的诗很真诚，不是阳春白雪，是在为下里巴人服务。他很爱读者，读者没有理由不爱他。我们应该对周围的人进行推广，把民族文化中优秀的、精彩的部分介绍给人们。

四川大学刘晓红同学说：梁上泉老师是一个时代性和地域性很强的诗人，我在网上查到了他许多作品。他的诗描写、抒发的是对生活、对祖国和对人民的爱，具有那个时代的特征。今天一上车就见到他，他向我们微笑，很感人，我有热泪盈眶的感觉，他让人敬佩。他对诗歌一直那么执着，坚持了五十五年，始终用诗歌表达自己的心声。我们时代需要他这种人。

四川大学童明均同学说：梁上泉老师感动了整整一代人。他的诗虽然带有政治色彩，但贴近生活，更有真情实感。当代的明星大多靠商业炒作，而梁老师是靠实力，靠作品。他的诗离我们比较遥远，但可以穿越时空感动我们。现在的部分年轻人略显浮躁，不专注，需要向梁老师学习。即使不学诗，也应该学习他的人品。

还有的同学代表所有热爱梁诗的同学向你致敬。认为你的诗歌创作丰富了中国现当代文学的宝库，值得年轻人永远学习！听到这里，你又一次激动了，眼中有泪光在闪烁。当晚，你赋诗《会后谢语》一首，答谢与会诗友——

感谢生活，生活给我
不涸的源泉，引我流向江河；
感谢文脉，文脉哺我
饱蓄的奶汁，解我文化饥渴；
感谢时代，时代赋我
无尽的灵感，唱不完的新歌！

2003 年 9 月 29 日　成都

十九、星洲诗话

新加坡，是个城市国家，也是个花园城市。由于有个流传很久的鱼尾狮的传说，所以又有狮城之称，华人也把它称作星洲。1998 年 3 月下旬，你和诗家刘友竹先生等，受新加坡文艺协会、同安会馆和狮城诗词学会的邀请，前往参加华族文化节，并进行学术交流，共作了六天访问观光，这给你留下了很深的印象。

成都起飞之晨，正当寒潮降临。一入机舱，便和暖如春。你在四个多小时三千五百公里的飞行途中，诗情涌动，犹如窗外云飞雾旋。当你们降落到樟宜机场时，气温高达 35℃，穿衬衣都觉得太热，但友情比天气还热烈很多。83 岁的诗翁李金泉先生，偕刘情玉、周德惠等多位诗友，冒着酷暑迎候你们，使你激情难抑，当即赋诗一首：

三月的油菜花无边金黄，
铺展成巴蜀广阔的机场。
我从这春寒天振翅起飞，
飞向南方那赤道上的太阳。
夏天般的热忱把我迎候，
我怎能不抒写如火的诗行！

李金泉先生是新加坡有名的抗日战士，抗日战争时期曾与由中国到南洋的著名作家郁达夫一起办过报纸。他是狮城诗词学会的创始人、会长，时任新加坡文艺协会名誉会长、同安会馆副主席。多年前，狮城诗词学会成立时，你曾寄诗致贺：

吟坛结社聚群星，光耀南洋灿北溟，
引我遥遥开笑眼，狮城可望变诗城。

后来，李金泉与刘情玉、周德惠来重庆访问，你同他们都有一见如故之感。在重庆座谈会上，李翁等还与你们讨论过《狮城吟苑》的办刊方针，问你们除登诗词还发不发新诗。在座的多主张新旧诗都发。在重庆座谈会上，你被聘作顾问，常收读寄来的会刊，觉得越办越好，联系的世界华人作者也越来越广泛。你曾对负责编辑出版的刘情玉赠以七绝：

越洋南雁泊嘉陵，来去有情亦有声；
遥望狮城吟苑里，采灵秀影串繁星。

星洲写诗填词的人很多，这是与李翁的带动和培育分不开的。由于新加坡三百多万人口中，华人占 74.2%，文化水平一般都比较高。李金泉先生抱定发展诗学、弘扬汉粹的宗旨，于 1991 年成立了中华诗词讲习班，亲自担任主讲，讲理论，讲技巧，分析习作，多年不懈，而且每年都筹办研讨会。学员大都是各路专家，被这共同的爱好聚合在一起，已开放出绚丽多彩的诗花，把中华传统文化的根深扎在这片沃土之上。这次你们到狮城，就是参加“诗的文学与文学的诗”的主题诗会。这次的与会者都十分踊跃。你在会上的发言，新加坡《联合早报》1998 年 3 月 29 日做了报道：

他（指梁上泉）发言时说，16 岁时就学习写古诗，后来参加了部队工作，走南闯北，发现必须以自由的新诗来抒情写景，（以后又）发现古诗的格律是一具戴得很好的镣铐，它使新诗创作更有节奏感和音乐性。为了能够唱出来，他写了《茶山新歌》等歌词。三十多年来，他写了大量新诗、歌词、戏剧和散文，尤其着力于六行诗的创作。

他认为，新诗应该向西洋学习，但必须是在“为我所用”的情况下加以借鉴。他也批评近十多年来的中国诗歌，不讲形式和音乐性，有些诗比谜语还艰涩，因为就算谜语也有一个答案和谜底。好笑的是，有些诗人并不知道自己是在写些什么。而最好的诗，必须要兼顾自我和黎民众生。他也说，目前的诗人是得罪了广大的读者，有些诗人认为自己的作品是写给未来的人看，问题是，现在都无法读通，哪里还有可能寄望于未来。

在“诗的文学与文学的诗”的座谈会上，你还先后写了两首诗以咏其志：

星洲笑立一诗翁，学子齐扬汉粹风，
吟苑飞声同起舞，万花竞艳耀青空。

小泉有幸汇金泉，泉水不干水有源，
同脉同流同向远，相溶江海意无边。

会后几天，你与吟友们昼游夜谈，收到的赠书和赠诗不少。你有《致星洲诸吟友》一诗作为答谢：

星洲真个满天星，星耀海空照眼明；

赤道更因迟到惜，借光早应镀平生。

你以“借光镀平生”之言，表达了你内心诚恳的想法：新加坡是一个经济腾飞之国，在精神文明上也很讲究。街不扬尘，鞋不沾土，满眼花红草绿，林木葱翠，公共设施净洁无损；为防污染，禁卖口香糖，抽烟场地也有严格限制；影视文艺作品，都拒绝色情暴力；崇尚儒家学说，常以其价值观处理人际关系，克服前进路上的困难和挫折。这些确实值得我们借鉴。有一天，诗友陪你们去游海滨公园，园中陈列着孔子、屈原、关羽、花木兰、岳飞、文天祥、郑和、林则徐等古贤的雕像，令你感慨不已：

群雕列海滨，华族竖精英，

拜谒同留影，星洲仰巨星。

刘情玉亲自驾车陪你拜谒孙中山故居。园门竖有“晚晴园”的标牌，园内花草繁茂，一株古榕，两棵山竹，最为突出。如茵的草坪，托起一座二层小楼，显得肃穆清幽，圆拱门前石台高座上，是孙中山先生的坐姿铜像。你又吟诗一首：

楼阁掩山竹，草坪荫古榕，

心崇铜像久，越海意飞虹。

由于文脉与文脉相通，诗情与诗情交融，你们彼此的心都靠近了。有天夜登花葩山，你望着万家灯火，不由想起山城重庆的枇杷山：

枇杷山到花葩山，莫道飞行路八千，

银海星城相似甚，万家灯火水连天。

面对夜色，面对海天，想到不日又将离此归国，你又弹起了你那无形的六弦琴，默默地在内心弹唱：

相见恨晚，相见恨晚！
重逢恨短，重逢恨短！
颗颗心，亮在天边，
幽梦中，清辉闪闪；
颗颗心，捧向云端，
叹只叹，离得远远！

想不到，十年之后，1999年10月下旬，你又一次应国际友人之邀，第二次赴狮城，出席迎接新世纪中华诗词研讨会。会间举行了隆重的晚会，并演唱了由与会诗词家的作品谱出的歌曲，足见主办者对这次国际诗会的重视，这让你久久难忘。

二十、万里结缘

中日乃一衣带水之邻邦。中日两国人民友谊深厚，交流甚笃。

你同日本朋友的友情始于鸣鸣吟社同重庆市文史研究馆的交流。鸣鸣吟社成立已很多年了，森崎兰外是时任主宰。他家住大阪南的卫星城土界市。为推广汉诗，他招收学员，亲任主讲，讲解唐宋诗词，辅导修改作业，已历时二十三年，乐此不疲。正如其所云："不知名利不忧身，七十四龄聊守贫。"多年来，他教授结业的学员累计已达一千三百人次，现仍在班的还有一百二十多人。在大阪、神户、名古屋等地都租有教室。每次上课控制在十人左右，学员大多是退休老人，也有中年人参加，年高的80岁，年轻的也在40岁以上。据介绍，日本研习汉诗者约二十三万人，仅关西地区就有三万人，可见学风之盛。鸣鸣吟社曾几次到重庆市文史研究馆进行交流，你曾参与接待，多次列席其间，与日本朋友相谈甚欢。而日本鸣鸣吟社与重庆这座友谊的桥梁，又是由四川外语学院日语系主任陈竞教授搭建起来的。在前几次的交往中，你曾赠日本朋友七绝两首：

悠悠沧海连山海，风度白云去复来，

草木有情迎远客，杜鹃兰箭一时开。

呜呜唱唱友情深，文字之交诚见心，

相聚两江流汇处，涛声万里伴知音。

日本森崎兰外先生也写过《重庆温旧交》的五言绝句，表达了他对重庆旧交的深情：

新风随旧雨，雷响庆同文。

今日多情士，水龙和合云。

2001年11月上旬，由林达开为团长，江碧波、曾德甫、周祖铭、漆光、罗四维、孙家群、陈道学、陈菲和你为团员的十人代表团，应邀出席日本关西鸣鸣吟社第十八回汉诗展，由重庆直飞名古屋。是日天气晴和，不到四小时就顺利抵达这座日本第四大城市。你们不像唐代高僧鉴真那样历经波折，六次才渡海登岸。你不禁想起你为第十六回汉诗展写的一首诗：

诗交何惧浪头高，心有鉴真压海涛。

雨后晴空蓝万里，彩虹长拱化为桥。

是的，今天，这道友谊长存的彩虹桥把中日人民紧紧联系起来，从过去直到今朝。

走出机场，使你们感到意外和感动的是，增田莺朗先生带领旅行社的人早已迎候在出口处了。增田年过八旬，且患有风湿老疾，经常用膏药贴满左手，左腿也不灵便。此刻他却举着手杖在招呼你们。如此高龄，还远住神户，竟劳他乘车周转，亲来接机，怎不使你们感动呢！他却说这是森崎给他的特别任务。森崎先生因为要布置诗展，不然还会一同来迎接重庆代表团的。本来你们才在飞机上吃了午餐不久，他却一定要你们去尝尝一家老牌名店的牛肉面，并让你们沿新干线去大阪。乘着子弹头高速列车，每小时三百公里，真是疾行若飞、宽敞平稳，若不是两旁田野房舍急速后退，还觉得是在空中继续飞行哩！

当天，你和重庆团的同仁下榻于天王寺都酒店，有如到家一样方便舒适。此后就以此为中心点，走访四面八方。

在这次汉诗展开幕那天，热闹非凡。学员们从各地赶来，如过节集会。选展的八十七首诗作，皆用毛笔书写成小张，装上镜框，也有书法似的条幅，挂在教室，并将你们带去的诗书画作品张挂于墙。整个布局显得错落有致，庄重大方，形式多样，相映生辉。在简短的仪式上，互道诗谊，互赠礼品。为这次跨海结缘，你书写了七绝两首，在会上朗声高吟，以示祝贺：

乘风万里赴东瀛，片片白云片片情，
欲对素笺挥大笔，赋诗作画谢先生。

诗展已开十八回，珠玑满眼竞生辉，
唐风宋韵扶桑播，文字之交口有碑。

鸣鸣吟社名声远播海内外，结缘中日。这次又专门引去了由重庆市文史研究馆馆员和文史书画研究会会员组成的这个代表团前往交流学习，并请重庆的诗书画家挥毫泼墨，书诗作画。日本友人看到重庆诗人画家现场吟诗、写字作画，都赞叹不已，说真是诗中有画，画中有诗。现场还出现了排队求画求诗求书法的感人场面，充分体现了日本朋友对中国传统文化的热爱。近百幅新作散于文朋诗友之间，闭展时，还有八幅带去的精品被个人和图书馆收藏。

在日本期间，你们一行以大阪市为落脚点，游览了奈良、神户、东京等几个主要城市。

奈良素被称为日本文化的摇篮，文学、美术、工艺都以这里为发祥地，值得仔细观看。如仿唐代长安城修建的平城宫遗址，中国鉴真大师创建的唐招提寺，都是古典的建筑，藏经室还收藏着由鉴真带去的经卷。其弟子塑的鉴真干漆坐像就安置在开山堂，一年只开放三天供人瞻仰。1985 年送坐像暂回江苏扬州故乡时，盛况空前。还有日本至今还保存着的舞乐，也是从唐代传入的，在我国却早已失传。

你们游览神户时，在一个画展上见到一幅关于孙中山先生当年的政治避难场所移情阁的油画。为了纪念这位伟人，该地已改为“孙中山纪念馆”，馆里还陈列着他与房主的笔谈原件。因在远郊，未便前往，只在画家的作品里看到这座美丽的“六角堂”，说明他们对中国的这位革命先驱并未移情淡忘。在书店里可看到鲁迅、郭沫若等人的著作译本，放在显眼的书架上，这使你联想到这些曾在这岛国生活过的文坛巨星还在不断地闪耀光芒。

更难忘的是你们游览素称“千年古都”的京都时，又见到仿照唐代长安建造的古城。你们还怀着敬爱的心情特去岚山拜谒周恩来诗碑。诗碑坐落在红叶林间，石头上镌刻着廖承志手书的《雨中岚山》一诗，这是周恩来早年东渡扶桑求学时的作品。凡大陆来的游客大都要到这里瞻仰留影，并要在路旁摊位上买几件有关图片和纪念品。岚山确实很美。秋来红叶满坡满岭，艳丽如霞，与清澈的河水交相辉映，使人仿佛进入了童话世界。若遇上春天樱花盛开的季节，游人如织，花雨纷纷，千树万树，绝美销魂。当时你只有拾取几片红叶，当作鲜花献于诗碑之前。同时你默想：千多年来，两国人民的友好交往，今天还在继续，就连汉诗这种古老而不易学的文体还在日本传播发扬，实在感到无比欣慰。

这些天来，你既饱了眼福，也饱了口福。热情的主人曾几次宴请，先是品尝日本料理，后又请吃原汁中餐，席间有歌有吟，有说有笑，气氛融暖如春。你却有种离别情绪缠绕在心，于是用诗友刚赠的四色圆珠笔，在纸单上红红绿绿的写下了即兴之作，赠送鸣鸣吟社：

诗画亲和成一家，果真彩笔共生花，
凭将秋夜杯杯酒，倾诉离情无尽涯。

你先呈请森崎兰外斧正。他在稿上批了一个“好”字便交还你。在你再三请求下，他才动笔把“果真”改为“得神”，“凭将”改为“高楼”，“倾诉”改为“万感”，经这一改，全诗韵味大增，情味更深，使你佩服不已。增田忍不住了，把原想明天在机场才拿出的《送别》一诗提前捧出，看着他那书写得工工整整的汉字，你感到了这位老人情意的深重：

销魂秋日出扶桑，分袂诗盟万里翔，
弄月啸风何日会，天涯杳渺断人肠！

重庆代表团中号称“曾梅花”的德甫兄一见此诗，很快也依韵和了一首：

金风送爽到扶桑，旬日匆匆又返航，
盟结诗朋难割袂，同天共月永牵肠！

在“日出之国”度过了十来天，天天都有新鲜的感受，天天都处在浓浓的友情中。当你们要启程回国时，森崎、增田两先生坚持要亲自把你们送到名古屋机场。这一路要坐两三个小时的火车，实在令你们过意不去，都劝其勿往，但最终还是没能劝住。在“送客止步”的门口，你把次韵奉和增田的《送别》诗轻轻地念了出来：

莫嗟人世历沧桑，诗画流传意永翔，
离合悲欢情更笃，风云难改热心肠！

第十九章 情漫山海

你的人生是非常幸福的，令人艳羡的。你从 19 岁起，就开始长时间到西南边疆工作、生活、采访、创作，以后又到海南、西沙，到内蒙古、东北，到北京，到江浙、两广等地采访、创作。你的足迹，踏遍了祖国的千山万水，你的诗、词、歌、剧，也写遍了神州的高山大川。正如你在诗集《多姿 · 多彩 · 多情》的序诗中所写：

我与生活做伴，
生活与美做伴，
美与爱做伴，
爱与诗做伴。
并翅飞翔，一起运转，
共同巡游多情的大地，
多情的山川。

一、为大小三峡写诗

作为巴蜀诗人，你对三峡景点无疑早就情有独钟，写过许多优美的诗篇。早在 1956 年冬，就在航行三峡时，你在江轮上写下了具有古诗韵味和民歌风情的《三峡放歌》：

一江流水嫩黄，
两岸冬麦青青。
转入夔峡险风起，
浪高望不见白帝城。

水花和着雪花飞，
白雪砌高了滟滪堆；
三峡一去四百里，
群山锁不住长江水。

流水送船风留人，
三处牵连一颗心：
西辞家乡日日远，
东去友人时时近；
此刻又恋河山好，
抬头凝望巫山云。

云飘飘，山隐隐，
十二支画笔十二峰，
一峰更比一峰高，
峰峰直入云雾中。

画笔扫乱巫山云，
写不尽三峡奇景；
画笔蘸干长江水，
写不尽三峡豪情。

1957年经过川江，你又为神女峰拍下了历史的彩照——《给神女峰照相》：

神女呵！你站得真高，
探视着深峡的波涛；
别用云纱遮面，
待我给你拍照。

照一张全身相片，
留给后代看；
不然修起堤坝，
江水要漫到腰间，
那时只恐巫山神女，
变成了湖中水仙！

1963年，你更写下了具有曲折回环的音韵之美的《三峡山水》：

水摇着山，山压着水，
名川大山要数三峡美；

说它奇更是奇中奇，
诗画的长廊几百里；

说它险更是险中险，
齐天的陡壁如刀砍；

说它秀更是秀中秀，
十二个女儿峰舞云袖；

说它幽更是幽中幽，
林鸟见太阳也害羞。
……

1979年6月，你同北京、上海的著名作家雷加、杜宣、菡子、姜彬等同游三峡大宁河，并为大宁河景点命名。这一次，你们乘着大宁河独有的柳叶舟，从巫山县城溯流而上，约行三公里，便进入有“小夔门”之称的“萝门”（因山上有一石似萝卜）。那里两岸峭壁犹如刀削斧砍，而且对峙如一扇大门，两岸石壁上还有着绵延不断的石孔，相传是自秦汉以来历代修建的栈道遗迹。你同大家议论着按老名的谐音将“萝门”改为“龙门”。 柳叶舟走出峡口银窝子，前面两百米长的险滩上落差竟达十米，游船靠纤夫拉纤，船要减载，游客必须上岸步行，你和作家们都拼命拉纤，体验着船工的艰辛。船过险滩之后，大家回到船上，一路观赏着山崖上钟乳石倒垂形成的“马归山”，云雾中隐约可见的“悬棺”，还有那一大片熠熠生辉的赤壁。作家们不由得赞叹道：“神矣！绝矣！”“叹为观止矣！”你更是激动不已，想不到这深山之中，小河之上，竟有如此神奇的自然景观，简直可以同大三峡媲美！于是，你运用少年时代就熟悉的古典诗歌的体式和韵律，吟咏了《大宁河记游》五律三首：

一

初入大宁河，龙门竞放歌。
高岩悬栈道，险水数银窝。
来去满船客，往还百丈波。
休云山峡小，奇景此间多！

二

船行抹角滩，短曲接长弯。
流水绕山转，飞云随浪翻。
峡高日也冷，风急夏犹寒。
一路多幽趣，情牵两岸山。

三

层林山涌翠，飞瀑水生烟。
喜过小三峡，更惊百折滩。
万河归大海，巨浪送征帆。
我欲随风去，冲开一线天！

游览中，人们竞相发出“小三峡胜似大三峡”的赞叹。大家觉得，这样美妙的景点，应该尽快开发出来！于是有人提议：我们来给这众多的景点，起个好的名字，这样更能吸引后来的游客呀！大家觉得，原来的萝门、三进峡、头道峡、二道峡、三道峡，这些名字都可以重新考虑。于是，你和作家们触景生情，诗兴大发，竟不约而同地给山水命起名来。杜宣说，这儿叫“赤壁摩天”，你提议这儿叫“上天梯”，那儿叫“回龙峰”，那边叫“飞云洞”。在经过第三道峡时，你被那幽深苍翠、飞瀑流泉迷住了，经过一番思索，你提出这道峡可否叫作“滴翠峡”，大家听了都表赞同。你在激情洋溢之中，立即就写下了《命名滴翠峡》一诗：

藤萝高挂绿峰巅，钟乳低垂映碧潭，
赤壁摩天三百丈，群崖滴翠下飞泉。

你的这些诗节奏明快，朗朗上口，很快便在民间传诵开来。

作为一个从小哼巴山调长大的诗人，你对民歌、山歌情有独钟。来到三峡，你自然会想到唐代诗人刘禹锡到民间采风、把竹枝词引入诗坛的佳话。那几天，巫山县正在举行民歌演唱会，你闻讯就赶去采录。你听见一位民歌手唱道：“郎是半边伞，妹是伞半边。两个半边伞，何时能团圆？”你听了以后，大为称赞，且大受启发。民歌把郎与妹分别比喻为半边伞，表现爱慕难分之情，构思奇巧，比喻生动，真是“除却巫山不是云”啊！受到这首民歌的启发，你写了一首《巫山情歌》：

剪下巫山一片云，
送给小妹作头巾：
晴遮太阳阴遮雨，
哎，表我一片心！

采来巫山一枝花，
送给小妹头上插，
你若有情就收下，
哎，早早到我家！

到我家就早成家，
一同建设新三峡。
神女和我们山头站，
哎，一起迎朝霞！

你游三峡，爱三峡，唱三峡。三峡的回声，永远在你的诗中激荡，也永远在三峡的艺术长廊中回响！你的《三峡回声》写得是多么令人回想：

三峡险峻，
三峡幽深，
我最爱听呵最爱听，
三峡的回声。

三峡的回声，
万年不停，
还能听到呵还能听到
古猿的啼鸣。
……

三峡的回声，
随风急奔，
天天能听到呵天天能听，
汽笛的歌音。

回声呵回声，
连通古今，
汇成三峡大合唱，
向未来涌进！涌进！

1979年6月25日　巫山

二、三游九寨沟

九寨沟，一个令人神往的风景胜地，一个如梦如幻的人间天堂。因沟内有九个藏族村寨而得名。你曾经三次去那儿游览，三次都有不同的感受、不同的收获。

第一次去那里是1980年11月，正当秋冬之交，你与宋清涛为合作电影剧本《神奇的绿宝石》而去。那时候路还没修好，你们乘车沿岷江而上，穿过飞石、流沙、泥石流，经三天颠簸，才抵达琵琶之乡的南坪县城。城里的街巷之间，树上还垂挂着红红的柿子，石砌的门窗里，还不时传出琵琶弹奏的《采花调》。次日，你们找到县委报道组的田树昌，他热情地给你们介绍了关于九寨沟的情况，指派农水局干部邓一陪同你俩前往。你们搭上运木料的卡车，摇晃了七十多公里才到达沟口。由沟口向里，渐入佳境，只见一个海子接着一个海子，一叠瀑布连着一叠瀑布。这些海子颜色奇幻，美丽异常；这些瀑布竟是从树丛间穿流而出的，雪白的水花，装点着红叶金果，衬映得格外艳丽。在这山色水光之中，你们住进伐木场的木板房。老邓热心地带你去看珍珠滩。他带你涉水穿林，向对面的山头，作无路的攀登。他在前开道，一会儿就像金丝猴般轻捷地爬上了山顶，而你却艰难地在陡坎石松间向上攀爬。当你登顶穿过丛林见到老邓，他正在用砍刀辟开树丛，为你扫清眼前的障碍，让你观瀑望景。他哪里知道你刚才经历过的险情呢？！过好一阵你才静下心来，细细观望对岸的珍珠滩。只见珍珠滩瀑布的水如珠似玉地沿着宽阔的斜坡滚滚流下，发出叮叮咚咚的声响，最后形成宽大的珍珠帘，铺天盖地似的洒落溪中。这美丽的瀑布，把刚才那幕险情冲洗得一干二净了！绝佳的山水风光，激发了你的灵感，你很快写了一首诗：

秋色装点的九寨沟，
我敢说人间少有，
山光镀映着水色，
水色浸染着清流，

汇成五花海子五彩池，

无比的明净轻柔，

泛起多少神话传说，

诱来多少珍禽异兽，

吸引多少远客来游！

这次九寨沟之行，不但使你亲眼看到了九寨黄龙的壮美风光，为你写电影剧本《神奇的绿宝石》增加了许多新鲜的感受，而且还让你看到了、发现了向世界宣传九寨黄龙，为家乡保护维护九寨黄龙的功臣，就是田树昌和邓一这两位有识之士！

在九寨沟，你看到了《四川日报》通联组编辑的由田树昌和邓一两人写的《赶快抢救九寨沟风景区》内参材料：

编辑同志：

我们向你们呼吁：立即采取措施，抢救处于严重破坏中的九寨沟风景区。

九寨沟在四川省阿坝藏族自治州南坪县（编者注：今九寨沟县），是白水江的一个支流。主沟长六十余公里，分支纵横，几十座雪峰、“神山”拔地而起，原始森林茂密，河谷海拔二千一百米至三千米，分布大小“海子”一百零八个，湛蓝的天空，洁白的雪山，墨绿的森林，倒映在宝蓝的海子里，交相辉映，浑然一体，是为独特的“九寨风光”。沟里有我国珍贵的一类保护动物大熊猫、金丝猴、扭角羚、毛冠鹿。二百多米宽的大瀑布下的石山群和海子中，天鹅、鸳鸯常来栖息。长期以来，在藏族人民中流传着许多优美的神话，给九寨沟的山水树木都赋予了奇异的色彩。

九寨沟自来就被誉为“琵琶成林歌如海”的南坪县的一颗明珠。今年来，随着交通的改善，已闻名省内外。中国科学院动物研究所、上海美术出版社、上海科技出版社、北京动物研究所及四川美术学院、重庆自然博物馆、四川人民出版社等单位的一些负责同志和专业人员专程来访，西安电影制片厂特选此地作拍摄故事片《长海奔腾》的外景，所有来过的同志对九寨沟风景区都有很高评价。中国科学院林业研究所的一位副所长说："我到过世界上许多国家，还没有见过这样优美的自然风光。"中央美术学院的一位教授说："一到这里，简直是进了童话的仙境，用绘画来表现很困难，因为谁都会以为是画家臆造的美景。"

但是九寨沟蕴藏着丰富的木材，可采伐的约三分之一，省属南坪林业局1967年在这里开办了两个林场，近千人沿河砍去，九寨沟的面貌正在大斧和油锯下迅速改变。南坪县委、县革委为保护九寨沟风景区，于1975年专门发出布告，严禁在各海子周围一千米内伐木，南坪林业局广大干部工人也深为自然风光遭到严重破坏而感到惋惜。目前，南坪林业局还准备明春再上一个林场，加快采伐。如果这样，九寨沟就将面目全非了。诚然，木材为国家所急需，但是就南坪来说，主要林区并不在九寨沟内；再说，如果九寨沟作为风景区开放，其收益较伐木更巨大。

九寨沟风景区"命在旦夕"！我们紧急呼吁：有关部门立即派人前来调查。如果确有价值，则赶紧采取有力措施加以保护和建设。

中共南坪县委报道组　田树昌

南坪县农机水电局　邓　一

1978年11月6日

此文发出一个来月，即得到阿坝州委和四川省委负责人的批示。对他俩"热爱祖国大好河山，保护祖国优美自然风光的高度责任感"予以肯定，并指示州林业指挥部等，"务必采取果断措施，凡距九寨沟风景区一千米之内的地带，一律禁止采伐森林，现在仍在景区内伐木的，应立即停止"。

后来，老邓受命主持景区的开发工作，劳累成疾，才调回重庆南山风景区。你每见到他，都会想起他和老田为保护九寨沟所做出的贡献，都会油然而生深深的敬意，而且想重游那里，再去领略那水色山光赋予你的灵气！

你的这个愿望终于在 1996 年的夏天实现了！这一次，你随重庆市渝中区文艺家采访团赴雪山草地采访。第二次来到九寨沟，你住在树正群海旁的藏民木楼上，凭栏即可望见几十个首尾相连的海子。在那些钙质堤埂上，苔草连灌木，散流穿树丛，水自高处蜿蜒而下，经多次起伏跌宕，形成了数台大大小小的瀑布，以诺日朗瀑布最为壮观。那浩荡水流奔腾而下，水雾升腾，化为道道虹霞，长映不散。它气势磅礴，吼声如雷，震荡幽谷。近处的水磨经轮，则流势平缓，如情人隐于树丛娓娓絮语，汩汩有声，诉说着心中的秘密。夜里，院坝举行篝火晚会，并烤全羊分食。藏族姑娘向你们唱起了《神奇的绿宝石》影片中由施光南谱写的主题歌《九寨沟风光令人醉》和插曲《不会忘》，还问你们听过没有。当知道你就是词作者时，她们硬要与你同歌同舞。随着景区的开辟，原本闭塞贫困的山寨，现在在物质和精神上都大大丰富起来，应了田、邓二人当年的预言，“如果九寨沟作为风景区开放，其收益较伐木更巨大”，而且也有效地保护了这块珍稀动植物的宝地。由于川西北森林砍伐过度，岷江已变得比你初去时更加浑黄，有时洪涝为害，有时干旱成灾。这次，由于少雨，海子的水大大枯落，瀑布也如垂岩挂面，失去了过去那种充沛的力量，特别是长海附近的五彩池，几乎小了一半。虽然池水状似浓缩，但色彩却显得更为鲜明：鹅黄、碧绿、翠蓝、淡紫，五颜六色俱全，微风吹拂，幻化莫测。你却担心它的未来，不知它能不能长远存在。那棵站立在长海边的老人树，大概有四五百岁了吧。它从多次的雷殛下活了过来，从当年的刀斧下闯了过来。今天，它看着这种境况，不知该做何感想。所幸的是黄龙九寨沟风景区，已进入世界自然遗产名录和国际生物圈保护组织，当会引起我们和国际对它做进一步的保护。你闻讯当即赋诗，以志其喜：

世界留遗产，黄龙九寨沟。

梯湖千瀑响，群海万泉流。

异彩染山水，奇光聚夏秋。

瑶池童话境，足可壮神州！

九寨沟，这位养在深闺的神州少女，而今已被评为“世界小姐”了！她的美艳，她的光彩，已让世界瞩目，人们都争相前来观赏了！

1998年10月，你陪同新加坡著名女诗人泊雁，随旅游团第三次观光九寨沟，并为泊雁写了一首诗：

为伴君初走，三游九寨沟。

人迷童话境，心恋彩林秋。

百海藏幽趣，万泉泻激流。

怡然诗意满，奇景喜同游。

这次，你们是沿着新修的水泥路，沿岷江而去的。四天的旅程，快捷而舒适。热情的女导游小王领着八方来客，玩得怡然惬意。此次与头次一样，都时逢深秋，彩色的秋叶映着彩色的秋水，明艳得照花眼眸。虽已天寒，竟有迟迟南迁的雁子，在这彩色的辉煌之境漫游，似乎是痴迷于美景，舍不得离开这林中群海。这次前来，喜见水量丰盈，就是那剑岩悬泉，原来如同你写的电影《神奇的绿宝石》中色姆的滴滴眼泪，现在却飞泻不止了。最有趣的还是熊猫海观鱼，鱼儿成千上万，同翔水天，悠游自在。面对盈盈湖水看得久了，自己也想变成鱼，以自由之舞，乐己乐人。当年只能在对面山头观览全景的珍珠滩，今已在斜坡架起长长的栈桥，你们缓步其上，惜珍捧珠，更是自娱娱物。那雪山、彩坡，那镜海、溪桥，那湖湾、浮岛，那鸣禽、夕照，引得泊雁也诗兴大发，唱和了你一首：

观瀑溪桥上，吟诗白雪丘。

彩坡千叶艳，镜海一潭秋。

浮岛鸣禽集，湖湾夕照流。

漫游童话境，心共古泉幽。

三、诗吟大足石刻

1983年1月下旬，你初游石刻之乡大足。石刻之乡虽然久负盛名，但由于那时交通不太便捷，宣传不够，专程去游览的人不多。你去观赏了北山和宝顶佛湾的石刻之后，简直被它迷住了。你回到家中，白天默念着它，晚上还梦着它，然后悄悄写诗。妻子蒲心玉见你这种神色，奚落地说：自你从大足回来，成天神魂颠倒，是不是遇上了第三者，偷着在写情诗？你笑着回答：不错，真是一见钟情，你要不要审查这些隐秘之作。经你这么一讲，她真的审起你的诗稿来：

这摩崖造像成群，
都有血肉，都有生命，
谁要伤着它，就会流血，
谁要碰着它，就会喊疼。

一座北山，一座宝顶，
石刻艺术，精妙绝伦；
一次观览，一次心震，
震出我无尽的诗情。

妻子看了你这首《摩岩造像》诗后，笑了，没想到那些冷冰冰的石头菩萨，竟那样迷了你的心窍。她接着看了下面的《牧牛图》：

崎岖的山径，静美的林泉，
牧人们陶醉在大自然的怀间。
有的吹笛，有的袒胸而眠，
有的拦牛，有的交头闲谈。
我也想把童年放过的牛儿，
赶到这充满生趣的山湾；
但我不会像佛家那样调服心意，
仍要时刻提防猛虎下山。

妻说："你真是个放牛娃出身的人，小时候成天和牛打交道。恐怕不是写的《牧牛图》，是在写你自己吧！"你觉得，她这话对，但也不对。这取材于乡间林泉的巨幅群雕，刻了十人十景，从牯牛难收的野性，牧人的恩威并施的驯化，直到人牛和谐相处，形象地表现出佛门禅意。自他们雕刻的面对溪涧边那头下山的猛虎开始，到最终的人牛不惊，确实激活了你童年时牧歌般的野趣诗情。

你又让妻看你题写的打入地狱的《养鸡女》：

打开竹笼，蹦出小鸡，
打开心扉，蹦出欣喜，
朴实的村姑眯缝着眼睑，
深情地看着鸡雏争食。
对生活充满挚爱，
对劳动充满欢愉。
负罪的养鸡女呵，
哪像身在黑暗的地狱！

她看后说："这生活在地狱的养鸡女，能这样欢快吗？"你回答说："哲理就在这儿。本来是表现杀鸡伤生有罪，养鸡的更有罪。但匠师们通过农家生活创造了寓意相反的形态。它使我想起在'文革'中被捕下狱的体验。他们论定我这个'黑作家'，写得越多越有罪，理该关入黑牢。牢房很小，像把人装进罐头盒里，还要成天学习犯人监规，真有度日如年之感，巴不得押出去劳改，见见外面的阳光，呼吸一点新鲜空气。有天，命我们这些囚徒打扫厕所院坝，虽然劳累，却干得痛快，甚至忘了是在狱中。我想那位养鸡女也是这种心境吧。在特定条件下，劳动也是一种享受呵！"

妻子兴致高了起来，主动朗诵了你写的《数珠手观音》：

人称媚态观音，
真有副妩媚的形态，

肌肤柔美，胸襟微开，

腰系绣裙，肘悬衣带，

双手交叉腹前，

神情悠闲自在，

面含喜悦的羞涩，

心藏隐秘的情爱。

分明是个妙龄少女，

迷恋生活的多彩。

何必当作神灵供奉，

脚踏着苦海莲台？

你妻子是位演员，演过很多部歌剧和话剧，还演过《刘海砍樵》《打鸟》和《思凡》。《思凡》是一折表现尼姑意欲下山，一人独演独唱达四十分钟的川戏，把出家少女的矛盾心理刻画得淋漓尽致。1956 年冬，你从云南边防部队深入生活回经家乡达县，她正在为捐募寒衣义演，演完这出戏后，连妆也未卸，便和你这位军中文艺创作员举行婚礼，上千的观众就是贺客。今读此诗，自然联想多多。你将听来的传说讲给她听，说这位头戴花冠、璎珞护体、长裙曳地、衣带飘风、眼神含情的娇丽女子，原是青年匠师的情人，这数珠手观音就是以她为原形雕造而出。她不像那些不食人间烟火的菩萨，而是血肉丰满、情感横溢、婀娜有姿的民间美女形象，故遭到僧侣佛徒的非议，“审查”没能通过，还下令把她用沙石长期掩埋起来。直到 20 世纪 40 年代才被发掘出来。现在虽然风化得有些模糊了，但朦胧中更增加了观众的想象……

当大足石刻艺术被联合国教科文组织列入世界文化遗产名录满周年之际，你们又来到这里。想到“媚态观音”将和无数造像一起，作为全人类的文化遗产，会受到更好的保护，你备感欣慰，也为大足石刻光耀世界而备感自豪，不禁又写出了下面这首赞诗：

这石头更有生命灵性，

这造像更有血肉感情，

来到大足，心已大足，

石刻有魂，万像如生！

四、魂系丽江

向往丽江多年，你终于在1999年10月乘车到了丽江。丽江古城可说是一座水城，水是它的灵魂，水是它的生命。从城北黑龙潭公园山脚下，从岩石缝隙中，不舍昼夜地迸涌出无尽的泉水，形成了著名的黑龙潭，后汇成玉河，流到双石桥时，又一分为西、中、东三道河流，再分为经络般的渠道密布全城，形成了“家家泉水，户户垂杨”的动人景象。走在街巷，走在千家万户的门前屋后，都能听到淙淙流淌之声；人们在睡梦中也能聆听到流水的清韵。架在水上的石桥、木桥，竟有三四百座之多。你不禁写诗吟诵：

渠水纵横拂柳条，重楼深院燕归巢，

泉声伴我走街巷，难尽古城四百桥。

桥下流水，清澈透明，可见水草在岸边飘摆，各色石子粒粒在目。这多亏城外那座高高的玉龙雪山，皑皑白雪，长长冰川，夏日消融，浸入泥土岩层，成了千泉之源，源泉不断，才汇成了黑龙潭。潭水为镜，映着雪山倒影，更增加了这古城的灵气。丽江之丽，丽在雪山，丽在泉水。难怪大文豪郭沫若题有这样的名联：

龙潭倒影十三峰，潜龙在天飞龙在地；

玉水纵横半里许，墨玉为礼苍玉为神。

古城以四方街为中心，几乎所有的街巷都从这里辐射出去，也就是从所有的街巷前往都能通向这个商贸市场。人流也如流水，都汇集在这里。街道都由“五花石”镶砌而成，被人们的赤脚、草鞋、布鞋、皮鞋和马帮的马蹄磨得溜光，也许踩了百年，磨了千年了吧。你边走边看，边走边想，像在读一部读不完的厚厚的古籍，看一卷看不尽的长长的画卷。最豪华的当数木氏王府——丽江的“紫禁城”。文史记载，木氏土司由于比较开明，不闭关自守，积极引进中原汉族地区的生产技术和文化教育及人才俊杰到丽江边地，深得明代王朝的信任和倚重。这宫殿式的建筑群就是模仿北京紫禁城的布局体制，一条玉带河环绕木府，府前河上的石拱桥，也仿天安门前的金水桥。汉白玉建成的大石牌坊上刻着明代神宗手书的“忠义”二字。重重殿堂、阁楼依山就势分布在狮子山下。黛青色的琉璃瓦，庄重典雅，玉沟纵横，活水长流。明代地理学家徐霞客曾惊叹：“宫室之丽，拟于王者。”为了领略这古城的韵味，你特地从新街搬到老街，在一家离木府不远的民居旅社住下。住进这家纳西庭院，如走进一座花园，几十种花草，加上一笼鸟语，既幽且香，环境整洁，气氛祥和，出入方便，而且还可以搭伙，吃上纳西饭菜，真有宾至如归之感。像这样的家庭宾馆，还有许多，都是宾客盈门。

你有幸赶上正在举行的东巴文化节，节日活动频繁，中外游客熙熙攘攘。自 1997 年 12 月联合国教科文组织授予“丽江文化古城”称号以来，这里已成为旅游热线。这里，到处都展示着东巴文化。你首先观看了东巴文书法展览。这种在世界上唯一活着的象形文字，在你眼中显得陌生又熟悉，面对这些日月星辰、鸟兽虫鱼、雷电风雨、上下左右的象形表意符号，像一幅幅图画组成的长廊，细观其形，似知其意，是书与画的天然结合。要学古文化，需识东巴经。东巴经就是用东巴文书写的、保存下来的皇皇数万经卷，只有少数祭司和专家学者才能释读。最神妙的要数东巴古乐了。你去之前，朋友就告诉你，一定要欣赏这一闻名全球的“音乐活化石”。因此，你预先就购了晚会票。入场一看，新盖的小剧场虽未完工，但是四面都张贴着宣传古乐源起、发展和出国演奏的各种图片资料，从而给这座简易建筑增添了独特的气息。演奏前，那些换上了古装的耄耋老人，坐成一排排，一个个白发银须面如古铜，皱纹深处刻记着岁月风霜，恐怕是世界上平均年龄最大的“寿星乐团”了。大钹一声震响，宣告了乐曲的开始。著名的纳西古乐研究专家宣科先生，身着蓝色长袍，用汉语和英语主持节目。他幽默睿智妙趣横生的解说，使满堂中外听众自始至终都兴趣盎然。这些三弦、二胡、板胡、胡琴、竹笛、芦管、琵琶、十面锣鼓等文乐乐器和钵铃、铜鼓、引磬、板鼓、木鱼、提手、镲锣等武乐乐器，都先后加入了合奏行列，奏出了天籁之声和人间绝响。这真是多元文化相融合的艺术结晶啊！演奏的曲词既有盛唐时代李隆基写的《紫薇八卦曲》，也有五代南唐后主李煜词作《浪淘沙》和古乐《水龙吟》，更动人的是纳西音乐《玉龙山白雪曲》，加上生气勃勃的年青男女伴唱，尤感曲美词雅：

看山爱白雪，看雪爱白云。
高歌白雪曲，相赠云中君。
云中君，不我顾，歌声破空云消去，
招来明月挂高树。

听着这首歌曲，场外的玉龙雪山在明月的清光照耀下，仿佛伸手可触，白雪白云，似乎张臂可抱，使这座纳西人的神山、情山变得更加有神有情。你听完了这一场，接着又到一个四合院似的场地欣赏了另一场，这更加深了你的印象。你感到古乐的美丽，一在曲目本身的历史价值，二在古老纯净的自然人文环境，三在乐手和主持人浑然一体的结合下，共同营造出了这种独特的艺术境界。

听罢古乐，踏着月光缓步街巷，乐曲还在你耳边萦绕，泉声也在你心中荡漾，遂吟成一绝：

又见高原蓝月亮，净如白雪洁如霜，
圣山圣水清辉满，涤我心灵亦闪光。

这里的蓝月清辉、圣山圣水，洗涤着你蒙尘的心灵。有位城郊拉市坝村来的知识青年告诉你说：“你要到我们拉市海子去看看，那才美得让你诗兴大发哩！”于是第二天你就乘车去了。到了海子边，坐上了独木舟，船家一边划船一边介绍这里的风土人情。从他的口中，你得知，这片海子，由于太美，过去有些殉情男女，不是到雪山，就是到这里双双投湖自尽。有些女子怕男子心软，要看见男子沉水不起，自己才从容而去。纳西女人，自古练成刚强的性格，柔得像水，硬得也像水。城里做生意当掌柜的大都是女人，农村做庄稼管家务的也是以女人为主力。高原的太阳、月亮和星星，都绣在纳西妇女的羊皮披肩上，真是披星戴月、日夜操劳，重担在肩、重负在背，剑胆琴心，侠骨柔肠。她们在家是顶梁柱，下地是劳动能手。你亲眼见有好几个妇女正在湖边捞取水草喂猪，在坝子上耕地耘菜。当小舟慢慢划向小岛，到此越冬的禽鸟便喧闹开了，雁雀之类和野鸭等聚满绿汀草岸，原先建造在浅滩湿地的度假观鸟的房屋、亭台，散立水面，平添了一道新的风景。有种水生植物，在湖上开了星星点点的白花，远看似群鸥浮游。高原的天空特别蓝，高原的海子特别清，人在舟上，舟在水上，更显得天高水阔。

游了拉市海子，又登狮子灵山。山上古柏苍劲挺拔，气象萧森。早年栽种的柏树，现在也已成林。你穿过林中石阶，登上山顶的万古楼。楼头俯览古城，尽收眼底。近处的木王府，稍远的四方街，被鳞次栉比的居民瓦房所包围，毗连成苍青一片，在夕阳影里，也像茫茫的海子，涌荡着凝固的波涛。秋风吹过古老的树林，似响起阵阵涛声。那座悠远的玉龙雪山，此时露出了真面，好像一下靠近了古城，成了这片海子的边岸。这座灵山，也恍若一座海中小岛。你站在岛上楼头，顿起思古感今之幽情，吟出七绝一首：

狮子山头万古楼，楼垂万古意悠悠，
老城似海深难测，翠柏如椽写春秋。

五、黄桷古道行

你热爱重庆的山山水水。你曾去看过歌乐山垭的黄桷树之王，一路想象着它的高大、粗壮、浓郁之美，到那修满食店的地方，才知被围困的树王早已枯死，叶已落尽，空余秃枝，过往的鸟儿也不停留了，只有山风刮过的呜呜之声，像在悲泣。你当即写了一首《悲古榕》的七绝：

歌乐山垭黄桷王，惠民千载庇阴凉；

烟熏火燎今枯死，犹听昏鸦悲夕阳！

这种痛惜抑郁之情，纠缠你许久也挥之不去。

2000 年深秋，你与友人同游南岸的黄桷古道，看到高大葳蕤的黄桷树，抑郁之情总算得到了一些慰藉。为充分享受大自然的赐予和考验一下各自的体力，你和朋友们都沿着宽大的石梯攀登而上，在说说笑笑中，走过了杂木丛，穿过香樟林，不一会儿就到了半山。一些去老君洞道观朝山的男女香客，也三三两两与你们同行。路旁有三两人家开着小茶铺、杂货店，供人歇息、购物，主人都悠闲自得，似无烦忧。再向前行，就看见一棵棵黄桷大树，形如伞盖，而且越来越多，像一个古老的家族，沿路繁衍着子孙后代，个个都长得十分壮实，各有美姿。特别在两条古道的交汇处，更是成行成排，茂密的枝叶相互穿插，半露的长根彼此纠结，俨然有不可分解之势。你想起 20 世纪 50 年代，你去体验生活的摩托连就在山上扎营，来去都派摩托车迎送你，你都婉言谢绝。你宁愿步行于这条黄桷古道，饱享这绿色长廊的乐趣。春有野花飘香，夏有林木遮阴，秋有雀鸟鸣唱，冬有银霜附草。转眼之间，几十年过去了，你历经了风风雨雨、世事变迁，而古道犹存，绿林尚在，老君洞的香火仍旺，唯独垭口湾谷石壁上刻下的“大禹子呱呱坠地处”几个苍劲的字样杳无踪迹，只听见隐约的泉声在岩边流响，像在向人们追述“城南旧事”。 当时，你披着紫烟，吸着清气，不由得口念五律一首：

默念长亭外，轻歌古道边。

同行皆过客，自问是何年。

呼吸享清气，去来披紫烟。

不为尘世扰，暂作洞中仙。

这次你到黄桷古镇，只见原先那条老街也保存完好。街道很窄，两边屋檐凑近屋檐，居民也成天面对着面，交谈家常，亲密无间。你曾引导过中国音乐学院老舞蹈家张凤翎前来寻访故地。抗日时期她与父母逃难到这里安身，并以自产自销小磨麻油为生。别的她已记不清了，只记得柜台上的招牌和家人推的那副石磨。你们以此为线索，居然找到了那间老屋。虽然招牌早已换下，但那副石磨的下半部还残留在屋后的屋檐下，磨芯已腐蚀一空，空穴里却栽种了一株兰花。那位舞蹈家躬身抚着童年推过的石磨，自是感慨万端，泪洒花叶之上。随后与你穿行在她走过的街巷小道，登上山头的文峰塔，俯览两江三岸的山城，觉得城市长高了，高楼大厦像雨后春笋，直冲云天，欲与古塔比高。

这次到南山来，你特意到古道尽头不远的地方，去瞻望人民音乐家施光南的诞生地。这是一座三合院式的平房，坐落在斜坡树林之间，当年的红十字医院就设立在此。为躲避日机空袭，光南的父亲施复亮就送他母亲钟复光到这里待产。可是孩子生下的第二天，一颗炸弹就落在附近，震得摇篮上都扑满了灰尘。为纪念南山出生之险，就取父姓母名和南山各一字，给孩子取名叫施光南。施光南在逝世前几年曾与你合作过一首赞美南山的歌《山城的花冠》，这南山，这花冠，当然也包括难忘的黄桷古道了。黄桷古道已列入南岸区的总体规划，受到进一步的保护，不会遭到歌乐山垭那黄桷树王的厄运。自然景观和人文景观的有机结合，必定能吸引众多的游人！在距市中心一江之隔的山林，在这山城的肺叶，有这么一块休闲游乐之地，该是何等的宝贵，何等的美好呵！当你披着夕阳，踏着归程，回想今昔情景，你又吟出一首五律：

千级石梯路，香樟接古榕。
老街茶话绕，幽洞碧云封。
快意登高塔，逸情拥万松。
林间闲酌饮，归醉夕阳红。

六、从香溪到神农架

对于神农架，你早有一种神秘之感，向往之意。

2013年10月金秋，你有幸参加首届“长江笔会”，随几十位作家诗人前往神农架探奇览胜。

你们是沿香溪河而去的，香溪河口不远的秭归城，是伟大诗人屈原的故乡。纪念馆馆长请你题词，你写了一首五言绝句：

百回穿峡过，每望屈原祠；

今日访乡里，正当橘绿时。

馆长笑着把一个硕大的脐橙塞在你的手里，并说这是馆里同志自己种的。在这橙黄橘绿的季节，默念着屈原的《橘颂》，更加深了你对屈原的崇敬之情。

据屈原的七十三代孙、县办公室屈主任介绍，全县现有柑橘四万七千亩，结果者一百二十万株，产量占全省的四分之一。自培的桃叶橙，曾荣获全国果品评比第一名。它果形圆正，顶部有印圈，含糖量高，堪称“后皇嘉树”。

你怀揣硕果，沿香溪河上行，本想到乐平里去拜谒屈原的出生地，由于要离车步行，下雨路滑，未能如愿，只好直奔兴山了。

兴山，是汉明妃王嫱故里。县城西北七里，有道新桥横架河上，取名琵琶桥。过桥拾级而上，登跨四百道石梯，到山台一看，三面临碧水，一背靠青山，宝坪村坐落在此，真是美极了。望着这秀水明山，好像见到了昭君的容颜。这里流传着许多关于昭君的故事，家乡人都以家乡有这么一位识高勇为的绝代佳人而深感自豪。

归来时，你们在桥下河滩久久流连。遥想当年，昭君和她村里的姐妹也许就是在这儿洗涤衣衫吧？这溪水，曾照过她的影；这溪水，曾洗过她的面；这溪水，常年不浑，在入江的香溪口，更是泾渭分明。你曾写过这样一首小诗：

香溪水，四季自清清，

引人长忆王昭君，

昭君溪上照过影，

长江浑了它不浑！

清澈的香溪河，发源于神农架群山之中，源头在木鱼坪，现已是一座森林城镇。你们车队沿溪急驰，却扬不起一点尘埃，好像连空气也是纯洁透明的。一路上山回水转，时而见小水电站飞泻银瀑，时而见秋山红叶艳如春花。雄峻的山峰、险陡的岸壁，形成百里画廊。在小当阳古老植物园的斜坡上，有一棵古树——千年铁坚杉。它虽历经人世沧桑、雪压雷殛，却依然苍郁挺拔、昂首云天。多年来，人们把这整棵大树当作神农的化身，把它供奉在心坎。至今树高已达四十六米、六人合抱有余，雄视着千里林区。你拍叩树干，铮铮有声；你倾听风涛，霍霍如吟。让你感到格外的称心惬意！

巍巍神农架，位于大巴山系和武当山系之间，万木葱翠。相传神农氏为了遍尝百草，医治百病，不畏山势险陡，亲自伐木搭架，采下珍奇药草，救活了一方百姓。百姓为追念他，遂留下了这个古老的名称。这里海拔三千米以上的高峰就有六座，构成了“华中屋脊”。它的主峰，雄跨华中大地。你在车上，口占七绝以赞：

山路回旋凌九重，神农架上谒神农，

再尝百草忆炎帝，久仰华中第一峰！

这里是个天然大药库，有中草药一千多种，像七叶一枝花、文王一支笔、江边一碗水、头顶一颗珠，这些药名，你都是第一次听说。

这里还是个天然动物园，飞禽走兽竟有五百多种，而且“白变”动物很多，如白熊、白獐、白麂、白金丝猴、白苏门羚等，使你感到新奇。

现在林区的首府是松柏镇，原名松香坪，是个长棱形的山间平坝。高楼大厦林立，新街宽长热闹。窗外的山坡，长满了花柳树——这些花柳树，是培育银耳的棒材。身临万山老林，自然会想到“野人”。几位直接遭遇过“野人”的干部，给你们讲得活灵活现，让你们听得不能轻易否定。你徜徉于山林之间，更厌于都市的繁杂喧嚣，你自己倒真想变为“野人”，变为神农氏的直接子民，以领悟造物的奇趣，探求原始的粗犷。

你们在离开松柏镇北去房县的路上，遇上了一场大雪。雪花纷纷扬扬，铺天盖地，使莽莽山林不一会儿便披上了银装。最好看的莫过于白雪映红叶了！红叶似火，白雪如银，红白相衬，冷暖相生，使白的更白，红的更红，红得炽烈，白得高洁。你不禁想起诞生在这块土地上的屈原、王昭君以及曾战斗在这块土地上的仁人志士，和现在正在开发这块土地的建设者……

七、心醉武陵源

1981 年 11 月上旬，你去湖南省株洲市参加全国歌词研究会后，认识了常德诗人饮可。在饮可陪同下，你从长沙经洞庭湖来到慈利城，见到索溪峪的开发者之一的作家周保林。他们二人均对你渴慕已久，你们交谈甚欢，并且三人还一起饮酒。饮可因单位有事要返回常德，先为你题了一首嵌名诗："不怕蜀道难，翻过大巴山，再登一道大山梁，可饮梁上泉。"

听他的嵌名诗，你很快回敬了一首诗："东有洞庭水，西有桃花源。饮可皆可饮，何需梁上泉？"

周保林听了，称赞你说："久闻梁兄才华横溢，果然出口成章！"

你立即又将周保林的名字也编进了谈话之中："如果没有周围保护好的森林，再好的梁上泉水也会枯干。环境要保全，泉旺尚须林满山啊！"

你的语言表达能力和机智敏捷，使周保林惊叹不已！他把这个故事讲给很多朋友听，一时在诗坛传为佳话。

周保林陪同你从索溪峪进入张家界，并在县城为你准备了单人房间，你婉谢了，偏要与他同住大铺。周保林让你坐县委安排的小车，你却坚持坐公共汽车。你说：这样有两大好处，一可为国家节省一笔钱；二可与旅客"摆龙门阵"，获得素材。

到了索溪峪，一见那索溪峪的云遮雾罩的奇山异水，你便忍不住大声赞叹道："走遍天下名山，难见此地绝景！"

周保林感觉遗憾地说："可惜蒙上了一层云雾。"你笑着说："这才好！美就美在这里。我不会写朦胧诗，但爱读人家的朦胧诗。你看这里的山山水水不就是一首首耐看的朦胧诗吗？"

周保林是索溪峪的开发人之一，由他当向导，自然是最好不过。一路上，他如数家珍地讲解，你如饥似渴地游览。他边走边讲，你边走边记，边看边吟：

走走又回头
细把左右看
真是五步一个景
十步一重天
忙了一双眼
喜在多变幻
鬼斧神工创奇迹
伟哉大自然

你们来到百丈峡，周保林指着岩壁上的石刻告诉你："这里又叫百仗峡。索溪峪在明朝初期是向王的驻地，称向王天子，与杨家将的后代在这里打了一百仗，留下了插旗峰。"你一听，诗兴大发，写了《插旗峰》一诗：

百仗威扬百丈峡
峡间战旗一峰插
说是神话非神话
农民军在此苦拼杀

悬崖上，银瀑高高挂
悬崖下，杜鹃尽开花
花映飞泉耀七彩
至今飘垂百丈霞。

看了山后，又去看水。你一口气攀登三百多级悬崖石磴，直到宝凤山中的宝凤湖。在这儿你又留下了诗篇，后来被刻于石岸：

上有宝凤山
下有宝凤湖
宝凤有镜好照影
宝凤有池好沐浴
翎毛水来洗
彩羽风来梳
一声鸣唱展双翅
飞向云深处

周保林指着那亭亭玉立、披着彩云轻纱的三座美人峰，对你讲：“她们是传说中向王天子的三个妃子呢！”你目不转睛地遥望着三座山峰，赞叹道：“仙女真的下凡了！”看着看着，你又触动灵感了：

远望三座峰
酷似三姐妹
相依相嬉又相随
一个比一个美
一同斗官军
一同战魔鬼
美不胜邪虽可悲
化作青岩更英伟

周保林又告诉你，说张家界的夫妻岩更是别有一番意味呢。你一听，立即又拖起他步行到张家界。你的诗情真是被周保林的神话渲染所迷惑了，更为这争奇斗艳的武陵山水的现实奇景所激发，竟如泉水一涌而出：

一对好夫妻
亲近又和谐

身相靠，头相挨
无忧无虑笑盈腮
情意最坚贞
同度千万载
难道人不如顽石
相亲又相爱？

吟完诗，你凝视着这对“夫妻”，对周保林说：“这哪是石头夫妻，硬是真人啦，你看他们多么恩爱，可惜我未带相机，在这里留个影多有意思啊！”

告别夫妻岩，来到金鞭溪。看着那插天而立的石鞭，你又赋诗一首：

漫游金鞭溪
忽见金鞭岩
插地指天三千丈
惊得世人呆
是谁举长鞭
这样有气概
为给武陵添绝景
尽把奇峰赶拢来

再前行又看见了“定海神针”。你对这奇峰极感兴趣，当夜情不自禁又吟出一首：

哪来的造物主
插上这定海神针
顿使奔涌的大海
一下凝结固定
万千波峰浪谷

化为深壑峻岭

使这神奇的山海

搅动咱平静的心

这几天，你同周保林天天爬坡攀岩，尽管腰酸脚痛，但心中却舒畅甘甜。晚上，几杯苞谷烧酒下肚，一同尽情畅谈。你感慨地对周保林说："难得结伴出游，难得其情其景！"

这次虽才几天，你竟作诗二三十首，如武陵源的"山水桥洞瀑，植物加动物"。就连小小的山珍岩耳你也写了那样一首构思奇妙别致的好诗：

多么好听的松涛

多么好听的鸟语

怪不得石壁上

也长出万千岩耳

岩石张开了耳朵，

倾听迷人的声息

真是百听不厌啊

已听过无数个世纪

周保林想留你再游几日，你从皮包里掏出一张照片说："她在召我回去呢？"

周保林戏问："这是你的情人？"

你爽朗一笑："我哪有什么情人，她是我妻子，重庆歌剧团演员。"

周保林更乐了，说："如此看来，山美水美，还是不如妻子的魅力！"

你捅了他一拳，哈哈大笑。

临别时，周保林含泪送别。你也深情地握着他的手说："谢谢你这么多天的陪同和照顾，我还会再来的。"

据周保林所知，进武陵源的第一个著名诗人是你，写关于武陵源的诗最多的诗人也是你，在报刊公开发表歌颂武陵源的诗最多的依然是你！当时，他们把你的诗写在木牌上，插于景点，起着导游宣传的作用。你在对武陵源的宣传中也算有功之臣！他一直想将你的游历、你的诗篇记入武陵源志，以志不忘啊。

八、情意绵绵苗山行

你告别周保林之后，并没有从武陵源直接回重庆，而是独自一人，提着一个大箱子，从武陵源，经张家界，到了湘西，到了凤凰，到了苗山。

这是一个雨雾蒙蒙的星期日，湖南省艺术馆的创作员、作家韩棕树在凤凰等你。你见了他们，就自我介绍道："我姓梁，叫梁上泉。"韩棕树不由得惊喜地说道："梁老师！我做梦也没想到，你会到我们这么偏远的苗山来。"

你朗声地笑着说："我是慕名而来的呀。你们这个地方了不起，画家出了个黄永玉，文学家出了个沈从文，都是国内外有影响的人物。"

接着你告诉他们，你曾在北京听一位新西兰朋友讲过，他几乎跑遍了中国的所有县城，得了这样一个结论：中国最美丽的县城有两个，一是福建的长汀，一是湖南的凤凰。到湖南不来湘西，等于到了云南不去西双版纳；到了湘西不来凤凰，等于到青岛．不看栈桥一样扫兴。

韩棕树见你已五十来岁，而此刻，湘西天气已经很冷，就想留你在县城小住几日。可你却连连摇头说："休息个啥？抓紧时间多看看，多走走，明天请你陪我下乡吧，到苗族寨子去，我想看看他们的生活和风俗习惯。"

第二天清晨，天气突然转晴。只见金子般的朝霞洒在山坡上，几处暗几处金黄，宛如一幅彩色油画。你们乘车前往苗族聚居区山江镇。这天恰逢赶场，各路乡民齐集小镇，人山人海，十分热闹。韩棕树一边给你讲述山江一带的民情习俗以及这许多年来苗家人民悲欢离合的故事，一边引你穿街走巷，看人看物。你一支笔不停地在采访本上记录着。路过丝线摊时，你详细询问丝线的产地销路、产品质量、产品特征等情况。当卖线的妇女告诉你，她摊子上有上百种颜色的丝线时，你大为惊愕，竟然兴致勃勃地一支支点数、比较。遇有叫不出名来的颜色，你又当即虚心请教，使那妇女把你误认为是县轻工业局派来检查的干部。场上有不少花样摊，多才多艺的民间艺术大师们创作了一幅幅绚丽多姿的图案。你在民间艺术面前赞不绝口。每到一摊，你都要俯身细看，反复比较，直到把花样图案的名称全部搞懂，才恋恋不舍地离去。

下午，你连午饭也顾不得吃，又忙着让韩棕树带你去看“边边场”。“边边场”是苗家男女走向自由婚姻的桥梁，比起汉族的“父母之命，媒妁之言”的封建婚姻来真不知文明多少倍。但是在“浩劫”的岁月，这种健康的恋爱活动居然被视为“四旧”“资产阶级生活方式”而被取缔。以至粉碎“四人帮”两三年之后，“边边场”还赶不起来。你听了激动得连挥拳头说：“我就要为‘边边场’唱赞歌！”末了又风趣地说：“我如果再年轻20岁，也要来学赶‘边边场’！”说得苗家青年哈哈大笑起来。

在山江和腊尔山，你写了《边城小景》《花满油茶林》和《乳汁》等诗。《花满油茶林》就是写的“赶边边场”：

洁白洁白的油茶花，
开遍了油茶林，
茶林叶子青青，
覆盖着白雪层层。
苗寨的少男少女，
不顾林间冷，
赶场相约茶树下，
倾诉火热的恋情，
摘片片木叶，
奏声声清韵，
只要能沟通心曲，
哪怕外人听！
吹得口干舌燥，

自有花蜜滋润，

一同吸吮蕊间糖分，

茶花从不悭吝……

你们在山江苗寨小住三日，原拟该返城了，你忽然改变主意，对韩棕树说："你不是说腊尔山风味更浓吗？棕树，明天我们上腊尔山去吧。"韩棕树惊问："你不是说时间很紧，还要赶回州里吗？"你说："是的，时间很紧！但我想个办法，把在县城、州里停留的时间抓紧些，减少点，争取多在农村转几天，你意下如何？"韩棕树求之不得。

于是第二天，他陪你驱车前往腊尔山。腊尔山是湘黔两省交界之地，海拔一千多米。这里土地肥沃，民情淳朴，苗家人民世世代代在这块方圆百里的台地上繁衍生息。车刚过屯粮山，你就被台地上的景色迷住了，连声称赞说："好地方！好地方！"到了夺西小镇，韩棕树征求你的意见，问道："是到街上住宾馆客铺呢，还是去住旅社？"你毫不犹豫地说："住旅社！"韩棕树尊重你的意见，没有惊动区社的领导人，就在附近的寨子里悄悄"做客"。和在山江一样，你轻快的步子从黎明时起就踏在山间小路上了。你看村姑在井边洗衣，看老农赶牛出寨，看庄稼，看炊烟，看"风水树"，看妇女在晨雾和和霞光里编织花带，还冒着细雨，摸黑前往夯卡苗寨听歌。热情的主人请来了全寨最高明的歌师和嗓音最好的歌手，为你们唱只有结婚的夜晚才能唱的"作贺歌""祝酒歌"和男女情歌。陪同去的翻译们也很卖力，不断地把一首首优美、别致的苗歌翻译成汉语。你一面记录，一面忍不住称赞："多么委婉！多么含蓄！又是多么地动情！"有时候，你禁不住拍案叫绝，并伸起大拇指赞叹道："你们才是真正的诗人！这才是真正的诗歌啊！"

当晚，夜已很深了，主人端出热腾腾的糯米甜酒让你们喝个痛快，又再三挽留你们住宿。因为事前约定要到另外一个农民家里访问，只好恋恋不舍地告别，又顶着蒙蒙细雨摸黑回到夺西旅社。翌日，你想起区委负责同志曾详细介绍过今年百日大旱，滴水贵如油的情景。早晨起来时，你就尽量节约用水，洗脸也不肯用盆子盛水；只将毛巾打湿擦一下脸就敷衍过去了。头天夜间剩下的茶水你也不肯倒掉，第二天又接着喝。

赶场时，你在花摊上买了各种花样图案，从不与人讲价。因为你深知民间艺人们油灯下彻夜制作的艰辛，总想尽可能地多给他们一点报酬。你看着民间艺人织出的美丽图案，高兴地对韩棕树说：“可惜他们没有机会进学校作画，要不然很可能是个大画家哩。”你热爱这些民间艺术，也尊重这些民间艺人，并为这些人才的自生自灭而慨叹不已，并希望政府能给他们的成长创造更好的条件！

告别韩棕树以后，你又一个人拎着箱包，独自访问了贺龙的老家桑植，然后经秀山、黔江、酉阳、彭水、武隆、涪陵，回到重庆。

九、情迷雁荡山

离开雁荡山这么久了，但你还是经常想起雁荡山。你是迷恋那山间的云海，还是迷恋那云海里的水兵？

那是 1985 年的初冬季节，浙东沿海并没有凋零景象，山色还是青青的，海色还是蓝蓝的，青蓝凝碧，宛如水兵的冬装。陪同你的郑干事，是位摄影爱好者，他即将从大队部调到舟山基地去工作，对这里的一切更有一种依恋之情。你本想先观览一下名传天下的迷人风光，他却直接引你到了观通站的队部。

队部周围种植的排排树林，成了天然的围墙。队部门前的台阶上，摆满了各种盆景，有些老树桩栽在废弃了的积线盒里，颇有画意。最惹人眼的就是那株盛开的映山红了，像一炷闪腾的火苗。这种花本是春天开放，开放时映红满坡满岭，不过一到小阳春也禁不住要发几枝几朵。你正观赏着这些作品，郑干事引出一位干部向你介绍说：“这是我们队上的指导员，也是我们的园艺家！这些花草老树，就是他从山上弄来的。”

你欣喜地和他紧紧握手。经他介绍，才知道这儿离山顶的观通站还有十多公里。你们乘车转了四十多道弯，才旋上海拔一千多米的最高峰。向下一看，是一片白浪翻滚的云海，壮阔无边。你们站的地方，突出于云海之中，人们都叫它“大陆的海岛”。坚守在这“海岛”上的干部战士，经受着一年四季的各种考验。

“海岛”上的干部战士都是从各个海岛抽调来的。听说到这个风景区来，开始都很高兴。谁知要在这里成家立业并不像游山玩水那么舒心。首先是清除杂树乱草，开出上山的人行小路。接着就是打坑道，像风镐、机器、水泥、沙子、木板等，都要靠人背肩扛上山。也可以说，整个坑道都是他们扛上去的。路险岩陡，气温高时，经常累得昏倒，在树荫下休息一会儿又得背着东西往上爬，一干就是好几年！以后修通了公路，可是暴雨一来，又被山洪冲成一段一段的，柴、米、油、盐、菜，还得靠人运送。一到严冬初春，山上又成了“南方的北国”，天寒地冻，冷不可耐。储水池成冰，他们只好到山顶滚雪球化水做饭。有年春节，指导员带着运输组向山头送年货，由于公路成了玻璃路，只有蹲着往上爬，前面的人滑下来，后面的就顶住，这样一个顶一个，一节一节地上，最滑的地段只有几百米路程，却爬行了几个小时。若不小心，还会跌下悬崖。返回时，也只有坐在冰道上往下滑。就这样，战士们还戏称是“坐滑梯”，洒一路歌声笑语，落一路结冰的汗滴。

有些战士来自平原，一见这么大的高山，头都发晕。有位来自上海的大个子战士说：“别看我个子大，其实爬山不行。有一回运菜踏雪上山，觉得这爬山比爬上海大厦要难多了！实在走不动，就想躺下喘息，可是见队长指导员同大家一起上，还帮助一些体弱的同志，我又咬牙向上爬行了！”

战士们还告诉你，在坑道值班，夏天潮湿，冬天干燥。干燥得鼻孔流血，潮湿得关节发炎。加上空气不太流通，经常感到头痛胸闷。然而他们都日日夜夜、分分秒秒地坚持在各自的岗位上。有些服役期满的战士，还争取超期服役；有些骨干，还申请留作志愿兵；有些战士复员，还在墙壁上写着情深难舍的话语：“再见吧，美丽的雁荡山！”“雁荡山呵，我将永远怀念你！”

山顶的生活是枯燥的，活动的余地很小，可他们自辟篮球场，自做篮球架。可是不敢放手打球，球滚下山，恐怕半天也难捡回，甚至可能从此失踪。于是他们又找来一些破渔网，修补好后把场地围罩起来。另外，站上有笛子、二胡、口琴等乐器，还有战士自已带来的吉他，休息时聊以自娱和娱人。还有一部公用的海鸥牌照相机，在这山顶摄影，倒很开阔。他们总爱拍下雪景，拍下春色，寄给远方的父母，远方的爱人，远方的孩子，远方的朋友。

这山上的气候，一天几变。一年有两百八十天左右都在云雾之中。云雾可算是这里的特产。云蒸雾腾，蒸腾起一片浮动的大海，海在半空，海在脚下。这云雾的大海，却把那真正的大海掩盖了，掩盖了海上的群岛、海上的舰船、海上的灯塔。然而只要到雷达的荧光屏前，那片大海却清晰地映入眼帘。因为身在云端，站得高就望得远。

你觉得：只要我们水兵的胸中装着祖国，装着四海，就永远有个新的境界，这新境界比雁荡山的风光更美。

你离开雁荡山已经这么久了，却还经常思念着雁荡山，离开得越久，思念就越深呵！

第二十章 攀登诗歌艺术的高峰

一、六十八年成就辉煌

从1947年春开始学习写诗，次年冬开始在上海发表诗歌，到2014年，你从事诗歌创作已六十八年。六十八年来，你以诗歌创作为事业、为旗帜、为生命，创作出版了三十部诗集（以新诗为主，包括传统诗词、抒情诗、叙事诗、儿童诗、微型小诗、歌词、散文诗）。同时，你还创作了歌剧、音乐剧、电影剧本、电视剧本、散文、评论、书法等作品，均取得了很大的成就，成为中国当代著名诗人、编剧和书法家。

在新中国成立初期，你作为部队的一名创作员，深入到西南边疆的无数边防哨卡，走遍了西南少数民族地区，在少数民族多姿多彩的生活情趣中，在西南边疆绮丽迷人的自然风光中，在边防战士的艰苦战斗生活和美好心灵世界中，汲取诗情，激扬灵感。你在少数民族的山歌民谣中，在古典诗词的优雅韵律中，接受营养，借鉴形式，创作出版了《喧腾的高原》《开花的国土》《云南的云》《从北京唱到边疆》《寄在巴山蜀水间》《我们追赶太阳》《小雪花》《大巴山月》《长河日夜流》《山泉集》《红云崖》等十一部诗集，为我们奉献出“朴素、动人，充满边疆生活色彩的明快的民歌调子的”作品（沙鸥语），为我们奉献出“繁花如锦，叶影婆娑，五彩缤纷，目不暇接”的“彩色的河流”（严辰语）。你成为中华人民共和国成立以来第一批成就卓著的军旅作家，与著名诗人李瑛、雁翼、严阵、张永枚等齐名。你和李瑛、雁翼等诗人在20世纪50年代的创作，对新中国诗歌新形象的确立，立下了巨大的功劳！

在新中国诗歌的第二个繁荣期里，你进一步扩大了生活和创作的视野和范畴，更加深刻地观察和思考社会、自然和人生，更加努力地探索诗歌的表现方法和形式技巧，又创作出版了《歌飞大凉山》《春满长征路》《山海抒情》《在那遥远的地方》《高原，花的海》《飞吧，信鸽》《多姿·多彩·多情》《爱情·人情·风情》《梁上泉诗选》《六弦琴》《献给母亲的石竹花》《不老草》《你是一朵云》《诗路花语》《梁上泉短诗选》（中英文对照）等新诗集十五部，另外还出版文集《梦之花》、古体诗词集《梁上泉诗词手书选》《白水斋吟稿》《万物有情》，出版《梁上泉剧作选》（收入歌剧、音乐剧四部，影视剧本三部），出版《小白杨——梁上泉词作歌曲选》（收入不同形式的歌曲一百五十八首）。

你从1956年参加第一届全国青年文学创作者会议并加入中国作家协会以来，先后担任过第七届全国人大代表，四川省和重庆市作家协会副主席，中国戏剧家协会、民间文艺家协会、音乐家协会和音乐著作权协会会员，中国音乐文学学会、中国歌谣学会、世界诗人笔会、世界华文诗人协会理事、世界华文文学家协会名誉委员和全球汉诗总会会员。你不仅在国内拥有大批读者，你的诗还飞出国境，译成英、法、日、意、阿拉伯、马来西亚等多种文字，在异国读者中产生了很大的影响。你的诗歌在国内拥有广泛的读者，由你的歌词谱成的歌曲更是插上了音乐的翅膀，飞进了亿万人的心中。你的读者很多，研究你的诗歌和歌词、剧作的评论家写的论文、论著也很多。著名诗人、评论家沙鸥、公木和严辰，以及钱光培、吕进、尹在勤、丁国成、杨山、野谷、王燮、张继楼、王群生、邓仪中、彭斯远、刘扬烈、万龙生、斯原、老谭、赵心宪、张华、王端诚、木生、李子，还有日本学者秋吉久纪夫和岩佐昌璋等都写了有关你的文章。仅彭斯远编著之《透视梁上泉》一书所收集的研究、评论和报道你的文章就达一百五十余篇之多。还有学者赵心宪撰写的理论专著《诗美创造的过程描述》，字数达二十多万字。此外，大多数中国当代及20世纪中国文学史都有你的专题论述。我同张俊彪主编的《大中华20世纪文学史》也专门论述了你的诗歌创作成就。费正清等主编的《中华人民共和国史》和巴黎第七大学编撰的《中国当代文学史稿》都对你作了较详尽的介绍，台湾诗人高準的《中国大陆新诗评析》一书赋予你

"豪爽明畅有豪迈之概而又清丽的多产诗人"的桂冠。今年你已84岁，但你还在继续工作，还在精心编辑你的七卷本的《梁上泉文集》。这是一个大工程，分诗词曲联一卷，抒情诗二卷，叙事诗儿童诗一卷，散文诗微型小诗歌词一卷，戏剧散文序评一卷，书法摄影及年谱一卷，接近三百万字。这也是你六十余年创作成果的大汇编、大检阅、大总结！

你从事文学创作的六十八年，是艰苦奋斗的六十八年，是辛勤探索的六十八年，是不断创新的六十八年，也是从不懈怠、从未停步的六十八年。六十八年来，你坚持深入人民生活，循着自己继承发扬民族民间艺术传统的道路，并借鉴新诗和外国诗歌经验，对人生、对时代、对社会深入地予以思考和关注，并在形式上作了艰苦的探索，为我们献出了富于时代精神和美学意蕴的美妙清纯的诗歌，为中国当代新诗注入了民族的元素。同时，你还在歌词创作、古体诗词创作、歌剧创作以及儿童诗、散文诗和影视文学创作方面取得了重大成绩，从而形成了自己的独特风格，并为中国当代诗坛写下了浓墨重彩的一笔，为新诗发展开辟了一条属于自己的新路。因此，我认为，中国诗歌史应该给你这位诗坛上的坚韧而执着的老诗人以公允的、公正的、较高的评价！

二、思想内蕴广博丰富

你六十多年的创作，思想内蕴是十分广博丰富的。

你的诗咏时代、咏环境、咏人生、咏爱情、咏山水、咏风物，抒发着你的生活激情。

（一）祖国和时代的热情讴歌

你最初发表的绝大部分诗歌都是表现和歌唱边疆各族人民色彩缤纷的新生活和筑路部队的艰苦劳动以及边疆战士的英雄气概的。你在《征服山》《里程碑》《跨着十万大山》等诗中，描写了筑路部队英勇顽强的劳动和艰苦乐观的生活，描写了可爱的战士们对各族人民的热爱关怀，从而生动地表现出我们部队是多么可爱的部队，我们的战士有着多么优美而崇高的品质！你在这些边塞诗中，表现了丰富的时代内容。《牦牛队的姑娘》《姑娘是藏族卫生员》《地上的银河》等诗，则表现了藏族人民生活的巨大变化，并进一步探索了这种变化的源泉：

是新中国带给他们的这种变化，是解放军兴修公路，带给他们的这种变化。你还歌颂了各民族人民的团结友爱，各族人民对部队战士的深切关爱。在《山谷的一夜》中，你通过老阿妈为修公路的同志们补鞋时的心理活动和她“银线缝了一针又一针，牛皮垫了一层又一层，银线拉出了黎明的光线，光线暗淡了拂晓的油灯”的细节，表现了老阿妈对修公路的同志们那慈母般的深情挚爱，从而歌颂了党的民族政策的深远影响。

在《家乡的声音》《高原牧笛》《阿妈的吻》等诗中，你还对边疆军民的丰富的内心情感和纯洁的精神世界作了深入探索和生动展现。

（二）祖国山河的绚丽画卷

六十多年来，你走遍了边疆的高山大川，用你的彩笔醮着你的心血，为我们描绘出祖国河山那壮丽迷人的画卷。你热爱这块如花似梦的土地，这土地时时处处激发着你对祖国的挚爱。你心上长绿着戈壁红柳，眼里长亮着冰山雪莲，你描写出三峡的雄伟壮观，你绘出了张家界的险峻奇瑰，你的《喧腾的高原》《云南的云》《开花的国土》《寄在巴山蜀水间》，有多少描绘和歌颂西部河山的优美诗篇啊！

你在诗集《山海抒情》的《序诗》中写道：

我歌唱大山，
我赞美大海，
海有山的雄奇，
山有海的气派。

我景仰大山，
我迷恋大海，
山有海的浪峰，
海有山的姿态。

山的每一寸，
都使我万分珍爱；

海的每一滴，
都使我诗情澎湃。

汇成山海曲，
献给新时代；
汇成山海曲，
高歌朝前迈。

在描绘自然山水时，你更多地是通过描绘自然的美，表达你对祖国山水的挚爱之情。如《明月出天山》：

那年我到祁连，
长留难忘的梦幻，
无论我离开多远，
总见那白雪灿灿。

今天我到天山，
梦幻重新浮现，
无论我向北向南，
都有那明月做伴，

白雪皎如明月，
月色雪光融一片，
明月洁如白雪，
雪光月色两相恋。

我爱披雪戴月，
歌行翰海绿原，
追寻着诗的踪迹，
踩下足印串串……

你没有直接描写天山景物，而是以深挚的情感和优美的想象，渲染了天山的雪光月色，让读者在想象中去亲近天山。全诗写得如梦如幻，意境绚烂。

你是那样深情地热爱每一片国土，即便是一滴露珠，你也把它看作明亮的太阳的闪光，如《雨后》：

骤雨，迈着长长的脚步，
走过了边境的青山翠谷，
什么是它留下的脚印？
就是那树叶上挂着的水珠。

雨过云散，天高气爽，
祖国啊！我久久地把你凝望，
望见你身上的每一滴雨露，
都闪耀着一个明亮的太阳！

你还满腔热情地歌唱祖国的建设、山川的变化。如《山城的山》，通过热火朝天的新的“造山运动”来歌颂改革开放及直辖以来重庆市的巨大变化：

山城的山，
美得迷人，
青得发蓝，
围绕着重庆，
像个巨大的花环。
……
可是今天，
已来不及将它们咏叹，
我要把另一些群山，
大声歌赞。

赞美那些高层建筑，
一座座，一幢幢，
争先恐后地冲出地面，
崛起了高楼的山峰，
大厦的山峦。
屋宇相接，
峰峦相连，
形成一座座的楼盘。
……
朋友呵！请看，
那伸着巨臂的塔吊，
昼夜在添板加砖，
一个新的造山运动，
正在兴起，
搅拌得热火朝天！

新时期以来，你把目光更多地转向人与大自然的辩证关系的反思。你在对山川的歌吟中，凝聚了更多对历史、对人生的思索。如《山的沉思》：

大凉山呵！
满脸皱纹，
一个饱经风霜的老人，
三千丈白发，
三千丈白云，
量不出真实的年龄。

使人想起，
老年奴隶的面影，
肩披查尔瓦，

手拂着积尘，
闪动着沉思的眼神。

喂！到底想些什么，
皱纹时浅时深？
是往昔的血泪，
是十年的伤痕，
还是对未来的憧憬？

凉山老人，
笑不答问，
知我有颗共通的心：
别再抚伤擦泪了，
若要返老还童，
快去夺回青春！

你对大凉山的描写，不是表面的，而是内在的。你在对大凉山的描写中，融进了对历史的深入的思考，流露了深厚的忧患意识。

（三）爱情、人情、风情的深情吟咏

你在新时期的创作主题上的重要发展，是对爱情、人情、风情的吟咏以及对人与自然的关系的深入体验和表现。

在《相爱》《我是风筝》《浑圆的浆果》《美梦》等诗中，抒写了爱的深沉执着，爱的坚贞永恒，爱的痛苦甜蜜，爱的缠绵悱恻。

在《湖上人家》中，你艺术地表现了渔家的温馨和谐的生活。

在《阳台》一诗中，表现了生活中的美和人与自然的和谐相处：

晨光投射到座座阳台，
带来太阳最先的抚爱。

花醒来了，人也醒来。
人如朝花，笑脸自开。

土屋里住了二三十载，
搬了新楼，顿觉宽怀。

伸臂做一个深呼吸吧，
让肺叶里的花香常在。

《树与人》表现了人与树的相同的命运：

中国的树，中国的人，
都有相同的命运；
过多劫难，过多忧患，
都残留着隐隐伤痕。
幸有和风的抚慰，
复苏着中国的心！

1991年11月18日　重庆

而在《哀银杏》中则倾诉了对破坏自然生态的行为的愤怒和谴责：

故乡的银杏呵，
我朋友般的银杏！
小时我曾捡过
你熟落的白果，
给了我难忘的香嫩；
我挂着书包上学，
总爱深情地仰望
春天的绿云，
秋天的黄金，
拾几片扇形的叶子，
当作书笺，
伴我念诵的声韵；

你巨干摩天，
挺挺直直，
给了我有铁之身，
有志之心。
可如今你在哪里，
哪里去了呵，
我童年的梦魂？
只见树兜边木屑遍地，
空留下刀斧的痕印！
啊！是谁？
斩杀了我的儿时密友，
戕害了我的一半生命，
劫掠了我的一半青春！

你的童话歌舞剧《熊猫咪咪》紧紧围绕着偷猎、反偷猎这一主线来展开矛盾，形象而生动地宣传了“保护大熊猫，保护生态环境，就是保护人类自己”的生命意识。它让我们深思：如何保护珍奇动物，如何对待动物的命运和如何对待人类自身的命运。它还让我们认识到：凶残和贪婪不仅能毁灭大自然中一切美好的事物，还可能毁灭人类创造的一切文明，甚至人类自身。

三、诗歌艺术上的探索创新

六十多年来，你在诗歌艺术上艰苦探索，不断创新，取得了卓越的成就。

（一）你善于从生活中发现诗意的美，捕捉特殊的美的意象

你有一双敏锐的、敏感的、智慧的心灵的眼睛，善于在生活中发现和捕捉美和诗意。你在新疆千佛洞，没有像别人那样去看画、赞画，却慧眼独具，发现了千佛洞旁那犹如蜂巢般简朴的石窟——那里是画工居住的地方。你由此写出了一首好诗《画工的洞窟》。

面对倒淌河，你也是睁开慧眼，发现了生活的诗意和人生的哲理：“不追赶一时的潮流，有独特的情感独特的性格，寻自己的方向扬自己的波。”

看到李白的洗墨池，你想到了为诗歌注入民族的元素。

你聪慧的心灵的眼睛来自你对生活的挚爱，对生活的勤于观察和思索，来自你的逆向思维和换位思考。

这对我们创作和理论研究都是有启示意义的。

（二）你还善于进行构思立意，创造优美的意境，赋予诗歌以美的魅力

仅仅发现生活中的美还不够，还得善于艺术地表现出来，要善于进行构思。就以刚才举到的《画工的洞窟》为例，你发现这画工的洞窟之后，又别开生面地运用了对比的手法，以画师创造的艺术的辉煌同画师生活的艰苦简朴，两相对照；以画师的心血倾注同他们的默默无闻相互映衬，既歌颂了画师献身艺术的精神，又写出了画师不为人知的艰苦。诗的画面和画工形象中，流淌着你的心血和深情，构成了这首诗撼人心魄的深邃意境。

在歌唱祖国建设的诗歌中，《梳》在立意和构思上也很有魅力：在诗里，你把万里长江比作俏丽的姑娘，把雄伟的三峡大坝比喻为“供她梳理容妆”的巨梳。她等待了千万年，终于等来了这个崭新的时代，等来了三峡大坝这把“巨梳”，“梳理她波浪般的长发”，梳理出她“一泻万里的风韵”。于是，万里长江“陶醉于一泻万里的风韵，欢唱这一撒万点的珠光”——

尽管我们的长江千万岁了，
还是一个俏丽的姑娘，
姑娘的长发千万丈了，
却从来没有一把梳子
可供她梳理容妆。

她等待又等待……
她盼望又盼望……

等待这个崭新的时代，
盼望这个辉煌的早上，
终于得到这水闸的巨梳，
梳理她波浪般的长发，
长发般的波浪。

她陶醉又陶醉……
她欢唱又欢唱……

陶醉于一泻万里的风韵，
欢唱这一撒万点的珠光；
既是姑娘谁不爱美，
她无论梳什么发型，
都显得年轻漂亮。

《残碉》一诗的构思也十分精彩。你没有直接或正面描写生死搏杀和战争痛苦，而是抓住象征战争的道具——碉堡的被摧毁，抓住象征和平的动物——春燕在战争的废墟上筑巢，在强烈尖锐的对比中，饱含着深刻的意蕴，表达了对战争的诅咒和对和平生活的赞美：

碉堡上曾站立过敌人的岗哨，
它早被摧毁了，东歪西倒。
大野就从这废墟向四面展开，
破土而出的是新生的幼苗。
那残存的枪眼再也无人理睬，
只见一对春燕正在里面筑巢。

（三）凝练含蓄的艺术语言

你的诗歌创作继承了古典诗歌的优良传统，凝练含蓄，精美雅致。特别是进入新时期以后，你更重视诗意的提炼和语言的推敲，诗歌写得更加凝练含蓄。1983 年写的《血滴》便显得极为悲壮凝练：

那勇士捍卫边疆，
在高山阵前负伤，
伤口滚滴的鲜血，
凝聚成悲壮的夕阳！

你没有用直接的描写与直观的思维，也没有用歌颂或赞美的话语，而是抓住“滚滴的鲜血”和“悲壮的夕阳”这两个鲜明的意象，并注入你滚烫的激情和深刻的感受，构成了浓重的意境，极其含蓄而精练地展现了深沉的意蕴，富于强劲的艺术魅力。

《滴露集》中的一首诗，也极其精练含蓄：

当你看见金手镯，
你要争着买；
给你打副金手铐，
你可愿意戴？

你抓住金手镯和金手铐的相同和相异，以尖锐对比，表现了丰富的内蕴和深刻的思考。语言上对比排列的两句话只改动了几个字，就把丰富内容表现了出来，语言极其精练！

（四）诗歌形式上的探索创新

诗体建设，在很长一段时期内，都是中国新诗面临的一项重要的美学使命。而你在这方面，在诗歌形式的探索上，付出了六十多年的不懈努力，也取得了令人瞩目的成绩。

你在诗歌形式上的探索创新，主要集中在中华人民共和国成立初期和新时期。

你早年的诗歌创作是从古体诗词的写作开始的，而参军前在家乡和到边疆大量地学习和记录民歌，为你后来的诗歌创作坚持以古典诗歌和民歌为旨趣的诗风打下了基础。你在 20 世纪 50 年代创作的诗歌，就以古典诗词与民歌的自然融合的特色，在文坛独树一帜。

你的许多诗歌具有鲜明的古典诗词的韵味。

如《山泉》，便很像古绝句：

在山泉水清，
出山泉水洁，
细流入大江，
大江喷白雪。

雪浪过群山，
合唱催热血；
我愿化涛声，
高歌同飞越。

《大巴山月》则具有词曲的味道：

月亮，月亮，
挂在大巴山上；
山上，山上，
多少眼睛张望！

这同宋词中的“团扇，团扇，美人病来遮面……”在形式上多么接近！

《访李白故乡》写得气势酣畅，形式上则接近宋词：

彰明原是古昌明，
青莲乡是李白乡；
莲花池塘，
曾照诗人吟啸影；
峨眉山月，
曾窥诗人读书窗。
半生浪游，

一度流放，
梦绕巴蜀总不忘；
子规鸟啼，
杜鹃花开，
心思故土几断肠？

追寻你的踪迹，
我来书院探访，
不见足印见课堂，
在高诵你的诗章。

诗章豪壮如水涨，
使人胸怀坦荡，
气吞九曲黄河，
倾倒万里长江！

你的歌词乃至歌剧中的歌词创作，也都具有古诗和民歌风。《茶山新歌》是民歌风，以致传入新加坡，很多人都把它当作民歌。你为以西南服务团进军大西南为题材的连续剧《路在风雨中》写的一组歌词，则充分显示了你深厚的古典诗词功底。你汲取了古典诗词的营养，把歌词写得很有唐诗之风、宋词之韵，精练含蓄，清新明丽，令人赏心悦目：

长江浪，洞庭波，
波涌浪飞溅心窝。
风吹芦苇动，
岸柳舞婆娑，
江鸥伴帆影，
星光连渔火。

跨越江湖走万里，
一路涛声一路歌！

而歌词《巫山情歌》《绣手巾》等，因吸纳了民歌的特色而富于歌谣的韵味。如《绣手巾》：

妹儿家中坐，
细把油灯拨。
绣一张花手巾，
送给同志哥。

情哥在前线，
脚踏南海波；
妹儿在田野，
割麦又插禾。

月儿当头照，
照你又照我。
万里路程连一线，
绣成花两朵。

新时期以来，你在深化认识、拓宽思路、汲取现代诗的某些长处的同时，仍然坚持走传统诗词与民歌相结合的道路，一直在民歌和古典传统的基础上努力开拓自己的新诗创作。尽管受到一些人的责难，你却毫不动摇。现在看，你在诗体上对传统诗词及优秀民歌的学习、借鉴、使用、活用、改造以至继承、发展和创造，都是你对中国传统优秀先进文化的继承、发扬、光大。这是非常可贵的，应该给予高度的评价、积极的肯定和大力的宣扬。但是，不少文学史却不再提及你，不少诗歌理论家也没给你应有的评价。我以为，这是不公正的，有失偏颇的。我觉得，中国新诗应该在古典诗歌和民歌的基础上，吸收五四运动以来的新诗和西方诗歌的长处，进行发展。应该做到比较精练，大致整齐，基本押韵。“精练”，是诗歌与其他文学样式最重要、最突出的区别之一。古人将文章比做饭，将诗比作酒。即是说，在反映或表现客观对象时，诗在形式上要比别的文学样式篇幅要短，文字要少，而且还要以一当十，以少胜多，不但语言要精练，而且还要立意精练，这样才能沙里淘金，使人牢记不忘。“大体整齐”，也是诗歌同其他文体在形式排列上的又一重要区别。中国诗歌在发展过程中不断变化和创新，在一定的历史时期内都会形成一定的、相对稳定的诗体形式，如《诗经》的四言体，汉魏诗歌的五言体，唐诗的七言体，宋元的长短句。新诗，也应讲究一定的形式，做到大体整齐，以后逐渐形成一些大家都便于且乐于接受的一些新的诗体。“押韵”，是诗歌与生俱来的特点，因为从远古以来，诗歌就是文字精练，朗朗上口，音韵和谐，便于记忆，便于传诵、传唱。押韵，是从声音、声韵方面增强诗歌的音乐性和感染力，给人听觉上、情感上的舒适感、回旋感和美感，加强诗歌的艺术魅力与审美效果。

在新时期，你始终在艰辛地、努力地、默默地探索和试验。从六行体的“新绝句”，到“微型诗”，到散文诗，你在诗体探索上取得了显著的成绩。

你在诗歌形式上的探索和创新，集中体现在你创造的六行体上。

从《诗经》到汉魏六朝古诗再到律体诗盛行的唐代，直到当代，在传统的中国诗歌和现代诗歌中，四行诗和八行诗都是诗坛主流，六行体的诗较少。在这种情况下，你却敢于独辟蹊径，另闯新路，挑战《诗经》、唐诗宋词乃至当代新诗，在六行诗上倾注长期而持久的热情。经过你艰苦创造，多方试验，反复实践，终于取得了很好的效果，引起了诗坛的关注，为现代新诗格律诗的建立献出了自己的奇葩。

在六行诗体中，你首先在句式上作了探索。从一句一段，到二句一段，到三句一段，到四、二句分段，你都做了试验。

先试看一句一段的，如《灵境》：

夜听春雨潇潇，
昼看瑞雪飘飘，
花对露珠笑笑，
风吻叶芽悄悄，
水流大大小小，
诗语絮絮叨叨。

也有两句一段的，如《诗酒盟》：

酒，是诗的酵母，
诗，是酒的蒸馏。
诗酒相伴相生，
古今互补互酬。
饮，醉了生活！
吟，醒了地球！

再有三句一段的，如《昆仑》：

少年想昆仑，
中年上昆仑，
老年望昆仑。
给我一身威壮，
给我一派豪兴，
给我一生精魂。

还有四、二句分段的，如《忆华年》：

心上长绿着戈壁红柳，
眼里常亮着冰山雪莲，
双手抚抱过万岭青松，

两脚踏行过四海银澜。

一个组合成的五彩梦幻，

衬映着我的青春华年。

你在六行体的句式和节奏上也作了多种尝试。从句式看，每句七至八字为多，六至八字次之，一句五字以下或九字以上的较少。也就是说，你在六行诗中的句子是很短小、很精练的。每句的节奏，多以三个和四个音顿为主。

六行体的诗多为每行四顿的，如《心形盒》：

一枚——心形的——精致——小盒，

装着——两颗——晶亮的——红豆，

两边——镶嵌着——各自的——倩影，

就这样——默默地——日夜——相守，

穿越过——世纪的——重重——风雷，

青春——不老啊——情韵——长久！

也有每行三顿的，如《蚕丝》：

春蚕——咬噬——桑叶，

不只为——人们——吐丝，

实是——作茧——当巢，

供自己——最后——栖息。

当丝尽——成蛹——之时，

才思索——生的——意义。

你告诉我，你在六行诗的写作上花了许多心血，做了大量尝试，写了近千首诗。我认为，当前，中国当代新诗在文体建设上面临的重要任务之一是建立格律诗，完善自由诗。你作为一位老诗人，不是用理论，而是用你几十年的诗歌创作，尤其是六行诗体裁的创作实绩，为格律诗和自由诗的发展提供了多样性和多向性的可能选择。你的辛劳和心血不会白费，中国新诗史上是会记下你的贡献的。

四、独特的艺术个性和艺术风格

你在六十多年的诗歌创作中，形成了独具特色的艺术个性和艺术风格。在写作你的传记的过程中，我再次阅读了你的全部著作和对你的所有评论。经过比较分析和思考研究，我觉得，六十多年来，你的诗歌形成了独特的艺术风格，那就是：优美迷人的边塞风情，斑斓多姿的山水画卷，纯朴爽朗的民族格调。

（一）优美迷人的边塞风情

巴黎第七大学编写出版的《中国当代文学史稿》称你是“在迷人的边疆风光和少数民族多姿多彩的生活情调中培养出诗情的青年诗人”。的确，在你六十余年的创作生涯中，你走遍了祖国的边疆：从西南边疆，到内蒙古大兴安岭，到海南、西沙群岛，从伊春、舟山，到青藏高原。你的诗歌，也洋溢着浓郁的边疆风情。读你的《喧腾的高原》《开花的国土》《云南的云》《在那遥远的地方》等诗集，使我们仿佛走进了西南边疆那美不胜收的边塞风光之中。

（二）斑斓多姿的山水画卷

六十多年来，你走遍了祖国的高山大川、穷乡僻壤，写下了数百首吟咏祖国的诗篇。有评论家曾统计过《山泉集》中的诗歌，大约百分之八九十的诗都与山水有关，这是因为“仁者乐山，智者乐水”。你热爱自然，热爱祖国山水，把山水视为知音、知己，以优美的笔触，描绘大自然的美景，描写边疆风光。你用彩色的笔触、彩色的语言、彩色的声音，把边疆山水、日月、朝霞、黄昏、树林、风雪等景观，写得玲珑剔透，精巧清丽，韵味隽永。这些景观，成为你表现充满个性的主体情绪的一种象征和契机。大自然不但给了你诗的激情和灵感，而且对你题材的取舍和美学风格的形成也起了重大作用。

（三）纯朴爽朗的民族格调

如果说，在新中国诗歌进入第二繁荣期以来，诗的时尚是更多地倾向于借鉴外国诗歌艺术的经验，而你则是更多地关注中国民族、民间诗歌艺术的经验，并为当代中国新诗“注入民族的元素”进行了有益的探索。

你除了在诗歌民族化、群众化方面做出了很大的努力外，还非常重视中国诗歌传统手法、技法的运用及语言的锤炼。你不但广泛地使用了古代诗、词、曲中常见的比兴、象征、借代、设问等诸多手法，还经常借用《诗经》国风、汉代乐府和宋元小令中常见的反复、排比、顶针、回环等技法。

《雪莲》《三峡回声》《天池》等诗就使用了比兴、象征、借代，以及反复、排比、顶针、回环等手法。如《天池》运用了顶针、回环等技法：

天坑满盛着碧水，
碧水浮载着雪山，
雪山披戴着白云，
白云抚摸着蓝天。

蓝天落映天池，
天池更深更宽，
云山都在眼底，
怎分天上人间？

以上三点，形成了你独特的艺术个性和艺术风格：真诚、朴质、深情、清新、精致、优美，也即你所说的“真，情，深，新，精，音”。

2013年1月至8月初稿，2013年9月至12月二稿，
2014年1月至2月三稿，2014年3月至4月四稿，
2014年5月至9月定稿于西南大学学府小区。

后记

2014年5月28日，上泉寄来了一封信：

久麟诗兄：

您好！辛苦了！历经一年半的艰苦劳动，五易其稿的顽强精神，终于成就了五十多万字的《评传》。传主虽然平凡，文章却笔下生花。十分感佩，并向您表示谢忱！

同时，他还寄来了写给出版社“同意出版”的亲笔签字。

至此，历时一年多的《梁上泉评传》的写作基本上告一段落。我完成了一件很有意义的工作。我感到欣慰。

其实，评传的准备工作从2012年10月就开始了。那时，我正在筹备由重庆市作家协会、今四川外国语大学、今重庆人文科技学院、中国传记文学学会和四川大学重庆校友会联合召开的“郭久麟文学研讨会”。我想请我们重庆走向全国的著名诗人梁上泉莅会。他接到电话以后，欣然同意莅会发言，他在电话中谈到他正在编辑六卷集的《梁上泉诗文集》。我听了非常高兴。我想到，这几年，我写了《雁翼传》《柯岩传》《张俊彪传》，他们都是外地人。我为什么不为我们巴山蜀水的诗人立传呢，为什么不给同我一起在重庆生活了六十多年的著名诗人梁上泉立传呢？我把这个想法告诉他后，他兴奋地反复问我：你是著名传记文学作家，我值得你写传吗？我说，你是我们重庆第一流的诗人、作家，为我们重庆文学增光添彩，我愿意为你写传。于是，我到他家进行了多次采访，并采访了他的夫人蒲心玉和儿子梁芒、梁果。他又为我准备了他的全部著作和对他的全部评论、报道，还找出了他从1950年开始记载的日记和记事本二十几本。

看了他的著作和日记，我受到深深的震撼！他是从中学时就受语文老师李冰如教导和熏陶，爱上了文学，这点同我受黎功廸老师教育和指导爱上了文学和写作，简直如出一辙！但是，他写出边疆生活的诗，是吃了多少苦、流了多少血汗，经受了怎样的磨难啊！可是，他却从不把这些苦当作苦，而是当作对自己意志和性格的考验和锤炼，当作走进边疆军民心灵的阶梯，当作培育自己诗情和灵感的摇篮！他在冰雪风霜中孕育诗，在枪林弹雨中孕育诗，甚至在被造反派绑起来吊鸭儿浮水时都还在吟诗写诗！正是这种不怕一切艰难险阻、不怕一切磨难和挫折的奋斗精神，正是这种罕见的、强烈的、持续终生的对诗歌艺术的执着和追求，造就了今天的梁上泉，成就了梁上泉今天那高度的诗歌艺术成就！于是，我以此为纲，按时间线索，很快写出了初稿。梁上泉审阅了书稿后，我再作修改。

第三稿出来后，我同上泉在市作协找了一间办公室，一起讨论了一个星期稿子，从头到尾进行了补充修改。午餐后，我们在重庆人民大礼堂前的广场上散步，摆谈。他83岁了，还是那样健康、健谈、精神饱满，这与他年轻时在边疆生活的磨练分不开！

这以后，我又对书稿进行了两次修改，最后定稿。他看了定稿后给我写了上面那封信。

现在看《梁上泉评传》，我觉得有几点值得谈一下：

第一是对上泉及其诗歌的评价。我前几年在《大中华二十世纪文学史》中撰写“中国二十世纪诗歌史”时，就觉得文学史对上泉及其诗歌的评价不高，有的文学史甚至都不提他和他的诗。我当时就为他写了专节。这次写评传，我对他的抒情诗、传统诗词、叙事诗，给予了公允的、较高的评价，对他坚持民族化、群众化的诗歌道路给予了肯定和赞扬。我对他的每一部诗集（包括叙事诗和儿童诗）、歌曲集、歌剧影视集、古体诗词集、散文和散文诗集的代表作都做了分析和评论。特别对他的叙事诗、古体诗词和书法艺术，给予了较高的评价！

第二是结构的创新。在修改第三稿时，我发现，用单线结构不太好处理他的文学历程、艺术成就同他的人生经历之间的矛盾，这个困惑在写《雁翼传》《柯岩传》时就出现了，但是没有很好地解决。怎么办好呢？突然，我想到了我在写作课上给学生讲过的“双线结构”！对，评传必须用双线结构（复式结构），即把全书分上下篇：上篇写他的创作生涯，写他的诗歌创作，歌词创作，传统诗词创作，歌剧影视创作，散文与散文诗创作；下篇写他的人生经历和感情世界（家乡情、爱情、父子情、友情、山水情、艺术才情）。上篇中又使用纵横交织的结构，即对他的主要创作——抒情诗创作用纵式结构来梳理和论述，按时间顺序来分析和评价；而对他的歌词、歌剧、传统诗词、书法和散文诗、散文，则用横向排列，按体裁进行分析和评价。想到这里，我顿感纲举目张，思路豁然开朗。于是，我把结构改过，材料重新组合，丰富的内容就很顺畅、很充分地表现出来了。我既对上泉的艺术创作的心路历程和成就地位作了充分的描述和高度的评价；同时，也对他的故乡情怀，他与蒲心玉的幸福美好的爱情，他对儿子的慈爱和精心引导，他的朋友情、山水情，他的艺术才情，作了详尽而生动的描写。这是结构创新带来的好处。

第三是再次大胆地使用第二人称。在几十年的大学写作、文学理论和现当代文学的教学中，经常涉及人称问题。第一、第二、第三人称都各有优势和局限。第一人称特别自然可信，但只能写自己的亲见亲闻；第三人称是全知全能，写起来无拘无束，最自由，但易给人不可信的感觉；第二人称可以推倒作者同读者的距离，特别亲切，但只能写较亲近的或去世的人，所以使用很少，长篇作品更是没人用过。我在采访张俊彪时，倾心交谈，非常惬意，就萌生了大胆使用第二人称来一个创新的想法。写出来后，虽然一些读者觉得有点别扭，不习惯，但多数读者和评论家都说好，阅读时如面对传主，亲切，自然。写《梁上泉评传》，我与上泉更熟，更亲近，所以决定再次使用第二人称。我想，既是开创，难免有人不习惯，甚至有人反对，但可能多数人会接受或逐步接受。希望读者能理解我的苦心。

把书稿送出版社后，我又请诗评家刘扬烈和斯原写了序。刘扬烈毕生从事诗歌研究，卓有成效，应当称得上是重庆第一流的诗歌理论家，我最欣赏他论七月派、公刘和雁翼的诗歌艺术的专著和他的新诗史。他在序言中对《梁上泉评传》给予了好评。斯原长期在部队院校担任领导工作，又是一位杰出的作家和诗评家，给上泉写过评论。他在序言中对评传的纵横交织的结构给予了较高的评价和精辟的分析。这里，我要深深感谢刘扬烈和斯原先生为我撰写序言，为评传增色不少。同时，还要感谢西南师范大学出版社社长米加德、总编辑李远毅、总编室主任任剑乔等先生对评传出版的支持和厚爱。还要感谢重庆作协党组书记王明凯和主席陈川对《梁上泉评传》和我的传记文学创作及研究工作的一贯的大力支持！

虽然修改了几遍，但错误和缺点肯定不少，敬请各位方家和读者不吝赐教！

2014年9月21日西南大学学府小区